U0573040

BLUE BOOK

智 库 成 果 出 版 与 传 播 平 台

煤炭蓝皮书

BLUE BOOK OF COAL INDUSTRY

中国煤炭工业发展报告
（2024）

ANNUAL REPORT ON COAL INDUSTRY IN CHINA
(2024)

煤炭产业新周期与新质生产力发展

New Cycle and the Development of New Quality Productive Forces
in Coal Industry

主　编／ 国家能源集团技术经济研究院
中国能源研究会新能源与化石能源协同发展专业委员会

社会科学文献出版社
SOCIAL SCIENCES ACADEMIC PRESS（CHINA）

图书在版编目（CIP）数据

中国煤炭工业发展报告 . 2024：煤炭产业新周期与
新质生产力发展／国家能源集团技术经济研究院，中国
能源研究会新能源与化石能源协同发展专业委员会主编 .
北京：社会科学文献出版社，2025. 3. --（煤炭蓝皮书
）. --ISBN 978-7-5228-5118-1

Ⅰ. F426. 21

中国国家版本馆 CIP 数据核字第 202538BY05 号

煤炭蓝皮书

中国煤炭工业发展报告（2024）
——煤炭产业新周期与新质生产力发展

主　　编／国家能源集团技术经济研究院
　　　　　中国能源研究会新能源与化石能源协同发展专业委员会

出 版 人／冀祥德
组稿编辑／周　丽
责任编辑／张丽丽
文稿编辑／张　爽
责任印制／岳　阳

出　　版／社会科学文献出版社·生态文明分社　（010）59367143
　　　　　地址：北京市北三环中路甲 29 号院华龙大厦　邮编：100029
　　　　　网址：www. ssap. com. cn
发　　行／社会科学文献出版社　（010）59367028
印　　装／三河市东方印刷有限公司

规　　格／开　本：787mm×1092mm　1/16
　　　　　印　张：23.75　字　数：356 千字
版　　次／2025 年 3 月第 1 版　2025 年 3 月第 1 次印刷
书　　号／ISBN 978-7-5228-5118-1
定　　价／138.00 元

读者服务电话：4008918866

本书由北京绿能煤炭经济研究基金会资助出版

刘　锦　内蒙古煤炭工业协会会长

刘春林　内蒙古伊泰集团有限公司党委书记、董事长、总裁

李　伟　山东能源集团有限公司党委书记、董事长

李瑞峰　国家能源集团技术经济研究院原副总经理

杨　恒　河南能源集团总经理、党委副书记、副董事长

汪文生　中国矿业大学（北京）副校长

张　宏　中国煤炭工业协会党委委员

张有生　国家发展和改革委员会能源研究所副所长

张宗玫　中国国际工程咨询有限公司能源产业部原主任

欧　凯　中煤科工重庆设计研究院党委书记、董事长，北京绿能煤炭经济研究基金会党建小组组长

赵永峰　中国煤炭科工集团有限公司党委副书记、总经理

贺佑国　中国矿山安全学会副会长

崔　涛　中国应急管理报社、中国煤炭报社党委书记

韩家章　淮河能源控股集团党委副书记、总经理

翟　红　山西省煤炭工业协会理事长

翟德元　鄂尔多斯市煤炭学会理事长，内蒙古伊泰集团有限公司原副总经理

煤炭蓝皮书编纂委员会

护与利用全国重点实验室主任助理

左前明　中国信达首席能源研究员，信达证券研发中心副总经理、能源首席分析师

田春旺　内蒙古煤炭工业协会秘书长

付　巍　中煤科工集团沈阳研究院山西分院副院长

白雪亮　国家能源集团战略规划部资源处经理

朱彬彬　石油和化学工业规划院能源化工处处长

刘　渊　煤炭科学技术研究院有限公司装备分院系统集成工程师

刘文革　应急管理部信息研究院副院长

刘向华　内蒙古伊泰集团有限公司监事会主席

刘振民　山西省煤炭工业协会副理事长

孙旭东　中国矿业大学（北京）管理学院工商管理系主任

李　杨　国家能源集团政策研究中心能源战略与政策研究部主任

李华林　国家能源集团综合管理部战略研究处经理

李俊诚　内蒙古伊泰集团有限公司副总裁、总工程师

杨　洋　中国矿业大学（北京）管理学院副院长

闵　勇　天地科技股份有限公司副总经理

汪天祥　淮河能源控股集团副总经理

汪有刚　煤炭工业规划设计研究院有限公司党总支书记、执行董事

宋录生　河南能源集团党委常委、常务副总经理

张　帆　国家能源集团技术经济研究院信息情报部主任

尚　校　华阳新材料科技集团有限公司战略发展部副

部长

郑和平 四川省煤炭产业集团有限责任公司党委委员、
董事、副总经理

姜大霖 国家能源集团技术经济研究院能源市场分析
研究部高级研究员

贾明魁 河南能源集团党委常委、副总经理

徐西超 山东能源集团董事会秘书、保密总监、战略
研究院常务副院长

郭中华 中国煤炭工业协会政策研究部主任

盛天宝 河南能源集团党委常委、副总经理

熊 图 国家能源集团技术经济研究院产业政策研究
部副主任

秘　书 王 蕾 北京绿能煤炭经济研究基金会秘书长

参编人员 （按姓氏笔画排序）

门东坡　卫玉花　马 骏　马 震　马文伟

王 伟　王 炜　王 奕　王 颂　王 涛

王开心　王正达　王立业　王安琪　王新民

尹东风　田文香　田德凤　白 璐　朱肖梅

朱培奇　朱乾浩　任世华　刘大正　刘利鹏

刘伯军　米剑锋　严 媛　严江涛　李 涛

李丑小　李欣欣　李春驰　李柏杉　李健康

李新富　杨海军　杨鹏飞　宋 梅　张 健

张 鹏　张 骞　张 磊　张东青　张仕军

张建勋　张朝环　张景开　张蕾欣　陈杰军

陈科汝　林圣华　赵永超　赵路正　胡 翰

徐　鑫　　聂善兴　　顾云华　　柴　芳　　栾振兴
高　莹　　高　鑫　　郭　尧　　郭成刚　　陶进朝
常跃刚　　麻晓博　　梁　洪　　斯　日　　程师瀚
程联勇　　窦　斌　　裴童心　　滕霄云　　潘　莹
魏文胜　　魏恒飞

资助单位简介

北京绿能煤炭经济研究基金会（以下简称"基金会"），于 2011 年依法登记注册成立，2017 年被正式认定为慈善组织，成为我国首个专注于煤炭经济研究的非公募公益性基金会。基金会宗旨为"开展煤炭经济研究，繁荣社会科学，保障能源安全，促进科学发展"，2020 年在中国社会组织评估中获 3A 级。

基金会注册地在北京，面向全国开展业务，登记管理机关为北京市民政局，业务主管单位为北京市社会科学界联合会。自成立以来，基金会始终致力于推动煤炭经济研究事业发展，主要业务范围涵盖资助煤炭经济理论与政策研究、学术著作和教材编著出版、煤炭经济学术活动开展、煤炭经济教育事业发展等多个方面，形成三大品牌：一是资助编辑出版"煤炭蓝皮书"系列；二是资助举办中国煤炭经济 30 人论坛等学术活动；三是资助煤炭产业景气指数研究。目前，基金会也是中国煤炭学会经济管理专业委员会的支撑单位。

主编单位简介

国家能源集团技术经济研究院由原国电技术经济咨询中心与原神华科学技术研究院于 2018 年 5 月合并重组而成,是国家能源集团唯一的综合性、战略性智库机构,主要承担发展战略研究、投资项目技术经济评价、信息情报挖掘等职责。入选中国社会科学院评选的核心智库榜单,是中央企业智库联盟秘书长单位、中关村智库联盟副理事长单位、国家能源局"一带一路"能源合作伙伴关系工作组副组长单位,拥有工程咨询行业最高级别的综合甲级资信,获评国家高新技术企业、博士后科研工作站分站、国家能源集团人才培养基地、青年科技工作者协会副会长单位。自成立以来,国家能源集团技术经济研究院高标准完成国家及集团课题 200 余项,获得省部级奖励近百项,"基于 CCUS 技术的煤炭低碳转型和能源结构优化研究"获评中国煤炭工业协会科技进步奖一等奖。全方位支撑服务国家部委,参与煤炭、电力、煤化工、新能源等领域近 20 项产业政策的制定出台,服务行业规划、政策制定,完成的煤炭深加工"十三五""十四五"规划研究支撑了我国煤炭深加工专项规划的发布实施。高质量出版《中国国有企业践行"四个革命、一个合作"能源安全新战略案例集》和《中国能源展望 2060》等智库成果。

中国能源研究会新能源与化石能源协同发展专业委员会(以下简称"新能源与化石能源协同发展专委会")成立于 2024 年 10 月 30 日,是中国能源研究会分支机构。新能源与化石能源协同发展专委会以能源安全为底线,旨在持续推动新能源与化石能源的融合发展,促进我国能源产业高质量发展；持续推动能源绿色低碳转型，不断优化能源生产和消费结构，落实"双碳"目标；持续推动能源科技自立自强，凝聚能源科技创新合力；持续推动打造开放共享的交流平台，为各领域专家学者提供观点碰撞、合作共商的学术高地。

序

在以煤为主的能源消费结构短期内难以发生根本改变、煤电在我国能源安全方面还发挥兜底保障作用的背景下，传统能源产业迎来转型机遇。党的二十届三中全会通过《中共中央关于进一步全面深化改革、推进中国式现代化的决定》，提出要"健全相关规则和政策，加快形成同新质生产力更相适应的生产关系，促进各类先进生产要素向发展新质生产力集聚，大幅提升全要素生产率"，"健全煤炭清洁高效利用机制"，为新时期我国煤炭产业新质生产力培育和高质量发展指明了方向。2024 年 9 月，《国家发展改革委等部门关于加强煤炭清洁高效利用的意见》出台，从全产业链角度部署煤炭开发、生产、储运、使用各环节，推动落实煤炭清洁高效利用的重点任务，为煤基产业链全面转型升级提供政策指引。

我国新型能源体系正在加快构建，煤炭产业经历多轮周期性波动，进入新的产业周期并呈现诸多新特征，比如煤炭功能定位正在发生变化、煤炭开发进入新阶段、产业结构和产业组织呈现新面貌、供需关系和市场运行发生结构性变化、产业发展催生新业态等，已经很难通过以往周期性发展的经验，研判产业发展形势和做出战略布局。同时，高质量发展是中国式现代化的本质要求，发展新质生产力成为推动高质量发展的内在要求和重要着力点，煤炭产业进入高质量发展新阶段，需要通过发展新质生产力为高质量发展注入强大动力。为此，有必要坚持先立后破、改革创新，进一步加强煤炭产业新周期与新质生产力相关研究，推动新形势下煤炭产业高质量发展，为推进中国式现代化贡献煤炭力量。

　　为深入贯彻党的二十届三中全会精神，推动煤炭产业加快形成新质生产力发展的良好局面，在北京绿能煤炭经济研究基金会的支持下，煤炭蓝皮书编纂委员会统筹组织，启动主题为"煤炭产业新周期与新质生产力发展"的2024年煤炭蓝皮书编纂工作。国家能源集团技术经济研究院牵头承担总报告撰写工作，将理论与实践相结合，研究分析了产业新周期的特征和新周期下煤炭新质生产力的内涵及主要任务；中国煤炭工业协会、山西省煤炭工业协会、内蒙古煤炭工业协会，以及国家能源集团、山东能源集团有限公司、潞安化工集团、淮河能源控股集团、河南能源集团、内蒙古伊泰集团有限公司、华阳新材料科技集团有限公司、四川省煤炭产业集团有限责任公司和中国煤炭科工集团有限公司，从全国、区域和企业的角度出发，提出未来一个时期煤炭产业发展新质生产力的思路和建议。研究成果凝聚了参编单位和作者的心血、思考与灵感，蕴含着相关人员对煤炭事业的热爱和对能源高质量发展的期盼，是值得阅读的佳作。

　　付梓之际，我谨代表煤炭蓝皮书编纂指导委员会，向为本书的完成付出辛勤劳动、贡献智慧力量的全体编写人员致以最诚挚的谢意。特别感谢所有支持和帮助过本书出版的朋友们，你们的理解与信任是煤炭蓝皮书坚持创作和不断创新的动力。希望本书能够不负众望，持续传递智慧与思考，为科研工作和产业发展提供有益的借鉴和帮助。

2024 年 10 月 30 日

摘　要

《中国煤炭工业发展报告（2024）》立足煤炭行业，通过总报告、理论研究篇、行业引领篇、企业实践篇，系统研究论证了我国煤炭产业新周期与新质生产力发展问题。

总报告基于经济周期理论及相关分析方法，论证了我国煤炭产业经济周期和新质生产力问题，认为我国煤炭产业已进入新周期，在产业结构、产业组织、供需关系、市场运行、发展业态等方面呈现诸多新特征；进入新周期后，煤炭产业需要正确处理产业功能定位演变与中长期发展规划，产业投资与技术改造，发展先进与退出转型，供给侧结构优化与消费侧转型升级，煤炭开采与多矿种、多能源耦合开发等多重关系；发展新质生产力已成为新周期下推动煤炭产业高质量发展的内在要求和重要着力点，未来应以科技创新催生产业发展新要素和新模式、以绿色低碳推动煤炭产业深度转型升级、以深化改革构建煤炭新型生产关系、以机制建设强化煤炭新质生产力的人才保障等。

理论研究篇从煤电、煤化工、数据要素、数智化、绿色低碳开采、甲烷减排、公正转型、新型生产关系、人才链等方面探讨新周期与煤炭领域新质生产力发展的关系。煤电已步入向基础性、调节性电源转型的过渡期，以及电力市场化改革推进下功能价值再发现的红利期；煤化工要持续推动绿色低碳转型发展和产品高端化多元化；煤炭产业正通过数字化转型和智能化升级，实现新质生产力的重塑与提升；推动煤炭绿色低碳开采领域新质生产力发展，是化解煤炭供应保障和生态环境保护之间矛盾的有效途径；要利用系

统性思维总体布局煤矿领域甲烷减排工作,处理好减排、发展和安全之间的关系;要及早谋划解决煤炭行业公正转型问题,创新多元化职业培训模式,实施特殊优惠政策,拓展就业空间;新型生产关系要适应煤炭新质生产力发展的要求,最大限度地解放和发展生产力;要构建人才链、产业链、创新链"三链"融合的煤炭行业人才发展体系,加速形成煤炭行业新质生产力。

行业引领篇统筹煤炭行业总体发展和区域特征,研究新周期下煤炭行业高质量发展面临的挑战,提出需要从增强安全稳定供应能力、建设现代化产业体系、强化科技创新的策源功能、推动煤炭清洁高效利用、加强市场体系建设以及深化国际合作等方面,提升煤炭行业在能源强国建设中的战略定位,并提出发展煤炭行业新质生产力的具体建议。

企业实践篇聚焦煤炭开发和技术研发企业的生产实际,分类提出煤炭企业培育新质生产力的重要举措、面临的问题和相关建议,为新周期下煤炭企业高质量发展提供路径参考。

本书集知识性、理论性、实践性、政策性于一体,以煤炭产业发展中亟待解决的现实问题为导向,主要创新之处在于以马克思主义经济周期理论、生产力理论梳理了煤炭产业周期变化规律、分析了煤炭产业新质生产力的时代内涵,在习近平新时代中国特色社会主义思想指导下提出了煤炭产业构建新质生产力的"三新"路径。

关键词: 煤炭产业 产业经济周期 新质生产力 技术创新 要素组合

目 录 ⤷

I 总报告

II 理论研究篇

皮书数据库阅读**使用指南**

总 报 告

B.1

中国煤炭产业新周期与新质生产力研究

国家能源集团技术经济研究院课题组*

摘　要：　本报告基于经济周期理论和分析方法，对我国煤炭产业经济周

---

* 课题组组长：孙宝东，博士，国家能源集团技术经济研究院（以下简称"国能技经院"）党委书记、董事长，研究方向为能源系统、能源经济、煤基能源战略规划。课题组副组长：张吉苗，国能技经院副总经理，研究方向为能源经济、市场与技术经济评价；朱吉茂，国能技经院能源市场分析研究部主任，研究方向为煤炭工业发展战略、煤炭市场与政策。课题组成员：吴璘，管理学博士，国能技经院能源市场分析研究部副主任，研究方向为煤炭经济与政策；门东坡，工学博士，国能技经院能源市场分析研究部三级主管，研究方向为煤炭战略与政策；魏文胜，工学博士，国能技经院能源市场分析研究部主管，研究方向为煤炭市场；杨洋，中国矿业大学（北京）管理学院副院长，博士生导师，研究方向为能源政策评估与分析、大数据管理与应用等；姜大霖，经济学博士，国能技经院能源市场分析研究部三级研究员，研究方向为低碳经济；李涛，工学博士，国能技经院能源市场分析研究部三级主管，研究方向为能源与电力市场；刘大正，工学硕士，国能技经院能源市场分析研究部三级主管，研究方向为电力市场与政策；张东青，工学博士，国能技经院能源市场分析研究部三级主管，研究方向为电力与碳市场；程师瀚，经济学博士，国能技经院能源市场分析研究部主管，研究方向为碳市场；朱培奇，工学博士，国能技经院能源市场分析研究部主管，研究方向为煤炭、电力市场；马骏，工学博士，国能技经院能源市场分析研究部主管，研究方向为能源电力系统仿真；裴童心，中国矿业大学（北京）管理学院博士研究生，研究方向为能源经济。

期问题进行研究，认为我国煤炭产业已进入新周期，并在产业结构、产业组织、供需关系、市场运行、发展业态等方面呈现新的特征。本报告以习近平新时代中国特色社会主义思想为指导，论述了新时期发展煤炭新质生产力的主要原因，提出了煤炭新质生产力的"三新"内涵，即新的技术生态、新的要素系统、新的产业体系。本报告结合煤炭产业周期问题分析和新质生产力问题研究，提出新周期下我国发展煤炭新质生产力的主要任务，即在处理好若干重大关系的基础上，以科技创新催生煤炭产业发展新要素和新模式，以绿色低碳推动煤炭产业深度转型升级，以深化改革构建煤炭新型生产关系，以机制建设强化煤炭新质生产力的人才保障。

关键词： 煤炭产业 产业新周期 新质生产力 科技创新 新型生产关系

我国煤炭产业经历多轮周期性波动后进入新周期并呈现诸多新特征，对产业发展形势研判和战略布局提出了更高的要求。新型能源体系加快构建，煤炭产业需要加快培育和发展新质生产力，以更高质量的发展融入能源发展大局。如何完成新周期下煤炭新质生产力发展的重要任务，将是中国式现代化建设道路上煤炭产业高质量发展的时代命题。

一　我国煤炭产业新周期与新特征

产业经济周期是宏观经济周期在产业层面的具体体现，也是产业自身发展规律的反映。与宏观经济周期波动高度相关的煤炭产业，其经济周期特征较为明显。这种经济周期特征不是简单重复的，而是在不同的历史条件下呈现不同的特点。加强煤炭产业经济周期的历史分析和形势研判，有助于更好地认识产业发展规律，把握新周期下产业发展的主动权。

（一）我国煤炭产业经济周期的划分

1. 煤炭产业经济指标选取及数据整理

为科学合理地对煤炭产业的周期性展开测算，综合考虑数据的可获得性和代表性，本报告选取我国煤炭产量、消费量，以及煤炭开采和洗选业营业收入、利润总额共4项煤炭产业经济指标作为分析对象。为消除价格因素影响，本报告以工业生产者出厂价格指数（PPI）对2000~2023年煤炭开采和洗选业营业收入、利润总额两项指标数据进行调整，按照2000年不变价格重新计算。在这4项指标中，煤炭产量和消费量分别从供给侧和需求侧反映煤炭产业经济的景气程度，煤炭开采和洗选业营业收入和利润总额可直接反映煤炭产业效益。对这4项指标分别进行CF滤波分析，能够更全面地研判煤炭产业经济周期。

2. 煤炭产业经济指标的CF滤波分析

（1）数据处理及平稳性检验

首先对我国煤炭产量、消费量以及煤炭开采和洗选业营业收入、利润总额4项煤炭产业经济指标取自然对数，以减少时间序列数据异方差性的影响。在此基础上，为满足CF滤波分析对数据总体二阶性质已知的要求，对取自然对数后的4项指标进行ADF检验，以判断单位根的存在性和序列的平稳性。表1至表4分别为我国煤炭产量、消费量以及煤炭开采和洗选业营业收入、利润总额的ADF检验结果。

表1 我国煤炭产量自然对数一阶差分单位根检验结果

		t 统计量	伴随概率
ADF 检验统计量		-2.335223	0.0205
检验临界值	1%置信水平	-2.618579	—
	5%置信水平	-1.948495	—
	10%置信水平	-1.612135	—

表2 我国煤炭消费量自然对数二阶差分单位根检验结果

		t 统计量	伴随概率
ADF 检验统计量		−6.689047	0.0000
检验临界值	1%置信水平	−2.619851	—
	5%置信水平	−1.948686	—
	10%置信水平	−1.612036	—

表3 我国煤炭开采和洗选业营业收入自然对数二阶差分单位根检验结果

		t 统计量	伴随概率
ADF 检验统计量		−4.768895	0.0001
检验临界值	1%置信水平	−2.685718	—
	5%置信水平	−1.959071	—
	10%置信水平	−1.607456	—

表4 我国煤炭开采和洗选业利润总额自然对数水平值单位根检验结果

		t 统计量	伴随概率
ADF 检验统计量		−6.100298	0.0000
检验临界值	1%置信水平	−3.752946	—
	5%置信水平	−2.998064	—
	10%置信水平	−2.638752	—

从表1至表4的 ADF 检验结果可以看出，各指标检验结果的 t 统计量均小于标准值，这说明我国煤炭产量自然对数时间序列为一阶差分平稳序列；煤炭消费量、煤炭开采和洗选业营业收入自然对数时间序列为二阶差分平稳序列；煤炭开采和洗选业利润总额自然对数时间序列为水平值平稳序列。根据这4项指标的数据特征，在后续进行 CF 滤波分析时，对一阶差分平稳序列和二阶差分平稳序列即煤炭产量、消费量以及煤炭开采和洗选业营业收入采用随机游走的 I（1）形式，对水平值平稳序列即煤炭开采和洗选业利润总额采用平稳的 I（0）形式。

（2）数据的 CF 滤波方法处理

在进行 CF 滤波分析之前还需要通过梳理现有文献确定合适的周期长度参数。国内外的学者在研究中通过对美国、中国等国家年度经济时间序列数据展开分析发现，将周期长度参数设置为 2~8 年可以使实证分析得到最佳效果。因此，本报告使用 CF（2,8）作为周期长度参数。主要通过 EViews12 软件对取对数后的 1978~2023 年我国煤炭产量（CP）和消费量（CC），2000~2023 年煤炭开采和洗选业营业收入（CBI）、利润总额（CTP）（按 2000 年不变价格）进行 CF 滤波分析，这 4 项煤炭产业经济指标经 CF 滤波分析方法处理后均被分解为"趋势"和"波动"两项。图 1 至图 4 分别展示了我国煤炭产量、消费量以及煤炭开采和洗选业营业收入、利润总额的 CF 滤波"趋势"和"波动"分解情况。

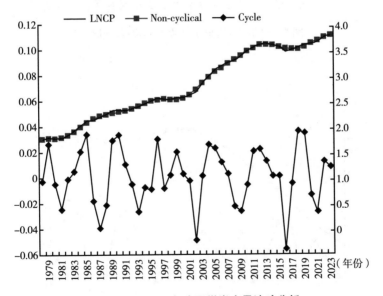

图 1　1978~2023 年我国煤炭产量波动分析

（3）煤炭产业经济波动周期的划分及其总体状况

我国煤炭产量、消费量以及煤炭开采和洗选业营业收入、利润总额波动周期如表 5 和表 6 所示。

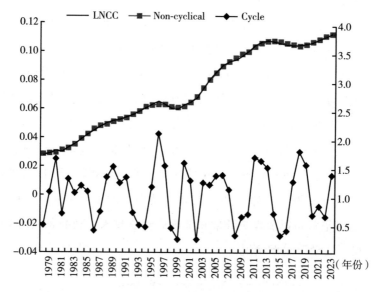

图2 1978~2023年我国煤炭消费量波动分析

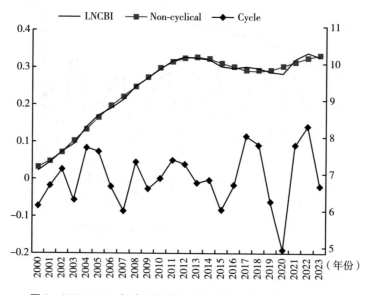

图3 2000~2023年我国煤炭开采和洗选业营业收入波动分析

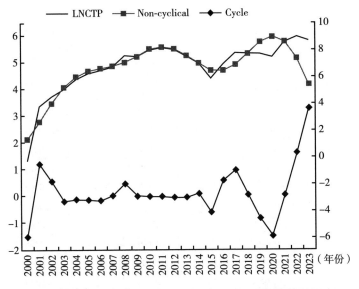

图 4   2000~2023 年我国煤炭开采和洗选业利润总额波动分析

表 5   1978~2023 年我国煤炭产量、消费量波动周期

煤炭产量波动周期				煤炭消费量波动周期			
年份	周期	波动值	波动偏离	年份	周期	波动值	波动偏离
1978		−0.0036	−0.20	1978		−0.0210	−1.20
1979	第1个	0.0252	1.38	1979	第1个	0.0008	0.05
1980		−0.0057	−0.31	1980		0.0247	1.38
1981		−0.0263	−1.42	1981		−0.0130	−0.72
1982		−0.0016	−0.08	1982		0.0101	0.54
1983		0.0034	0.17	1983		0.0003	0.01
1984	第2个	0.0195	0.95	1984	第2个	0.0057	0.28
1985		0.0329	1.54	1985		0.0024	0.11
1986		−0.0196	−0.89	1986		−0.0254	−1.17
1987		−0.0404	−1.78	1987		−0.0129	−0.57
1988		−0.0226	−0.98	1988	第3个	0.0114	0.50
1989	第3个	0.0283	1.22	1989		0.0190	0.82
1990		0.0327	1.39	1990		0.0080	0.34

续表

煤炭产量波动周期				煤炭消费量波动周期			
年份	周期	波动值	波动偏离	年份	周期	波动值	波动偏离
1991	第3个	0.0092	0.39	1991	第3个	0.0115	0.48
1992		-0.0055	-0.23	1992		-0.0128	-0.52
1993		-0.0280	-1.13	1993		-0.0217	-0.86
1994	第4个	-0.0084	-0.33	1994		-0.0231	-0.90
1995		-0.0097	-0.38	1995	第4个	0.0043	0.16
1996		0.0301	1.16	1996		0.0425	1.62
1997		-0.0088	-0.34	1997		0.0203	0.78
1998		0.0014	0.05	1998		-0.0233	-0.90
1999		0.0198	0.76	1999		-0.0309	-1.20
2000		0.0024	0.09	2000	第5个	0.0218	0.84
2001		-0.0031	-0.11	2001		0.0090	0.34
2002		-0.0505	-1.81	2002		-0.0314	-1.14
2003	第5个	0.0000	0.00	2003	第6个	0.0081	0.28
2004		0.0248	0.82	2004		0.0062	0.20
2005		0.0224	0.71	2005		0.0128	0.40
2006		0.0112	0.35	2006		0.0139	0.42
2007		0.0014	0.04	2007		0.0036	0.11
2008		-0.0234	-0.69	2008		-0.0290	-0.85
2009	第6个	-0.0282	-0.81	2009	第7个	-0.0160	-0.46
2010		-0.0070	-0.20	2010		-0.0135	-0.38
2011		0.0205	0.57	2011		0.0259	0.71
2012		0.0215	0.59	2012		0.0241	0.65
2013		0.0121	0.33	2013		0.0186	0.50
2014		-0.0001	0.00	2014		-0.0138	-0.37
2015		0.0003	0.01	2015		-0.0287	-0.77
2016	第7个	-0.0571	-1.59	2016	第8个	-0.0251	-0.68
2017		-0.0041	-0.11	2017		0.0080	0.22
2018		0.0353	0.99	2018		0.0298	0.82
2019		0.0341	0.94	2019		0.0206	0.56
2020		-0.0146	-0.40	2020		-0.0146	-0.39
2021	第8个	-0.0283	-0.75	2021	第9个	-0.0083	-0.22
2022		0.0122	0.32	2022		-0.0147	-0.39
2023		0.0066	0.17	2023		0.0131	0.34

表6 2000~2023年我国煤炭开采和洗选业营业收入、利润总额波动周期

煤炭开采和洗选业营业收入波动周期				煤炭开采和洗选业利润总额波动周期			
年份	周期	波动值	波动偏离	年份	周期	波动值	波动偏离
2000	第1个	−0.0750	−1.05	2000	第1个	−1.5107	−117.33
2001		−0.0222	−0.30	2001		1.1504	44.30
2002		0.0211	0.28	2002		0.5081	12.81
2003		−0.0628	−0.80	2003		−0.1857	−3.61
2004	第2个	0.0807	0.98	2004	第2个	−0.1411	−2.37
2005		0.0700	0.82	2005		−0.1609	−2.52
2006		−0.0277	−0.31	2006		−0.1984	−3.00
2007		−0.0911	−1.00	2007		−0.0231	−0.34
2008	第3个	0.0401	0.43	2008	第3个	0.4374	6.16
2009		−0.0314	−0.33	2009		−0.0033	−0.04
2010	第4个	−0.0041	−0.04	2010		−0.0448	−0.56
2011		0.0463	0.46	2011		−0.0527	−0.64
2012		0.0380	0.38	2012		−0.0905	−1.12
2013		−0.0147	−0.14	2013	第4个	−0.0679	−0.89
2014	第5个	−0.0067	−0.07	2014		0.0845	1.21
2015		−0.0899	−0.90	2015		−0.6169	−9.56
2016	第6个	−0.0212	−0.21	2016	第5个	0.5299	8.32
2017		0.1108	1.13	2017		0.9518	13.95
2018		0.0911	0.93	2018		0.0521	0.68
2019		−0.0644	−0.66	2019		−0.8318	−9.75
2020		−0.1972	−1.99	2020		−1.4988	−16.70
2021	第7个	0.0860	0.86	2021	第6个	−0.0578	−0.67
2022		0.1372	1.35	2022		1.5206	20.60
2023		−0.0259	−0.25	2023		3.2333	59.48

采用"从波谷到波谷"的方法，本报告根据我国煤炭产量、消费量以及煤炭开采和洗选业营业收入、利润总额的CF滤波"趋势"和"波动"分解情况及每年的具体波动值对4项煤炭产业经济指标的波动周期进行划分。

1978~2023年我国煤炭产量波动情况，可以划分为1978~1981年、1982~1987年、1988~1993年、1994~2002年、2003~2009年、2010~2016

年、2017~2021 年和 2022~2023 年共计 8 个周期,其中 1978~1981 年和
2022~2023 年两个周期为不完整周期。

1978~2023 年我国煤炭消费量波动情况,可以划分为 1978~1981 年、
1982~1986 年、1987~1994 年、1995~1999 年、2000~2002 年、2003~2008
年、2009~2015 年、2016~2020 年、2021~2023 年共计 9 个周期,其中
1978~1981 年和 2021~2023 年两个周期为不完整周期。

2000~2023 年我国煤炭开采和洗选业营业收入波动情况,可以划分为
2000~2003 年、2004~2007 年、2008~2009 年、2010~2013 年、2014~2015
年、2016~2020 年和 2021~2023 年共计 7 个周期,其中 2000~2003 年和
2021~2023 年两个周期为不完整周期。

2000~2023 年我国煤炭开采和洗选业利润总额波动情况,可以划分为
2000~2003 年、2004~2006 年、2007~2012 年、2013~2015 年、2016~
2020 年和 2021~2023 年共计 6 个周期,其中 2000~2003 年和 2021~2023
年为不完整周期。

从图 1、图 2 和表 5 可以看出,我国煤炭产量和消费量的波动较为频
繁。从周期的时间跨度来看,煤炭产量 6 个完整波动周期的时间跨度分别为
6 年、6 年、9 年、7 年、7 年和 5 年,平均周期为 6.67 年;煤炭消费量 7 个
完整波动周期的时间跨度分别为 5 年、8 年、5 年、3 年、6 年、7 年和 5
年,平均周期为 5.57 年。从整体波动幅度来看,二者整体波动幅度均不大,
我国煤炭产量正向波动平均偏离比率为 0.60%,负向波动平均偏离比率为-
0.69%;煤炭消费量正向波动平均偏离比率为 0.50%,负向波动平均偏离比
率为-0.72%。

从图 3、图 4 和表 6 可以看出,我国煤炭开采和洗选业营业收入、利润
总额的波动也较为频繁。从周期的时间跨度来看,煤炭开采和洗选业营业收
入 5 个完整波动周期的时间跨度分别为 4 年、2 年、4 年、2 年和 5 年,平
均周期为 3.40 年;煤炭开采和洗选业利润总额 4 个完整波动周期的时间跨
度分别为 3 年、6 年、3 年和 5 年,平均周期为 4.25 年。从整体波动幅度来
看,煤炭开采和洗选业营业收入整体波动幅度不大,其正向波动平均偏离比

率为 0.76%，负向波动平均偏离比率为-0.58%；煤炭开采和洗选业利润总额整体波动幅度较大，正向波动平均偏离比率为 18.61%，负向波动平均偏离比率为-11.27%。

3. 我国煤炭产业经济周期特征

为更加深入地分析我国煤炭产量、消费量以及煤炭开采和洗选业营业收入、利润总额的波动特征，根据 CF 滤波分析结果，引入周期长度、波峰高度、波谷深度、波动幅度、扩张收缩比、波动持续性等特征指标进行分析，得出我国煤炭产量、消费量以及煤炭开采和洗选业营业收入、利润总额的波动特征值，如表 7 至表 10 所示。其中，周期长度指煤炭产业完成一个周期的时间长度，具体表现为"谷-谷"或"峰-峰"之间的距离；波峰高度指煤炭经济繁荣的最大程度，具体表现为正向波动的最大值；波谷深度指煤炭经济萧条的最大程度，具体表现为负向波动的最大值；波动幅度是煤炭经济稳定性的反向指标，具体表现为波峰与波谷之间的差距；扩张收缩比指一个波动周期内扩张长度和收缩长度的比值，若比值大于 1，则说明该周期为扩张型，若比值小于 1，则说明该周期为收缩型；波动持续性，一般指经济指标波动值的自相关系数，用以反映一个周期性波动能否长期持续。

表 7　我国煤炭产量波动周期的各项特征指标

年份	周期长度（年）	波峰高度（%）	波谷深度（%）	波动幅度（%）	扩张长度（年）	收缩长度（年）	扩张收缩比
1982~1987	6	1.54	-1.78	3.32	3	3	1.00
1988~1993	6	1.39	-1.13	2.52	3	3	1.00
1994~2002	9	1.16	-1.81	2.97	4	5	0.80
2003~2009	7	0.82	-0.81	1.63	5	2	2.50
2010~2016	7	0.59	-1.59	2.18	4	3	1.33
2017~2021	5	0.99	-0.75	1.74	2	3	0.67
平均值	6.67	1.08	-1.31	2.39	3.50	3.17	1.10

表8 我国煤炭消费量波动周期的各项特征指标

年份	周期长度（年）	波峰高度（%）	波谷深度（%）	波动幅度（%）	扩张长度（年）	收缩长度（年）	扩张收缩比
1982~1986	5	0.54	−1.17	1.71	4	1	4.00
1987~1994	8	0.82	−0.90	1.72	4	4	1.00
1995~1999	5	1.62	−1.20	2.82	3	2	1.50
2000~2002	3	0.84	−1.14	1.98	2	1	2.00
2003~2008	6	0.42	−0.85	1.27	5	1	5.00
2009~2015	7	0.71	−0.77	1.48	3	4	0.75
2016~2020	5	0.82	−0.68	1.50	3	2	1.50
平均值	5.57	0.82	−0.96	1.78	3.43	2.14	1.60

表9 我国煤炭开采和洗选业营业收入波动周期的各项特征指标

年份	周期长度（年）	波峰高度（%）	波谷深度（%）	波动幅度（%）	扩张长度（年）	收缩长度（年）	扩张收缩比
2004~2007	4	0.98	−1.00	1.98	2	2	1.00
2008~2009	2	0.43	−0.33	0.76	1	1	1.00
2010~2013	4	0.46	−0.14	0.60	2	2	1.00
2014~2015	2	−0.07	−0.90	0.83	0	2	0
2016~2020	5	1.13	−1.99	3.12	2	3	0.67
平均值	3.40	0.59	−0.87	1.46	1.40	2.00	0.70

表10 我国煤炭开采和洗选业利润总额波动周期的各项特征指标

年份	周期长度（年）	波峰高度（%）	波谷深度（%）	波动幅度（%）	扩张长度（年）	收缩长度（年）	扩张收缩比
2004~2006	3	−2.37	−3.00	0.63	0	3	0
2007~2012	6	6.16	−1.12	7.28	1	5	0.20
2013~2015	3	1.21	−9.56	10.77	1	2	0.50
2016~2020	5	13.95	−16.70	30.65	3	2	1.50
平均值	4.25	4.74	−7.60	12.33	1.25	3.00	0.42

（1）周期长度分析

周期长度可以代表煤炭产业完成一个周期所需的时间，通过对上述四项煤炭产业经济指标的 CF 滤波分析可知，1982~2021 年我国煤炭产量有 6 个完整周期，平均周期长度为 6.67 年；1982~2020 年我国煤炭消费量有 7 个完整周期，平均周期长度为 5.57 年；2004~2020 年我国煤炭开采和洗选业营业收入有 5 个完整周期，平均周期长度为 3.40 年；2004~2020 年我国煤炭开采和洗选业利润总额有 4 个完整周期，平均周期长度为 4.25 年，如表 11 所示。

表 11　我国煤炭产业各项经济指标波动的周期长度

单位：个，年

指标	煤炭产量	煤炭消费量	煤炭开采和洗选业营业收入	煤炭开采和洗选业利润总额
完整周期时间	1982~2021 年	1982~2020 年	2004~2020 年	2004~2020 年
完整周期个数	6	7	5	4
平均周期长度	6.67	5.57	3.40	4.25

我国煤炭产量、消费量以及煤炭开采和洗选业营业收入、利润总额平均周期长度均小于 7 年，可见波动均较为频繁。其中煤炭产量、消费量平均周期长度相对较长；煤炭开采和洗选业营业收入、利润总额平均周期长度相对较短，波动比较频繁。

（2）波峰高度分析

分析 1978~2023 年完整周期内我国煤炭产量、消费量波峰高度变化趋势可知，两者分别呈现先降后升、先升后降再升的变化趋势，最高波峰分别出现在 1985 年和 1996 年，最低波峰分别出现在 2012 年和 2006 年。分析 2000~2023 年完整周期内我国煤炭开采和洗选业营业收入、利润总额变化趋势可知，两者分别呈现"降-升-降-升"和"升-降-升"的变化态势，最高波峰都出现在 2017 年，最低波峰分别出现在 2014 年和 2004 年，如表 12 所示。

表 12 我国煤炭产业各项经济指标波动的波峰高度

单位：%

指标	煤炭产量	煤炭消费量	煤炭开采和洗选业营业收入	煤炭开采和洗选业利润总额
最高波峰时间	1985 年	1996 年	2017 年	2017 年
最高波峰高度	1.54	1.62	1.13	13.95
最低波峰时间	2012 年	2006 年	2014 年	2004 年
最低波峰高度	0.59	0.42	0.07	2.37
平均波峰高度	1.08	0.82	0.59	4.74

通过分析煤炭产量、消费量以及煤炭开采和洗选业营业收入、利润总额的平均波峰高度可知，煤炭产量、消费量的平均波峰高度处于中间水平，煤炭开采和洗选业营业收入的平均波峰高度最小，煤炭开采和洗选业利润总额的平均波峰高度最大，这些都说明利润是煤炭产业发展的风向标。

（3）波谷深度分析

分析 1978~2023 年完整周期内我国煤炭产量、消费量波谷深度变化趋势可知，两者分别呈现"升-降-升-降"和"升-降-升"的变化趋势，最深波谷分别出现在 1987 年和 1986 年，最浅波谷分别出现在 2021 年和 2016 年，分析 2000~2023 年完整周期内我国煤炭开采和洗选业营业收入、利润总额波谷深度变化趋势可知，两者均呈现先升后降的变化趋势，最深波谷均出现在2020 年，最浅波谷分别出现在 2013 年和 2012 年，如表 13 所示。

表 13 我国煤炭产业各项经济指标波动的波谷深度

单位：%

指标	煤炭产量	煤炭消费量	煤炭开采和洗选业营业收入	煤炭开采和洗选业利润总额
最深波谷时间	1987 年	1986 年	2020 年	2020 年
最深波谷深度	-1.78	-1.17	-1.99	-16.70
最浅波谷时间	2021 年	2016 年	2013 年	2012 年
最浅波谷深度	-0.75	-0.68	-0.14	-1.12
平均波谷深度	-1.31	-0.96	-0.87	-7.60

通过分析煤炭产量、消费量以及煤炭开采和洗选业营业收入、利润总额的平均波谷深度可知,煤炭产量、消费量的平均波谷深度较小,煤炭开采和洗选业营业收入的平均波谷深度最小,煤炭开采和洗选业利润总额的平均波谷深度最大。

通过分析上述四项经济指标的平均波峰高度和平均波谷深度可知,煤炭产量平均波峰高度小于平均波谷深度,绝对值比为0.82,表明其受"负向"冲击时,受影响程度较大;煤炭消费量平均波谷深度绝对值明显大于平均波峰高度,表明其受"负向"冲击时,受影响程度较大;煤炭开采和洗选业营业收入的平均波谷深度绝对值明显大于平均波峰高度,表明其受"负向"冲击时,受影响程度较大;煤炭开采和洗选业利润总额的平均波峰高度和平均波谷深度绝对值均较大,且平均波谷深度绝对值明显大于平均波峰高度(见表14),表明在受到"正向""负向"冲击时,受影响程度均较大,当受"负向"冲击时,受影响程度更大。

表14　我国煤炭产业各项经济指标波动的波峰波谷比较

单位:%

指标	煤炭产量	煤炭消费量	煤炭开采和洗选业营业收入	煤炭开采和洗选业利润总额
平均波峰高度	1.08	0.82	0.59	4.74
平均波谷深度	-1.31	-0.96	-0.87	-7.60
绝对值比	0.82	0.85	0.68	0.62

(4)波动幅度分析

通过对4个煤炭产业经济指标在各自完整周期内的波动幅度展开分析可以发现:首先,对于1978~2023年完整周期内我国煤炭产量,其波动幅度整体呈现"降-升-降-升-降"的震荡收窄态势,最大的波动幅度出现在其历经的第一个完整周期(1982~1987年),最小的波动幅度出现在煤炭经济相对平稳的阶段(2003~2009年),此外距今最近的一个完整周期(2017~2021年)波动幅度也较小。其次,对于1978~2023年完整周期内我国煤炭消费量，其波动幅度呈现"先升、后降、再升"的波动趋势，最大的波动幅度出现在 1995~1999 年，最小的波动幅度出现在 2003~2008 年。此外，对于 2000~2023 年完整周期内我国煤炭开采和洗选业营业收入，其波动幅度整体呈现先降后升的变化趋势，2016~2020 年为最大波动幅度阶段，经济持续复苏的 2010~2013 年为最小波动幅度阶段。最后，相较于煤炭产量、消费量以及煤炭开采和洗选业营业收入，2000~2023 年完整周期内我国煤炭开采和洗选业利润总额的波动幅度较大，其波动幅度整体呈现不断扩大的态势，最小波动幅度出现在 2004~2006 年，最大波动幅度出现在 2016~2020 年（见表 15）。

表 15　我国煤炭产业各项经济指标的波动幅度比较

单位：%

指标	煤炭产量	煤炭消费量	煤炭开采和洗选业营业收入	煤炭开采和洗选业利润总额
最大波动幅度阶段	1982~1987 年	1995~1999 年	2016~2020 年	2016~2020 年
最大波动幅度	3.32	2.82	3.12	30.65
最小波动幅度阶段	2003~2009 年	2003~2008 年	2010~2013 年	2004~2006 年
最小波动幅度	1.63	1.27	0.60	0.63
平均波动幅度	2.39	1.78	1.46	12.33

（5）波动的扩张收缩分析

通过对 4 项煤炭产业经济指标在各自完整周期内的扩张收缩情况进行分析，可以发现：对于 1978~2023 年完整周期内煤炭产量，扩张型、平衡型、收缩型周期分布均匀；对于 1978~2023 年完整周期内煤炭消费量，三种类型周期均存在，且扩张型周期多于其他两种类型；对于 2000~2023 年完整周期内煤炭开采和洗选业营业收入，不存在扩张型周期，对于 2000~2023 年完整周期内煤炭开采和洗选业利润总额，不存在平衡型周期，且二者扩张型周期数量均少于收缩型周期。从 4 项煤炭产业经济指标在各自完整周期内扩张、收缩总长度和平均扩张收缩比来看，煤炭产量和消费量属于扩张型,煤炭开采和洗选业营业收入和利润总额属于收缩型(见表16)。

表16 我国煤炭产业各项经济指标波动的扩张收缩分析

单位:个,年

指标	煤炭产量	煤炭消费量	煤炭开采和洗选业营业收入	煤炭开采和洗选业利润总额
扩张型周期数	2	5	0	1
平衡型周期数	2	1	3	0
收缩型周期数	2	1	2	3
扩张总长度	21	24	7	5
收缩总长度	19	15	10	12
平均扩张收缩比	1.10	1.60	0.70	0.42

(6)波动的持续性分析

进一步对4项煤炭产业经济指标在各自完整周期内的波动值进行自相关系数(AC)分析,可以得到表17至表20的结果。

表17 我国煤炭产量波动的持续性检验

阶数	AC	PAC	Q-Stat	Prob
1	0.274	0.274	3.2288	0.072
2	−0.405	−0.519	10.476	0.005
3	−0.602	−0.432	26.948	0.000

表18 我国煤炭消费量波动的持续性检验

阶数	AC	PAC	Q-Stat	Prob
1	0.302	0.302	4.0247	0.045
2	−0.429	−0.572	12.335	0.002
3	−0.572	−0.319	27.508	0.000

表19   我国煤炭开采和洗选业营业收入波动的持续性检验

阶数	AC	PAC	Q-Stat	Prob
1	0.035	0.035	0.0327	0.857
2	−0.574	−0.576	9.3693	0.009
3	−0.154	−0.154	10.075	0.018

表20   我国煤炭开采和洗选业利润总额波动的持续性检验

阶数	AC	PAC	Q-Stat	Prob
1	−0.157	−0.157	0.6664	0.414
2	−0.113	−0.141	1.0278	0.598
3	−0.059	−0.106	1.1309	0.77

由表17至表20可知，我国煤炭产量、消费量以及煤炭开采和洗选业营业收入、利润总额AC值分别为0.274、0.302、0.035、−0.157，它们Q统计量的P值分别为7.2%、4.5%、85.7%、41.4%，均大于1%的显著性水平，说明4项煤炭产业经济指标的AC值均不存在自相关性。可以认为，我国煤炭产量、消费量以及煤炭开采和洗选业营业收入、利润总额的周期性波动具有持续性。因此，可以基于经济周期理论和分析方法开展煤炭产业经济周期分析和产业管理。

（二）煤炭产业新周期与新特征

煤炭产业新周期是传统周期的延续，但在很大程度上区别于传统周期。一方面，基于传统周期视角，产业发展进入产业复苏、投资扩张的新阶段；另一方面，新周期与传统周期表现出较大的差异性。首先是产业发展环境、产业功能定位因能源结构调整和"双碳"转型而发生根本性变化；其次是煤炭产业因自身发展规律进入新的发展阶段，例如，开发重心向西部和深部转移，产业结构、产业组织较以往出现质的变化；最后是受以上内外部因素影响，产业发展周期、驱动因素、波动形式等方面也发生了诸多变化。

1. 能源发展环境与煤炭功能定位变化

能源安全上升为国家战略。能源安全是关系国家经济社会发展的全局性、战略性问题，对国家繁荣发展、人民生活改善、社会长治久安至关重要。2014年，习近平总书记站在统筹中华民族伟大复兴战略全局和世界百年未有之大变局的高度，提出了"四个革命、一个合作"能源安全新战略，为我国实现能源安全提供了战略指引和根本遵循。[①] 十多年来，我国持续坚持能源安全的战略定位，党的十九届五中全会强调要"保障能源和战略性矿产资源安全"；"十四五"规划围绕"构建现代能源体系""提升重要功能性区域的保障能力""实施能源资源安全战略"等做出了一系列重要部署；《2030年前碳达峰行动方案》明确提出，以保障国家能源安全和经济发展为底线，推动能源低碳转型平稳过渡，稳妥有序、循序渐进推进碳达峰行动，确保安全降碳。新时代新征程，面对能源供需格局新变化、国际能源发展新趋势，习近平总书记深刻洞察能源大势，提出"能源的饭碗必须端在自己手里"[②]。习近平总书记关于能源安全的重要论述，深刻揭示保障国家能源安全的极端重要性，深刻阐明只有高水平保障国家能源安全，才能牢牢守住新发展格局的安全底线，才能真正把握未来发展主动权。

能源绿色低碳转型加速推进。应对气候变化成为全球共识，加快能源绿色低碳转型是大势所趋。"富煤贫油少气多风光"的能源资源禀赋，决定了我国能源绿色低碳转型不同于西方国家由煤到油气的发展路径，我国必须统筹化石能源清洁化与清洁能源规模化发展，在确保能源安全的前提下逐步推进清洁能源对煤炭等化石能源的安全有序替代。习近平总书记在第75届联合国大会一般性辩论上宣布，中国二氧化碳排放力争于2030年前达到峰值，努力争取2060年前实现碳中和。能源是实现碳达峰碳中和工作的主战场，加快能源绿色低碳转型是必由之路。在"双碳"目标的指引下，我国大力

---

① 《能源安全新战略引领电力事业高质量发展》，求是网，2024年6月1日，http：//www.qstheory.cn/dukan/qs/2024-06/01/c_1130154165.htm。

② 《奋进强国路 阔步新征程 | "能源的饭碗必须端在自己手里"》，求是网，2024年10月17日，http：//www.qstheory.cn/2024-10/17/c_1130210909.htm。

发展风光等新能源产业，积极开展煤炭清洁高效利用，协同推进能源绿色低碳转型。截至 2024 年 9 月，我国风电和太阳能装机规模突破 12.5 亿千瓦，超过煤电装机容量，并提前 6 年完成我国在气候雄心峰会上承诺的"到 2030 年中国风电、太阳能发电总装机容量达到 12 亿千瓦以上"目标。

　　持续发挥能源保障兜底作用。各国普遍立足能源资源禀赋与能源安全总体要求，推动能源转型。考虑到我国经济社会发展需求和以煤为主的基本国情，我国统筹能源转型与安全，仍需煤炭发挥主体能源和兜底保障作用。一是经济社会发展的"推进器"。能源是工业的粮食、国民经济的命脉，煤炭工业肩负能源支柱和基础产业重任，有力支撑着经济社会快速发展。自新中国成立以来，我国煤炭年产量由 1949 年的 3432 万吨，增加到 1978 年的 6.8 亿吨，再增加到 2013 年的 39.7 亿吨，2023 年达到 47.1 亿吨，支撑我国 GDP 由 1978 年的 3645 亿元增加到 2023 年的 126 万亿元。新周期下，以煤矿绿色智能开发和煤炭清洁高效利用为代表的产业需求，正在加快催生和培育新质生产力，为经济社会发展注入新的不竭动力。二是能源稳定供应的"压舱石"。改革开放以来，煤炭在我国一次能源生产消费中的占比长期保持在 70% 左右；尽管能源绿色转型带动煤炭消费比重逐渐下降，但全国煤炭消费总量仍保持上升趋势，2023 年煤炭占一次能源消费总量的比重为 55.3%。国家能源集团技术经济研究院预测，我国煤炭消费将于"十五五"期间达到 51 亿吨，此后进入 10 年左右的峰值平台期，预计 2035 年煤炭消费仍将保持在 48 亿吨以上，煤炭仍需发挥能源稳定供应的"压舱石"作用。三是新能源快速发展的"调节器"。风电、光伏发电等新能源具有随机性、间歇性和波动性等特征，新能源渗透率持续提升，给电力系统稳定性和安全性带来严峻挑战，煤电作为灵活性调节电源，有力保障了电力的稳定供应。2023 年，我国以 40% 的煤电装机容量贡献了 60% 的电量，其中煤电发电增量占全部发电增量的 50%。

2. 煤炭开发新阶段与产业投资新变化

　　煤炭开发布局持续西移。我国煤炭开发经历了以东部、中部地区为主到中部、西部地区主导的时空演化。2000 年之前，我国煤炭开发主要集中在东部和中部地区；伴随煤炭"黄金十年"发展以及西部大开发战略的纵深推进，煤炭生产重心逐渐向资源禀赋好、竞争力强的西部地区转移，以神东、陕北为代表的西部大型煤炭基地蓬勃发展，山西、陕西、内蒙古和宁夏逐渐成为我国煤炭主产区，煤炭布局实现由东向西转移。"十三五"期间，煤炭行业坚持安全智能高效发展理念，按照"压缩东部、稳定中部、优化西部"的原则，推动产业结构优化调整，东部、中部地区落后产能的逐步退出和西部地区先进产能的加速释放，推动煤炭开发布局实现由东向西的梯次转移。2000~2023年，山西、陕西、内蒙古、宁夏和甘肃5省（区）煤炭产量由3.2亿吨增长至34.9亿吨，占全国煤炭产量的比重由36.4%提升至74.9%。伴随煤炭开发西移，"西煤东运、北煤南调"跨区调运规模逐步扩大，2012~2023年，山西、陕西和内蒙古煤炭净调出量由14.4亿吨提升至20.1亿吨，占全国煤炭净调出量的比重由93.1%增长至95.8%。新周期下，山西、陕西和内蒙古主产区煤炭增量约束逐步趋紧，受资源禀赋、供需形势和政策导向的影响，新疆将逐步成为我国煤炭供应前沿阵地，我国煤炭开发有望形成"三西"和"新疆"双核心产区布局；同时随着开发重心进一步西移，煤炭生产和消费逆向分布矛盾将进一步凸显，大规模、长距离调运需求对全国煤炭高效供需衔接将带来新的挑战。

煤炭开发逐步向深部转移。我国煤炭资源分布差异大，开采条件极其复杂，多数资源在深部。据统计，我国1000米以深的煤炭资源约占53%。随着持续开发，我国煤炭开采向深部转移的趋势越发明显，开采成本呈系统性抬升态势。一是传统产区煤炭资源开发已经转入深部。我国东部、中部地区煤炭资源勘查和开发利用程度较高，但后备资源短缺，现阶段浅部资源逐步枯竭或被村庄道路等压覆，多数矿井逐步进入深部开采阶段。据不完全统计，我国煤矿最大开采深度已达到1500米，全国煤矿平均开采深度接近500米，其中800米采深煤矿有210余处，千米深井有60余处，主要分布在中部、东部地区。二是西部地区煤炭开发逐步向深部延伸。西部地区煤炭资源储量丰富、煤质优良、赋存条件良好，是我国煤炭开发的主要地区和大型高效矿井重点布局区。近年来，随着煤炭资源开采范围的拓展及开采强度的

加大,西部地区煤矿采深正以平均每年 10~25 米的速度向下延伸;同时"三西"地区作为我国煤炭最核心产区,山西浅部煤炭资源接续潜力匮乏,陕西和蒙西接续资源较在产煤矿埋深普遍增加,赋存条件变差。

行业投资步入增长新周期。21 世纪以来,伴随我国煤炭行业发展,行业投资经历不同周期演变。第一阶段产能扩张期(2001~2011 年),我国经济进入高速发展阶段,电煤指导价取消加速煤炭市场化进程,煤炭行业进入快速发展期,行业投资步入高增速发展阶段,煤炭采选业固定资产投资增速维持在 20% 以上,最高达到 70% 左右。第二阶段产能过剩期(2012~2016 年),国内经济增速放缓,能源需求回落,煤炭行业产能扩张后结构性问题逐渐凸显,产能过剩问题严重,煤炭企业大面积亏损导致行业投资热情降低,煤炭采选业固定资产投资快速回落。第三阶段去产能时期(2017~2020 年),煤炭行业积极推进供给侧结构性改革,大量煤炭落后产能淘汰退出,同时优质先进产能有序释放,经济恢复、居民生活水平提升等带动全社会用能增长,煤炭行业投资在 2017 年触底后逐步回升,2018 年煤炭采选业固定资产投资增速由负转正。新一轮产能周期(2021 年至今),在地缘冲突、新冠疫情、极端天气和新能源快速发展多重因素影响下,我国能源消费超预期增加,加之全球能源市场大幅波动,国内煤炭供需失衡加剧。在增产保供政策的推动下,煤炭行业投资再次加速,煤炭采选业固定资产投资连续 3 年实现正增长,2023 年达到 5592 亿元,创历史新高(见图5)。值得注意的是,煤矿智能化建设对新一轮煤炭行业投资增长起到较大的支撑作用。截至 2024 年 5 月,我国煤矿智能化建设投资已累计完成 1120 亿元。2024 年,《国家能源局关于进一步加快煤矿智能化建设促进煤炭高质量发展的通知》提出煤矿智能化建设路径。新周期下煤矿智能化建设有望支撑煤炭行业投资持续增长。

3. 煤炭产业结构、产业组织新特征

煤炭产业结构持续优化。自 2000 年以来,我国煤炭行业先后经历产能扩张、产能过剩、去产能和布局优化的不同发展阶段,特别是自 2017 年以来,煤炭行业深入推进供给侧结构性改革,进一步优化存量资源配置,扩大优质增量供给,提升行业发展的质量和效益。"十四五"期间,为缓解能源

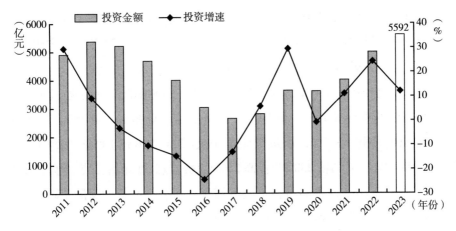

图 5　2011~2023 年煤炭采选业固定资产投资金额及增速

供应紧张的局面，能源主管部门通过核增产能等方式加快释放煤炭优质产能，实现煤炭供应能力的提升和产业结构优化，有效发挥能源保供的兜底作用。现阶段大型现代化煤矿已成为我国煤炭生产主体。截至 2023 年底，全国煤矿数量减少至 4300 处左右，平均单井产能由 2000 年的 3 万吨/年提高到 120 万吨/年；建成千万吨级矿井 81 处；年产 120 万吨及以上的大型煤矿产量占全国产量的 85% 左右。

煤炭企业兼并重组提速。在政策指导和市场化改革推动下，我国煤炭产业以大基地建设、大企业培育为方向，开启了新一轮煤炭企业壮大和整合之路，山西焦煤集团、宁夏煤业集团、陕西煤业化工集团率先以联合重组方式成立，四川、重庆、黑龙江、河北、河南、吉林、山东等地相继组建区域性煤炭企业集团。2017 年，国家发展改革委等 12 部门联合印发《关于进一步推进煤炭企业兼并重组转型升级的意见》，同年神华集团与中国国电集团联合重组为国家能源集团，煤炭企业正式迈入新一轮战略性重组阶段；此后，中煤能源集团吸收国家开发投资集团、中国保利集团和中国中铁等企业的煤矿板块，山东能源集团与兖矿集团联合重组成立新的山东能源集团，山西成立晋能控股集团和新的山西焦煤集团，甘肃、贵州、辽宁、黑龙江等地完成煤炭企业专业化重组整合。

煤炭产业集中度处于高位。"十四五"期间，我国重点煤炭企业借助行业投资新周期和增产保供政策，加快规模扩张。截至2023年，我国煤炭行业形成"1133+9"的大型煤炭企业集团格局，即1家6亿吨级、1家4亿吨级、3家2亿吨级、3家1亿吨级和9家5000万吨级的煤炭企业。2023年，排名前十的煤炭企业原煤产量合计达24.0亿吨（见图6），占规模以上煤炭企业原煤产量的51.5%；煤炭产业集中度CR4、CR8分别达到34%（见图7）和48%，分别较2000年提高25个百分点和35个百分点，较2015年提高9个百分点和12个百分点。大型煤炭企业越来越成为保障全国煤炭稳定供应的"稳定器"和"压舱石"。

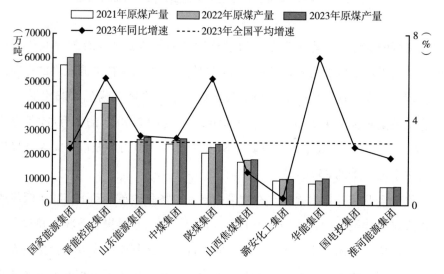

图6 2021~2023年排名前十的煤炭企业原煤产量情况

资料来源：中国煤炭工业协会。

4. 煤炭供需关系和市场运行新特征

煤炭供应韧性和弹性增强。一是生产能力显著增强。2021~2023年，我国累计核增煤炭产能超过6亿吨/年，截至2023年底，煤炭有效产能达到50亿吨/年，处于历史最高水平。二是生产可控性增强。近年来，我国煤炭产业结构持续优化，产业集中度稳步提升，2023年全国煤炭采选业规模以

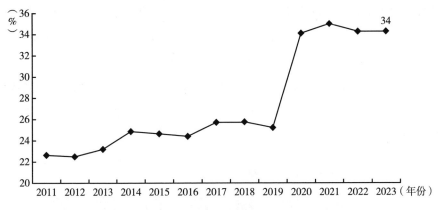

图7 2011～2023年我国煤炭产业集中度CR4

资料来源：中国煤炭工业协会。

上企业数量在5000家左右，煤矿数量降至4300处左右，告别了过去"多小散滥"的局面，大型煤矿产量占比超过85%，为提升产业管理效率、合理调控煤炭产量奠定了良好基础。三是供应弹性增强。近年来，我国煤矿智能化建设加速推进，大型煤炭企业率先建设了一批智能化示范煤矿，首批70处智能化示范煤矿通过验收，多数煤矿的验收结果达到中级智能化水平，形成了一批可推广、可复制的技术与装备，为柔性生产和跨季、跨月生产调节提供了技术条件。产能储备建设已经提上日程，2030年的目标是形成3亿吨/年左右的可调度产能储备，未来随着煤炭应急储备和产用环节库存调节机制逐步优化，煤炭供应弹性将逐步增强。

煤炭需求集中性和波动性加大。一方面，煤炭需求向电力和化工行业集中。2016～2023年，电力行业煤炭消费量从18.6亿吨增长至27.5亿吨，在煤炭消费总量中的占比由50.4%上升至59.2%；化工行业煤炭消费量从2.7亿吨增长至3.4亿吨，增长25.9%；同期，钢铁行业煤炭消费量略有增长，占比由16.6%降至15.0%，建材行业煤炭消费量较为平稳，占比由14.1%降至11.3%（见图8）。另一方面，煤电功能定位变化在很大程度上导致煤炭需求波动性加大。在电煤消费占比提升的同时，煤电在电力供应中的占比趋降、调峰属性增强，共同导致煤炭需求波动性增强。截至2023年底，我国 50%以上的煤电机组具备深度调峰能力。2023 年，我国火力发电量同比增长 6.1%，带动煤炭消费量同比增长 5.6%，水电欠发是重要原因之一。2024 年 5~7 月，我国水力、风力、太阳能发电量同比分别增长 41.1%、9.7%、41.1%，煤电受挤压，火力发电量同比下降 4.9%，成为煤炭消费负增长的影响因素之一。2022~2024 年我国月度（3~12 月）火力发电量如图 9 所示。

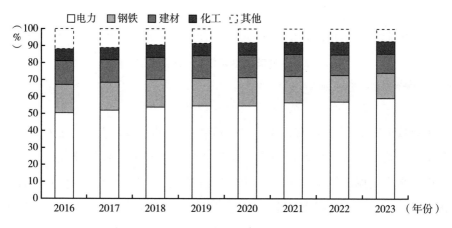

图 8　2016~2023 年我国分行业煤炭消费量占比

资料来源：中国煤炭市场网。

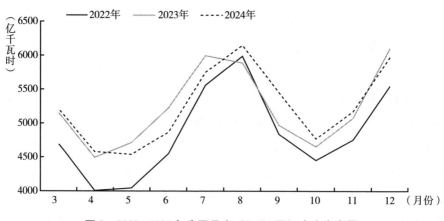

图 9　2022~2024 年我国月度（3~12 月）火力发电量

资料来源：国家统计局。

多极市场逐步形成，市场稳定机制作用凸显。一是煤炭市场向多极化演变。我国煤炭供需区域范围广、跨度大、运输距离长，既形成了以晋陕蒙为主产地、以东南沿海地区为主要消费地的市场格局，也形成了以东北地区、西南地区、新疆等为代表的相对独立的区域市场，以及具有典型区域特征的进口煤市场。特别是煤基能源产业基地建设加快，主产区煤炭就地消纳能力显著提升，煤炭市场供需两端影响力持续增强，促使我国以港口为主导、港口煤价为风向标的煤炭市场，加速向产地、港口相互影响的两级市场转变，产地和港口煤价倒挂现象时有发生。此外，在电煤保供机制作用下，电煤市场和非电煤市场有所分化。二是市场稳定机制持续生效。自2016年以来，我国煤炭中长期合同制度不断健全，"基准价+浮动价"的价格机制受到广泛认可，签约履约率稳步提升。2022年，我国创新煤炭中长期合同价格形成和管控机制，明确5500大卡动力煤中长期合同基准价按675元/吨执行，运行合理区间为570~770元/吨。2023年，煤炭中长期合同签约量超过25亿吨，尽管市场煤价仍有较大波动，但占据市场主体地位的长协价平稳运行，煤炭年度长协价在699~728元/吨的合理区间小幅波动，全年均值为714元/吨。2016~2024年我国煤炭价格如图10所示。

5.煤炭产业经济周期驱动因素、波动幅度及表现路径变化

分析不同时间尺度的煤炭产业经济周期，长期看经济增长形势，中期看产能供给状况，短期看需求和库存变化。而长中短期煤炭产业经济波动的驱动因素、波动幅度及表现路径正呈现不同变化。

一是从长期来看，煤炭产业经济随国民经济波动，呈现10年左右长周期的波动，主要原因在于国民经济的景气或衰退具有趋势性，会导致产业需求发生相应变化。例如，2002~2011年，我国经济增速连续10年在9%以上，经济总量排名从全球第六跃升至第二，煤炭产业迎来"黄金十年"发展期，煤炭工业平均利润率由4.3%上升至14.5%（见图11）。但随着煤炭消费占比下降，煤炭产业经济与国民经济的关联度将有所下降。从长期来看，煤炭产业经济周期波动幅度将有所收窄，表现路径将由"经济变化—煤电煤炭直接需求变化—煤炭产业效益水平趋势性变化"，逐步转变为"经

煤炭蓝皮书

济变化—煤电煤炭支撑调节性需求和工业原料需求变化—煤炭产业效益水平波动性变化"。

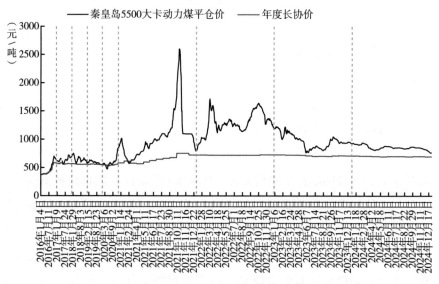

图10 2016~2024年我国煤炭价格

资料来源：中国煤炭市场网。

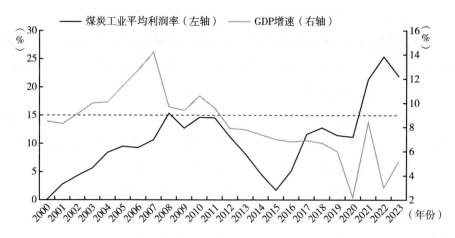

图11 2000~2023年我国煤炭工业平均利润率和GDP增速

资料来源：根据国家统计局数据整理所得。

二是从中期来看，煤炭产能供给状况对产业经济产生重大影响。煤炭产能建设周期一般为 3~5 年，如果考虑资源获取等前期工作，时间将更长。从过去的发展经验来看，煤炭产能与需求错配，主要原因在于煤炭产能更新具有周期性或滞后性。例如，"黄金十年"中后期，煤炭产业投产规模保持高位，随后 2012~2016 年煤炭产业进入产能过剩期和产业经济下行期；经过 2016~2020 年供给侧结构性改革，煤炭产业经济景气指数逐步回升；"十四五"期间，化石能源紧缺，煤炭产能阶段性供应不足，煤炭产业经济景气指数大幅提升。但随着煤炭产能管理体制机制的优化，产能供给韧性不断增强，产能供给对中期产业经济产生的影响也在逐渐削弱。煤炭产业经济周期从中期尺度来看，波动幅度同样将有所收窄，表现路径将由过去的"供给短缺—产业景气—扩大投资—产能过剩—产业不景气—化解过剩产能—供给短缺"，逐渐转变为"产能错配—供应综合调整—产能错配程度降低"。

三是从短期来看，煤炭产能不会发生大的变化，1 年以内的时间范围内，产业经济的主要影响因素是需求和库存。需求变化包括季节性和偶发性因素影响带来的变化，如迎峰度夏或度冬、极端天气等因素带来的变化。库存变化与上下游经营策略相关，库存过高或过低均会放大产业经济波动，保持相对平稳则能平抑产业经济波动，也会产生煤炭市场旺季不旺、淡季不淡的现象。例如，2023 年迎峰度夏期间，尽管安全事故多发、安全监管力度加大，导致产地供应能力出现下降，但由于终端库存高企，煤炭市场"旺季不旺"（见图 12）。如前文所述，随着煤炭消费向电力集中、煤电功能属性发生变化，煤炭需求的季节性波动受天气的影响将会加大。煤炭产业经济周期在短期尺度上，波动幅度并不一定收窄，但将从过去更多地由电煤需求主导、季节性规律较强的特征，逐渐转变为非电煤需求影响加大、季节性规律减弱、偶发性因素影响增大的特征。

6. 煤炭产业发展业态与影响因素变化

高质量发展新业态加快形成。近年来，我国煤炭产业聚焦智能、绿色、低碳发展，协同推进降碳、减污、扩绿、增长。聚力产业科技创新，推动数智技术、绿色技术、低碳技术与煤炭产业融合发展。2023 年，我国煤炭行业

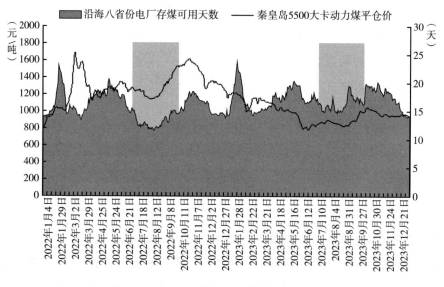

**图12 2022～2023 年秦皇岛 5500 大卡动力煤平仓价
与沿海八省份电厂存煤可用天数**

注：图中柱形阴影部分所覆盖的时间段为迎峰度夏阶段。
资料来源：中国煤炭市场网。

科技贡献率提高到 60% 左右，在全球范围实现煤炭科技领跑。一是以智能化建设推动产业升级，我国智能煤矿产能占比超过 50%。二是以数字化建设助推形成创新发展新赛道，不断丰富拓展煤矿数字化应用场景，煤炭行业 5G 应用、工业互联网操作系统等进入工业行业第一方阵。三是以绿色矿山建设厚植产业绿色发展底色，2023 年我国大型煤炭企业矿井水综合利用率、煤矸石综合利用处置率、土地复垦率分别达到 74.6%、73.6%、57.9%，充填开采、保水开采等绿色开发技术覆盖面不断扩大。四是以低碳体系建设助力产业转型，持续加大节能降碳力度，2023 年原煤生产综合能耗较 2014 年下降 26.8%，全国煤层气产量达到 117.7 立方米，二氧化碳捕集与资源化利用技术研发及工程示范实现突破。总之，随着煤炭高质量发展新业态的加快形成，煤炭产业经济周期的影响因素将更趋复杂化、具有更强综合性。

多元协同耦合发展新业态不断丰富。一是煤与共伴生资源综合开发利用效率持续提升。富煤油地下原位热解采油技术取得突破，煤与瓦斯共采技术达到国际领先水平，煤与共伴生关键矿产、三稀资源开发日益受到重视。二是煤炭全生命周期清洁高效利用模式持续完善。煤电"三改联动"持续推进，燃料和原料并重的转型步伐加快，现代煤化工向高端化、多元化、低碳化方向发展，形成以煤制油、煤制气、煤（甲醇）制烯烃、煤制乙二醇等为代表的较为完整的现代煤化工技术和产业体系。三是多元转型路径不断拓展。煤与新能源优化组合模式加快创新，渔光互补综合治理等采煤沉陷区"光伏+"模式实践力度加大，"工业+旅游""工业+现代农牧业""工业+乡村振兴"等"多位一体"循环发展新模式不断涌现，一大批煤炭企业聚力打造战略性新兴产业集群，布局高端装备、工业软件、新型储能、前沿新材料等新兴产业。总之，随着多元协同耦合发展新业态不断丰富，煤炭产业经济周期影响因素的边界不断拓展和延伸。

二 煤炭新质生产力

2023 年 9 月习近平总书记在黑龙江考察调研期间首次提出"新质生产力"，强调要整合科技创新资源，引领发展战略性新兴产业和未来产业，加快形成新质生产力。[①] 煤炭产业需深刻认识新质生产力的内涵，持续探索产业变革方向、拓展产业发展空间，为构建新型能源体系、保障能源安全发挥更大的作用。

（一）为什么要推动煤炭产业发展新质生产力

1. 发展新质生产力是煤炭产业顺应科技革命和产业变革的必然选择

我国进入新一轮科技和产业深刻变革期，学科交叉融合程度提高，技术创新进入前所未有的密集活跃期。数字技术、新材料、新能源、先进制

[①] 《习近平在黑龙江考察时强调：牢牢把握在国家发展大局中的战略定位 奋力开创黑龙江高质量发展新局面》，中国政府网，2023 年 9 月 8 日，https://www.gov.cn/yaowen/liebiao/202309/content_ 6903032. htm。

造等领域，颠覆性技术大量涌现。《全球数字经济白皮书（2024 年）》显示，2023 年，数字经济产值占 GDP 的比重达到 60%，产业数字化在数字经济中的占比达到 86.8%，为推动产业转型注入新动力。截至 2024 年 7 月，我国 5G 基站总数达到 399.6 万个，5G 技术已广泛渗透国民经济 97 个大类中的 74 个，行业渗透率已超过 76%。新能源和低碳技术为能源低碳转型注入关键动力，2023 年我国风电机组等关键零部件产量在全球市场的占比达 70% 以上，光伏多晶硅、硅片、电池片和组件占全球市场的比重超过 80%。新材料为现代制造业发展提供重要物质支撑，在高性能结构材料、先进功能材料、生物医用材料、智能制造材料等领域取得重大突破，2023 年我国新材料产业产值达到 7.6 万亿元，形成全球门类最全、规模最大的材料产业体系和生产能力。新型工业化进程加快，制造业智能化水平不断提升，2023 年我国高端制造业市场规模达到 25 万亿元，增长势头强劲。技术创新驱动新产品、新服务、新模式、新业态不断涌现，新产业赛道加速形成。例如，人工智能、区块链等技术赋能"新金融"业态，"互联网+"催生新型商业模式，人工智能、大数据、云计算等加速崛起，数字经济、低空经济、"人工智能+"、生命健康、绿色低碳转型等领域新赛道加快形成，持续释放新质生产力的发展潜力。

煤炭产业聚力科技创新，行业技术取得了长足进步，面对新一轮科技和产业深刻变革，需抓住时代机遇，加速培育和发展新质生产力。党的十八大以来，煤炭产业加快推动智能化发展、数字化转型和清洁高效开发利用。2012～2022 年，煤炭行业科技贡献率从 40% 左右提高到 60%，科技驱动高质量发展的特征日益显著。关键技术攻关取得重大突破，煤矿采区高密度全数字三维地震勘探技术能够查明 1000 米深度以内落差 3～5 米断层和直径 20 米以上的陷落柱；一次采全高综采煤层厚度从 6 米增加至 8.8 米，2023 年突破 10 米；开发了世界首套模块式高效干法选煤工艺系统，湿法全重介选煤技术将炼焦煤单系统入选能力从 600 万吨提升至千万吨级；实现百万吨级煤直接液化和 400 万吨级煤间接液化连续稳定生产，完成新一代煤直接液化技术开发；首创煤化工二氧化碳捕集、咸水层封存与监测成套技术。装备国产化、自主化程度不断提升，科技实力实现部分领域并跑、领跑。2012~2022 年，我国生产掘进机 1.79 万台，占累计产品产量的 62.8%；生产采煤机 8957 台，占累计产品产量的 45.5%；生产液压支架 73.6 万台，占累计产品产量的 61.2%。"特厚煤层大采高综放开采关键技术及装备""煤制油品/烯烃大型现代煤化工成套技术开发及应用""400 万吨/年煤间接液化成套技术创新开发及产业化"3 项成果荣获国家科学技术进步奖一等奖。在"双碳"目标下，煤炭产业面临保供和转型的双重压力，需深度融入新一轮科技革命和产业变革浪潮，以智能、绿色等为引导，高标准谋划推动煤炭新质生产力发展，坚持改造和升级并举，一体推进煤炭产业现代化体系建设。

2. 发展新质生产力是推动煤炭产业高质量发展的内在要求和重要着力点

新质生产力助推煤炭产业高质量发展取得显著成效。近年来，煤炭产业通过结构调整、科技创新、制度创新促进新质生产力发展，在产品质量、智能高效、绿色低碳方面取得实效。一是煤炭供应实现质的提升。2012~2023 年，我国煤炭产量由 39.5 亿吨波动上升至 47.1 亿吨。供给侧结构性改革推动产业结构深度调整，年产 120 万吨及以上的大型煤矿产量占比由 65% 上升到 85% 以上，千万吨级煤矿由 33 处增加到 81 处，产能由 4.5 亿吨/年增加到 13.3 亿吨/年，百万吨死亡率由 0.374 降至 0.094。二是智能高效发展提速。安全高效煤矿 406 处增加至 1146 处，原煤产量占全国的比重由 1/3 左右提升到 70% 以上，2023 年安全高效煤矿原煤工效达到 16.77 吨/工。智能化煤矿从无到有，截至 2024 年 9 月，我国建成 1642 个智能化采掘工作面，859 处煤矿拥有智能化工作面，共有 30 类 2640 台（套）机器人、1328 台无人驾驶车辆得到推广应用，1.7 万个固定岗位实现无人值守。三是绿色低碳底色更浓。2012 年，全国原煤入洗率为 56.0%，矿井水综合利用率为 62.0%，煤矸石综合利用率为 62.7%，土地复垦率为 42.0%。2023 年，大型煤炭企业原煤入洗率为 69.0%，矿井水综合利用率、煤矸石综合利用率、土地复垦率分别为 74.6%、73.6%、57.9%。大型煤炭企业原煤生产综合能耗由 17.1 千克标准煤/吨下降到 9.0 千克标准煤/吨。采煤沉陷区、露天矿排土场

不断探索产业绿色化、绿色产业化发展模式，矿区生态效应逐步显现。

制约煤炭产业高质量发展的因素仍大量存在，需要将发展新质生产力作为内在要求和重要着力点，推动新时期煤炭产业高质量发展。近年来，我国煤炭资源勘查投入大幅缩减，2012~2019年，全国煤炭勘查投入由121.9亿元降至10.0亿元，下降91.8%，2023年回升至19.72亿元，但仅为地质勘查投入的1.7%、油气地质勘查投入的2.0%，难以支撑煤炭资源储备提升和平稳接续开发。地质探测技术精度不高，高精度地质模型建模水平有待提升。智能煤矿建设仍处于起步阶段，智能掘进装备对不同地质的适应性不同，煤岩识别、掘进设备定位定向、智能截割等关键技术需要进一步攻关，部分装备及关键零部件国产化替代能力仍然不足，煤矿跨系统全时空信息感知体系、复杂地质条件高效智能开采、采煤机健康状态评估等领域的诸多基础问题有待解决。随着煤炭开采逐步向深部延伸，安全生产将面临更大挑战。煤矿充填、保水大规模高效绿色开采技术尚需进一步攻关，煤矸石等资源综合利用水平仍有待提升，煤与共伴生资源协调开采技术亟须突破。进入高质量发展新阶段，煤炭产业需要进一步加大技术创新力度，催生新动能、新模式，以科技创新推动产业创新和深度转型升级，破解高质量发展的瓶颈，助力产业摆脱传统发展路径，实现安全、高效、绿色、智能发展。

3. 发展新质生产力是提升煤炭产业竞争力和赢得发展主动权的战略选择

煤炭产业自身发展规律和约束条件，要求其必须以新质生产力提升产业核心竞争力。当前，我国煤炭资源开发处于重心向西部和深部转移、安全和生态约束加大、保供和转型任务交织的"三期叠加"新阶段。我国煤炭资源埋藏较深，开采条件属于中等偏下水平，经过长期高强度开采，开采条件逐步变差已是不争的事实。井工矿开采深度增加，地质条件愈加复杂，普遍存在主采煤层变薄问题，露天煤矿采深增加导致剥采比变大，开采成本上升，稳产压力加大。特别是近年来，绿色转型和智能化投入增加、新资源获取成本上涨、生产管理和人力资源成本上涨等，导致煤炭生产总体成本持续增加。上市公司公开资料显示，2020~2023年中国神华、陕西煤业、中煤能源、兖矿能源吨煤成本分别上升 39.2%、45.1%、50.8%、55.7%。2021 年 9 月至 2023 年 12 月，全国累计核增煤炭产能 6.2 亿吨，大部分煤矿生产系统达到极限，采掘、采剥接续紧张，部分煤矿配套的选煤厂和铁路装车系统近满负荷运转，产能核增空间缩小。与此同时，生态环保约束日益趋紧。水源地、自然保护区等环境敏感区域设置与煤炭资源协调开发矛盾较为突出，部分生产煤矿资源被压覆，一些优质资源无法有效开采。在矿井水和矸石"零排放"的要求下，煤矿充填技术、保水大规模高效开采技术尚未突破，绿色开采难度加大。面对发展难度加大的新局面，煤炭产业亟须以新质生产力破局，增强产业发展的核心竞争力。

能源结构加快调整和碳约束持续增强，要求煤炭产业必须以新质生产力赢得可持续发展主动权。我国宣布将力争于 2030 年前实现二氧化碳排放达到峰值、2060 年前实现碳中和。当前我国能源相关碳排放量在 120 亿吨左右，是我国碳排放的最主要来源，其中约 80% 来自煤炭消费。2023 年，我国发布《甲烷排放控制行动方案》，对未来一段时间我国甲烷排放控制进行系统部署。当前我国煤矿甲烷排放约占能源活动甲烷排放的 80%，占全国甲烷排放总量的 40% 左右。从碳减排到甲烷排放控制，再到碳排放核算、碳足迹管理进一步趋严，碳约束对我国煤炭需求和生产两端均带来巨大压力。2024 年，《中共中央　国务院关于加快经济社会发展全面绿色转型的意见》提出"坚决控制化石能源消费，深入推动煤炭清洁高效利用，'十四五'时期严格合理控制煤炭消费增长，接下来 5 年逐步减少"，以及"到 2030 年，非化石能源消费比重提高到 25% 左右"等诸多目标和要求。未来一个时期，煤炭功能定位将逐渐转变，煤炭消费在一次能源消费中的占比将长期下降，煤炭绿色低碳开发要求趋严，亟须加快发展新质生产力，赢得可持续发展的主动权。

（二）什么是煤炭新质生产力

煤炭新质生产力，是指在数智技术、绿色技术和管理创新驱动下，煤炭生产要素得到创新性配置，全要素生产率显著提升，产业实现深度转型升

级，进而由此催生的具有鲜明时代特征的先进生产力质态，主要体现为"三新"，即新的技术生态、新的要素系统和新的产业体系。

1. 新的技术生态：产业发展动能和驱动要素的重塑

历次煤炭生产力飞跃和产业重大变革，都肇始于技术创新。它往往基于新的煤炭科学理论，创造出新的煤炭生产工具或工艺体系，形成新的产业投资热点，重塑产业结构，革新发展方式，具体体现在煤炭地质勘查技术、采掘技术、绿色开发技术、清洁高效利用技术等方面，不断呈现新的煤炭技术生态。

煤炭地质勘查技术经历多轮技术革新，逐步迈向现代化和智能化。新中国成立初期，我国煤炭地质勘查主要依靠人工实地调查和简单的地质工具。1971年，西安研究院等单位成功研制模拟磁带记录地震仪，标志着我国地震勘探技术的起步。1981年，我国成立专门的煤炭遥感机构，负责开展遥感技术在煤田普查中的研究应用，逐步形成煤炭遥感地质理论，与煤田遥感地质勘查工作方法、工艺流程。各大科研院所使用数据库管理系统和绘图软件，实现矿图绘制自动化与管理数字化，推动煤炭地质勘查技术向数字化转型升级。自2000年以来，我国煤炭地质勘查技术进一步完善，基于高分辨率二维和三维地震勘探技术、瞬变电磁法和直流电法等多种技术手段，煤炭地质勘查进入综合勘查技术提升阶段。自2010年以来，随着信息技术的飞速发展和广泛应用，我国煤炭地质勘查技术逐渐向智能化、精细化转型。当前，我国已形成具有中国特色的煤炭地质学新理论，建立与中国煤炭资源禀赋相匹配的综合勘查技术体系。

煤炭采掘技术经过多年发展和变革，稳步向自动化、智能化演进。新中国成立初期，我国在国营煤矿全面推行新生产方法，实施煤矿通风系统、顶板管理、井下运输、采掘机械化等重要环节的改造。20世纪50年代，我国开始引进苏联先进采煤设备，实现采装运煤连续机械化，标志着我国煤炭采掘技术的起步。20世纪80年代初，我国引进140多套综合机械化开采装备，推动液压支架支护理论、设计方法、架型结构和制造技术革新，推动液压支架产品高端化，煤炭开采向综合机械化开采迈进。20世纪80年代，少数工作面实现年产煤炭百万吨；20世纪90年代综采发展加速，初步建立煤机装备制造技术体系；2005年成套采高5米综采装备在神华万利煤矿应用；2018年世界首个8.8米超大采高综采工作面在上湾煤矿运行。随着综合机械化开采到智能化开采的转型升级，2014年陕煤黄陵一号煤矿建成全国首个智能化无人开采工作面，实现地面远程操控采煤。2020年，国内首个智能化薄煤层综采工作面在国家能源集团榆家梁煤矿贯通，在"采煤机记忆割煤、支架自动跟机拉架、远程干预控制"的基础上，采用"精确三维地质模型和扫描构建工作面绝对坐标数字模型的自主智能割煤"技术。时至今日，我国煤矿智能化建设已进入加快发展、纵深推进的新阶段。

煤炭绿色开发技术持续创新，不断厚植产业绿色发展底色。2003年，钱鸣高院士首次提出煤炭绿色开采的概念，旨在实现煤矿的"低开采、高利用、低排放"。随着发展理念的更新和技术的进步，煤炭绿色开采的内涵不断丰富，向全生命周期和全空间尺度不断延伸。在煤炭开采水资源保护方面，针对西部干旱、半干旱区水资源保护难题，我国首次提出"导储用"技术思路，建立了煤矿地下水库理论和技术体系。在低损害开采与矿区生态修复方面，研发了东部草原区大型煤炭基地开发系统生态减损与修复技术、西部矿区高强度开采减损技术，以及无煤柱自成巷110工法和N00工法，实现了采（盘）区内无煤柱和无巷道掘进，研发了条带开采、矸石固体充填、粉煤灰膏体充填和高水材料充填开采技术。国家能源集团神东矿区先后建成煤矿地下水库30余座，储水量高达3300万立方米，每年为矿区供水超过7000万立方米，满足了矿区95%的生产、生活、生态用水需求，地表植被覆盖率由煤炭开发之前的3%~11%提升至70%以上。

煤炭清洁高效利用水平持续提升，推动煤炭消费转型升级。我国大力推进煤炭洗选能力建设和洗选技术进步，清洁生产规模不断扩大，煤炭企业由原来以生产原煤为主向以生产洗选煤和精细配煤为主转变。党的十八大以来，我国统筹推进落后煤电机组淘汰和节能降碳改造、灵活性改造、供热改造，建成全球最大的清洁煤电供应体系。2012~2023年，6000千瓦及以上电厂火电机组平均供电煤耗由326克/千瓦时降至302克/千瓦时

（见图 13）；火电烟尘、二氧化硫、氮氧化物排放量分别由 151 万吨、889 万吨、935 万吨降至 8.5 万吨、48.4 万吨、78.5 万吨，降幅分别达到 94.4%、94.6%、91.6%。现代煤化工向高端化、多元化、低碳化发展，生产工艺、大型装备、特殊催化剂等领域逐步实现国产化，多项关键技术达到全球领先水平，煤制油、煤制天然气、煤制烯烃、煤制乙二醇等实现产业化，截至 2023 年底产能分别达到 931 万吨/年、74.55 亿米³/年、1872 万吨/年、1143 万吨/年，煤炭功能加快向原料与燃料并重转变。

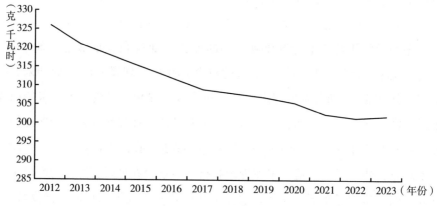

图 13　2012～2023 年全国 6000 千瓦及以上电厂火电机组平均供电煤耗

　　当前煤炭产业的技术具有多领域技术突破、交叉融合、加速迭代等特征。煤炭产业将通过发展动能和驱动要素的重塑，带来新的生产力质态。高精度地质测量技术、透明地质技术、全息地球物理勘查技术等迅速发展，煤与共伴生资源协同勘查技术加快实现精准化、多维化，为煤炭清洁高效开发提供全方位地质保障。煤炭采掘技术将进一步向安全智能精准开采演进，5G、人工智能技术赋能智慧煤矿建设，煤炭地下气化、深部原位流态化开采等颠覆性技术有望革新未来煤炭生产方式。全生命周期绿色开发持续推进，并加快探索低碳零碳和负碳技术，为生态友好型煤炭产业提供更强大的技术支撑。煤炭清洁高效利用技术将聚焦多元、高效，攻关新一代煤电技术、多元耦合的低碳循环煤炭转化技术，以及 CCUS 产业集群技术体系，推动煤炭在新型能源体系中发挥更大作用。

2. 新的要素系统：生产力三大要素及其组合的跃升

煤炭生产力三大要素及其优化组合的跃升，有助于推动煤炭产业新质生产力的形成。劳动者是生产力中最主要、最能动的要素。劳动资料作为生产力的物质载体，在新技术的作用下发生质变，煤炭采掘技术和装备是衡量煤炭生产力发展水平的客观尺度，并能在一定程度上解放劳动者，拓展生产空间，提升生产效率，推动生产力向新质生产力演进。劳动对象是生产活动的基础，煤炭产业的劳动对象在发展理念更新和科技创新的推动下，以煤炭资源为中心，不断拓展种类和形态。而产业形态和产业组织的变革，不断促进煤炭生产力三大要素组合协同效率的提升，进而推动煤炭产业全要素生产率的提高。

从劳动者的角度来看，煤炭产业从业者在煤炭生产力中是最活跃的因素，掌握现代技术的新型煤矿职工、创新型人才、战略型人才，是加快形成和发展煤炭新质生产力的核心要素。在实践中，国家能源集团坚持创新链、产业链、资金链、人才链一体部署，开展建强"优秀专家、大国工匠、青年人才"三支队伍工作，旨在建设一支创新领先、治理现代的"优秀专家"队伍，一支技艺精湛、品牌卓越的"大国工匠"队伍，一支充满活力、潜力较大的"青年人才"队伍，助力煤炭等各产业板块新质生产力发展。潞安化工集团以"项目+人才""平台+人才"等柔性引才模式，打造高端决策咨询智库，面向社会公开招聘企业负责人、技术骨干，持续加大技术序列人才培育力度，推动自主研发队伍和实战型工程技术队伍不断发展壮大，巩固新质生产力发展的人才基础。华阳新材料科技集团有限公司坚持多渠道引育高端人才与强化科技人才培训相结合，引进新材料、新能源领域专家，开展新质生产力、精益化管理等多领域培训，助推企业人才建设和高质量发展。

从劳动资料的角度来看，煤炭采掘装备等各类生产工具依托技术进步实现升级，大数据、物联网、人工智能等更高科技新型生产工具的应用，将为煤炭新质生产力发展注入新的动力。在实践中，国家能源集团实施"支撑能源转型的煤炭清洁高效利用"2030重大专项科技创新领先工程，

在井工矿形成"自主割煤+无人跟机+远程控制"无人化采煤模式,在露天矿实现采煤连续工艺"首台套",提档升级智能设备,建成世界首套8.8米超大采高智能工作面、国内首个数字矿山示范矿井和世界首座智能煤矿地面集中控制中心,建成9处国家首批智能化示范煤矿、14处示范煤矿、39处智能化煤矿,引领行业智能开发的方向。中国煤炭科工集团有限公司肩负引领煤炭科技进步的使命,聚焦深地科学、人工智能、大数据等前沿战略领域组建专业研究机构,持续增强关键共性技术供给能力,突破数字岩石力学、透明矿井、钻锚一体化快速掘进等400余项关键核心技术,形成煤矿智能化关键核心技术与重大装备体系,推动全国煤矿智能化建设,持续迭代升级瓦斯、水害、冲击地压、粉尘等灾害防控技术。四川省煤炭产业集团有限责任公司深耕复杂难采工艺技术,联合西安科技大学研发急倾斜煤层智能化开采方法、配套技术及工艺,并将其推广应用到19对矿井的57个工作面。

从劳动对象的角度来看,深层煤炭资源、煤炭共伴生资源、数字资源等,不断成为煤炭产业的新劳动对象,大大拓展煤炭生产新边界,创造煤炭发展新空间。在实践中,淮河能源控股集团聚焦深部煤炭安全智能精准开采、深部煤矿典型动力灾害防控等领域,建设世界最大、国内唯一的千米级深井原位实验室,首创立井"冻结法"施工工艺,实现千万吨级千米深现代化矿井3年内建成投产,成功解决了立井复杂地质条件下安全高效施工问题,为深部煤炭安全开采做出示范。国家能源集团在煤与共伴生矿一体化绿色开发方面积极开展创新性技术实践,构建煤与共伴生矿协同勘查、同区错时协调开采、分区协调开采、错时协调开采等技术体系,准格尔矿区煤与多金属一体化开发取得良好成效。山东能源集团有限公司发挥海量数据、主导产业规模大和应用场景丰富的优势,制定实施数据中心专项规划,统一基础设施、运营服务、运维管理及标准规范,打破内部壁垒,实现协同共享,更好支撑各产业板块智能化建设、一体化运营管理。

煤炭产业的劳动者、劳动资料、劳动对象,在新技术赋能下,实现优化组合和高效配置,呈现生产力三大要素及其组合的跃升,为全要素生产率的提升提供必要条件。煤炭产业人才、技术、管理、数据等要素充分整合、融合，促使煤炭产业摆脱传统发展模式，加速形成新质生产力。在实践中，国家能源集团形成"煤电路港航、煤电油气化、产运销储用"产业格局，持续打造具有一体化、低碳化、高端化、多元化显著特征的能源产业链，以环境全面感知、煤岩实时识别、数据开发利用等智能技术，露天矿卡无人驾驶、装载系统智能无人、"黑灯"选煤厂、无人工作面等创新成果，赋能煤炭智慧开采。河南能源集团以科技创新破解高效生产难题，大力推广切顶卸压沿空留巷技术，年均完成沿空留巷工程量1万米以上，为安全高效生产奠定基础；应用复杂条件下锚网支护技术，将煤矿巷道锚网支护率整体提升到95%以上；成功应用覆岩离层注浆减沉技术，在新义矿、义安矿解放"三下"压煤量300多万吨。内蒙古伊泰集团有限公司通过精细化管理，对煤炭资源、人力资源、技术资源等生产要素进行科学配置。

3. 新的产业体系：发展方式和生产力发展路径的升级

加快构建新的煤炭产业体系，是构建现代能源体系的重要内容，是保障国家能源安全，力争如期实现碳达峰、碳中和目标的内在要求，是推动实现经济社会高质量发展的重要支撑，其核心是以煤炭产业发展方式和生产力发展路径的升级，促进煤炭产业新质生产力壮大和产业高质量发展。

煤炭新质生产力已在实践中形成。一是现代煤炭产业体系正在加快构建。煤炭产业布局加快西移，2023年山西、陕西、内蒙古和新疆的原煤产量达到38.3亿吨，占全国原煤总产量的81.3%。煤炭供应实现量质齐升，国内煤炭自给率长期保持在90%以上。煤炭产业结构深度调整，煤矿数量减少到4300处，大型现代化煤矿成为煤炭生产主体。煤炭产业组织持续优化，2023年煤炭产业集中度CR4达到34%，CR8为48%，原煤产量超5000万吨的企业达17家，其中8家超亿吨。煤炭采掘技术加快迭代升级，井工矿生产方式历经炮采、普通机械化开采、综合机械化开采等阶段，正加快进入智能化开采阶段，掘进作业逐渐由机掘、综掘向智能化掘进演进；露天煤矿生产方式由早期的以单斗铁道工艺为主，不断向单斗汽车工艺、半连续开采工艺、综合开采工艺、连续开采工艺、拉斗铲倒堆工艺演进。煤炭清洁生

产体系不断完善，充填开采、保水开采、煤气共采、煤水共采、边采边复等绿色开发技术应用范围不断拓展。二是已建成全球最大清洁煤电供应体系，煤电装机超低排放改造超过 10.7 亿千瓦，占比超过 95%，机组煤耗、常规污染物排放及碳排放持续下降，先进机组的二氧化硫、氮氧化物排放水平与天然气发电机组限值相当，煤炭清洁高效集约化水平大幅上升。三是加快构建现代煤化工产业体系，产业集聚化、园区化、基地化、规模化发展格局初步形成，推动现代煤化工高端化、多元化、低碳化发展，促进煤炭功能加快向原料和燃料并重转变。四是煤和新能源优化组合步伐加快，2024 年 11 月，我国单体最大采煤沉陷区光伏基地——蓝海光伏电站正式并网发电，总装机容量达 300 万千瓦，成为我国内蒙古西部至山东南部特高压直流输电工程的重点配套项目。总之，煤炭新质生产力已在实践中形成，并展示出对高质量发展的强劲推动力和支撑力。

现代煤炭产业体系仍有待健全，未来还需进一步推动煤炭产业发展方式和生产力发展路径升级。一是推动单一开发向综合开发转型，逐步构建多元化立体化开发模式。推动煤炭共伴生资源优势向集群经济优势转变，逐步形成一体化、系统化、协调化的立体多元矿区开发模式。在矿区资源开发层面，探索矿集区和矿种联合开发利用模式，建立多矿集区、多矿种协同勘查开发体系。在矿区资源利用层面，结合煤与共伴生资源的协同开发，推进煤炭原位转化、就地转化，煤与共伴生资源的综合利用，促进煤矿区资源一体化开发利用。在矿区与区域经济一体化发展层面，立足区域资源禀赋、区位优势、产业布局，发挥煤炭产业基础带动作用和扩大煤基能源产业链辐射范围，规划布局与既有产业互补的新型主导产业集群。二是推动单向发展向协同发展转型，逐步形成煤基多能互补开发模式。立足煤矿开发全生命周期各个阶段，重视煤炭资源勘探、多类能源统筹开发和对废弃矿井的利用，促进煤炭与其他能源互补开发和利用。建矿阶段综合风光资源一体规划开发；开发阶段通过化学转化、电力、热力等多种方式实现煤基能源技术新要素与新能源新业态要素深度耦合；利用采空区布局抽水蓄能、重力储能、压缩空气储能等工程，系统构建以煤为基，油气化电氢储多能互补的现代矿区。三是推动高碳资源向低碳资源转型，逐步构建一体化碳循环开发模式。聚焦煤炭智能开采推动"低碳"、高效利用助力"减碳"、新能源耦合转化驱动"替碳"、碳基原料生产聚力"用碳"、矿区生态修复促进"储碳"、矿区管道和一体化通道实现"输碳"、CCS形成"固碳"七个维度，打造煤炭开发、利用、转化、碳捕集、碳运输、碳封存的封闭碳循环产业链，全面推动煤炭清洁高效利用技术革命。

三　新周期下发展煤炭新质生产力的主要任务

未来发展煤炭新质生产力的主要任务，包括正确处理新周期下煤炭产业发展的若干关系、以科技创新催生煤炭产业发展新要素和新模式、以绿色低碳推动煤炭产业深度转型升级、以深化改革构建煤炭新型生产关系、以机制建设强化煤炭新质生产力的人才保障。

新周期下煤炭新质生产力发展逻辑如图14所示。

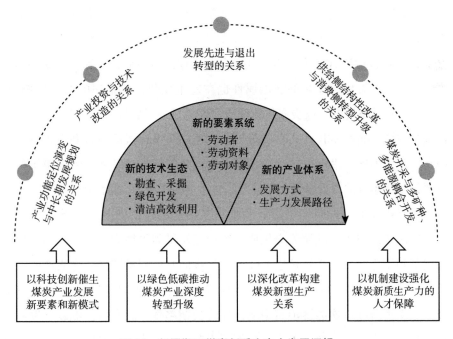

图14　新周期下煤炭新质生产力发展逻辑

（一）正确处理新周期下煤炭产业发展的若干关系

1. 产业功能定位演变与中长期发展规划的关系

煤炭由主体能源逐步向基础能源、调峰能源转变，功能属性由燃料向燃料、原料、材料并举转变。一方面，随着碳达峰、碳中和目标的深入推进落实与可再生能源的快速发展，能源绿色低碳转型持续推进，煤炭将逐步由主体能源向兜底保障支撑性能源、应急调峰与储备能源方向转变。"十四五"期间，能源绿色低碳转型步伐加快，2023年我国可再生能源总装机占全国发电总装机的比重超过50%，超过火电装机，成为保障电力供应的新力量。2024年8月发布的《中共中央 国务院关于加快经济社会发展全面绿色转型的意见》提出，到2030年非化石能源消费占比要达到25%。这一目标较2023年的17.9%，高出7.1个百分点。但风电、光伏发电等新能源具有随机性、间歇性和波动性等特征，大规模发展给电力系统稳定性和安全性带来严峻挑战，需要煤电发挥重要的支撑作用和灵活调峰作用。未来随着第三产业的发展和居民用电量占比的提高，全社会用电负荷波动性和尖峰效应都会增强。2023年我国最高用电负荷为13.4亿千瓦，预计2025年将达到15.5亿千瓦，2030年将达到20.0亿千瓦。用电负荷出现的新特征，对煤电兜底提出更高要求。另一方面，煤炭的功能属性也在发生变化，由单一的燃料向燃料、原料、材料并举转变。煤炭需求的峰值主要体现在燃料属性上，集中在发电、供暖等领域，随着煤电"三改联动"持续推进和煤炭清洁高效利用水平大幅提升，现代煤化工逐步向高端化、多元化、低碳化方向发展，未来煤炭的工业原料属性还将进一步增强，燃料与原料并重的转型步伐将加快。

煤炭产业的中长期发展规划应基于其功能定位的转变。在碳中和前半程，煤炭产能以保障能源安全供应、维持煤炭供需平衡为主，燃料仍是煤炭的主要利用方式，煤炭定位由主体能源逐步向基础能源转变，煤炭产业规划要抓好煤电这个"牛鼻子"；进入碳中和后半程，我国煤炭需求将快速下降，煤炭消费在一次能源消费中的占比将长期趋降，煤炭绿色低碳开发要求将趋严，煤炭清洁高效利用水平将不断提升，煤炭将加快向燃料、原料、材料并举转变，煤炭功能定位将逐渐发生深刻转变，煤炭产业规划要更加注重统筹谋划。煤炭从单纯的资源开采产业向高附加值产业转变，从环境压力源向社会责任承担者转变，未来煤炭产业要更加注重产业链的升级和延伸，通过技术创新和产业升级降低煤炭开采和加工成本，提高企业的经济效益，通过煤炭清洁高效利用提高社会效益和环境效益。煤炭产业通过发展煤炭深加工产业，生产煤制油、煤制气、煤制烯烃等化工产品，提高煤炭的附加值；通过技术创新和产业升级，降低生产成本和减少环境污染；通过矿区转型提供就业机会。随着新能源技术的快速发展和能源结构的优化升级，煤炭产业需要积极融入新型能源体系建设，提高能源系统的整体效率和可靠性。

2. 产业投资与技术改造的关系

有序建设先进煤炭产能。煤炭在相当长的时间内仍将发挥主体能源和兜底保障作用，由于现有煤矿的供给能力将自然衰减，未来我国需要加强煤炭产能接续和优化布局工作。当前我国煤炭需求仍处于尚未达峰阶段，预计将于2028年左右达到峰值，与2023年相比存在3.5亿吨左右的增量空间，在达峰后将进入10年左右的峰值平台期，2038年仍将维持48亿吨以上高位。综合考虑资源赋存、地质条件、生态约束以及产能核增情况，全国生产和在建煤矿产量2030年前可维持在44亿吨以上，2030年后煤炭产量将急剧减少，预计2035年降至38.6亿吨，难以支撑能源总体保供和系统安全。综合考虑适当规模煤炭进口和能源自主保障，为确保煤炭供需平衡，预计2035年前我国需新开工建设8亿吨/年煤炭产能。鉴于未来能源发展的不确定性，可先在"十四五"期间和"十五五"期间新建6亿~7亿吨/年煤炭产能，后续视形势变化适时对煤炭产能安排做出调整。产能建设投资重点布局在山西、蒙西、蒙东、陕北、新疆五大煤炭供应保障基地，推动产业西移和供给质量提升。

加快推进存量产能改造升级。对煤矿进行改造升级，同样是发挥煤炭能源安全兜底保障作用和促进煤炭行业高质量发展的关键。目前，全国煤矿数量在4300处左右，产量排名前8的企业的煤矿数量仅300余处，产能结构还需进一步优化。尽管2023年大型煤炭企业采煤机械化程度达99.08%，但

我国仍存在大量中小煤矿、机械化智能化程度不高的煤矿。如云南、贵州、四川、广西、湖南、湖北和江西等地的煤矿受煤层赋存条件限制，机械化水平普遍较低，且普遍面临生产效率低下、安全隐患大、环境污染问题突出等挑战，技术升级改造将是未来一个时期产业发展的重点。从应急保供角度来看，还要注重煤炭应急保障产能布局，加强煤矿弹性生产试点示范工作，提升煤炭柔性生产供给能力，保障国家能源长期安全稳定供应。

3. 发展先进与退出转型的关系

聚焦先进生产力，增强煤炭发展的生命力。新质生产力是煤炭经济发展的新动能、竞争优势的新支撑。我国煤炭产业正处于迈向高质量发展的关键阶段，抓手是发展新质生产力，特点是安全、高效、绿色、智能，重点是推动智能煤矿和绿色矿山建设。未来一个时期要聚焦发展新质生产力，大力推进煤炭清洁高效开发、智能绿色矿山建设，提高煤炭作为化工原料的综合利用效能，促进煤化工产业高端化、多元化、低碳化发展，走好煤炭新型工业化发展道路；加快煤矿智能化改造和数字化转型步伐，实现煤炭生产提质降耗、降本增效；推动先进工艺技术研发应用，瞄准透明地质、智能开采、保水开采、煤与瓦斯共采、矿山修复、矸石充填等关键技术方向，重点发展复杂地质条件开采技术，重点突破制约灾害治理、智能化建设和生态开采的技术瓶颈，全面提升煤矿安全生产能力，以新质生产力赋能煤炭产业高质量发展。

习近平总书记高度重视资源枯竭地区转型发展，他指出，资源枯竭地区经济转型发展是一篇大文章。① 资源枯竭等原因将推动我国退出煤矿规模不断扩大。"十五五"期间，仅山西预计就有 48 座资源枯竭煤矿陆续退出，减少产能 5290 万吨/年。东部、中部地区 2030 年前因资源枯竭、开采条件恶劣等，预计年均减产煤炭 0.4 亿~0.5 亿吨，2030 年后减产速度加快，年均减产 0.9 亿~1.0 亿吨。作为煤炭核心产区的晋陕蒙地区，2035 年煤矿产

---

① 《做好资源枯竭城市转型发展这篇文章》，人民网，2024 年 6 月 18 日，http://env.people.com.cn/n1/2018/1217/c1010-30469915.html。

能将降至 6 亿吨左右，资源枯竭矿区的转型发展问题需要引起高度重视。截至 2024 年底，全国煤炭采选业从业人数约 257 万人，未来煤炭产业"公正转型"需综合考虑就业、经济、生态、政策等方面。因此，要以人为本、改革创新、因地制宜，有效提升老矿区的发展活力、内生动力和整体竞争力，努力走出一条质量更高、效益更好、结构更优、环境更美、优势充分发挥的转型发展新模式、新路径。一方面，支持老矿区安全技改，加大老矿区深部资源勘探力度，适度减收或免收资源税、矿产资源权益金等，完善资源枯竭煤矿正常退出机制。另一方面，鼓励老矿区利用土地、基础设施等资源，探索退出煤矿利用、"光伏+农牧"、"光伏+生态旅游"、废弃矿井遗留资源开发、废弃矿井发展新型综合储能等。

4.供给侧结构优化与消费侧转型升级的关系

深层次调整煤炭供给端，提升供给与需求的适配性。供给侧结构优化仍将是煤炭产业未来一个时期的发展主线，全面提升煤炭供给体系对需求的适配性，是产业高质量发展的关键举措。从煤炭供应结构来看，煤炭产业转型升级的重点方向是持续淘汰落后产能，推动新质生产力发展，有序释放先进产能，提升煤炭供给水平。从产业发展周期来看，以煤电为例，煤电建设周期一般是 1.5~2 年，煤矿建设周期一般是 3~5 年。在煤炭产能建设过程中，要注重长周期的统筹和逆周期管理，避免煤炭产能周期与需求周期错配。从煤炭供给弹性来看，为最大限度避免供需错配，还需要建立与弹性需求相适应的煤炭弹性产能机制，不仅是建设储备产能，还要形成更广泛的弹性生产机制，创新煤炭产能管理机制，推动煤炭产能保持足够弹性。2024 年 4 月，国家发展改革委、国家能源局发布《关于建立煤炭产能储备制度的实施意见》，对于建设产能储备煤矿、更好发挥煤炭在能源供应中的兜底保障作用具有重要作用。

提升煤炭供应体系韧性，形成强大的抵御外部环境冲击的能力。近年来，在传统四大耗煤行业中，冶金和建材行业耗煤量基本稳定，粗钢产量基本稳定在 10 亿吨左右，水泥产量一直围绕一定规模上下波动，拉动煤炭消费增长的主要是电力、化工行业。作为煤炭消费利用的主体和需求增量的主

力，燃煤发电实现清洁高效和近零排放，煤化工产业要"吃干榨净"，着力推动煤炭利用朝着清洁、高效、低碳方向发展。要实施煤炭分质分级利用，有序推进重点用能行业煤炭减量替代，合理减煤控煤，优化用煤结构，持续推动煤炭清洁高效利用。要加快煤炭传统产业产品结构、用能结构、原料结构优化调整和工艺流程再造，提升用煤效能。

5. 煤炭开采与多矿种、多能源耦合开发的关系

构建多元化的开发模式，推动从单一资源开发向综合开发转型。未来煤炭的发展不应该是单一化的，需要更加突出多种资源的优化组合、协同开发、联营发展，通过构建多元化、立体化和多能互补开发模式，实现煤炭与其他矿种及多种能源的耦合开发模式，比如煤与共伴生资源共采、多矿种联合开发。我国煤与共伴生资源种类多、数量大、分布广泛、利用价值高，包括锗、镓、铀等20种可利用的战略性金属矿产资源。长期以来，煤炭共伴生资源开发种类单一，综合利用效率不高，导致资源严重浪费并引发各类生态环境问题。在"双碳"目标下，立足煤炭、煤与共伴生资源全产业链和全生命周期的生存发展规律与逻辑，坚持减量化、资源化原则，推进煤炭与煤层气、锗、铀、镓、高岭土等煤炭共伴生资源联合开采，推进瓦斯、矿井热、煤矸石等煤炭共伴生资源综合利用。从中长期来看，煤炭产业将推动煤炭共伴生资源优势向集群经济优势转变，逐步形成立体多元矿区开发模式，需要在矿区资源开发层面、矿区资源利用层面、矿区与区域经济一体化发展层面协同考虑。多矿种、多能源耦合开发能够大幅削弱煤炭开采对环境产生的负面影响，通过合理规划和技术整合，煤炭开采可以与其他矿种和能源的开发形成协同效应，如利用煤炭与地热能的耦合开发，在采矿的同时开发清洁能源。

建立以煤为基础的多能互补开发模式，推动从单向发展向协同发展转变，实现资源的高效整合与利用。习近平总书记在四川考察时再次强调"要科学规划建设新型能源体系，促进水风光氢天然气等多能互补发展"①，

---

① 《多国加快部署！中国氢能能否破局？》，"光明网"百家号，2024年5月20日，https：//baijiahao. baidu. com/s？id=1799547348660837518&wfr=spider&for=pc。

为新时代能源产业转型升级和推进能源体系高质量发展指明了方向、提供了根本遵循。立足我国以煤为主的能源资源禀赋，新型能源体系建设既要加大煤炭清洁高效利用力度，保障国家能源安全，又要着力推动煤炭与新能源深度融合发展，构建煤基多能互补开发模式，实现单向发展向协同发展的转变。从中长期来看，煤基多能互补开发模式将立足煤矿开发全生命周期各个阶段，最大限度地促进煤炭与其他能源互补开发和利用，该发展模式重视煤炭资源勘探、多类能源统筹开发和对废弃矿井的利用。实现煤基多能互补开发有多种形式，例如，煤炭与新能源融合发展、"矿区光伏+农牧渔"一体化发展、基于废弃矿井的新型综合储能发展等。

（二）以科技创新催生煤炭产业发展新要素和新模式

科技创新能够催生新产业、新模式、新动能，是发展生产力的核心要素。新时代新征程，要以科技创新推动煤炭产业创新，重点聚焦煤炭安全、智能开发领域，创新适应新时代能源保供需求的柔性生产模式。

1. 灾害防治与安全生产技术创新

一是加强复杂地质条件下煤矿安全开采关键技术攻关。加强复杂地质煤炭开采基础理论研究，重点开展矿井复杂环境自适应感知、矿山多源异构数据融合及信息动态关联、采掘设备群协同控制、动态协同控制与数据驱动决策等煤炭开采基础理论研究。强化煤矿地质环境精细感知技术研发，重点开展煤岩层随钻原位一体化动态测量技术、截割工作面煤岩界面识别技术、地质信息全空间多场感知与智能分析决策技术研究，开发多源信息融合的透明矿井平台。创新复杂地质煤炭安全开发技术，重点研发采掘工作面地质异常体高精度超前探查、煤矿复杂地质构造槽波地震探测等地质保障技术，复杂地层大断面斜井盾构机掘进等大型现代化煤矿建矿技术，以及深厚复杂岩土斜井冻结法凿井、复杂围岩巷道高预应力锚杆支护、复杂地质条件的工作面智能开采技术，进一步攻克复杂困难条件的智能开采关键核心技术与装备。

二是加强重大灾害防控科技创新。基础理论方面，加强煤矿冲击地压主控地质因素及发生机理研究、复杂地质条件下顶板水害形成机理、深部矿井

多灾种一体化智能防控、大采深矿井煤层底板岩溶发育规律、复杂条件下采掘设备群的协同控制、露天矿滑坡灾害精准化预警以及职业危害接触限值与致病机制等理论研究。关键技术方面，加强冲击地压智能预警与共性关键因素防控、隐蔽致灾地质因素瞬变电磁精细探测、深部开采与复杂耦合重大灾害防治、重大灾害自动监测预警等核心技术攻关。

2. 智能高效开采技术创新

健全煤矿智能化标准体系建设。推进煤矿智能化标准的制修订工作，强化基础性、关键技术标准和管理标准的制修订；加快煤矿智能化建设术语、数据管理、技术装备及煤矿机器人等相关技术规范、产品标准和检测检验规范的制修订。开展煤矿智能化标准体系建设专项工作，加快实施煤矿智能化标准提升计划，制定煤矿智能化建设、评价、验收规范与实施细则；推动建立煤矿智能化标准一致性、符合性检测体系和技术平台，形成标准制修订、宣贯应用、咨询服务和执行监督的闭环管理体系。

加强煤矿智能化技术和装备研发。智能采掘方面，研发典型地质条件的巷道自主决策快速智能掘进及支护作业技术、超长工作面双采煤机协同开采工艺、采掘数据融合的智能决策关键技术、智能自适应开采技术、"工作面自动化+可视化远程干预"智能开采等技术；开发大中心距轻量化快速移动液压支架、基于截割变频技术的重载振动工况高可靠性超大采高采煤机、高精度大工作阻力数字液压油缸及多级分布式液压驱动系统、井下自主作业特种机器人及协同作业控制平台等重大装备。煤炭运输方面，研发井下新能源辅助运输车辆及无人驾驶技术，开发辅助运输全流程无人化协同作业系统。煤炭洗选方面，研究煤炭大型高效分选装备及智能控制技术，提升干法选煤装备可靠性和处理能力。

持续推进智能化系统优化升级。重点推进开采系统智能决策自主运行、掘进系统工艺设备高效协同，采掘工作面实现超视距远程控制与现场少人无人，推广应用辅助运输智能调度、固定场所无人值守、通风系统全面感知与实时解算、危险繁重岗位机器人替代。露天煤矿重点推进自主采装、矿用卡车无人驾驶、装运卸机器人协同作业，提升多工序智能协同水平。选煤厂重点推进高精度煤质在线检测、智能分选控制，实现全流程智能监测、决策与控制。

3. 柔性生产模式创新

加强智能化柔性煤炭供给体系建设。一是加强全国煤炭供需监测体系建设及预测预警能力。构建煤炭产、供、储、销、用全产业链企业生产消费数据报送机制，夯实煤炭供需预测数据底座；利用云计算、人工智能等数字技术，建立统一的煤炭供应链数字化管理平台，加强煤炭供需动态监测和预测预警。二是提升以智能化为支撑的煤炭柔性生产供给保障能力。加大煤矿智能开采全谱系技术研发力度，加强智能快速掘进关键技术、智能无人开采成套技术等推广应用，构建煤矿开采全过程的数据链条，根据煤炭市场需求合理制订生产计划，灵活高效调整煤炭供应能力，实现决策智能化、运行自动化、反馈高效化，创新以数据驱动的柔性生产供给运行模式。三是推动产业链上下游高效协同。推动煤炭供给、需求、运输多类信息深度融合，以及智能柔性煤矿系统的协同、上下游产业链的协同。

（三）以绿色低碳推动煤炭产业深度转型升级

"双碳"目标要求能源行业加速绿色低碳转型。煤炭行业绿色低碳转型重点聚焦绿色开采、低碳开发和清洁高效利用。

1. 倡导煤炭绿色开采

经过多年实践，我国已初步形成以低损害开采、矿区水资源保护利用、固废处置利用、矿区治理与生态修复等技术为核心的煤炭绿色开采技术体系。新时期针对煤炭开采向西部和深部转移、西部生态脆弱区大规模矿井开发等问题，我国仍需进一步开展相关研究和技术创新。一是加快现代化煤矿低损害开采技术体系构建，井工煤矿持续开展基于开采工艺参数优化的源头减损技术、采空塌陷区离层注浆控制地面沉降技术研发应用，构建采动损伤精准感知、监测、控制技术体系；露天煤矿持续开展"采前生态设计—采中生态损伤控制—采后系统生态性修复"全生命周期协同技术研发与应用。二是加强矿区水资源保护利用关键技术研发，重点突破顶板含（隔）水层

改性原位保水技术、矿井水井下储存与智能调控技术。三是加强矿区地表生态修复技术研发，重点研发采空沉陷区精细治理技术、开采扰动区生态修复与高值化利用技术、矿井水井下—地面协同高效低成本处理技术以及露天矿地层重构、土壤改良及植物优选等技术。四是加强固废处置利用和绿色开发协同技术研发，持续开展煤矸石返井、煤矸石高效充填、煤柱"掘—充—留"一体化、断壁连采连充、架后充填开采等关键技术和煤矸石注浆充填技术研发。

2. 鼓励煤炭低碳开发

加强煤炭开发节能提效。一是加强煤矿区节能减排机制建设和责任落实。统筹行业发展现状和节能降碳需求，从国家层面明确煤矿企业节能减排工作任务，分区域、分阶段制定煤炭开发各环节能耗指标；健全节能减排工作机制，完善煤矿能耗统计制度，强化节能减排工作考核，建立能耗在线监测系统。二是推进采选系统节能改造。加快主要耗能设备更新升级，推进采掘设备变频改造、变频永磁同步电机替换；有序推进井下运输系统智能改造以及长距离胶带运输技术应用，提升煤炭转运效率；推广风泵自动化排水、智能通风等技术，避免设备空转运行；推广露天煤矿卡车节油技术，优化矿卡发动机和电控系统参数，实施矿用大马力柴油机柴油混合氢气、氧气燃烧节油减排项目。推进洗选驱动电机节能升级改造，推动智能化、无人化选矸；探索开发智能煤流启停技术，缩短带式运输机空载运行时间，降低无效功耗。

推动煤炭开发过程减碳。一是以清洁能源替代实现煤炭开发减碳。推动煤炭生产、运输环节新能源车替代，拓展纯电矿卡、氢能重卡等新能源车辆在煤炭开发过程中的应用场景。井工煤矿分批次实施井下人员、物料、设备等运输车辆，井上煤炭短途倒运，矿区通勤和办公车辆，矿区应急救援车辆，设备维修车辆等新能源替代，配套建设快速充电或制氢加氢设备，推广纯水介质替代液压支架乳化液；露天煤矿重点推广中大型卡车新能源车替代。二是加强煤矿瓦斯抽采利用与排放监测，建立甲烷排放核算、报告和核查制度；推动煤与瓦斯突出矿井配套建设瓦斯抽采与综合利用设施，对甲烷体积浓度≥8%的抽采瓦斯，在确保安全的前提下，鼓励煤矿企业进行综合利用；对甲烷体积浓度在2%（含）~8%的抽采瓦斯以及乏风瓦斯，鼓励企业探索开展综合利用。鼓励企业开展瓦斯发电、供热、制备化工产品技术研发与推广应用。

3. 促进煤炭清洁高效利用

推动煤电行业减污降碳。持续推动煤电"三改联动"，加强煤电节能降耗改造、供热改造和灵活性改造，进一步降低煤电机组能耗，新增煤电机组全部按照超低排放标准建设，煤耗标准达到国际先进水平，加强煤电机组深度调峰期间安全管理；开展煤电低碳化改造和建设，鼓励具备条件的煤电机组开展生物质掺烧、绿氨掺烧等低碳化改造，鼓励煤电项目建设二氧化碳捕集装置。推动新一代煤电建设。统筹电力热力需求、输送通道建设、新能源配套建设以及负荷侧调节能力、节能减排降碳要求等，合理布局建设清洁高效煤电项目，鼓励新建煤电项目采用大容量、高参数、低能耗、调节能力强的先进机组。统筹安排到期机组延寿、等容量替代、转应急备用和关停事宜，合理部署到期机组退出。

促进现代煤化工产业发展和新一代技术研发。加快煤制油气战略基地建设，重点推动榆林、哈密、鄂尔多斯国家级能源化工基地建设。提升煤化工产业质效。重点攻关现代煤化工核心技术，研发新一代高效煤直接/间接液化技术、煤直接转化油品深加工技术、煤直接/间接液化下游产品深加工技术、煤基特种基础油生产成套技术、α-烯烃高效分离与精制技术、m-PAO基础油制备成套技术；开发新型高效煤直接液化催化剂、费托合成催化剂、费托蜡加氢裂化催化剂等。加强设备研发和国产化替代，加大煤制油气核心装备国产化力度，开发长周期稳定运行的煤直接液化新型反应器及循环泵、大口径高压蝶阀、煤浆换热器、煤间接液化浆态床反应器、高压甲烷化反应器等核心设备；开发石脑油与甲醇耦合制低碳烯烃技术和甲烷化技术，打造工业示范装置。加大煤化工装置节能减排力度，加快全产业绿电替代，提升项目能效水平，加强空冷、闭式循环水、低位热能等技术应用，实现装置间的耦合，提高整体能源利用水平。

加强 CCUS 技术研发与规模化示范。在全国范围内尤其是重点产业集聚区，开展精细化地质碳汇封存潜力评估和 CCUS 源汇匹配分析；以我国典型煤电、煤化工企业为对象，从减碳潜力、技术经济角度评估筛选可规模化应用的 CCUS 技术；推进 CCUS 示范项目建设和产业发展，综合考虑源汇匹配和产业布局规划，开展百万吨级煤电和煤化工 CCUS 示范工程建设，重点开展工业规模级驱水封存（EWR）示范。开展煤基能源耦合 CCUS 产业集群规划。围绕鄂尔多斯盆地、准噶尔盆地等煤基产业基础和 CCUS 源汇匹配条件好的区域，谋划 CCUS 产业化商业化推广应用和区域一体化布局。发挥 CCUS 技术的作用，加强产业耦合和跨行业合作，推动煤基能源与新能源优化组合，打造以区域规模化 CCUS 为枢纽的多能互补、产业深度耦合、低成本规模化碳减排的新型能源化工基地。

（四）以深化改革构建煤炭新型生产关系

我国正处于生产关系变革的关键时期，构建新型生产关系能够更加有效适应并推动新质生产力的持续发展。构建新型生产关系要聚焦煤炭产业管理体制改革、深化科技创新体制改革、创新生产要素配置机制、构建统一大市场。

1. 聚焦煤炭产业管理体制改革

当前，世界百年未有之大变局加速演进，世界进入新的动荡变革期，能源安全形势更加复杂，保安全压力长期存在。煤炭作为我国主要能源，其稳定供应急需更强大的生产力支撑，这对煤炭生产能力、利用效率、生产布局都提出了更高要求，我国需要全面深化煤炭产业管理体制改革。要坚持系统思维、统筹部署，提高煤炭产业管理和服务水平，协同推进规划、监管、服务等工作。一是加强规划引导，适应新型能源体系下煤炭产业发展新要求，完善煤炭战略规划体系，明确煤炭的功能定位和开发布局方向。二是完善煤炭行业管理工作协调机制，围绕煤炭规划与煤矿建设、煤炭生产与煤矿安全、煤炭清洁高效利用、生态环境保护及监督管理、法律责任等方面，加快探索多部门协同管理或集中管理模式。三是完善市场监管机制，针对煤炭领域安全生产、市场运行、长协履约等突出问题开展专项监管，构建有利于煤炭产业健康平稳发展、发挥能源兜底和应急保障作用的监管机制。四是加强煤炭与其他能源产业改革的协同，探索"煤、油、气、电、化"等能源品种部际联席会议管理模式，同时加强与财税、金融等领域改革的协同。

2. 深化科技创新体制改革

深化科技体制改革是发展新质生产力、实现高质量发展的必然选择。煤炭行业面临能源保供和绿色低碳转型的时代命题，必须全面深化科技创新体制改革，为企业健康可持续发展提供强大的内生动力。一是优化重大科技创新组织机制，加强国家战略科技力量建设，立足煤炭开发、生产、储运、使用全产业链各环节技术和产业需求，完善国家实验室、全国重点实验室、主要科研院所和高校相关专业布局，提升煤炭清洁高效利用全产业链基础理论和关键技术研发能力。二是强化企业科技创新主体地位，优化煤炭领域科技领军企业布局，支持企业建设国家级研发平台，鼓励企业承担国家科技专项任务和攻关项目；加大企业研发经费投入力度，立足煤炭企业实际需求，鼓励企业加强煤炭绿色开发、清洁高效利用等关键共性技术、前沿引领技术、现代工程技术、颠覆性技术迭代研发，推动科技创新与产业融合发展。三是完善科技成果转化机制。探索科技人员市场化收入分配制度，允许科技人员在科技成果转化收益分配上有更大自主权，建立职务科技成果资产单列管理制度，深化职务科技成果赋权改革。

3. 创新生产要素配置机制

加快构建更加完善的要素市场化配置体制机制，进一步激发煤炭行业创造力和市场活力。一是推动煤炭资源要素的市场化配置。坚持地方煤炭资源配置与国家政策要求一致，推动资源配置与地方利益和转化项目解绑，加快探矿权转采矿权，矿业权价款按年度实际动用资源量或产生收益进行收取；加强煤炭资源配置的统筹规划，研究试行重要矿区矿业权审批由国家负责；实施资源分类配置，保供煤矿资源优先配置并实行价款优惠，优化边角资源配置政策。二是创新资本等生产要素市场化配置方式。鼓励社会资本投入矿产资源勘查开采，参与铁路运煤干线和煤炭储配体系建设，引导金融和社会

资本加快解决煤炭产业发展过程中的资金问题，以资本市场化配置推动煤炭与上下游产业耦合发展，提升资本在煤炭行业的配置效率。三是创新数据等生产要素配置方式。建立国家煤炭数据管理平台，提高煤炭数据要素治理效能，推动产能公告实现生产、建设、停产和退出煤矿全覆盖，完善煤炭产量直报制度，加大统计数据审核力度，强化数据质量管理，提高煤炭生产数据的准确性、及时性；规范和优化煤炭分类计量模式，加强供需两端"商品煤量"统计，加强主要耗煤行业分类统计，提高耗煤行业产品产量与煤炭消费数据的匹配性，以准确、及时、高效的数据支撑煤炭产业高质量发展。

4. 构建统一大市场

我国煤炭产业需形成统一开放、竞争有序、高效规范的市场交易体系，为全国统一大市场的建设贡献煤炭力量。一是改善市场结构，推广企业并购重组等多元化组合方式。通过提高产业集中度，激励煤炭企业之间以及煤炭企业与下游企业之间建立产供销战略伙伴关系，提升长期合作层次，确保煤炭供应的安全与稳定。二是建立健全市场交易体系，以煤炭交易大数据平台建设为核心，建设定位不同、功能互补、信息共享、协调发展的全国性和区域性煤炭交易中心。三是健全商品煤质量管理体系，加强煤质煤种分类开发，加大煤炭配采、洗选加工及特种煤保护开采力度，形成煤炭中长协、委托采购、代理运输等模式，实行商品煤分质分级管理，实现煤炭"优质优价、同质同价"，确保煤炭质量和价格稳定在合理区间。四是完善市场运行和监管体系。进一步完善煤炭价格形成机制，确保区域煤价在"合理区间"；推动市场监管公平统一，严控不当市场竞争和市场干预行为；强化中长期交易合同监管，规范市场交易行为；进一步提升动力煤期货的价格发现功能，促进煤炭市场平稳健康发展。

（五）以机制建设强化煤炭新质生产力的人才保障

人才是推动科技创新、促进生产力跃升的基础支撑，人才队伍是煤炭新质生产力的核心。煤炭人才保障机制建设要聚焦完善多层次人才培养机制、构建教育培训新体系、推进科研院所改革、健全分配与激励机制。

1. 完善多层次人才培养机制

煤炭产业科技创新依赖尖端科技引领、高效管理推进和技术技能支撑。健全煤炭行业人才培养机制，统筹加强高精尖人才、技能型人才、高素质管理人才培养。高精尖人才方面，重点聚焦煤炭地质勘探、智能采矿技术、清洁高效利用技术等，鼓励煤炭企业实施高端科技人才发展计划，如"菁英育才""淬火选才""多维用才""聚心留才"等工程，打造人才培养的"新高地"；鼓励通过参与重大科技工程项目、实行"产—研—用"一体化培养、支持研发平台建设等手段，强化科技领军人才培养。技能型人才方面，重点通过培训和工作实践提升技能型人才水平，鼓励煤炭企业探索与对口专业高等院校、职业技工学校联合创建实训中心，促进产教融合，开发一批行业领先的精品教材，提升职业培训效能；行业层面针对技术革新、工艺革新，定期开展人才技能比拼活动，鼓励组建联合攻关小组参赛。高素质管理人才方面，强化对煤炭企业管理层的培训，特别是在战略规划、市场分析和资源配置等方面，提高其管理技能和决策能力。通过 MBA 课程、高级管理研修等途径，培养具有国际视野和现代管理知识的领导人才。弘扬企业家精神，为行业创业者提供政策、资金和市场方面的支持，鼓励创新思维和创业行为。

2. 构建教育培训新体系

我国煤炭产业在完善多层次人才培养机制方面，需健全煤炭教育培训体系。一是完善专业课程体系。倡导高校依据产业发展的实际需求，加强煤矿相关的专业课程设置，如煤矿开采技术、矿山机电技术、矿井通风安全等，并且将前沿技术如物联网、人工智能、大数据处理、云计算等融入日常教学，确保学生能够将理论知识与实践技能紧密结合。二是加强产教融合。完善企业与学校合作共建、人才联合培养机制，煤炭企业作为"出题人"，应以自身发展的实际问题为高校科研团队提供研究标的，同时为高校人才培养提供教育实习机会；高校加强企业问题调研和技术创新推广宣传，促进产学研深度融合。三是建立新型人才培养模式。营造以企业为核心、行业平台为依托的教育环境，打造一个形式多样、运作机制灵活的新型教育模式，以适

应行业发展的多元化需求。如在产学研合作框架下，鼓励高校通过与企业建立联合实验室、实习实训基地等，实现教育与产业的深度融合；鼓励高校教师深入煤炭企业挂职锻炼，立足煤炭产业实际推动新型人才培养。

3. 推进科研院所改革

加强科研院所改革，从源头上提升科技创新能力。第一，加快高端研发平台建设，增强煤炭产业的科技创新能力，打造一批顶尖的科研基础设施。促进国家级重点实验室、国家技术创新中心等高端平台建设，为煤炭科技创新提供强有力的支撑。通过明确高端研发平台的建设方向，集中创新资源，提高创新效能。第二，科技创新的评价体系应以成果价值和创新能力为中心。构建合理的评价机制，科研人员应更加重视科技创新的实际成效。第三，煤炭产业的科技创新需加强产学研用的协同。通过共建实践基地、创新实验室和研究中心，科研人员在生产一线积累经验，促进科研与产业的深度融合。加强企业与研究机构的合作，可设立特定人才引进计划和联合研究课题，塑造人才和创新优势。第四，高层次人才是煤炭科技创新的关键。建立完善的高端人才引进体系，吸引并留住一流科研人才，为产业科技创新提供智力保障。激励企业技术人员参与高校的教学和科研项目，营造实践与学习相结合的学术环境，推动学术成果的形成与应用。第五，科技创新的最终目标是将成果转化为现实生产力。推动创新成果的产业应用，是增强科技创新能力的关键。通过促进科研成果在煤炭产业的应用，将创新力转化为推动产业升级和高质量发展的动力。

4. 健全分配与激励机制

一是突出价值导向，全面开展岗位价值评估。推动企业将岗位价值评估作为收入分配的基础依据，结合企业规模和内部分工，科学划分企业内部岗位，对不同岗位的工作职责、强度、条件以及能力要求等进行评价，形成覆盖各产业内部主要岗位的价值评估体系。二是突出绩效评估，持续优化内部薪酬分配机制。推动职位职级与考核评价、薪酬激励相匹配。不断完善职位职级体系，科学界定各职位的能力素质要求，将员工知识、能力、经验情况作为定薪依据，合理设置职级工资，逐步建立完善技术和技能要素参与分配的制度机制。推动绩效考核结果与收入分配紧密挂钩，激发员工争优创先的内生动力。三是突出精准灵活，探索建立科研人员激励机制。健全科技人才评价体系，设立分类考核准则，实施动态评估和分类管理；提升科研人员的基础薪资，尤其是基础研究领域的科研人员，以保障其物质需求得到满足；对科研成果实现成功转化的个人，实施奖励政策，可通过现金奖励、股权激励或两者相结合的方式，实现科技成果的长期价值；探索建立科技创新贡献回溯激励制度，对相关人员历史贡献在薪酬分配激励中未充分体现部分予以补偿。

参考文献

崔友平：《经济周期理论及其现实意义》，《当代经济研究》2003 年第 1 期。

郭冠清、郭夏月：《经济周期理论的演变与最新进展》，《当代经济》2014 年第 17 期。

乔晓楠、王奕：《构建适应新质生产力发展的新型生产关系——全面深化改革着力点的政治经济学分析》，《财经科学》2024 年第 8 期。

中国煤炭工业协会：《2022 煤炭行业发展年度报告》，2023 年 3 月。

中国煤炭工业协会：《2023 煤炭行业发展年度报告》，2024 年 3 月。

中国煤炭工业协会：《深入贯彻落实能源安全新战略 煤炭工业实现跨越式发展》，《中国煤炭报》2024 年 7 月 2 日，第 3 版。

刘峰等：《煤炭工业数字智能绿色三化协同模式与新质生产力建设路径》，《煤炭学报》2024 年第 1 期。

郭振慧：《新质生产力驱动煤炭产业数智化转型路径分析》，《煤炭经济研究》2024 年第 9 期。

魏一鸣：《打造能源新质生产力 促进新型能源体系建设》，《煤炭经济研究》2024 年第 1 期。

袁家海：《发展煤炭新质生产力 赋能能源高质量发展》，《煤炭经济研究》2023 年第 11 期。

张明、张建明：《加快煤矿智能化建设 推进煤炭高质量发展》，《煤炭经济研究》2024 年第 4 期。

邹丽群、张倩：《新质生产力视域下煤炭行业人才培养研究》，《煤炭经济研究》2024 年第 7 期。

刘帅等：《新质生产力赋能煤炭企业高质量发展研究》，《煤炭经济研究》2024 年第 6 期。

李翰斌：《加快科技创新成果转化为新质生产力企业和企业家是关键一环》，《经济》2024 年第 Z1 期。

任平：《能源的饭碗必须端在自己手里》，《人民日报》2022 年 1 月 7 日，第 5 版。

国家能源集团技术经济研究院：《中国煤炭工业发展报告（2023）："双碳"目标下我国煤炭开发布局与转型发展》，社会科学文献出版社，2023。

朱吉茂等：《"双碳"目标下我国煤炭资源开发布局研究》，《中国煤炭》2023 年第 1 期。

吴璘：《中国煤炭产业经济周期性与理性预期管理研究》，博士学位论文，中国矿业大学（北京），2018。

韩俊：《坚持以科技创新引领产业创新　加快培育和发展新质生产力》，《求是》2024 年第 11 期。

沈筱：《基于新质生产力理论助力煤炭行业供应链建设研究》，《煤炭经济研究》2024 年第 9 期。

金壮龙：《加快发展新质生产力　深入推进新型工业化》，《求是》2024 年第 11 期。

陈峤鹰：《新质生产力赋能煤炭产业绿色可持续发展路径研究》，《煤炭经济研究》2024 年第 8 期。

李晓红：《科技创新是发展新质生产力的核心要素》，《求是》2024 年第 11 期。

王海军、黄万慧、王洪磊：《煤矿智能化建设中发展新质生产力的内涵、挑战与路径》，《智能矿山》2024 年第 7 期。

黄汉权：《深刻领悟发展新质生产力的核心要义和实践要求》，《求是》2024 年第 11 期。

范玮：《新质生产力驱动煤炭企业"双碳"战略实施路径研究》，《煤炭经济研究》2024 年第 8 期。

陈星星、任羽菲：《新质生产力如何助力能源体系变革？——兼论新型能源体系构建》，《暨南学报》（哲学社会科学版）2024 年第 6 期。

韩文秀：《以深化改革促进高质量发展》，《求是》2024 年第 12 期。

孙金龙、黄润秋：《培育发展绿色生产力　全面推进美丽中国建设》，《求是》2024 年第 12 期。

理论研究篇

B.2

对煤电产业新周期的认识

左前明　李春驰[*]

摘　要： 进入"十四五"以来，煤电产业步入了一个新周期。这一周期是在电力短缺的背景下重启煤电建设的窗口期，也是煤电向基础性、调节性电源转型的过渡期，更是电力市场化改革深化过程中煤电功能价值再发现的红利期。随着能源"双碳"目标的推进和电力市场化改革的深化，煤电产业的新周期有望持续发展。然而，新周期下的煤电发展既面临机遇也面临挑战，特别是煤电与煤炭关系的处理成为产业界和政府部门需要重点关注的问题。

关键词： 煤电产业　电力市场化改革　煤电转型　能源安全

---

* 左前明，博士，注册咨询工程师（投资），中国信达首席能源研究员，信达证券研究开发中心副总经理，能源首席分析师，现为中国煤炭经济30人论坛成员、中国地质矿产学会专家委员、中国价格协会专家委员、中国国际工程咨询公司专家库成员，研究方向为能源系统与煤炭经济；李春驰，特许金融分析师（CFA），信达证券研究开发中心公用行业联席首席分析师，中国注册会计师协会会员，研究方向为电力与燃气。

煤电在"十二五"期间逐渐呈现过剩态势，而在"十三五"期间经历了停缓建的调整，至"十四五"时期，则迎来了一个新周期。这个新周期是在电力短缺的背景下重启煤电建设，标志着煤电向基础性、调节性电源转型，在电力市场化改革深化过程中煤电功能价值再发现的时期。"十四五"以来，煤电的新周期有望在能源"双碳"目标的推进和电力市场化改革逐步深入的背景下持续发展。然而，新周期下的煤电发展既有机遇也有挑战，特别是煤电与煤炭关系的妥善处理成为产业界和政府部门急需深思的课题。

一 煤电政策得到调整纠偏

在我国能源政策的制定与实施中，"立足国情"与"先立后破"原则的重要性日益凸显。在保障能源安全与兜底供给方面，回顾"十三五"时期，煤电领域积极响应供给侧结构性改革号召，不仅实现了存量机组的优化升级，还显著放缓了新项目的投资建设步伐。2017年，国家发改委联合15个相关部委发布的《关于推进供给侧结构性改革 防范化解煤电产能过剩风险的意见》，明确指出需暂停或延缓1.5亿千瓦的煤电产能建设，旨在到2020年全国煤电装机规模控制在11亿千瓦以内。

随着"双碳"目标的提出，部分地区在减碳实践中出现了偏离初衷的现象，如过度追求形式化减碳、采取"一刀切"的能耗控制措施。针对这一现象，2021年7月30日召开的中共中央政治局会议及时提出纠正运动式"减碳"，强调"先立后破"的策略。同年年底举行的中央经济工作会议进一步明确了基于我国以煤为主的能源结构，推动煤炭与新能源的协同优化发展。

2022年，国家发改委与国家能源局联合发布的《"十四五"现代能源体系发展规划》，再次重申了统筹发展和安全的原则，提出了在确保能源安全的前提下，构建现代能源体系，并强化风险应对能力。党的二十大报告也强调了依据我国能源资源特点，坚持"先立后破"，有计划、分步骤地推进碳达峰行动，特别是在2021~2022年频繁发生缺电限电事件后，2022年8月，国家相关部门制定了煤电"三个8000万"计划，即在2022年和2023年分别新开工8000万千瓦煤电项目，并计划在2024年投产8000万千瓦。同时，将"十四五"期间的煤电发展目标从12.5亿千瓦上调至13.6亿千瓦，甚至可能更高。

此外，2023年第19期《求是》杂志刊载的中共国家发展改革委党组文章也着重指出，要加强能源资源安全保障能力建设，特别是煤电等具有支撑性和调节性的电源建设。综上所述，煤电在经历了"十三五"期间的调整后，如今正迎来一个政策上的调整与优化期，旨在更好地平衡发展与安全的关系。

二　煤电迎来建设新周期

在全球能源电力格局的新变化与国内政策导向的双重驱动下，煤电迎来了建设的新发展机遇，核准与投资活动显著增多。2021年第四季度国内遭遇严重的煤炭与电力短缺以来，相关部门迅速响应，加快了煤电机组新增项目的审批，使火电投资结束了多年的下滑趋势，转而呈现持续攀升并维持高位运行的态势。

在煤电项目审批方面，绿色和平组织发布的数据显示，2021年核准的煤电项目规模仅为1855万千瓦，而到了2022年，这一数据激增至9072万千瓦，同比增速高达389%。进入2023年，核准的煤电项目规模进一步攀升至10643万千瓦，煤电建设步伐明显加快。

在投资方面，根据中国电力企业联合会数据，火电投资也呈现较强的增长势头。2021年，火电投资额达到672亿元，2022年则增加至909亿元，2023年继续增加至1029亿元。而2024年上半年，火电投资额已达到535亿元，预示着火电投资将呈现持续的增长态势。

"十五五"期间，我国煤电的投资与建设将有望保持稳定增长和加强。由于电力需求与尖峰负荷仍在不断攀升，电力供给端仍需依赖煤电这一支撑性电源来提供足够的顶峰容量。鉴于水电资源开发或已接近饱和，核电装机

预计将在"十五五"后期逐步投产并网，因此，在"十五五"期间，我国电力系统每年仍需投产一定规模的煤电装机，以满足电力供需平衡的需求。

从发展重点来看，大型风光基地、负荷中心以及电网支撑点电源的煤电项目成为当前煤电建设的主要发力方向，特别是在近两年清洁能源出力不足，风光发电占比不断提升导致消纳压力逐渐增大的背景下，火电的调峰与兜底保障作用愈加凸显。一些传统水电大省，如云南、四川，在严峻的电力保供压力下，改变了以往对煤电的态度，开始积极谋划建设一批具有支撑性和调节性的火电项目。例如，2022年5月，云南省煤电油气运保障工作领导小组发布了《云南省2022年能源保供实施方案》，明确提出要力争开工480万千瓦的清洁煤电项目；四川省能源局在2024年提出了加快兜底火电建设的目标，推动资阳气电、广元煤电等11个火电项目核准开工，合计装机达到1495万千瓦。

同时，三北地区"沙戈荒"大基地项目的电力送出需要火电作为支撑。新能源装机量的不断增加，使对火电调节需求的规模扩大。在高耗能产业向西部地区转移和战略性新兴产业快速发展的拉动下，我国东部地区和西部地区均出现了较高的负荷及用电增速，并形成电力供应趋紧的局面，因此需要加大火电建设力度。例如，2022年8月，广东省发改委连续核准了多个煤电项目，调整了2018年提出的"全省不再新建煤电"的目标；华东能源监管局在2023年启动了"2023年煤电规划建设和改造升级"专项监管工作，重点监管支撑性保障性煤电项目的建设情况。

由此可见，新一轮煤电建设周期有望在中期持续，煤电装机有望晚于电量达峰，为我国的能源安全与电力供应提供有力保障。

三 煤电多维价值逐步被激活

随着电力市场化改革的不断深入，煤电的功能价值逐渐得到了全面的发掘和合理的定价。这一改革不仅体现在煤电作为传统能源的供应角色上，还体现在其在新型能源体系中的调节与支撑作用，以及与之相匹配的市场化价格机制的形成上。

在电能量方面，2021年，我国能源供需矛盾集中爆发，煤电在《国家发展改革委关于进一步深化燃煤发电上网电价市场化改革的通知》的指引下，率先全面进入市场交易。这一举措不仅为煤电电价的形成引入了市场化机制，还明确了"上下浮动20%"的定价区间。2022年和2023年，面对电力供应的持续紧张，全国范围内的火电年度中长期交易价格普遍实现了高比例上浮。这一变化不仅充分体现了煤电在缺电背景下的电能量价值，还标志着煤电电价真正实现了市场化浮动，即"能涨能跌"，从而更加灵活地反映市场供需关系。

在调节价值方面，煤电的辅助服务费用也逐渐实现了市场化定价。2021年，国家能源局发布了新版"两个细则"，明确了煤电作为电源侧调节主体的地位，并确立了"谁提供，谁获益"的市场化原则。这一原则给煤电在电力系统中提供调节服务带来了合理的回报机制。2024年初，国家发改委、国家能源局联合印发了《关于建立健全电力辅助服务市场价格机制的通知》，进一步健全了调峰、调频、备用等辅助服务的交易机制，并优化了价格形成机制。同时，该通知明确了辅助服务费用应按照市场化原则，逐步向用户侧合理传导和分摊。

在这一背景下，各地纷纷出台了辅助服务市场的相关政策。其中，西北地区创新性地发布了"调峰容量电价"机制，将原先的调峰辅助服务按电量补偿改为按容量补偿。这一改革举措消除了火电机组在参与调峰辅助服务时因补偿电量不确定而带来的收益不确定性，从而显著提高了火电机组深度调峰的积极性。此外，针对新能源发电波动等不确定因素带来的系统净负荷短时大幅变化，山西、山东等新能源大省还分别出台了调频辅助服务市场机制和爬坡辅助服务市场机制。这些机制的建立，不仅及时处理了系统波动较大、爬坡和调频需求较高的实际情况，还有效地维持了系统的功率平衡。

作为我国电力系统主要依赖的可调节电源，煤电在各地辅助服务市场政策的落地实施和新能源高比例接入带来的调节需求持续增长中受益匪浅。其调节性辅助服务的收入有望得到进一步提升，从而为其在电力系统中的持续

运营提供有力的经济支撑。

在备用价值方面,煤电同样展现了不可或缺的作用。在强调安全保供的前提下推进能源低碳转型,使得电力系统需要同时保有两套电源:一方面,绿色低碳的新能源机组提供占比逐渐提升的电量;另一方面,具有顶峰调节能力的传统火电机组则提供系统安全价值。为了充分认可煤电的顶峰备用价值并实现机组部分固定投资成本的回收,2023 年国家发改委、国家能源局联合发布了《关于建立煤电容量电价机制的通知》。这一通知的出台,从政策层面落实了煤电“中长期实现功能定位转型,短期兼顾补偿机组效益”的目标。

煤电容量电价机制以电价补偿的形式,对煤电的顶峰备用价值进行了认可,并实现了机组部分固定投资成本的回收。目前,国内大部分省份以回收煤电机组固定成本 30% 的标准,为煤电提供了每千瓦每年 100 元的补偿;重庆、湖南、四川、青海、河南、广西、云南等煤电功能转型较快的省份,则以回收煤电机组固定成本 50% 的标准,为煤电提供了每千瓦每年 165 元的补偿。这一政策的实施,不仅为煤电的持续运营提供了有力的经济保障,还为煤电在新型能源体系中的转型与发展提供了广阔的空间。

从长期趋势来看,煤电容量部分的收入将与新型电力系统的发展趋势和煤电功能定位转型的趋势相契合,实现逐步抬升。大部分省份的煤电容量电价有望从 2024～2025 年的回收固定成本 30% 左右的水平,提升至 2026 年的不低于 50%;煤电转型较快的省份,则通过容量电价回收煤电固定成本的比例原则上提升至不低于 70%。这一变化不仅反映了煤电在电力系统中的重要地位和作用,还为其在未来的持续发展和转型提供了有力的政策支持和经济保障。

四 煤电新周期尚未结束

总体而言,本轮煤电新周期在能源“双碳”政策调整及电力市场化改革政策的双重驱动下，成功实现了逆境中的反转。尽管 2023~2024 年，电力系统的供需矛盾有所缓和，但煤电新周期的征程远未到达终点，其持续发展的潜力依然显著。

从煤电建设发展的维度来看，当前煤电新增项目的审批步伐已阶段性放缓，煤电产能的增长进入了一个更为合理的区间。绿色和平组织发布的数据显示，2024 年上半年，国内新核准的煤电项目容量仅为 1034.2 万千瓦，与 2023 年上半年相比，减少了约 79.5%。展望"十五五"时期，随着用电需求与电力负荷的稳步增长，煤电产能仍需保持适度增长，以满足电力系统调峰需求，保障电力电量的平衡。

从煤电转型过渡的维度来看，煤电电量仍在持续增长，灵活性改造的潜力依然较大，而煤电的功能定位转型仍处于初级阶段。首先，煤电电量增长势头不减。尽管新能源装机并网速度屡破新高，但受用电需求在"十四五"期间保持中高增速、2021~2022 年水电出力低迷以及核电装机投运空窗期等多重因素影响，清洁能源所贡献的电量增量尚无法完全填补新增用电需求的缺口，煤电发电量因此持续保持正增长。在煤电电量尚未达到峰值的背景下，煤电作为电力系统的主力电源，其发电量占比仍接近六成。

其次，煤电灵活性改造的潜力依然较大。2021 年，国家发改委、国家能源局便联合发布了《关于开展全国煤电机组改造升级的通知》，明确提出要对存量煤电机组进行灵活性改造，并设定了"十四五"期间完成 2 亿千瓦改造的目标。目前，全国范围内已完成约 3 亿千瓦的煤电灵活性改造，但相较于存量煤电机组 11.68 亿千瓦的庞大体量，煤电灵活性改造的提升空间仍然十分可观。2024 年 1 月，国家发展改革委、国家能源局发布了《关于加强电网调峰储能和智能化调度能力建设的指导意见》，要求深入推进煤电机组灵活性改造，并明确到 2027 年，存量煤电机组要实现"应改尽改"。在新能源占比高、调峰能力不足的地区，更是要在确保安全的前提下，探索煤电机组的深度调峰能力，使其最小发电出力能够降至 30% 额定负荷以下。综合来看，预计 2024~2027 年，除去退役机组和无法改造的机组后，煤电

待改造体量为 2 亿~4 亿千瓦，相当于年均超过 5000 万~1 亿千瓦的改造任务。

最后，煤电功能定位转型仍处于初级阶段。"十四五"以来，辅助服务市场机制和煤电容量电价机制相继出台，按照"谁服务、谁获利，谁受益、谁承担"的市场化原则，煤电的调节和备用价值逐步得到了政策的认可。然而，各省份电力市场化改革的进度不一，现货市场与辅助服务市场的推进力度存在差异，导致现货电价和辅助服务电价的形成、传导与分摊机制存在一些问题，进而影响了煤电灵活性改造和参与市场交易的积极性。同时，煤电容量电价机制仍处于起步阶段，目前仅能够补偿部分固定投资成本，折合度电收益仅为 2 分钱左右，占煤电机组当前度电收入的比重较小。因此，要想充分体现煤电的调节与备用价值，需要电力市场化改革政策的逐步落实，进一步理顺辅助服务价格疏导机制和容量电价形成机制。

五　新周期下煤电和煤炭的关系

在煤电新周期的演变历程中，煤电与煤炭关系的妥善处理成为一个既紧迫又深远的课题。

首先，煤炭与煤电，这两个看似紧密相连的上下游行业，在实际运营中却常陷入"顶牛"的尴尬境地。从"十二五"时期的煤炭产能严重过剩、价格暴跌到"十三五"时期的供需基本平衡，再到"十四五"时期的供应再度趋紧，煤电行业的效益如同过山车般大起大落，失去了公共事业行业应有的稳定性。若仅将煤炭与煤电视为单纯的博弈关系，便容易陷入恶性循环。事实上，2023 年煤电行业的亏损占比高达 45%，而煤炭行业也紧随其后，亏损占比达到了 43%。这些现象背后实际上折射出的是"市场煤"与"计划电"之间的深刻矛盾。若不能有效扩大市场总规模，并建立动态的调整与出清机制，仅凭简单的分配手段，大概率会导致行业效益的剧烈波动。过去，煤炭供应紧张时便采取计划手段，供应宽松时又回归市场调节，这种做法虽然在短期内能够平抑市场波动，但从长期来看，却会因价格信号的扭曲而影响投资决策，加剧周期的波动性。这一点，在上一轮煤炭产业周期（2002~2015 年）中已得到充分验证。如今，在"双碳"目标的约束下，煤电与煤炭两大行业在电价和煤价的双重调控下，均显得动力不足，如何跳出煤电博弈的框架，从更高层次规划两大行业的发展路径，成为亟待解决的问题。

其次，煤电与煤炭两大行业产能周期的差异，可能导致潜在的供需错配风险，这一点必须引起高度重视。2021 年缺煤缺电问题凸显以来，随着政策导向的调整，煤电项目的审批与建设步伐明显加快。然而，在煤炭方面，主要通过挖掘现有产能潜力来增加供应，新一轮的产能审批与建设尚未实质性启动。考虑到煤电建设周期相对较短（1.5~2 年），而煤炭产能建设周期则较长（3~5 年），特别是在"十五五"期间，煤炭资源加速枯竭退出的问题将愈加突出，煤电供需的周期性错配问题或将进一步加剧。

最后，煤电新周期下配套产业的发展问题同样不容忽视。本轮煤电周期中，除了大型基地的配套煤电项目外，多数煤电项目分布在负荷中心以及电网支撑点。然而，"十四五"期间乃至"十五五"期间，煤炭开发布局将进一步加速向西转移，特别是集中于新疆、内蒙古、陕西、甘肃、宁夏等西部地区。与此同时，中东部地区的煤炭资源枯竭问题将日益严重，煤电与煤炭的供需空间错配问题将更加突出，这对铁路、集运、仓储等配套基础设施提出了更高的要求。例如，疆煤外运等铁路项目的规划建设周期较长，需要超前规划、统筹推进，以避免存在潜在的运输瓶颈，从而制约煤电产业的协同发展。

在煤电新周期的背景下，必须清醒地认识到，煤电与煤炭不仅肩负着保障国家能源安全的重任，还肩负着助力新能源发展的历史使命。同时，它们面临着"双碳"目标约束下逐步退出的必然局面。因此，统筹好煤电与煤炭以及相关产业的关系，是确保实现上述目标的关键所在，这需要深入思考、科学谋划、精准施策。

参考文献

左前明：《煤电发展进入新周期　跳出煤-电博弈是关键》，《中国电力企业管理》2024年第4期。

张琳：《先立后破　持续创新　统筹推进煤电转型高质量发展》，《中国电力企业管理》2024年第25期。

张浩楠、袁家海：《统筹电力安全与有序减排的近中期煤电发展策略研究》，《煤炭经济研究》2023年第1期。

吴迪等：《新形势下煤电灵活调峰和稳定供热的挑战和应对措施》，《煤炭经济研究》2024年第11期。

王圣：《"双碳"目标下煤电低碳化高质量发展挑战与展望》，《环境影响评价》2024年第6期。

张树伟：《中国煤电转型：角色分化如何突破"结构性锁定"？》，《能源》2024年第11期。

B.3
煤化工产业新周期特点
及高质量发展策略

朱彬彬*

摘　要： 本报告总结了我国煤化工在产业体系、技术装备、运行水平等方面的发展现状及成就，分析了煤化工产业新周期面临的煤炭开发、转化、消费格局深度调整，能源和化工产品市场存在阶段性过剩和供给安全风险隐患，碳达峰、碳中和目标对煤化工产业发展提出更高的要求等新形势，提出了新周期煤化工产业要统筹高质量发展和高水平安全，产业发展既要立足于解决当前的煤炭利用和油气补充问题，也要着眼于未来零碳化工产业的构建，持续提高产业增量及优化产业项目布局，加强创新技术研发应用，推动绿色低碳转型发展，促进产品高端化、多元化等。

关键词： 煤化工　低碳化　高端化　多元化

一　我国煤化工产业的发展现状及成就

（一）煤化工产业体系初步形成

煤化工是我国石化化工产业的重要组成部分，通常包括煤制合成氨、电石、甲醇、合成油、合成天然气、烯烃、乙二醇、芳烃、乙醇等及其下游延

---

* 朱彬彬，石油和化学工业规划院能源化工处处长，正高级工程师，研究方向为煤化工、天然气化工、绿氢化工、无机化工等行业的市场、政策、技术和产业。

伸产业（本报告所称的煤化工不包括煤焦化）。

截至 2023 年底，我国煤化工产业形成了 3 亿吨标准煤的煤炭转化能力，当年实现煤炭转化量约 2.5 亿吨标准煤，替代油气当量约 1.3 亿吨，是我国石化化工产业的重要补充。其中，煤制合成氨、煤制甲醇分别占我国当年氨产量、甲醇产量的 76.5%、83.9%，是粮食安全和产业链供应链安全的重要支柱；煤制烯烃、煤制乙二醇分别占我国当年烯烃产量、乙二醇产量的 18.4%、33.8%，成为我国石化原料多元化的重要路线之一；煤制油、煤制天然气分别占我国当年原油产量、天然气产量的 3.6%、2.8%，我国初步建立了煤制油气产能和技术储备（见表 1）。

表 1 2023 年我国煤化工产业发展概况

项目	产能（万吨/年）	产量（万吨）	煤炭转化量（万吨标准煤）	替代油气当量（万吨）	产量占比（%）
煤制合成氨	5472	5178	7767	4816	76.5
煤制电石	4300	2880	1670	1357	100.0
煤制甲醇	8303	6975	10463	6488	83.9
煤制油	823	724.4	2608	724	3.6
煤制天然气	74.55	64.4	1417	599	2.8
煤制烯烃	1872	1725	0	2414	18.4
煤制乙二醇	1143	547.2	1423	498	33.8
合计	—	—	25348	13490	—

注：煤制天然气产能和产量单位分别为亿标准立方米/年、亿标准立方米；替代油气当量合计时扣除了煤制甲醇和煤制烯烃重复计算的部分。
资料来源：《煤炭行业社会责任蓝皮书（2024）》。

（二）煤化工技术装备世界领先

通过"十二五"期间至"十四五"期间的煤化工项目示范及升级示范，我国煤化工技术装备总体已处于世界领先水平。

一是关键共性技术。大型煤气化技术逐步趋于成熟，国内气流床气化技术单炉投煤量规模已达 3500 吨/日，未来可进一步发展到 4000~5000 吨/日；

固定床气化技术单炉投煤量规模已达 1000 吨/日，未来可进一步发展到 1500～2000 吨/日；气化炉单炉规模进一步扩大的边际效益递减，未来将更加关注煤种匹配、能量回收、高负荷运行稳定性等方面的优化。大型空分成套技术方面，国产化空分设备的市场占有率不断提升，杭氧、开空、川空等厂家的空分设备技术已达到国际先进水平；国产化 6 万立方米/小时及以下的空分设备市场占有率超过 90%，总制氧能力居世界首位；在 6 万立方米/小时以上的市场中，杭氧、开空、川空等已可与国外空分企业竞争；我国自主化 10 万立方米/小时大空分装置完成示范并实现稳定运行，正在进行产业化应用推广。

二是其他转化合成技术。煤直接液化已实现世界首套百万吨级装置长周期运行，并在加氢溶剂、长周期运行、关键泵阀、煤液化沥青高值化利用等方面持续取得进展。煤间接液化低温合成技术均已完成数套百万吨级工业示范，积累了长周期连续运行经验，新型催化剂性能进一步优化；高温费托合成技术完成了 10 万吨级工业试验。甲烷合成实现多家自主催化剂生产和应用，开发了 20 亿标准立方米每年成套工艺包。甲醇合成装置大型化发展迅速，国内自主化大甲醇技术在催化剂、合成塔设计、能量利用、投资降低等方面取得长足进步，百万吨级甲醇合成装置得到推广应用。甲醇制烯烃三代技术开发成熟，催化剂已在多套建成装置中推广应用，新设计 MTO 装置规模达到百万吨级，吨烯烃醇耗进一步下降。煤制乙二醇技术持续优化升级，提高产品选择性、降低能耗、优化产品品质。煤制芳烃技术完成万吨级工业试验后，未能实施工业示范项目。

（三）煤化工运行水平持续提升

经过煤化工相关企业持续地努力，我国煤化工运行水平持续提升，主要子行业的产能利用率稳步提升（见表 2），大致可以分为以下几种情况：一是煤制合成氨、煤制甲醇行业，主要在"十三五"期间大力开展供给侧结构性改革，加大落后产能淘汰力度，行业呈现良性发展态势；二是煤制电石、煤制乙二醇行业，由于行业产能持续过剩，产能利用率持续保持在较低位置；三是煤制油气、煤制烯烃等行业，由于项目运营基本成熟，加

上油价高位运行、国家管网改革等利好，这些行业逐步实现高负荷运行。在运行负荷上升的同时，煤制合成氨、煤制甲醇行业无烟煤常压间歇式固定床气化路线产能加快退出，现代煤化工产业能耗、水耗、污染物排放等持续下降。

表2　煤化工子产业产能利用率变化情况

单位：%

项目	2015 年	2020 年	2023 年
煤制合成氨	75.2	89.2	94.6
煤制电石	60.0	60.3	67.0
煤制甲醇	63.3	86.0	84.0
煤制油	47.5	82.6	88.0
煤制天然气	51.5	72.7	103.3
煤制烯烃	81.8	101.2	98.3
煤制乙二醇	48.1	40.2	58.3

资料来源：根据《煤炭行业社会责任蓝皮书（2024）》相关数据计算。

二　煤化工产业新周期面临的新形势

（一）煤炭开发、转化、消费格局深度调整

作为我国能源转型的重要组成部分，我国的煤炭生产和消费格局将发生深度调整。从生产端看，主要是全国范围内煤炭开发格局进一步优化，生产能力进一步向大型煤矿集中、向资源潜力大的西部地区集中，这势必要求进一步统筹优化煤炭高水平转化和高水平外输的路径。从消费端看，煤炭的利用形式将从分散利用向集中利用转变，利用方式将从以燃料为主向燃料和原料并重转变。煤化工特别是现代煤化工，具备单体煤炭利用量大、能源利用率高、污染物脱除效率高、转化后进行远距离输送经济高效等特点，将成为煤炭清洁高效利用的重要途径之一。

（二）能源和化工产品市场存在阶段性过剩和供应安全隐患

未来一段时期内，我国的能源和化工产品市场面临阶段性过剩和供应安全风险隐患并存的局面。从能源产品看，我国炼油产能已经阶段性过剩，开工率低于80%，但原油供给严重不足，进口依存度高达70%以上；天然气需求仍将快速增长，但国内生产能力无法满足需求，进口依存度高达40%以上。由于对外依存度高，油气价格受到国际能源价格的直接影响，煤制油气类项目的经济风险增加。从化工产品看，我国合成氨、甲醇的自给率分别为99%、84%，这两个产品供给充足，且国内原料保障程度高；乙烯的开工率、当量自给率分别为86%、68%，丙烯的开工率、当量自给率分别为78%、89%，这两个产品也存在产能过剩风险，同时我国乙烯、丙烯的原料对外依存度分别高达71%、68%，存在产业链供应链风险。煤化工产业未来的发展，既要考虑市场饱和情况，也要考虑产业安全情况。

（三）碳达峰、碳中和目标对煤化工产业发展提出更高的要求

2020年9月，习近平主席在第七十五届联合国大会一般性辩论上明确提出，我国"二氧化碳排放力争于2030年前达到峰值，努力争取2060年前实现碳中和"。[①]《中共中央 国务院关于完整准确全面贯彻新发展理念做好碳达峰碳中和工作的意见》《国务院关于印发2030年前碳达峰行动方案的通知》等文件，为我国的碳达峰、碳中和工作构建了基本框架。实现碳达峰、碳中和目标，是以习近平同志为核心的党中央统筹国内国际两个大局做出的重大战略决策，是着力解决资源环境约束突出问题、实现中华民族永续发展的必然选择，是构建人类命运共同体的庄严承诺。这一目标必须实现，也必将实现。

煤化工以煤炭为化工原料，与石油、天然气相比具有天然劣势，煤炭

---

① 《习近平在第七十五届联合国大会一般性辩论上发表重要讲话》，《人民日报》2020年9月23日，第1版。

"碳多氢少"、杂质含量多的特点，只有较长的加工转化流程才能实现化工产品的生产，进而导致较高的能耗和碳排放。从短期看，碳达峰、碳中和目标对煤化工产业发展提出了更高要求，煤化工产业必须紧扣国家能源安全需求，优化方案设计，合理控制发展规模，严格按照节能减污降碳要求，探索低碳发展的新路径，预留未来减碳的必要手段和途径；从长期看，碳达峰、碳中和目标为基于煤化工的合成气化工、氢化工创造了更广阔的前景，可依托煤化工建立雄厚的合成气化工、氢化工产业平台，未来可以在新能源充分发展的条件下逐步将煤化工切换为绿电化工，实现低碳发展。

三　新周期煤化工产业高质量发展策略

（一）提高产业增量及优化产业项目布局

煤化工产业高质量发展是我国煤炭清洁高效利用的重要途径，也是适度弥补我国油气资源不足的现实办法，煤化工产业是未来可再生能源产业的碳源载体。煤化工产业不仅要立足于解决当前的煤炭不合理利用和油气资源不足问题，也要着眼于未来零碳化工产业的构建。未来煤化工产业的发展，必须统筹考虑国家能源产业链供应链安全需要，以及能源和化工产业低碳转型需要，正确把握产业发展的节奏和限度。"十五五"期间，煤化工产业虽然将受到较大约束，但仍将有一定增量；从2030年前实现碳达峰的总要求来看，2030年后煤化工产业发展可能受到更严格的限制，将逐步从以煤气化为龙头转变为煤气化与绿电制氢双龙头。

我国煤化工产业分布已经初步形成合理布局。煤制合成氨以资源和市场为导向，布局在产煤大省和农业大省；煤制甲醇主要集中在内蒙古、陕西、山东、山西、宁夏、山西等；煤制乙二醇建成产能较为分散，主要分布在内蒙古、河南、新疆、山西等；煤制油建成产能主要分布在由宁东、鄂尔多斯、榆林组成的鄂尔多斯盆地周边区域；煤制天然气建成产能全部分布在内蒙古和新疆两个自治区；煤制烯烃建成产能主要分布在陕西、内蒙古、宁夏。根据国家政策取向，煤制油气项目未来主要向内蒙古鄂尔多斯、陕西榆林、山西晋北、新疆准东、新疆哈密五个煤制油气战略基地集中；煤制烯烃、芳烃类项目主要向内蒙古鄂尔多斯、陕西榆林、宁夏宁东、新疆准东四个现代煤化工示范区集中；煤制合成氨、煤制甲醇预计将在市场化驱动下向煤炭资源和电力价格相对较低的西部集中。

（二）加强创新技术研发应用

鼓励新建现代煤化工项目承担相应的技术创新示范升级任务，实施重大技术装备攻关工程，加快产业技术优化升级，推动关键技术首批（次）材料、首台（套）装备、首版（次）软件产业化应用。针对产业仍然存在的一些短板，百万吨级自主甲醇合成技术装备、10亿立方米级自主甲烷合成技术装备、百万吨级甲醇制芳烃技术装备等需加快示范应用。

推进原始创新和集成创新。推进高性能复合新型催化剂、合成气一步法制烯烃、一步法制低碳醇醚等技术创新。聚焦大型高效煤气化、新一代高效甲醇制烯烃等技术装备及关键原材料、零部件，优化调整产品结构，加快煤基新型合成材料、先进碳材料、可降解材料等高端化工品生产技术开发应用。加强有毒有害化学物质绿色替代品和无毒无害、低毒低害绿色化学物质与产品的研发。推动煤化工产业数智化赋能，推广建设煤化工产业智能车间、智能工厂和智慧园区。

（三）推动绿色低碳转型发展

加强节能降碳升级改造。加快大型先进煤气化、半/全废锅流程气化、合成气联产联供、高效合成气净化、高效甲醇合成、节能型甲醇精馏、新一代甲醇制烯烃、高效草酸酯合成、高效降膜蒸发及乙二醇加氢等技术，以及高效煤气化炉、合成反应器、高效精馏系统、智能控制系统等装备的应用。采用压缩机、变压器等高效节能设备进行设备的更新改造。采用热泵、热夹点、热联合等技术，优化全厂热能供需匹配，实现能量梯级利用。加强煤化工企业全过程精细化管控，减少非计划启停，确保连续稳定高效运行。推动已建成煤化工项目能效全部达到基准水平，达到标杆水平的产能比重超过

30%并持续提高。

探索绿电绿氢耦合发展。充分发挥煤炭资源和风光资源在西部地区同向分布的优势，全面推进煤化工与新能源多能互补融合发展。近期，利用大型煤化工项目用电负荷实现对新能源电量的消纳，以少量掺氢的方式实现对新能源电力波动性的消纳。中期，利用新能源电力的绿色属性，逐步提高绿氢、绿醇、绿氨的耦合比例，实现煤化工产业持续减污降碳。远期，利用合成气下游产业平台，通过煤气化龙头大比例切换为电解制氢龙头，实现由高碳煤化工向低碳电化工的无缝衔接。

推动二氧化碳强化原油开采、二氧化碳管输系统就近应用封存等技术示范。开展规模化碳源回收与资源化利用试点示范，引导煤化工企业建设碳捕集装置，鼓励企业利用捕集的二氧化碳生产低碳甲醇、低碳油品以及可降解聚合物等高附加值材料和化学品。探索 CCUS 与可再生能源耦合发展的可行性。

（四）促进产品高端化、多元化

以煤制油、天然气、烯烃、甲醇、乙醇、芳烃、氨等大宗化工产品产能平台为基础，全力促进煤化工产品高端化、多元化。

煤制天然气采用管道天然气和液化天然气联合的方式实现下游外输途径的多元化，改善调峰性能和提高经济效益；加强副产焦油、轻油的集中综合利用。

煤制油充分利用生产过程组分特点，积极开拓高端产品市场，提高项目盈利能力，利用费托合成油多生产液体石蜡、全炼石蜡、专用蜡、白油、溶剂油、正构烷烃组分等高价值产品，利用直接液化油多生产低凝柴油、喷气燃料、火箭燃料等特种油品，探索高芳潜石脑油制芳烃等化学品生产路线。

煤制烯烃积极优化下游产品方案，提高高端牌号产品比重。瞄准未来我国汽车工业轻量化发展的需求，重点发展车用聚丙烯、丙烯腈—苯乙烯—丁二烯共聚物（ABS）等烯烃下游产品；瞄准未来风电产业发展，重点发展风电树脂基体（环氧树脂）、环氧固化剂、结构胶等产品；瞄准未来光伏产业发展，重点发展光伏胶膜用热塑性弹性体（POE）、乙烯—醋酸乙烯共聚物（EVA）等树脂材料。结合市场需求和竞争力情况，适度发展烯烃下游超高分子量聚乙烯（UHMWPE）、丙烯腈、环氧丙烷、PPC可降解塑料、聚醚多元醇（PPG）、聚甲基丙烯酸甲酯（PMMA）、高吸水性树脂（SAP）等产品。

煤制甲醇根据市场情况发展醋酸、醋酸酯、甲基丙烯酸甲酯等高价值液体产品，重点发展聚碳酸酯（PC）、聚甲醛（POM）等工程塑料，积极拓展甲醇能源应用领域。煤制乙醇积极探索发展乙烯、乙醛等产品链。

传统煤化工产业积极延伸合成氨、尿素产业链，发展三聚氰胺及其树脂等高价值产品，深入研究煤焦油沥青制碳纤维等先进碳材料产业链，促进煤化工产业与氯碱、PVC等产业融合发展。

参考文献

王伟：《煤化工行业提质增效现状及对策思考》，《现代工业经济和信息化》2024年第11期。

周常行：《煤化工企业绿色低碳转型发展路径及战略研究刍议》，《中氮肥》2024年第6期。

张洁：《"双碳"背景下现代煤化工发展路径》，《清洗世界》2024年第10期。

李宣东：《培育新质生产力　建设现代一流能源化工企业》，《中国煤炭工业》2024年第6期。

李民等：《双碳目标约束下现代煤化工企业绿色低碳发展路径浅析》，《中外能源》2024年第1期。

周明：《煤化工产业发展现状与对策研究》，《当代化工研究》2023年第21期。

王建立等：《"双碳"目标下我国煤化工产业原料用能研究及政策建议》，《中国煤炭》2023年第9期。

傅向升：《煤化工未来高质量发展的思考》，《中国石油和化工》2023年第9期。

B.4

数据要素赋能煤炭行业新质生产力发展

——以煤矿安全智能化建设为例

付 巍 马文伟*

摘 要： 随着新一代信息技术的迅猛发展，数据已成为驱动产业变革的关键要素。煤炭行业作为传统能源产业的重要组成部分，正通过数字化转型和智能化升级实现新质生产力的重塑与提升。本报告以煤矿安全智能化建设为例，在分析数据要素与煤炭新质生产力内涵的基础上，探讨了数据要素在煤矿安全智能化建设中的作用，通过分析煤矿安全智能化建设的现状与挑战，提出了数据要素赋能煤炭行业新质生产力发展的策略。

关键词： 数据要素 煤矿安全 智能化 新质生产力 数字转型

煤炭是我国能源的重要组成部分，是支撑我国经济高速增长的基石。近年来，随着工业互联网、大数据、人工智能等技术的广泛应用，煤炭行业迎来了数字化转型的重要机遇。2020年2月，国家发改委、国家能源局等八部委联合印发了《关于加快煤矿智能化发展的指导意见》，是我国煤炭工业走向智能化的关键节点，具有里程碑意义。2021年6月，为了高效、有序、规范地开展煤矿智能化建设，统一建设质量指标，国家能源局发布了《煤矿智能化建设指南（2021年版）》，起草制定了《智能化煤矿验收管理办

---

* 付巍，副研究员，中煤科工集团沈阳研究院山西分院副院长，研究方向为矿山安全、煤矿灾害防治及矿山智能化建设等；马文伟，副研究员，中煤科工集团沈阳研究院有限公司科创研究院瓦斯分院主任研究员，研究方向为煤矿一通三防灾害防治、煤矿瓦斯抽采系统智能化建设等。

法（试行）》，全方位地推动煤矿的智能化建设。

煤矿的智能化建设，离不开行业数据的资源化、充分发掘数据的有效价值，特别是在煤矿安全的智能化建设中，海量的生产数据、安全监测数据、风险预警数据将成为煤矿安全生产的关键引擎。2019年10月，党的十九届四中全会通过的《中共中央关于坚持和完善中国特色社会主义制度　推进国家治理体系和治理能力现代化若干重大问题的决定》中首次提出了"数据要素"的概念。2020年3月，《中共中央　国务院关于构建更加完善的要素市场化配置体制机制的意见》印发，首次明确将"数据"作为土地、劳动力、资本、技术之后的第五大生产要素。2023年9月，习近平总书记在黑龙江考察时首次提出"新质生产力"的概念，同年12月，国家数据局等17部门联合印发的《"数据要素×"三年行动计划（2024—2026年）》，强调要充分发挥数据要素的放大、叠加、倍增作用，构建以数据为关键要素的数字经济，发挥数据要素乘数效应，优化资源配置，发展新质生产力。2024年国务院《政府工作报告》提出，大力推进现代化产业体系建设，加快发展新质生产力。

煤矿安全是煤炭行业发展的基石，煤矿智能化是提升安全水平、提高工作效率的关键路径，煤矿智能化的建设过程实质上就是数据要素的产生和转化过程。通过收集、分析煤矿生产中的海量数据，企业能够精准识别安全风险，实现智能化预警与防控，从而大幅提升煤矿安全水平。同时，这些数据驱动生产流程的优化与决策的智能化。

一　数据要素与煤炭新质生产力的内涵

（一）数据要素的定义与特性

数据要素是指生产经营过程中用电子方式记录并为使用者和所有者创造经济利益的数据资源，主要根据特定生产需求汇聚、整理、加工而成的数据集、数据产品以及以数据为基础产生的信息。数据要素具有显著的乘数效应，能够与传统生产要素有机融合，放大乘数效应，创造新价值。其具有非竞争性、低成本复用、报酬递增性、虚拟性、异质性、强正外部性、权属鉴定难、虚假性、老旧性、混杂性等典型特征。

在煤炭行业中，数据要素主要包括地质勘探数据、生产运行数据、安全监控数据、设备状态数据等，通过挖掘和分析，这些数据可以揭示生产规律、预测安全风险、优化生产流程，为煤炭行业的创新发展提供有力支撑。

（二）煤炭新质生产力的内涵

新质生产力是新时代的生产力，具有高科技、高效能、高质量的特征，由技术革命性突破、生产要素创新性配置、产业深度转型升级而催生。煤炭新质生产力是在煤炭安全区间内、科学定"量"的前提下，以绿色提"质"、创新领"路"为纲，通过数字化变革生产要素创新配置、智能化引领关键技术跨越突破、绿色化主导传统产业深度转型三大要素协同融合（见图1），进而推动煤炭开发利用水平大幅跃升的先进生产力。

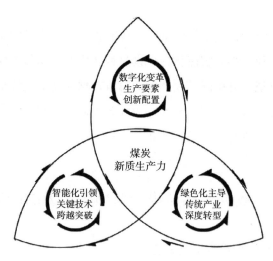

图1　煤炭新质生产力内涵的三大要素

煤炭新质生产力是以煤矿智能化为推动力的新型生产力形式，包括煤矿安全监控系统采集分析技术、煤矿灾害融合预警分析技术、煤矿安全态势分析、煤矿安全智能辅助设备及机器人、煤矿安全保障智能化管理等。这些技术成果代表了煤炭行业在技术创新、管理创新、模式创新等方面的全面升级。新质生产力的形成和发展，不仅提高了煤炭生产效率和产品质量，还降低了生产成本和安全风险，促进了煤炭行业的可持续发展。数据要素作为煤矿数字化、智能化转型的核心驱动力，正逐步成为煤炭行业新质生产力形成的重要源泉。

二　数据要素在煤矿安全智能化建设中的作用

（一）提升煤矿安全生产水平

数据要素在煤矿安全智能化建设中的首要作用是提升煤矿安全生产水平。通过部署智能感知设备、建设安全监控平台等手段，实现对煤矿生产全过程的实时监测和数据分析。利用大数据和人工智能技术，对收集到的数据进行深度挖掘和分析，可以及时发现潜在的安全隐患并发出预警信号，为煤矿安全生产提供有力保障。同时，通过构建安全风险预测模型，对可能发生的安全事故进行提前预判和防范，进一步降低安全事故的发生率。由此可见，数据要素是一切提升煤矿安全生产水平、智能化报警预警的基石。

（二）优化煤矿生产流程

数据要素在煤矿安全智能化建设中的重要作用之一是优化煤矿生产流程。通过对生产数据的实时采集和分析，可以掌握生产设备的运行状态、生产线的负荷情况、原材料的消耗情况等关键信息。基于这些信息，可以运用智能算法对生产流程进行优化和调度，确保生产过程的稳定性和高效性。例如，通过智能调度系统实现生产任务的合理分配和资源的优化配置；通过智能控制系统实现对生产设备的远程监控和自动调节等。这些措施的实施不仅提高了生产效率和质量，还降低了生产成本和能耗水平。

（三）促进煤炭行业的技术创新

数据要素还促进了煤炭行业的技术创新。通过对生产数据的深度挖掘和分析，可以发现生产过程中的问题和改进空间，进而推动技术创新和装备升级。例如，基于大数据分析技术对煤矿地质条件进行精准勘探和预测，为采掘作业提供科学依据；利用物联网技术实现设备的远程监控和故障诊断，提高设备的可靠性和维护效率；运用人工智能技术优化生产流程和工艺参数，提高生产效率和产品质量等。这些技术创新的成果不仅提升了煤炭行业的整体竞争力，还为煤炭行业的可持续发展奠定了坚实基础。

三　煤矿安全智能化建设的现状与挑战

（一）现状

煤矿安全智能化建设是煤炭行业转型升级的重要方向。随着物联网、大数据、云计算、人工智能等新一代信息技术的快速发展，煤矿企业纷纷引入这些先进技术，推动生产流程的智能化升级。智能化系统的应用不仅提升了生产效率，还显著增强了煤矿作业的安全性。

在煤矿安全智能化建设方面，目前主要聚焦于以下几个方面：一是通过智能感知系统实时监测矿井的各类参数，包括瓦斯灾害、通风、防灭火、顶板灾害、粉尘灾害、生产数据、地质保障等与矿井安全生产相关的关键参数，及时发现并预警潜在的安全风险；二是利用大数据和人工智能技术优化生产流程，实现生产设备的智能化调度和故障预测，减少设备故障导致的安全事故；三是推广无人化作业和远程控制技术，缩短矿工在危险环境下的作业时间，降低事故发生的概率。此外，国家层面也加大了对煤矿安全智能化建设的支持力度，出台了一系列政策措施，鼓励煤矿企业加快智能化改造，提升安全生产水平。在政府和企业的共同努力下，我国煤矿安全智能化建设已经取得了阶段性成果，为煤炭行业的可持续发展奠定了坚实基础。

（二）挑战

煤矿安全智能化建设仍面临诸多挑战。首先，技术是制约煤矿安全智能化建设的重要因素。新一代信息技术尽管在煤矿领域得到了广泛应用，但仍存在技术成熟度不高、系统稳定性差等问题。此外，不同系统间的数据标准不统一、信息孤岛现象严重，也影响了智能化系统的整体效能。

其次，煤矿安全智能化建设对人才的要求较高。当前，煤炭行业普遍面临专业人才短缺的问题，尤其是具备信息技术和煤炭专业知识的复合型人才更为稀缺，这在一定程度上影响了煤矿安全智能化建设的推进速度和质量。

再次，数据安全与隐私保护问题不容忽视。随着智能化系统的广泛应用，煤矿生产过程中的数据量急剧增加。如何确保这些数据的安全传输、存储和处理，防止数据泄露和滥用，成为煤矿安全智能化建设必须面对的重要问题。

最后，政策法规的完善与配套措施的实施也是煤矿安全智能化建设面临的挑战之一。虽然国家已经出台了一系列支持煤矿安全智能化建设的政策措施，但这些政策措施在具体实施过程中仍存在一些问题和困难。例如，政策执行力度不够、配套措施不完善等问题，都可能影响煤矿安全智能化建设的实际效果。

四 数据要素赋能煤炭行业新质生产力发展的策略

（一）加强数据基础设施建设

加强煤矿数据基础设施建设，是数据要素赋能煤炭行业新质生产力发展的基础，主要包括：加强煤矿生产现场的数据采集能力，逐步替代传统的人工观测记录方式，大力发展基于无线通信技术、传感器精准测定技术、电子信息技术的新型数据采集设备，提高各类数据的采集效率和采集精度；增强数据传输的稳定性和安全性，研究开发新型数据加密解密技术、新型低功耗本安型的数据传输设备，加强数据的高可靠性传输；打造

高效的数据存储和处理平台，采用各类新型技术对多源异构数据进行统一管理分类，形成高效的数据库管理平台；建立统一的数据标准和接口协议，打破数据孤岛，实现数据的互联互通和共享共用，是矿井智能化系统融合的关键。

煤矿安全数据标准体系（见图2）的建设，是管理煤矿安全数据要素的关键。只有构建有效的煤矿安全数据标准体系，才能确保多源异构数据的准确性、可靠性和易用性，才能为后续的数据分析和应用提供强力支撑。

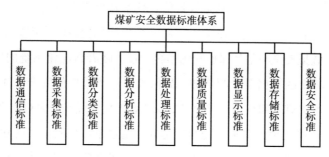

图2　煤矿安全数据标准体系

（二）推动技术创新与产业升级

技术创新是推动煤矿安全智能化建设和煤炭行业新质生产力发展的核心动力。应加大对煤矿灾害产生机理、灾害融合理论等基础学科，以及大数据、云计算、物联网、机器学习、人工智能等数据要素驱动的新一代信息技术的研发投入，推动数据要素驱动的灾害模型预测预警新技术的突破和应用，构建数据要素驱动的煤矿安全智能化建设新技术体系（见图3）。鼓励煤矿企业与科研机构、高校等开展产学研合作，共同攻克技术难题，推动技术创新与产业升级。同时，加强知识产权保护，激发企业的创新活力，为技术创新提供有力保障。

（三）强化数据专业人才队伍建设

专业人才是煤矿安全智能化建设和煤炭行业新质生产力发展的关键要

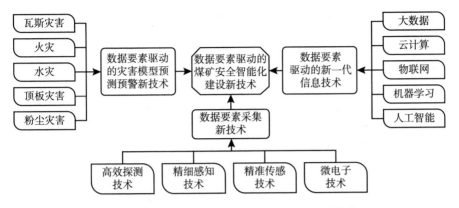

图3　数据要素驱动的煤矿安全智能化建设新技术体系

素。数据专业人才作为数据收集、处理、分析和应用的核心力量，是推动煤炭新质生产力发展的关键。通过运用大数据、人工智能等先进技术手段，对煤炭生产过程中的数据进行深度挖掘和分析，发现资源配置的不合理之处，提出优化建议，降低生产成本，保障矿井安全。加大培养力度、优化培训体系、建立激励机制以及促进人才流动与交流等措施的实施，可以培养更多高素质的数据专业人才为煤炭行业的高质量发展提供有力支撑。

（四）加强数据要素相关法律与标准支撑体系建设

加强数据要素相关法律与标准支撑体系建设是保障煤矿安全智能化建设和煤炭行业新质生产力发展的重要基石。应构建并优化以数据为核心的法律框架与标准体系，旨在明确数据在煤炭行业智能化转型中的法律地位、权属关系及流通规则，为数据的高效、安全、有序利用提供法律保障。围绕煤矿安全智能化建设，细化数据收集、处理、分析、应用及保护等各个环节的标准与规范，确保数据要素能够充分释放潜力，赋能煤炭行业实现新质生产力的飞跃。

（五）增强数据要素相关资金及政策驱动力

增强数据要素相关资金及政策驱动力是推动煤矿安全智能化建设和煤炭

行业新质生产力发展的重要保障。应精准施策，将资金重点投向数据技术的应用与升级，通过设立数据赋能专项基金、提供数据转型财政补贴、优化税收结构等方式，为矿井实施数据驱动的智能化改造提供强有力的资金支持。同时，积极引导社会资本流向煤矿安全智能化及数据创新领域，构建政府引导、市场主导、社会参与的多元化投融资体系，推动煤炭行业向新质生产力时代迈进。

结　语

　　数据要素在煤矿安全智能化建设中的赋能作用，显著提升了煤炭行业的新质生产力发展水平。通过加强数据基础设施建设、推动技术创新与产业升级、强化数据专业人才队伍建设、加强数据要素相关法律与标准支撑体系建设以及增强数据要素相关资金及政策驱动力等措施，可以进一步推动煤矿安全智能化建设和煤炭行业的高质量发展。未来，随着大数据、云计算等新一代信息技术的不断发展和应用，数据要素将在煤炭行业中发挥更加重要的作用，为煤炭行业的转型升级和可持续发展注入新的动力。

参考文献

方良才：《加快煤炭产业数字化转型，为煤炭企业高质量发展提供新动能》，《中国煤炭工业》2021 年第 11 期。

王国法：《煤矿智能化最新技术进展与问题探讨》，《煤炭科学技术》2022 年第 1 期。

冯永琦、林凰锋：《数据要素赋能新质生产力：理论逻辑与实践路径》，《经济学家》2024 年第 5 期。

胡庆忠、赵梓衡：《数据要素赋能新质生产力的机理分析与路径探索》，《中共云南省委党校学报》2024 年第 3 期。

王国法：《煤炭产业数字化转型和智能化建设支撑新质生产力发展》，《中国煤炭工业》2024 年第 6 期。

刘峰等：《煤炭工业数字智能绿色三化协同模式与新质生产力建设路径》，《煤炭学报》2024 年第 1 期。

张萌、张建中、张学亮：《煤炭行业数据要素架构规划与实施路径研究》，《中国煤炭》2024 年第 4 期。

王国法：《加快煤矿智能化建设　推进煤炭行业高质量发展》，《中国煤炭》2021 年第 1 期。

中国信息通信研究院：《数据要素白皮书（2022 年）》。

B.5
数智化为煤炭新质生产力发展
注入强大动力
——以数智化助力矿山灾害预警和监管监察为例

刘　渊[*]

摘　要： 随着全球科技的飞速发展与数字化转型的加速推进，数智化技术作为新一代信息技术的集大成者，正以前所未有的速度渗透到包括煤炭行业在内的每一个传统行业。本报告以数智化技术在矿山灾害预警、监管监察的应用为例，深入探讨了数智化如何成为推动煤炭产业转型升级、构建新质生产力的关键驱动力，特别是在智能矿山建设、煤矿安全水平提升以及促进煤炭行业高质量发展方面所展现的巨大潜力与实际应用价值。

关键词： 数智化　新质生产力　灾害预警　监管监察　煤矿安全

一　数智化助力煤矿安全的时代背景和现实意义

煤炭行业作为现代工业的基石，历经百余年的发展与变革，依然在全球能源体系中占据重要位置。2023 年 5 月 11 日，习近平总书记在黄骅港煤炭港区考察时指出，"中国具有丰富的煤炭资源，煤炭也是我国当前不可替代的主要能源"[①]。"十四五"以来，全国新增煤炭产能 6 亿吨/年以上，原煤

---

　　* 刘渊，煤炭科学技术研究院有限公司装备分院系统集成工程师，应急管理部"十四五"规划专班成员，研究方向为事前预防型治理模式、工矿智能化。
　　① 《推进中国式现代化 | 人与自然和谐共生》，央视新闻网，2023 年 7 月 22 日，https：//news. cctv. com/2023/07/22/ARTI8RoCcrEsFesp49qkzNpt230722. shtml。

占我国一次能源生产总量的比重始终保持在 65% 以上。煤炭的"稳"和"增"对全国能源安全稳定供应做出了重要贡献，有力地支撑了我国经济社会平稳健康发展。与此同时，煤矿安全生产形势依然严峻，2023 年我国煤矿安全生产事故死亡人数 443 人，百万吨死亡率 0.094（见图 1），上升 23.7%，[①] 以数智化筑牢煤矿安全屏障成为时代所需。

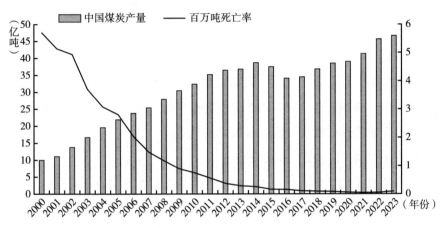

图 1　2000~2023 年中国煤炭产量与百万吨死亡率

资料来源：国家统计局。

（一）煤矿安全生产形势依然严峻

1. 持续高强度生产引发安全风险

受多重外部环境冲击，我国煤矿安全生产已接近极限平衡点。国际地缘政治紧张局势、中美经贸摩擦，以及全球范围内新冠疫情的深远影响，对全球供应链的韧性与稳定性产生了前所未有的冲击。在这一背景下，我国能源矿产资源供应的复杂性、严峻性、不确定性上升，产能增速无法有效匹配需求的急剧增加，能源与关键矿产资源的供应缺口日益扩大。统筹安全与发展的难度加大，煤矿超能力、超强度、超定员生产现象增多，出现采掘接续失

[①] 《中华人民共和国 2023 年国民经济和社会发展统计公报》。

调、生产系统持续紧绷问题，深层次、不易察觉的安全风险凸显。

2. 矿山本质安全水平仍然较低

我国中小型煤矿占 47%，部分煤矿系统设计具有先天缺陷，设施设备落后。大量露天矿山面积小，采场布置不合理，超挖并帮严重，高陡边坡问题突出。不少老旧尾矿库设计施工标准低，排洪构筑物质量不可靠。有的老矿、资源整合矿周边存在大量老窑和采空区，隐蔽致灾因素不普查、不治理，技术、管理、防控不到位。

3. 各类灾害日趋严重

采深加大，开采条件变差，煤矿瓦斯、水、冲击地压等灾害日趋严重，多种灾害耦合叠加。部分灾害的根本作用机理尚未被完全揭示与解析，导致对其进行有效治理的难度呈现日益加剧的趋势。

4. 安全监察执法效能有待提升

矿山领域非法、违法行为屡禁不止，部分煤矿企业没有正确把顺安全与生产的关系，对高水平安全保障高质量发展的认识不足。重效益轻安全，违规经营、违法生产、"带病"运行等乱象依然存在，"七假五超三瞒三不两包"等问题突出。基层专业监管人员不足，部分人员缺乏一线工作经历和能力，"老办法不好用，新办法不会用"，检查执法穿透力不强、"见子打子"、"重罚不重效"，没有往前一步推动解决共性问题。

（二）以数智化筑牢煤矿安全屏障是大势所趋

21 世纪以来，现代科技的迅猛发展给煤炭行业带来前所未有的机遇，以数智化技术为代表的新兴手段成为赋能煤炭新质生产力的关键所在。借助人工智能、大数据、物联网、区块链以及 5G 等数智化技术，能够从根本上改变煤炭行业的生产方式与监管监察模式。

1. 高端装备助力提升煤炭行业本质安全水平

通过打造行业高端装备，创新成果转化应用，能够提升煤炭行业本质安全水平，为煤炭行业注入蓬勃生机。"煤海蛟龙"掘支运一体化智能成套快速掘进装备创造了煤巷掘进月进尺 3088 米世界纪录；"煤科威龙"智能化矿用岩巷复合盾构掘进装备将现有岩巷掘进速度从月进尺 100 米提升至 300~500 米以上；"5G+一网一站融合通信"实现了煤矿通信从信息孤岛到融合互通、从单一通信到智能通感的跨越。

2. 数智化技术为安全生产保驾护航

数智化技术的引入不仅优化了生产流程、提高了生产效率，还能通过精准的数据分析预测与辅助决策，为煤炭行业安全生产保驾护航。例如，"煤矿灾害智能预警与综合防治系统 MSD"解决了"监测预警—解危治理—效果检验"系列操作的智能化、网络化难题，实现了信息智能管控，煤矿灾害的风险判识、智能预警和协同防治能力获得重大突破；"执法闭环及智能研判管理平台""煤矿事故风险分析平台"直观展示了辖区内矿山安全生产风险状况、走势并进行评估，实现了"业务一体化+智能化"的现代监管监察模式，解决了执法闭环问题。

3. 数智化建设赋能煤炭新质生产力

煤矿数智化建设是煤炭新质生产力的核心内涵，推动煤炭开发向本质安全、少人高效、绿色低碳发展。煤炭行业高质量发展的内涵体现为以"数字化"为核心驱动、以"智能化"为方向引领、以"新质化"为关键环节、以"安全化"为保障基石。然而，现阶段我国煤炭行业数字化转型和智能化建设在整体上还处于"爬坡过坎"的关键时期，产业数字化和数字产业化生态尚显雏形。风险和隐患防控的基础理论研究相对薄弱，关键技术原创性突破、颠覆性创新仍然较少，信息化、智能化等高端技术装备未能完全满足应用需求，科技创新领军人才和高技能人才匮乏。以数智化推动煤炭行业新质生产力加速发展，支撑煤炭行业新业态安全稳定高质量发展，是新百年煤炭行业可持续高质量发展的根本保障。

二 数智化技术在矿山灾害预警中的应用及实例

据 2024 年 4 月国家矿山安全监察局公布的数据，全国灾害严重生产煤矿共 1128 处。煤炭行业急需推动安全生产关口前移，推进重大灾害超前治理，形成多灾种智能感知和预警技术体系。煤矿灾害融合预警基于物联网+大数据分析、人工智能等技术，构建模型算法自学习、致灾因素可溯源的灾害融合预警模型。针对煤矿瓦斯、火、水、顶板、粉尘等灾害的致灾机制、影响因素及监测数据多元异构的特点，该模型采用数据挖掘技术及灾害数据多元离散特征提取方法，将多结构体、多数据源、多时空谱的监测数据同化到同一层面上，跨行业数据挖掘标准流程如图2所示。基于煤矿灾害监测和防控的多元异构信息的融合分析算法，建立煤矿综合灾害预警模型，对煤矿灾害进行有效的综合预警。

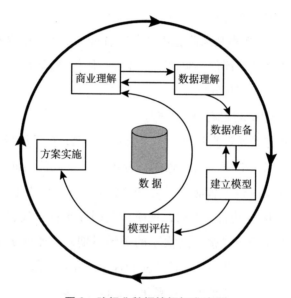

图2　跨行业数据挖掘标准流程

资料来源：国家统计局、中国煤炭工业协会。

　　通过部署设备接口统一、数据格式一致和通信协议兼容的灾害监测设施，实现硬件联通、数据贯通、功能融通。基于"云—边—端"三位一体联合部署架构，迭代升级风险灾害融合预警功能，实现"一站式"高度集成、统一承载，具备灾害风险自动辨识、超前预警等功能。煤矿灾害融合预警瞄准瓦斯"零超限"、煤层"零突出"、井下"零水害"、煤岩"零冲击"的目标，全面集成煤矿灾害防治监测监控数据，构建预警指标体系及人工智能算法，实现实时分析矿井灾害风险状态，实现多灾种、多维度、多指标的可视化分析预警。

部署在国能神东集团保德煤矿的灾害预警系统利用构建的跨时空、全覆盖、多参量的大数据融合预警模型，采集包括安全监控、光纤测温、束管监测、水文监测、粉尘监测、顶板监测等子系统数据，实现煤矿井下各作业场所灾害危险以及整体安全状态的融合预警。用人、机、环时空叠加和交叉演化的系统化方法综合分析生产过程中的安全风险，通过构建分级分区灾害预警模型，以及灾变复合灾情演化规律，实现多灾害全面感知、智能辨识、融合预警与辅助决策，达到灾害预警的灾种全覆盖、信息全包含、时间全天候、控制全联动。

针对灾害预警多源海量数据，从数据、指标、模型等方面布局，保德煤矿的灾害预警系统利用最新的数智化技术深度挖掘不同灾害前兆信息及其时空叠加、交叉演化特征，突破灾害预警多粒度表达模型、数据预处理技术、基准—演化指标体系、灾害融合预警模型等关键技术，构建机理模型与数据模型共同驱动的预警指标体系和模型，弥补以往依靠机理模型预警存在的预警准确率不高、专家经验不足、大数据处理能力弱等缺陷。实现预警准确率达90%以上的目标，开辟了煤矿重大灾害防治的"新赛道"，打造了煤矿灾害治理模式向事前预防转型的"新引擎"。

三　数智化技术在监管监察中的应用及实例

2020年，国家对矿山安全监管监察体制进行改革，国家矿山安全监察局职责和监察主体大幅增加，当前共涉及3.7万座矿山近4万家相关企业，其中涉及煤矿约4300处，监管资源与监管内容不匹配的矛盾日益显现。2023年煤矿安全生产事故百万吨死亡率比2022年略有上升，为0.094，死亡人数超过400人，特别是阿拉善新井露天煤矿坍塌事故和吕梁永聚煤矿的重大火灾事故，分别造成了53人、26人死亡，煤炭行业的安全生产形势依然严峻，安全监管监察任务艰巨。

随着矿山智能化建设的推进，各类运营数据量大幅增加，数智化为煤炭行业监管监察提供了技术基础。以"一平台三服务"为核心的智能监管监察平台，通过融合各煤矿信息化子系统数据，建立各项指标体系，对各煤矿灾害信息进行实时监测、趋势评判、综合风险态势分析、数据关联分析，并实现信息平台数据的可视化展示。

"一平台"是矿山安全生产综合信息平台。通过接入辖区所有矿山企业的监控、定位、视频、重大设备、灾害等系统，实现矿山安全生产全方位风险监测、预报预警和远程监管。充分利用物联网、大数据及人工智能技术提升矿山安全生产"大数据"的分析预测能力，打造"业务一体化+智能化"的现代监管监察模式，直观展示了辖区内矿山安全生产风险状况、走势并进行评估，最终为减少矿山安全生产事故提供信息化支撑保障。

"三服务"是指运维服务、数据服务和研判服务。运维服务包括基础设施运维、安全运维、应急值守，为平台运行提供稳定的软硬件及网络、安全环境。数据服务确保数据可靠性和准确性，同时依托已有的数据资源，建立统一数据视图，实现对数据的提取、整理、分析、辅助决策。研判服务包括自动分析研判和专家研判。依据国家标准与规定，结合规则库对矿山生产数据进行分析、自动研判，及时发现安全生产中存在的违法行为及安全隐患。针对系统平台自动分析出来的风险与隐患，由专家组结合矿山图纸资料、矿山反馈和现场视频等各类数据，进行进一步的全面综合分析，以确定矿山风险隐患的危害程度并给出具体解决措施。

在深化既有功能框架的基础上，"矿山监管监察执法大模型"的研究已取得显著进展，有效解决了传统监管模式中普遍存在的信息不对称性、响应滞后以及执法成本高昂等问题。该大模型突出以下几个特点。一是语义分析能力大大加强，可以对文本内容进行辅助分析，可以对各地煤矿提交的各类报告、措施等材料结合法律法规进行形式审查、预判断，大幅减少重复性的审查工作。二是建立全面的数据收集与处理机制，涵盖矿山生产环境、设备状态、作业行为、安全隐患等多个维度，结合法律法规、相关规范规程，自动识别潜在的安全风险并生成监察计划、监察报告、执法文书，有利于实现智能监管的闭环管理，为监管部门提供科学决策支持。三是引入生成式人工智能技术，极大地减轻了人工查询平台的负担，并丰富了平台的交互式功能。执法人员可根据特定需求自动生成关于特定矿区的综合情况报告，不仅减少和降低了人工提炼数据的时延与成本，还确保了信息的时效性与准确性，给监管工作带来了前所未有的便捷与高效。

某地"风险分析智能研判闭环管理系统"于 2023 年上线并投入使用。该系统是国内第一套矿山行业智能执法系统，已成功构建各类算法 50 余条，实现自动对上传数据进行实时分析，迅速识别潜在的违法线索。在发现违法线索后，通过多系统、异系统数据比对，对违法线索进行智能甄别，能够形成多系统数据闭环鉴定的进入智能执法，不能形成多系统数据闭环鉴定的由人工介入甄别。通过多系统数据闭环鉴定后，形成数字证据链，同步发送给远程执法组或属地执法处，引用法律法规，给出执法建议，草拟执法文书，最终形成执法闭环。该系统运行一年多来，已发现违法线索近万条，经过智能研判后甄别出隐患 2000 余条。与 2022 年相比，该省煤矿报警数量大幅下降。其中，甲烷、一氧化碳、人员超时等常见报警数据下降都在 90% 以上，常见的"代班下井""遮挡探头""工作面超员报警"等违法行为已基本无处遁形，为该省煤矿安全形势稳定向好发展奠定了坚实基础。

结　语

煤炭作为我国能源结构中的核心支柱，其安全、可靠的供应体系构建对国家能源安全战略具有不可替代的作用。在当前数字化与智能化浪潮的推动下，煤炭行业正经历着前所未有的转型与升级，这一过程不仅为煤炭赋予了新质生产力的强劲动能，还深刻触发了行业变革的广泛机遇与复杂挑战。习近平总书记高瞻远瞩地指出，"惟改革者进，惟创新者强，惟改革创新者胜"。[1] 推动新质生产力的发展，不仅是国有煤炭企业的核心使命与必修课

---

① 中共中央宣传部编《习近平新时代中国特色社会主义思想学习问答》，学习出版社、人民出版社，2021，第 143 页。

题，还是涵盖私有制矿山企业、科研机构、技术服务商以及高等教育机构在内的社会各界共同面临的重大课题。煤炭企业应主动承担行业发展的责任与使命，同有关方面一道，勇于探索、敢于创新，不断突破技术瓶颈，提升产业核心竞争力，为煤炭行业的可持续发展注入强劲动力，推动行业向更高质量、更高效率、更加可持续的发展模式迈进，共同谱写煤炭产业转型升级的新篇章。

参考文献

王国法：《煤炭产业数字化转型和智能化建设支撑新质生产力发展》，《中国煤炭工业》2024 年第 6 期。

康红普等：《煤炭工业数字化发展战略研究》，《中国工程科学》2023 年第 6 期。

刘具等：《煤炭企业数字化转型建设路径研究》，《煤炭工程》2024 年第 6 期。

张倩、邢志华：《数智赋能助力煤炭产业高质量发展》，《煤炭经济研究》2024 年第 3 期。

张学亮等：《数字煤炭背景下井工煤矿智能化管控模式及效益》，《煤炭经济研究》2024 年第 4 期。

王虹桥、陈养才、王丹识：《我国"数字煤炭"建设发展研究与探讨》，《中国煤炭》2024 年第 1 期。

孙鹏：《以新质生产力为强劲"引擎"推动煤炭企业高质量发展》，《中国煤炭工业》2024 年第 7 期。

王琼杰：《以新质生产力打造新型矿业产业生态》，《中国矿业报》2024 年 3 月 11 日。

银龙：《积极培育发展新质生产力 坚定不移推动煤炭产业高质量发展》，《中国煤炭工业》2024 年第 7 期。

B.6
积极推动煤炭行业绿色低碳
开采领域新质生产力发展

方 杰 魏恒飞*

摘 要： 在国家"双碳"目标下，以创新为驱动，发展绿色低碳煤炭开采新质生产力，改造升级传统煤炭开采产业，是解决煤炭"压舱石"作用与煤炭开采环境问题之间矛盾的有效途径。传统煤炭开采面临煤炭开发造成煤炭共伴生矿产资源浪费、露天/井工开采破坏生态环境、煤矿地下水浪费严重等问题。针对这些问题，国家能源集团通过技术创新和理念创新，提出了煤与共伴生矿一体化绿色开发、生态保护型煤炭开采、煤矿地下水库等三大创新技术体系，丰富了绿色低碳煤炭开采新质生产力的内涵，提升了煤炭开采产业全要素生产率，形成了煤炭开采的新方式和新模式，促使了传统煤炭开采业转型升级，进一步布局了围绕煤矿地下水"产、储、净、用"的一系列新兴绿色产业，建设了一批国家级及省级绿色低碳矿山示范工程。

关键词： 新质生产力 绿色低碳煤炭开采 生态保护型煤炭开采 煤矿地下水库

一 绿色低碳开采是煤炭行业高质量发展的趋势

（一）煤炭仍然是我国能源的"压舱石"

新中国成立至今，我国累计生产原煤 1000 亿吨以上，煤炭为经济社会

---

* 方杰，博士，教授级高级工程师，北京低碳清洁能源研究院煤炭开采水资源保护与利用全国重点实验室主任助理，研究方向为绿色煤炭开采；魏恒飞，博士，北京低碳清洁能源研究院高级工程师，研究方向为 CCUS 及绿色煤炭开采。

健康发展提供了 70% 以上的一次能源,支撑了国内生产总值(GDP)年均
9% 以上的增长。2023 年,我国能源消费总量为 57.2 亿吨标准煤,比 2022
年增长 5.7%;煤炭生产总量为 47.11 亿吨,煤炭消费量增长 5.6%;原油消
费量增长 9.1%,天然气消费量增长 7.2%,电力消费量增长 6.7%,其中原
煤占一次能源生产总量的比重为 66.6%,煤炭消费量占能源消费总量的
55.3%(见图 1),占据半壁江山,[1] 煤炭仍然是我国能源安全稳定供应的
"压舱石"。[2] 在未来一段时期内,以煤油气为主体的化石能源仍将是我国主
体能源。

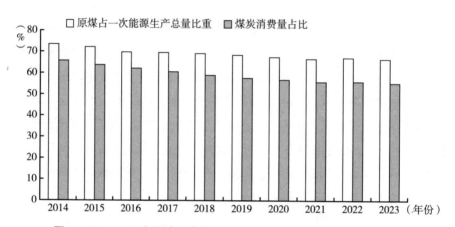

图 1 2014~2023 年煤炭消费量占比及原煤占一次能源生产总量比重

资料来源:国家统计局。

(二)绿色低碳是煤炭行业发展趋势

煤炭作为一种传统能源,在煤炭开采和利用过程中,对地表生态、水资
源及大气产生较大污染,是全球温室气体排放的主要能源。煤炭产业环境污
染主要发生在煤炭开采和利用过程中,主要体现在以下几个方面。一是开采

---

[1] 李全生、张凯:《我国能源绿色开发利用路径研究》,《中国工程科学》2021 年第 1 期。
[2] 刘峰、郭林峰、赵路正:《双碳背景下煤炭安全区间与绿色低碳技术路径》,《煤炭学报》
2022 年第 1 期。

过程导致地表塌陷、土地破坏及生态环境恶化。煤炭露天开采剥离排土，井工开采地表沉陷、裂缝，都将破坏土地资源和植被资源，影响土地耕作和植被生长，改变地貌并引发景观生态的变化。二是开采过程破坏地下水资源平衡，导致水污染及供水紧张。煤炭开采造成含水层破坏，地下水渗漏到矿井中被排出，致使矿区地下水位大面积下降和缺水矿区供水紧张，影响矿区居民的生产和生活。三是释放甲烷，煤炭开采过程是煤层瓦斯自然解吸的过程，煤炭中的游离态、吸附态甲烷被释放到空气中，形成大气污染和资源浪费。[①] 四是开采过程形成大量的固体废物污染，其中煤矸石作为主要固体废物，在空气中遭受自然风化，有时会发生自燃现象，排放出大量的有毒气体，严重污染矿区空气及生态环境。[②] 五是利用过程中产生大量废气，造成温室效应及酸雨等环境危害。[③]

推进煤炭行业全生命周期的绿色低碳化是我国煤炭行业发展的趋势。习近平总书记提出"绿水青山就是金山银山"理念，煤炭行业按照国家"双碳"工作规划部署，秉承可持续发展理念，坚持绿色低碳开采和清洁高效利用，坚定不移走生态优先、绿色发展之路，稳步推进矿区生态保护、生态修复、生态治理、生态重建等。[④] 2023 年，我国大型煤炭生产企业原煤入洗率为 69.0%，矿井水综合利用率、煤矸石综合利用处置率、土地复垦率分别为 74.6%、73.6%、57.9%；原煤生产综合能耗 9 千克标准煤/吨，比 2014 年下降了 26.8%，煤炭行业绿色低碳化正在持续推进。

（三）破局煤炭"压舱石"作用与煤炭开采环境问题的矛盾体

据中国工程院预测，2050 年煤炭仍将占我国一次能源消费的 40% 左右，在未来相当长一段时间内，煤炭作为我国能源安全"压舱石"的局面

---

① 张吉雄等：《煤基固废充填开采技术研究进展与展望》，《煤炭学报》2022 年第 12 期。
② BP：《BP 世界能源统计年鉴》，2021 年第 70 版。
③ 刘峰等：《煤炭工业数字智能绿色三化协同模式与新质生产力建设路径》，《煤炭学报》2024 年第 1 期。
④ 谢和平等：《碳中和目标下煤炭行业发展机遇》，《煤炭学报》2021 年第 7 期。

不会改变。2022 年 10 月 16 日，党的二十大报告强调，实现碳达峰碳中和是一场广泛而深刻的经济社会系统性变革，需要立足我国能源资源禀赋，坚持先立后破，有计划分步骤实施碳达峰行动。"富煤、贫油、少气"是我国的国情，以煤为主的能源结构短期内难以根本改变，实现碳达峰碳中和是一项复杂的系统工程，必须立足国情，坚持稳中求进、逐步实现，不能脱离实际、急于求成，搞运动式"降碳"、踩"急刹车"，不能把手里吃饭的家伙先扔了，结果新的吃饭家伙还没拿到手,[1] 能源的饭碗必须端在自己手里。[2]

根据我国实际情况，持续稳定地破局煤炭"压舱石"作用与煤炭开采环境问题的矛盾体，大力推进传统煤炭产业朝着绿色低碳化方向发展，是促进我国煤炭产业健康发展的必经之路。[3] 通过创新破局煤炭"压舱石"作用与煤炭开采环境问题的矛盾体，就是高质量发展绿色低碳煤炭产业的推动力，攻克这对矛盾体的过程，就是传统煤炭行业探索新质生产力，实现绿色、高质量发展的过程。

二 绿色低碳煤炭开采新质生产力内涵和特征

（一）绿色低碳煤炭开采新质生产力内涵

2023 年 9 月，习近平总书记在新时代推动东北全面振兴座谈会上发表重要讲话时，首次提出"新质生产力"概念。新质生产力是创新起主导作用，摆脱传统经济增长方式、生产力发展路径，具有高科技、高效能、高质

① 崔庆君：《习近平总书记强调的"先立后破"》，中国共产党新闻网，2024 年 7 月 22 日，http://theory.people.com.cn/n1/2024/0722/c40531-40282311.html；袁亮：《我国煤炭主体能源安全高质量发展的理论技术思考》，《中国科学院院刊》2023 年第 1 期。
② 高云飞等：《"双碳"目标下煤炭企业绿色矿山建设路径探究》，《中国煤炭》2022 年第 1 期。
③ 邹才能等：《新能源新兴产业在推动新质生产力中的地位与作用》，《石油学报》2024 年第 6 期。

量特征，符合新发展理念的先进生产力质态。对于发展传统煤炭开采产业新质生产力来说，关键是找准制约煤炭开采产业发展的瓶颈，进行技术和理念创新，改造升级传统行业，形成新的开采方式和产业发展方向。因此，绿色低碳煤炭开采新质生产力的内涵，是以破解煤炭"压舱石"作用与煤炭开采环境问题的矛盾体为需求和驱动力，进行技术和理念创新，促进煤炭开采方式由粗放式向绿色效益式发展，促使开采后修复理念由被动生态修复向主动生态修复发展，促使开采煤炭单一资源向煤与共伴生矿共采转变，最终通过技术创新和理念创新，把传统煤炭开采产业改造升级为新兴煤炭开采产业，实现煤炭开采全环节、全要素生产率的大幅提升（见图2）。

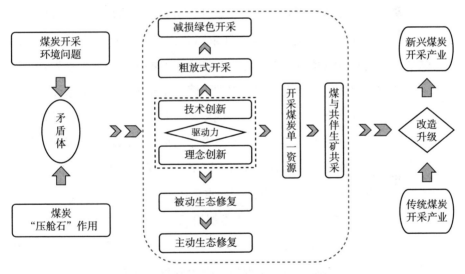

图2　绿色低碳煤炭开采新质生产力的内涵

发展绿色低碳煤炭开采新质生产力的核心是煤炭开采产业全要素生产率大幅提升，手段主要是创新煤炭开采方式和模式，目的是贯彻落实绿色煤炭新发展理念。在煤炭开采方式方面，统筹煤系矿产资源综合勘探、开发与有效保护，对资源、管理、技术、人才四个要素进行创新，聚焦资源勘探、规划、开发三个环节，采用高效率、低损害、可持续的协同开发方式，推进绿色矿山建设、推动煤炭开采方式变革。在煤炭开采模式方面，构建资源综合

勘查、系统规划、协同开发、建设运营相结合的煤与共伴生资源一体化绿色开发新模式，提高煤系多种矿产资源综合回收率，推动煤炭资源开发与区域经济社会、生态保护协调发展。

（二）绿色低碳煤炭开采新质生产力的特征

1. 绿色低碳是煤炭开采新质生产力发展的必然要求

煤炭开采新质生产力具有资源消耗低、污染排放少等特征和优势。传统煤炭开采只获取煤炭一种能源矿产，不重视与煤炭共伴生的其他矿产资源的综合开发，造成矿产资源浪费，[①] 进行二次矿产开发时，增加矿山建设费用，加剧矿山环境破坏；原来的井工煤矿开采引起地面塌陷、水土流失、植被退化等生态损坏，大规模井工煤矿开采对生态的影响具有范围大、周期长、强度高、恢复难的特点；露天开采开挖表土、潜水层、地下基岩含水层等地层，导致土地挖损、排土压占、水位下降、水土流失、植被退化等生态损伤。通过发展煤炭开采新质生产力，创新煤与共伴生矿产一体化勘查开发理念，应用减损开采技术，践行煤炭开采全生命周期主动修复新理念，使煤炭开采生态修复率提高、煤炭开采损害率降低，使绿色成为煤炭开采的主导色彩，实现开发"金山银山"、再造"绿水青山"。

2. 高质高效是煤炭开采新质生产力发展目标

煤炭开采新质生产力发展的目标是高质高效。煤炭开采新质生产力包括劳动者、劳动资料、劳动对象三个要素，三个要素的改进和提升，均能促进生产力进步。煤炭开采新质生产力发展主要表现在以下几个方面。一是通过理论创新、理念创新、技术创新，形成先进的勘查技术、开采技术和煤炭洗选加工技术等，提升劳动工具的智能化和专业化水平，[②] 使劳动者的效率和煤炭资源开采效率大幅提高；二是拓展劳动对象的广度，从传统的以煤炭为主要劳动对象，拓展为煤炭、矿井水、地表生态等更广范围的劳动对象；三

---

① 葛世荣、胡而已、李允旺：《煤矿机器人技术新进展及新方向》，《煤炭学报》2023年第1期。

② 张友明等：《煤系共伴生矿产资源的开发及综合利用》，《采矿技术》2006年第3期。

是通过教育培训，使劳动者跃升为高素质的专业化劳动者。通过发展劳动者、劳动资料及劳动对象三个要素的新质生产力，提高煤炭开采质量和效益，实现煤炭开采高质量、高效能发展的目标。

三　催生绿色低碳煤炭开采新质生产力的创新性技术

创新是推动新质生产力发展的主导因素。为实现绿色低碳煤炭开采新质生产力的发展，在煤与共伴生矿一体化绿色开发创新技术体系、生态保护型煤炭开采创新技术体系和煤矿地下水库创新技术体系三个方面，国家能源集团进行了创新性技术实践和推广。

（一）煤与共伴生矿一体化绿色开发创新技术体系

煤炭与多种能源资源共伴生，具有共伴生资源种类多、分布广泛的特点。煤炭是一种特殊的沉积有机岩石，形成过程中的特殊地质和地球化学条件下，可以富集战略性金属、非金属等矿产资源。[1] 目前，已发现的 173 种矿产中，有 85 种与煤炭共伴生或直接相关联，能源矿产方面有煤层气、铀等，可利用的煤炭共伴生战略性金属矿产资源有镓、锗等 20 余种。煤炭共伴生资源数量大、利用价值高，铝土矿、铀矿、锗矿等典型煤炭共伴生矿产储量占全国总储量比例高于 50%，一些煤灰中战略性金属在丰度上可与传统的金属矿床相当或更高，部分矿产价值高于煤本身。

传统的煤炭开发往往只获取煤炭资源，与煤炭共伴生的矿产资源不被重视甚至被遗弃，造成矿产资源浪费，增加了二次开发的成本，造成二次开发破坏，与绿色低碳煤炭开采理念不符。针对这一问题，国家能源集团创建了煤与共伴生矿一体化绿色开发创新技术体系，建立了煤与共伴生矿协同勘查技术、煤与共伴生矿同区错时协调开采技术、煤与共伴生矿分区协调开采技术、煤与共伴生矿错时协调开采技术等。应用煤

---

① 李全生等：《生态保护型煤炭开采技术与实践》，《煤炭科学技术》2024 年第 4 期。

与共伴生矿一体化绿色开发创新技术体系，国家能源集团在塔然高勒矿区煤炭与铀一体化开发和准格尔矿区煤与多金属一体化开发实践中取得了良好的效果。

（二）生态保护型煤炭开采创新技术体系

绿色矿山理念是煤炭开采的理念性创新，该理念摒弃传统的煤炭粗放式开采和被动式生态修复方式，强调煤炭开采全过程都要科学有序，要将对矿区及周边环境的扰动控制在可控的范围内，对于必须破坏扰动的部分，应当通过科学设计、先进合理的有效措施，最大限度地恢复治理或转化创新，确保矿山的存在、发展直至枯竭始终与周边环境相协调。

传统露天开采要剥离煤层之上的所有地层，形成人工开采露天坑，对地表水土及植被产生"天翻地覆"式的破坏；井工开采采出地下煤层形成采空区，采空区"地动山摇"式塌陷，造成地下水、地表植被破坏。针对上述露天开采和井工开采两类开采损伤工程技术问题，国家能源集团践行绿色矿山理念，从开采源头出发，加强基础理论研究，建立开采损伤量化评价、开采损伤传导、生态损伤修复等基础理论模型；以基础理论研究成果为支撑，转化为生产力，形成生态保护型煤炭开采关键技术，针对露天矿生态型地层重构与水资源保护利用等问题，研发采排复一体化、地层生态重构及分布式储用技术；针对井工矿水资源保护利用及地表损伤精准修复等问题，研发损伤传导阻断、水保护与利用、分时分区修复等技术（见图3）。[①] 在生态保护型煤炭开采基础理论和关键技术指导下，国家能源集团在内蒙古准能集团公司建设全国绿色矿山发展示范区，全域推进绿色矿山建设。目前，黑岱沟露天矿、哈尔乌素露天矿等国家级、自治区级建设试点煤矿单位，已全部建成国家或自治区绿色矿山，其中，黑岱沟露天矿生态治理项目成效凸显，逐步实现了"采—复—农—园"协同发展的矿区恢复治理模式（即绿

① 李全生：《煤炭生态型露天开采理论与技术体系及其应用》，《煤炭学报》2024 年第 5 期；顾大钊：《煤矿地下水库理论框架和技术体系》，《煤炭学报》2015 年第 2 期。

色开采、复垦绿化、现代农牧业、矿山公园协同发展），获评国家矿山公园称号。通过几年的建设和经验积累，生态保护型煤炭开采形成了一批可复制、能推广的新模式、新机制和新制度。

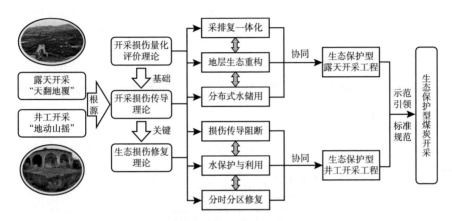

图3 生态保护型煤炭开采创新技术体系

（三）煤矿地下水库创新技术体系

据统计，我国每年因煤炭开采破坏地下水约 80 亿吨，而利用率不足 40%，损失的矿井水资源相当于我国每年工业和生活缺水量的 60%。西部矿区气候干旱，蒸发量是降雨量的 6 倍左右。为保障安全生产，已有的方法是将矿井水外排地表，由于蒸发量大，外排的矿井水很快蒸发损失。如何实现煤炭开发与水资源保护相协调，是西部煤炭科学开发的重大难题之一，也是煤炭矿区生态文明建设的核心内容。

国家能源集团顾大钊院士创新性地提出了煤矿地下水"导、储、用"的工作原则和思路，创立煤矿地下水保护与利用理念，在世界上首次利用矿井建成了地下储水库，[①] 并创建了煤矿地下水库创新技术体系。煤矿地下水库的技术思路是利用煤炭开采后形成的采空区中的冒落岩体空隙作为储水空间，用人工坝体将工作面周边的煤柱坝体相连形成挡水坝体，建设矿

① 顾大钊等：《煤矿地下水库技术原创试验平台体系研制及应用》，《煤炭学报》2024 年第 1 期。

井水注入和抽出储水区的调水设施,对井下储水情况进行实时监控以保障生产安全。该体系涵盖煤矿地下水库设计、建设和运行三大关键技术,包括水源预测、水库选址、库容设计、坝体构建、管网建设、水质保障和安全运行七大关键环节(见图4)。截至2023年底,国家能源集团应用煤矿地下水库创新技术体系在神东等矿区累计建成35座煤矿地下储水库(见图5),最大储水量3500万立方米,为矿区供应了95%以上的生产、生活和生态用水,并为周边电厂和煤制油工程供水,为我国西部煤炭绿色高效开采开辟了新思路。

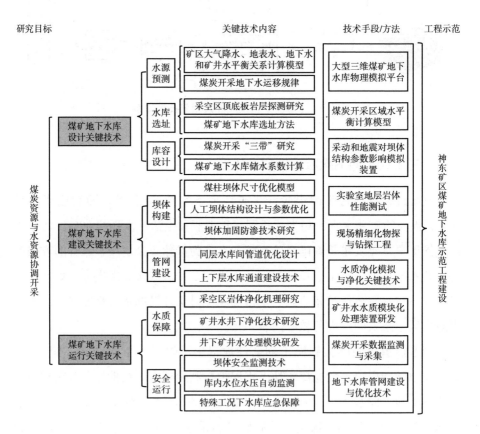

图4 煤矿地下水库创新技术体系

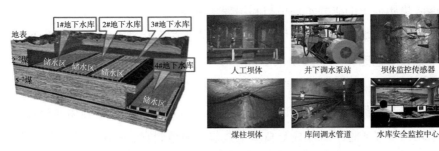

图 5　神华神东大柳塔矿煤矿分布式地下水库

四　绿色低碳煤炭开采新质生产力培育的新产业

技术创新和理念创新催生新质生产力，摆脱传统生产力的发展路径，发展新质生产力不是忽视、放弃传统产业，而是用新技术改造提升传统产业，使单一劳动对象拓展为更广范围的劳动对象，促进产业向高端化、绿色化的新兴产业发展。国家能源集团依托煤矿地下水库创新技术形成的新质生产力，建设了一批围绕煤炭地下水利用的相关新产业，不仅使煤矿地下水由"水害"变"水利"，而且为西部煤炭生产矿区生活、工业、农业、生态修复提供了用水，促进了绿色低碳煤矿建设及多产业联合发展。

我国人均水资源贫乏，仅为世界平均水平的 1/4，被联合国列为 13 个贫水国家之一，陕甘宁蒙新等省区重点煤矿区中 70% 的矿区缺水、40% 的矿区严重缺水，水资源短缺问题制约陕甘宁蒙新等省区经济高质量发展。为解决我国煤矿矿井水资源未被充分利用问题，2024 年 2 月国家发展改革委等八部委联合发布了《关于加强矿井水保护和利用的指导意见》，明确指出："在产和待产煤矿应严格落实矿区规划及规划环评要求，不得擅自开采可能对地下水资源造成严重破坏的区域。针对经批准的可开采区域，建设单位应……科学制定可行的水资源保护和矿井水综合利用方案，合理选择保水开采工艺……有效保护地下水。推动煤炭和矿井水双资源型矿井建设、协调开采和生态环境保护。"该意见明确把矿井水作为一种资源进行保护，这与国

家能源集团提出的矿井水保护与利用理念一致。

国家能源集团以此为契机，创新矿井水保护利用理念，在我国陕甘宁蒙新干旱缺水地区布局了围绕煤矿地下水"产、储、净、用"的新兴绿色产业（见图6）。生产端基于国家能源集团所属煤矿水量和水质数据，建立矿井水资源产出量数据库，为国家能源集团非常规水资源有序利用建档建卡。储水端结合煤矿地下水库成套技术工艺包，因地制宜、一矿一策，在矿井中建设地下储水库，解决陕甘宁蒙新地区干旱少水与规模化煤炭开采大量地下水浪费之间的矛盾问题。净水端实施改性煤矸石协同煤矿地下水库矿井水除氟工程示范，取得实效后在全行业推广应用；分级分类研发高矿化度矿井水低成本处理关键技术，完成中试验证，逐项突破大规模低成本处理技术瓶颈。用水端稳步推进国家能源集团黄河流域煤基产业水资产一体化管控平台建设，努力将水资源变为水资产，打造"煤、电、化"水资产一体化管控平台样板，为矿区生活、工业及生态修复提供源源不断优质矿井水。

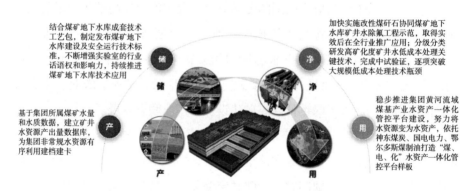

图6　国家能源集团以煤矿地下水库为中心的新兴绿色产业布局

结　语

煤炭占我国能源消费结构的一半以上，是保障我国能源安全的"压舱石"，但长期以来传统煤炭开采存在矿产资源利用率低、矿区生态环境破坏严重等问题，与我国"双碳"目标不符，而发展以绿色低碳为特征的新质生产力是解决煤炭"压舱石"作用与煤炭开采环境问题之间矛盾的有效途径。国家能源集团以创新为驱动,针对传统的煤炭开发造成矿产资源浪费、增加二次开发成本等问题,创建了煤与共伴生矿一体化绿色开发创新技术体系,针对露天/井工开采两类开采损伤问题,提出生态保护型煤炭开采创新技术体系,针对煤矿地下水浪费严重和矿区干旱少水的矛盾问题,提出煤矿地下水库创新技术体系。国家能源集团应用技术创新促使传统煤炭开采业转型升级,依托煤炭地下水库创新技术体系,布局了围绕煤矿地下水"产、储、净、用"的一系列新兴绿色产业,为矿区生态修复、生活、工业提供了大量矿井水,建设了一批绿色矿山示范工程,促进了国家能源集团所属煤矿绿色低碳开发。

参考文献

卞正富等:《煤炭零碳开采技术》,《煤炭学报》2023 年第 7 期。

王双明等:《煤炭绿色开发地质保障体系的构建》,《煤田地质与勘探》2023 年第 1 期。

彭苏萍、毕银丽:《钱鸣高院士指导西部干旱半干旱煤矿区生态修复研究》,《采矿与安全工程学报》2023 年第 5 期。

彭苏萍、毕银丽:《黄河流域煤矿区生态环境修复关键技术与战略思考》,《煤炭学报》2020 年第 4 期。

彭苏萍:《我国煤矿安全高效开采地质保障系统研究现状及展望》,《煤炭学报》2020 年第 7 期。

杨天鸿等:《新疆大型露天矿绿色安全高效开采存在问题及对策》,《采矿与安全工程学报》2022 年第 1 期。

徐嘉兴等:《煤炭开采对矿区土地利用景观格局变化的影响》,《农业工程学报》2017 年第 23 期。

王党朝、申莹莹、杨震:《胜利一号露天煤矿开发建设对生态环境的影响评价》,《中国煤炭》2020 年第 1 期。

钱鸣高:《煤炭的科学开采》,《煤炭学报》2010 年第 4 期。

毕银丽、彭苏萍、杜善周:《西部干旱半干旱露天煤矿生态重构技术难点及发展方向》,《煤炭学报》2021 年第 5 期。

孙茹等:《高潜水位采煤沉陷区积水时空演化特征研究:以安徽省矿区为例》,《煤炭科学技术》2022年第12期。

张凯等:《煤炭开采下神东矿区土壤含水率的空间变异特征及其与土质和植被的响应关系》,《天津师范大学学报》(自然科学版)2022年第6期。

范立民等:《西部生态脆弱矿区地下水对高强度采煤的响应》,《煤炭学报》2016年第11期。

赵春虎等:《东部草原区露天煤矿开采对地下水系统影响与帷幕保护分析》,《煤炭学报》2019年第12期。

代革联等:《煤炭开采对相邻区域生态潜水流场扰动特征》,《煤炭学报》2019年第3期。

武强:《我国矿井水防控与资源化利用的研究进展、问题和展望》,《煤炭学报》2014年第5期。

才庆祥、刘福明、陈树召:《露天煤矿温室气体排放计算方法》,《煤炭学报》2012年第1期。

张建强等:《我国煤炭行业绿色发展现状及实现途径探讨》,《地质论评》2023年增刊第1期。

Robert, A., Hefner Ⅲ, "The Age of Energy Gases," *International Journal of Hydrogen Energy*, 2002, 27 (1): 1–9.

Masoud, A., et al., "A Review of Hydrogen/Rock/Brine Interaction: Implications for Hydrogen Geo-storage," *Progress in Energy and Combustion Science*, 2023, 95.

Tarkowski, R., Uliasz-Misiak, B., "Towards Underground Hydrogen Storage: A Review of Barriers," *Renewable and Sustainable Energy Reviews*, 2022, 162.

B.7
碳中和目标下煤矿甲烷减排路径
及关键技术研究

刘文革　徐　鑫　杨鹏飞　严　媛*

摘　要：　甲烷是全球第二大温室气体，甲烷减排是实现《巴黎协定》温升控制目标的关键途径之一。加强煤炭领域甲烷排放控制，既有利于实现我国碳中和的总体目标，促进煤炭行业清洁低碳转型和高质量发展，又能增强我国在全球应对气候变化领域的国际影响力与话语权。煤炭在我国能源系统中起到稳定器和压舱石作用，要利用系统性思维总体布局煤矿领域甲烷减排工作，处理好减排、发展和安全之间的关系。煤矿甲烷减排综合路径的设计要在"绿色发展、统筹协调、多措并举、支撑保障"原则指导下，遵循"政策标准—技术装备—交易市场—示范工程"协调发展的总体思路。进一步完善 MRV 制度设计，发挥科技创新在煤矿甲烷减排工作中的引领作用，重点突破煤矿超低浓度瓦斯和风排瓦斯高效利用关键技术瓶颈，支持具备条件的甲烷减排项目参与温室气体自愿减排交易，以市场化手段促进甲烷减排。适时布局煤矿甲烷全环节精准监测、煤矿超低浓度瓦斯与风排瓦斯安全高效利用等示范项目，通过示范项目带动产业发展。

关键词：　煤矿甲烷　风排瓦斯利用　碳中和

---

* 刘文革，应急管理部信息研究院副院长，教授级高级工程师，研究方向为安全生产、煤炭行业、煤层气领域理论政策和安全技术研发；徐鑫，应急管理部信息研究院煤炭清洁发展研究所副所长，教授级高级工程师，研究方向为安全生产、煤炭瓦斯综合利用技术研发及政策咨询；杨鹏飞，应急管理部信息研究院煤炭清洁发展研究所洁净能源与环境中心主任，高级工程师，研究方向为煤矿安全生产、煤炭领域甲烷减排政策研究和技术开发；严媛，应急管理部信息研究院煤炭清洁发展研究所干部，工程师，研究方向为国内外安全生产、煤炭甲烷减排政策技术研究及国际合作。

一 煤矿甲烷减排意义重大

（一）煤矿甲烷减排有助于促进全球气候变化治理

在全球气候变化的背景下，煤矿甲烷减排已成为全球气候治理的关键议题。根据联合国政府间气候变化专门委员会（IPCC）发布的第六次评估报告的综合报告《气候变化2023》，全球温室气体排放量持续上升，其中甲烷作为仅次于二氧化碳的第二大温室气体，占全球温室气体排放量的20%。甲烷在大气中存续的时间相对较短，约为12年，但其全球增温潜势（GWP，指甲烷捕捉大气中热量的能力）在100年的时间框架内为二氧化碳的28倍，而在20年的时间框架内，倍数则上升至84倍。因此，甲烷减排对于缓解气候变化具有显著的短期效果。在所有的能源活动中，煤矿甲烷排放占据了相当大的比重。国际能源署（IEA）数据显示，2023年全球能源部门甲烷排放量约为1.2亿吨，其中煤炭领域的甲烷排放量约为4000万吨。要实现《巴黎协定》目标，全球要在2030年前大幅削减甲烷排放水平。

（二）煤矿甲烷减排有助于实现我国的碳中和总体目标

我国作为世界上最大的煤炭生产国，能源活动产生的甲烷排放量占全球能源领域甲烷排放总量的23%，占全球人为甲烷排放总量的7.4%。自我国提出"双碳"目标以来，国家领导人在多个重要国际场合表明了加强管控甲烷等非二氧化碳温室气体的决心。2021年COP26期间，中美两国于格拉斯哥发表联合宣言，表示将加强两国在甲烷减排议题上的合作。2023年11月，两国气候特使会晤后联合发布《关于加强合作应对气候危机的阳光之乡声明》，强调要加速气候行动，并将甲烷减/控排列为重点合作领域之一。继而在COP28召开前夕，我国于2023年11月7日发布了《甲烷排放控制行动方案》，作为国内甲烷排放管理控制的顶层设计文件，明确了"十四五"和"十五五"期间甲烷控制排放的主要目标。该方案提出了八项重点任务，包括建立 MRV 体系（监测、核算、报告和核查），构建技术和标准体系，在能源、农业、垃圾和污水处理等领域实施控排措施，推进污染物与甲烷协同控制以及参与全球治理合作等。据专家估算，《甲烷排放控制行动方案》落实后，我国有望在 2030 年实现 500 万吨的甲烷减排量。因此，加强甲烷排放控制，积极参与相关国际合作与交流，尽早实现碳中和目标，将提高我国在全球应对气候变化领域的国际影响力与话语权，并进一步提升负责任大国的形象。

（三）煤矿甲烷减排有助于煤炭行业在能源安全保障方面发挥重要作用

根据《2006 年 IPCC 国家温室气体清单指南》，煤炭行业的温室气体排放主要来自煤炭开采过程、矿后活动、低温氧化、非控制燃烧和废弃煤矿，其中低温氧化和非控制燃烧产生的温室气体以二氧化碳为主，甲烷的排放主要来自煤炭开采过程、矿后活动和废弃煤矿。我国的煤炭开采以地下开采方式为主，因此煤矿地下开采过程中的甲烷排放是我国煤矿甲烷最主要的排放来源，由此带来的矿后活动产生的甲烷排放也成为我国煤矿甲烷排放的主要来源之一。甲烷既是温室气体，也是煤矿安全等领域管控的瓦斯气体的主要成分，有效控制甲烷排放不仅具有减缓全球温升的气候效益，更具有能源资源化利用的经济效益和减少生产事故的安全效益。

我国作为世界上最大的煤炭生产国，以煤为主的能源资源禀赋和经济社会发展所处的阶段，决定了未来很长时间内，我国的经济社会发展仍然离不开煤炭，近年来能源供应紧张的情况再次凸显了煤炭在保障能源供给方面的关键地位。因此，既充分考虑煤炭作为主体能源的压舱石和稳定器作用，保障国家能源安全，又全面贯彻落实国家在《甲烷排放控制行动方案》中的战略部署，结合我国国情，有规划有步骤地制定煤炭领域甲烷减排路径，具有重要现实意义。

（四）煤矿甲烷减排有助于煤炭企业高质量发展

煤矿开采过程中，甲烷会从煤层或围岩中涌出。如果能够充分利用煤矿乏风，不仅可以减少甲烷排放，还可以为矿区提供热水、蒸汽等热能，在规模较大的乏风瓦斯利用项目中，还可以用产生的热量驱动汽轮机发电，满足企业自身用电需求或外输电力，产生经济收益。随着国际及国内气候变化和环保政策的趋严，煤炭企业带头减少甲烷排放、履行社会责任，有助于提高企业的社会形象，增强公众的信任和支持。在国际市场上，积极参与煤矿甲烷减排有望增加煤炭企业与国际绿色能源或清洁能源项目的合作机会，提高国际市场竞争力。此外，企业在甲烷减排技术研发中的投入有望推动企业技术革新，提高生产效率。通过技术和管理的创新，部分煤炭企业可以成为行业中的低碳环保领先者，以企业的高质量发展带动整个行业的低碳转型升级。

二　煤矿甲烷减排现状

（一）国外煤矿甲烷减排政策及技术进展

2009 年，美国环保局（EPA）发布温室气体报告计划（GHGRP），计划对记录、报告、核查和数据存档等报告各环节提出规范要求，并针对每种排放源发布核算方法指南。2010 年 7 月，美国环保局将井工煤矿甲烷排放纳入强制性温室气体报告范围，要求自 2011 年开始，具有一定排放规模的井工煤矿（甲烷排放量≥103.4 万立方米）每年向美国环保局报告甲烷排放量，上报范围包括抽采系统、通风系统的排放量及开发利用或销毁量。GHGRP 规定每个排放源的运营商或供应商应通过 e-GGRT 系统提交温室气体排放报告。为保证连续监测和数据质量，上报者要制定书面的监测计划，相关资料文件要留存至少三年。

2007 年，澳大利亚通过《国家温室气体和能源报告（NGER）法案2007》，法案要求澳大利亚的煤矿和其他行业部门报告年度温室气体排放量。2009 年起，澳大利亚煤炭企业开始上报温室气体排放数据；2011 年起，澳大利亚政府要求煤炭企业对井工煤矿的甲烷排放量进行直接监测。NGER 包含《温室气体排放量估算技术指南》，指南中针对井工煤矿的甲烷排放给出了基于连续监测的监测方法及上报数据的具体指导，其中包括对矿井回风系统的瓦斯浓度和流速，抽采瓦斯的流速、浓度和压力以及气体温度等关键数据的监测。

2021 年 12 月，欧盟提出了历史上首个针对能源行业减少甲烷排放的法规——《欧盟甲烷法规》（EU Methane Regulation），并于 2024 年 5 月 27 日正式批准生效。该法规提出的关键措施中包括对动力煤开采的甲烷排放限制，主要体现在"自 2025 年起禁止燃烧，自 2027 年起每千吨煤炭排放 5 吨以上甲烷的煤矿将被禁止放空，自 2031 年起每千吨煤炭排放 3 吨以上甲烷的煤矿将被禁止放空"。该法规同时关注了废弃矿井的甲烷排放监测和减排措施，提出了 2030 年起禁止已关闭和废弃煤矿井的放空和燃烧要求。此外，关键措施中还包括强制性要求煤炭等能源行业执行严格的甲烷排放监测、报告和核查程序，采取监测与修复甲烷泄漏、限制放空和燃除等缓解措施，规定各国需持续测量并报告地下及露天煤矿的甲烷排放数据，建立废弃矿井清单并监测甲烷排放情况。同时，为提高整个能源行业的环境责任和透明度，该法规还提出了全球性的监测工具，确保对进入欧盟的煤炭等能源产品所伴随的甲烷排放进行全程透明的监管。

（二）我国煤矿甲烷排放现状

我国煤矿瓦斯甲烷浓度变化范围大，抽采瓦斯、风排瓦斯、采空区地面煤层气中甲烷体积分数为 5%~95%。总体来看，我国的煤矿甲烷排放呈现如下特点。

一是低浓度瓦斯排放占比较大。我国煤炭地质赋存条件复杂，煤层透气性差、渗透率低，多数瓦斯矿井处于"三软"煤层中，不利于钻孔。所以抽采瓦斯中甲烷浓度 8%~30% 的低浓度瓦斯占比较大，不易利用，是煤矿甲烷排放利用率低的主要原因。

二是风排瓦斯稀薄且排放量最大。为了保证地下开采过程中井下矿工的安全,井下通风风流中各关键部位都设定了相应的甲烷浓度上限。为确保井下工人生命健康和安全生产,需要使通风量达到相关要求,将数量巨大的通风瓦斯直接排放到空气中。

三是废弃煤矿瓦斯排放未来呈现增加趋势。2000~2018年,我国累计关闭煤矿2.8万余处,并且"十四五"期间仍将继续淘汰落后产能,关闭资源枯竭和不符合安全条件要求的煤矿,废弃煤矿甲烷排放未来呈增加趋势。但目前存在排放底数尚未完全摸清等问题,需要加强研究。

(三)煤矿甲烷减排面临的挑战

一是甲烷排放的基础性工作有待进一步夯实。目前在监测数据方面,以保障安全为目标的煤矿安全监测监控系统所获取的煤矿甲烷排放数据不够精确;采用缺省值计算的矿后活动甲烷排放量远高于实际测试值。同时,我国统计核算能力不足,模型分析法、气体排放程度法等核算方法有待进一步应用和验证。总体来看,MRV体系尚不成熟,报告与核查制度建立时间短,还需要进一步落实,第三方核查机构的管理体系也有待健全。

二是煤矿甲烷的精准监测技术还需进一步完善。近年来,煤矿甲烷监测技术及设备发展迅速,流量和浓度在线监测技术日趋成熟,但对于全环节煤矿甲烷监测,精准监测技术仍然需要完善。一方面,针对井工煤矿通风、露天煤矿开采环节以及关闭煤矿的甲烷监测技术不够精准。另一方面,卫星监测、走航监测等遥感监测技术适用条件受天气、地形等影响,有一定的局限性,且在排放量反演计算精度上仍然存在较大误差。

三是超低浓度瓦斯和风排瓦斯利用技术研发还需要进一步加强。目前,超低浓度瓦斯和风排瓦斯利用技术主要有蓄热氧化技术、催化氧化技术、直燃制热一体化技术等,在适用范围或经济性上有一定的限制。甲烷浓度在1.2%以上时,蓄热氧化技术具备经济性,但目前煤矿风排瓦斯甲烷浓度控制在0.75%以下,需要与抽采瓦斯掺混后才能进行蓄热氧化。催化氧化技术适用范围较广,0.2%的甲烷浓度便能维持系统运行,但目前催化氧化技术使用的催化剂都是贵金属，经济性问题仍然有待解决。直燃制热一体化技术适用甲烷浓度范围为 3%~8%，在安全性方面需要进一步论证。

三　煤矿甲烷减排关键技术及减排综合路径分析

（一）中高浓度瓦斯减排关键技术

甲烷浓度 90% 以上的煤矿瓦斯可以经过简单处理进入城市燃气系统，供居民直接燃烧使用；也可以将原料气经过净化、加压处理变成 LNG 作为民用燃气或者处理成 CNG 用作汽车燃料，具有较高的技术含量和成熟度，也能获得较好的经济效益，成为促进我国煤矿甲烷减排最有价值的利用技术。

甲烷浓度 30% 以上的中高浓度瓦斯减排关键技术是瓦斯发电，可以分为以燃气内燃机、燃气轮机为代表的直接燃用瓦斯发电技术和以蒸汽轮机为代表的间接燃用瓦斯蒸汽发电技术。与间接燃用瓦斯发电技术相比，直燃瓦斯发电技术更先进、热效率更高。新的发展趋势是建立联合循环系统，有效利用发电余热。

（二）（超）低浓度瓦斯减排关键技术

对于低浓度瓦斯（一般甲烷浓度为 8%~30%），主要减排途径为发电。由于低浓度瓦斯大部分处于爆炸范围（甲烷浓度 5%~16%），所以处理低浓度瓦斯面临的技术难题是防止在输送和利用过程中瓦斯爆炸事故的发生。在低浓度瓦斯输送技术中的安全问题得到解决之后，经过大规模应用过程中的经验积累，低浓度瓦斯发电技术也逐步发展成为一种成熟度较高的利用技术。低浓度瓦斯发电机组的生产工艺主要由瓦斯输送系统、瓦斯发电机组系统、并网供电系统、余热利用系统四部分组成。

此外，采用直燃制热一体化技术处理煤矿抽采的甲烷浓度 3%~8% 的超低浓度瓦斯，并利用甲烷直接燃烧生成热水或高温热风蒸汽，为矿区建筑物供暖、风井保温供热以及提供热水等，是拓展可利用浓度范围的一种超低浓度瓦斯减排技术。不过由于此技术适用的甲烷浓度在瓦斯爆炸极限范围内，

因此需要消除超低浓度瓦斯在燃烧器内发生爆燃、回火等安全隐患，利用可能的安全控制和浓度调控系统实现本质安全和甲烷浓度精准控制，方可进行大面积的推广示范。

作为利用方式的延伸，低浓度瓦斯压缩提纯液化也是具有减排潜力的利用途径之一。低浓度瓦斯提纯技术的重点和难点在于经济高效地实现甲烷与氮气的分离，目前普遍使用的技术为变压吸附技术。

（三）风排瓦斯减排关键技术

甲烷浓度 0.75% 以下的风排瓦斯排放总量较大，具有甲烷浓度稀薄、杂质成分多、流量不稳定等特点，有效的风排瓦斯利用技术成为我国煤矿甲烷减排过程中需要重点突破的关键技术。目前已经完成工程化示范的技术是逆流式热氧化技术，即通过提供初始热量的方式将环境温度升高到1000℃左右，促使一定浓度的甲烷发生氧化反应，达到甲烷减排的目的。利用甲烷燃烧产生的热量可以生产蒸汽和热水，可以取热或发电。从安全性和经济可行性综合考虑，已有工程化示范项目中通常采用安全采集掺混输送成套工艺系统及控制技术，将同一矿区内抽采泵站的低浓度瓦斯和煤矿乏风进行掺混配气，使混合气中甲烷体积分数达到 1.2% 左右后，将混合气送入蓄热氧化装置进行氧化燃烧后供热或发电。这种方式，一是提高了风排瓦斯氧化的体积分数和稳定性，二是增加了煤矿瓦斯利用量，提高了经济效益。蓄热氧化技术已经开展多个示范项目，如陕西彬长公司大佛寺煤矿乏风瓦斯利用示范工程、山西潞安高河氧化发电项目、阳煤二矿桑掌氧化发电项目及山西柳林金家庄煤矿热电联产项目等。

与热氧化技术相比，催化氧化技术可以使风排瓦斯的自燃温度由1000℃降低至350℃左右，且燃烧效率更高，还能减少高温 NO_x 的生成。同时，该技术对于逆流催化燃烧反应器（RCO）的材质要求更低、能耗较小，是碳中和目标下煤矿瓦斯减排需要突破的关键瓶颈技术之一。目前应急管理部信息研究院、中国科学院山西煤化所、中煤科工集团等科研院所和企业正在开展相关实验室研究和中试试验，国家能源集团、中煤集团、晋能控股集团等重点煤炭企业也都以不同的形式布局风排瓦斯规模化利用项目示范工程。总体来看，风排瓦斯氧化催化剂合成在近几年取得了较大突破，笔者研究团队先后研发了贵金属以及铜锰复合物等价格低廉的非贵金属催化剂，但由于矿井通风环境复杂、所含杂质种类繁多，还有催化剂高效再生技术等重要瓶颈有待突破。

（四）关闭煤矿瓦斯利用技术

由于煤矿瓦斯治理和煤矿整顿关闭以及煤炭行业去产能工作的推进，我国煤矿数量由 1997 年的 8.2 万处减少至 2023 年的 4300 处左右，关闭煤矿的数量逐渐增多，未来还将继续增加。关闭煤矿瓦斯利用技术通过在采空区打抽采井或者在非采空区进行原煤压裂钻井施工等方式，抽采得到关闭煤矿瓦斯，用于井场自发电、供热或建设压缩站，通过高浓度瓦斯压缩和出售压缩天然气等实现瓦斯利用，可以减少关闭煤矿瓦斯的排放，是"十四五""十五五"时期煤炭领域甲烷减排的重点技术之一。目前，辽宁、山西等省份的部分企业开展了关闭煤矿瓦斯的利用技术和应用实践探索。

（五）煤矿甲烷减排综合路径分析

在党的二十届三中全会关于"建立两个碳体系，三个碳制度"的总体布局下，煤矿甲烷减排综合路径的设计要在"绿色发展、统筹协调、多措并举、支撑保障"原则指导下，遵循"政策标准—技术装备—交易市场—示范工程"协调发展的总体思路（见图1）。具体实施路径包括以下六个方面。

一是源头治理。大力推广应用智能化抽采等煤矿瓦斯精准抽采技术，突破软煤层塌孔和废弃煤矿瓦斯开发等技术瓶颈，提升抽采瓦斯的甲烷浓度，从源头上减少煤矿甲烷的排放。

二是技术支撑。加强经济可行的煤矿甲烷利用关键技术突破，降低利用成本，为煤矿甲烷减排提供技术支撑和保障。

三是分质利用。针对不同甲烷浓度的煤矿瓦斯，结合各项煤矿瓦斯利用技术的使用条件，积极开展民用燃气、工业锅炉、煤矿瓦斯发电、瓦斯提纯

利用、氧化供热等煤矿瓦斯多元化综合利用。

四是政策保障。进一步出台完善财政补贴、税费减免、发电上网加价等多种奖补和扶持政策,探索民营企业与国有企业有效合作的商业化运营模式。

五是监测核算。鼓励相关部门和企业,开展煤矿瓦斯监测技术和核算方法研究。有序推进煤矿瓦斯监测试点项目建设,发挥示范项目引领推动作用。

六是完善碳交易市场。结合市场发展阶段有序推进将煤矿瓦斯利用产生的碳减排量纳入碳交易市场,通过碳减排收益增加项目收益,带动企业提高开展煤矿瓦斯利用的积极性。

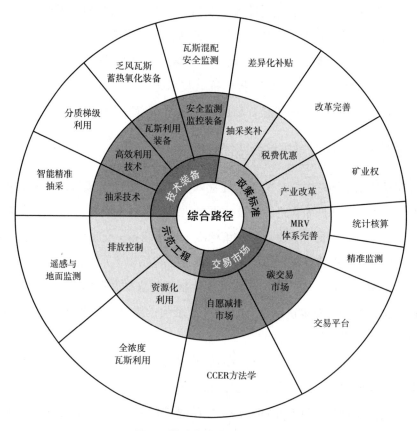

图1 煤矿甲烷减排综合路径

四　促进煤矿甲烷减排的政策建议

（一）加快相关政策法规体系建设

相关政策需由原来的生产安全目标导向，逐步调整为生产安全目标和实现清洁低碳目标并重。完善 MRV 体系建设，制定煤矿甲烷排放精准监测相关技术标准。加大政策研究力度，强化《煤层气（煤矿瓦斯）排放标准》（GB21522—2024）的实施，完善促进甲烷回收利用和减排技术的激励机制，出台涉及煤炭全生命周期的甲烷减排政策、技术和标准体系，完善建立煤炭甲烷开发利用与减排财税补贴政策，出台低浓度、超低浓度、风排瓦斯利用技术研发支持政策。

（二）加强核心技术装备攻关

发展瓦斯智能抽采等源头治理技术。深入推动低浓度瓦斯高效提浓技术、超低浓度瓦斯和风排瓦斯销毁及余热利用技术等全浓度瓦斯梯级利用技术研发攻关，促进煤矿瓦斯综合利用量和利用率的提高。推动瓦斯混配安全监测监控系统、风排瓦斯蓄热氧化等国产化系统装备技术集成和产业化。

（三）推动自愿减排市场建设

加强《温室气体自愿减排项目方法学　甲烷体积浓度低于 8% 的煤矿低浓度和风排瓦斯利用》（CCER-10-001-V01）的宣贯和解读，充分利用温室气体自愿减排机制，加快推动煤矿甲烷减排进入自愿减排交易体系，支持具备条件的甲烷减排项目参与温室气体自愿减排交易，鼓励超低浓度和风排瓦斯利用，以市场化手段促进甲烷减排。

（四）加快实施重点示范项目工程

鼓励地方和企业开展甲烷排放控制合作，建立示范项目和工程，推动甲烷利用相关技术、装备和产业发展。尤其要加快实施煤矿甲烷全环节精准监测，煤矿低浓度、超低浓度和风排瓦斯安全高效利用等示范项目，强化示范引领，实现技术瓶颈突破，带动产业发展。

参考文献

全球甲烷行动（GMI）：《全球甲烷排放及减排机会》。

《国内外甲烷排放控制行动与趋势——2021 中国甲烷论坛背景报告》，美国环保协会（EDF），2021 年 3 月，https：//www. cet. net. cn/uploads/soft/202103/1_ 29104647. pdf。

国际能源署（IEA）：《2024 年全球甲烷追踪》，2024 年 3 月 13 日。

落基山研究所（RMI）：《多维度推动能源领域甲烷控排及利用》，2023 年 12 月 6 日。

《中美关于在 21 世纪 20 年代强化气候行动的格拉斯哥联合宣言》，中国政府网，2021 年 11 月 11 日，https：//www. gov. cn/xinwen/2021-11/11/content_ 5650318. htm。

《关于加强合作应对气候危机的阳光之乡声明》，生态环境部网站，2023 年 11 月 15 日，https：//www. mee. gov. cn/ywdt/hjywnews/202311/t20231115_ 1056452. shtml。

《专家解读 | 推动我国甲烷排放控制迈上新台阶》，生态环境部网站，2023 年 11 月 10 日，https：//www. mee. gov. cn/zcwj/zcjd/202311/t20231110_ 1055711. shtml。

《欧盟就跟踪和减少能源部门甲烷排放的新法规达成协议，将限制能源行业甲烷排放》，美国环保协会（EDF），2023 年 11 月 15 日，https：//www. cet. net. cn/zh/news/880。

2006 IPCC Guidelines for National Greenhouse Gas Inventories, The Institute for Global Environmental Strategies, 2006.

EU Methane Regulations, International Energy Agency, June 19, 2024.

"Understanding the EU's Methane Regulation for Coal", EMBER, July 10, 2024, https：//ember - energy. org/latest - insights/eumethane - reg - explained/#：~：text = Approved% 20on% 20May% 2027% 2C% 202024% 2C% 20the% 20regulation% 20is% 20the% 20first，which%20continue%20to%20release%20methane.

"A Solutions-Based Approach to the UK's Net-Zero Transition", Clean Air Task Force, March 11, 2024, https：//www. catf. us/resource/a-solutions-based-approach-to-the-uks-net-zero-transition/.

B.8
中国煤炭行业公正转型研究

摘　要：　我国是世界煤炭生产和消费第一大国，以煤为主的能源结构支撑
了经济的稳步发展。在非化石能源快速发展的背景下，智能化和低碳化是煤
炭行业发展的必然趋势，更是我国实现"双碳"目标的重要抓手。然而，
煤炭行业转型对煤炭及相关行业就业群体带来较大冲击，据统计，我国煤炭
行业从业人数已从 2016 年的 397.11 万人下降至 2023 年的 261.9 万人，净
减少约 136 万人，由此产生的失岗问题是煤炭行业公正转型面临的严峻挑
战。本报告对山西、河南、安徽、黑龙江等重点产煤省的典型煤炭企业及员
工展开调研，共计回收有效问卷 29311 份。基于问卷结果，本报告分析了中
国煤炭行业公正转型现状和问题，进一步分析了煤炭行业公正转型的主要影
响因素，提出了实现煤炭行业公正转型的建议。

关键词：　煤炭行业　就业影响　公正转型

一　中国煤炭行业公正转型现状和主要问题

供给侧结构性改革政策实施以来，煤炭行业以及与之相关的传统能源密
集型行业面临前所未有的转型和就业压力。中国煤炭行业从业人数从 2016

---

* 王蕾，中国煤炭学会秘书长，高级工程师，研究方向为煤炭经济管理；宋梅，中国矿业大学
（北京）教授，博士生导师，研究方向为能源经济政策和系统建模、区域经济低碳发展、能
源系统韧性评价等；郭尧，中国煤炭学会助理工程师，研究方向为煤炭经济管理。

年的 397.11 万人下降至 2023 年的 261.9 万人，① 由此带来的公正转型问题不容忽视。为了解煤炭行业转型对就业带来的各种影响和挑战，本报告采取现场访谈和问卷调查的方式对典型煤炭企业及其从业人员进行调研。本次调研共计收回有效问卷 29311 份，问卷范围涉及山西、河南、安徽、黑龙江等重点产煤省的煤炭资源枯竭地区，所获问卷结果一定程度上反映了我国煤炭行业公正转型现状。经过对收回的煤炭企业员工问卷和典型煤炭企业问卷的分析，归纳出当前我国煤炭行业公正转型的主要问题如下。

（一）煤炭企业未来减产趋势明显，煤企员工大多未做好转岗准备

据中国煤炭工业协会发布的《2023 中国煤炭工业发展报告》，未来一段时间我国煤炭供需总量将保持小幅增长，到 2030 年左右，煤炭供需总量达到高位后呈下降趋势。② 从受访企业实际产量数据来看，2016 年实施供给侧结构性改革以来煤炭产量有所下降，到 2021 年开始回弹，呈现缓慢上升趋势。长期来看，供给侧结构性改革将持续推进，资源条件不佳、生产效能低、安全保障程度不高的企业仍面临改造升级甚至被淘汰的风险。

作为我国主体能源和重要原料，煤炭的能源兜底保障作用暂时不会改变，但煤炭利用产生的高碳排放问题，要求煤炭行业走清洁低碳、绿色高效的发展之路。一方面，不达标的煤矿有序退出，装备和技术落后的矿井需要进行改造升级，发展不佳的煤炭企业出现失岗职工的再就业和安置问题。另一方面，企业智能化、低碳化转型也会使相当一部分职工由于技能不符合新的岗位要求而面临转岗、转业问题。问卷调研结果反映出此类煤企员工大多未做好转岗、转业的准备，其中，44% 的员工没有转岗意愿（见图 1），超过 44% 的员工未考虑过转岗安置的方式（见图 2）。从受访煤炭企业员工主

---

① 中矿（北京）煤炭产业景气指数研究课题组、郭建利：《2023—2024 年中国煤炭产业经济形势研究报告》，《中国煤炭》2024 年第 3 期。

② 《中煤协：未来一段时间我国煤炭供需总量将保持小幅增长》，"中国煤炭学会"微信公众号，2023 年 10 月 18 日，https：//mp. weixin. qq. com/s？_ _ biz ＝ MzA3MjQyOTM3Nw ＝ ＝ &mid ＝ 2650011243&idx ＝ 1&sn ＝ 0c29cb0a48f2069d2999afff41633053&chksm ＝ 87192c45b06ea553c579b28f37067c03bda5e6096842f333e9ca11c95586df30866316a3b705&scene ＝ 27。

动离职率来看，所调研的 4 家煤炭企业 2016 年后的员工年均主动离职率在 0.71%~8.02%，明显低于 2020~2022 年我国全行业员工年均 11.63% 的主动离职率。这说明煤炭行业相对稳定的就业环境和相对封闭的工作环境使部分员工更加倾向于选择长期稳定的职业，不太愿意承担因工作变动带来的风险，也表明煤企相对稳定的薪酬水平亦可在一定程度上减少员工主动寻求其他工作机会的动力。

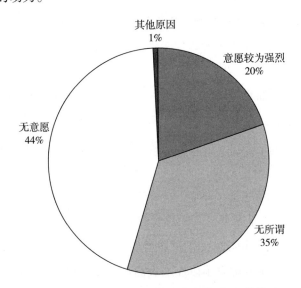

图 1 "您是否有调离本岗位的意愿?" 问卷情况

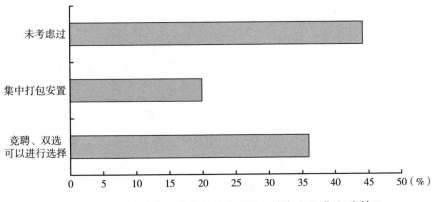

图 2 "您希望本企业以什么样的方式进行转岗安置?" 问卷情况

（二）煤炭企业积极推动煤与非煤产业协调发展，煤炭板块仍是主要收入来源

受访企业均立足于煤炭资源优势，在煤炭主业的基础上推动传统产业转型升级，延伸产业链条，构建多元支撑、协同发展的煤基产业体系，一手抓传统产业转型升级，一手抓新兴产业发展壮大，为企业高质量转型发展再加力。从经营状况来看，受访企业的煤炭板块收入占比在 40%~100%。煤炭板块仍是企业的主要收入来源，仅个别非煤产业板块能实现盈利，大部分非煤产业处于亏损状态。

河南省 Q 集团煤炭板块年收入占比为 41.91%，近年来 Q 集团着力发展非煤产业，以煤为基，整合焦煤、尼龙等产业，逐步构建以煤焦、尼龙化工、新能源新材料产业为核心的产业链，其中尼龙板块和新能源板块分别为集团贡献了 13.82% 和 10% 的效益，而焦化、化工和其他板块利润为负。黑龙江 M 集团煤炭板块年收入占比达 83%，非煤产业方面，建成了"煤炭生产—煤炭贸易—商贸物流"产业链条，其中煤炭贸易利润占比最大（12.1%），其次是物流贸易（1.9%），其他板块利润均为负。山西省 U 企业煤炭板块年收入占比达 99.3%，U 企业确立了以煤哺农的产业发展战略，出资组建食品有限公司，主要开发经营"彤康庄园"等品牌系列有机产品，建设有机农作物种植基地、山楂果树种植基地，最终实现食品产值占比 0.7%、利润占比 0.2%。安徽省 I 集团年收入的 80% 以上来自煤炭板块，非煤板块中，煤电及清洁能源板块为集团贡献了 9.7% 的经济效益。

在煤炭行业转型背景下，诸多煤炭企业开始主动调整产业结构，立足煤炭资源优势，延伸产业链条，发展丰富的非煤产业。一方面，进入一个新产业要充分考虑市场、人员、技术和资金是否具备条件，而当前许多衰老矿井包袱重、效益差、收入待遇低，很难吸引人才和引进先进技术装备，发展的非煤产业普遍存在产业层次低、市场竞争力差和创效能力不强的问题。另一方面，发展的非煤产业多是与煤矿产业相关的辅助型、安置型产业，未跳出依煤靠煤的圈子，发展规模有限，随着煤炭资源枯竭，非煤项目随之下马，形成新的包袱。

（三）转岗后员工主要担忧的问题是薪酬水平下降和不能胜任新岗位

煤企员工对企业的满意度受工资待遇影响很大。由图3可知，有44.58%的员工对企业当前的薪酬和奖惩体系感到非常满意或基本满意，22.04%的员工不满意。选择不满意可能是由于家庭负担重，而员工就职于煤炭减产企业，企业效益呈下降趋势。此外，根据调查数据，62%的员工担心转岗后薪酬水平降低，可见转岗、转业对薪酬水平的影响是员工最为关注的问题（见图4）。

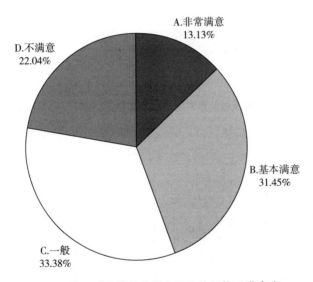

D.不满意
22.04%

A.非常满意
13.13%

B.基本满意
31.45%

C.一般
33.38%

图3 员工对目前的薪酬水平和奖惩体系满意度

煤炭行业转型对煤炭企业职工技能有了更高的要求，19%的员工担心转岗后不能胜任新的岗位。当前煤炭行业正在进行数字化、智能化转型升级，一方面井下工作岗位大幅减少，另一方面与数字化、智能化相关的岗位大量增加，新的岗位要求员工具备更高的学历水平和学习能力。然而，分析问卷发现，在所调研的煤炭衰退矿区中，拥有本科及以上学历的员工占21.56%，拥有大专和高中学历的员工分别占32.45%和28.59%（见图5）。员工学历水平整体偏低，限制了员工通过培训学习胜任新岗位。

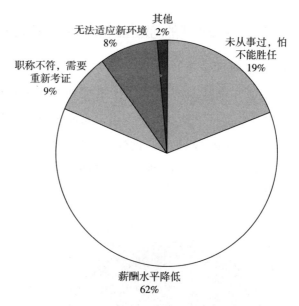

图 4 "转岗后，您对新岗位的主要担忧是?" 问卷情况

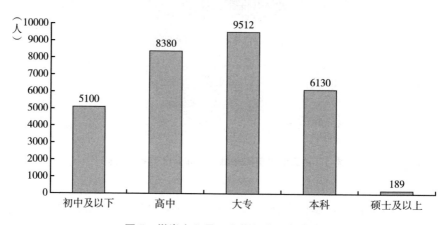

图 5 煤炭企业员工文化程度问卷情况

进一步分析发现，不同学历水平的煤企员工对转岗的岗位类型选择具有显著的差异性。从表1可以看出，大专及以下学历煤企员工最期待转岗到后勤服务系统，其次是生产系统。可能的原因，一是大专及以下学历水平的员工能够胜任对实际操作能力和专业知识要求较低的后勤岗位；二是作为企业内

部的基础性岗位,后勤岗位更加稳定,不易受市场波动的影响。大专及以下学历水平的员工可能更注重岗位的稳定性和就业保障,因此更愿意转岗到后勤服务系统。虽然生产系统相较于后勤服务系统工作环境更差,但生产系统岗位通常与煤炭企业的核心业务直接相关,工资和福利待遇更具竞争力,对于一些有志于从事技术岗位或追求职业晋升的大专及以下学历员工来说,转岗到生产系统可以获得更多的职业发展机会。而本科及以上学历的煤企员工更期待转岗到行政党群系统,原因在于行政党群系统在企业中处于管理和组织协调的地位,员工能够参与和管理更复杂的项目和工作,且更有机会晋升到更高级别的管理岗位。

表1　学历水平与期待转岗岗位交叉分析结果

单位:人

文化程度	后勤服务系统	行政党群系统	生产系统	其他	总计
初中及以下	1186	246	1124	106	2662
高中	1947	751	1622	136	4456
大专	1765	1728	1360	104	4957
本科	664	1718	610	76	3068
硕士及以上	16	40	26	2	84
总计	5578	4483	4742	424	15227

(四)专业化人才引进和非技术员工安置问题是煤炭行业转型的难题

调研发现,煤炭企业专业化人才引进困难,创新动力不足以及转型中和转型后非技术岗位员工的安置问题,是煤炭企业转型中普遍遇到的困难。河南省Q集团认为,专业化人才的流失也是煤炭行业转型过程中会遇到的难题。以上均说明人员安置和人才引进问题是煤炭行业转型过程中亟待解决的难题,需要国家和各级政府重点关注。传统煤炭企业的发展模式主要是依赖煤炭开采和与之相关的产业链上的初级加工业,随着可开采的煤炭资源不断减少,

企业效益下滑，企业必然需要向新能源和战略性新兴产业等非煤产业转型。面对新产业发展的人员需求，一方面需要为因企业转型而失岗的非技术岗位员工提供新的岗位培训，另一方面需要引进具备非煤产业领域专业知识和技能的各类人才。这是我国煤炭行业公正转型过程中需要考虑的重要方面，更是行业实现可持续发展的必然要求。

二 中国煤炭行业公正转型的影响因素

（一）煤炭产业技术升级

近年来，数字经济与煤炭产业深度融合，人工智能等技术在煤炭行业百余个场景中落地应用，在煤炭产业技术升级过程中，对就业产生以下具体影响。

一是传统岗位逐渐被替代。随着煤炭企业技术升级，自动化设备和智能化系统在很多岗位替代了传统的人工操作，一些煤矿会因此减少员工数量或不再招聘新员工。二是作业环境改善，安全性提高。数字煤炭建设有望改善作业环境，减少事故风险和环境污染。数智化技术可以监测和管理煤矿的安全和环保指标，提高安全管理水平和劳动保护水平。新岗位提高了对员工技能的要求。煤炭企业引入新的数字化技术和智能化系统，员工需要具备操作和维护数智化设备、掌握数据分析和处理技术，以及应用智能化系统进行生产管理等方面的能力和技能。煤炭行业转型为员工提供了职业多元化的机会。随着煤炭产业链的延伸，员工可在煤化工、新材料、光伏等领域获得新的就业机会。

（二）可再生能源产业快速发展

近年来，我国以风电、光伏发电为代表的可再生能源产业已经实现快速发展。根据国家统计局数据，我国煤炭消费占比从 2012 的 68.5% 下降到 2023 年的 55.3%，水电、核电、风电、太阳能发电等能源消费占比从 9.7% 上升到 17.2%。以可再生能源为代表的非化石能源快速发展从多方面影响煤炭产业员工就业。一方面，部分煤炭企业员工看不到企业的发展前景。在企业转型和改革过程中，诸多中小煤矿产能缩减，产能落后的煤炭企业停产甚至关闭。随着可再生能源快速发展，煤炭产业将面临市场进一步萎缩的困境，用工数量减少导致员工失业和再择业困难。另一方面，行业转型发展要求员工提升专业技能水平。当前煤炭产业正在进行煤矿数字化、智能化建设。截至 2023 年末，全国已经建成智能化采煤工作面近 2000 个，智能化掘进工作面超过 1500 个，智能化建设总投资超过 2000 亿元，逐渐建立了以企业为主体、市场为导向、产学研协同创新的煤炭科技创新体系。① 人工智能将代替低水平的重复劳动，传统、单一的专业技能已无法满足岗位新的要求，煤企职工需要持续学习新的专业技能，提升专业素质。

三 中国煤炭行业公正转型的建议

（一）创新多元化职业培训模式

建立转型背景下职工再就业职业培训体系，创新多元化职业培训模式。针对职工内部转岗安置和分流安置的再就业需求，发挥市场在人力资源开发、资源配置中的决定性作用，设立行业员工培训资金池，构建"中国煤炭学会主导、学校出课、企业购买"的运作模式，形成多方参与的职业培训格局，推进实施主体和培训载体多元化，引导各类优质资源向职业培训集聚。

第一，中国煤炭学会负责协调行业内的培训需求、制定培训标准和规范、组织培训资源、评估培训效果等，并与高校一起共同推动煤炭企业的转型培训。第二，高校在煤炭企业转型培训中扮演重要角色，高等院校和专业培训机构提供专业课程和师资力量，满足煤炭企业的培训需求。此外，高校可以根据行业需求开设相关专业课程，如矿业工程、环境科学、清洁能源技术等，提供实践教学、实习机会和科研支持，促进理论与实践相结合。第

---

① 王国法、庞义辉：《智能化示范煤矿建设成效与发展方向》，《智能矿山》2024 年第 1 期。

三，煤炭企业设立用于支持行业内员工培训需求的专项资金池，用于支付培训费用、培训资源采购和培训机构合作费用等。企业也可以根据自身的培训需求，购买适合的培训课程和资源。第四，企业与高校、专业培训机构合作，定制专属培训计划，邀请专业人员进行培训。购买培训服务的模式可以根据具体情况进行灵活调整，可以是集中培训、在线培训、定制培训等形式。此外，为确保培训的质量和效果，需要建立相应的监督和评估机制。资金池的监管机构可以负责监督资金使用情况，确保资金合理、透明地使用在培训项目上。同时，还需定期评估培训效果，收集员工反馈意见，并根据评估结果对培训模式进行改进和优化。

（二）对重点地区实施特殊优惠政策，优化产业结构，拓展就业空间

转型过程中的资源型地区，特别是资源枯竭、产业单一等重点地区的就业安置问题，是当前及今后一个时期我国煤炭行业就业中的重点和难点问题。着力解决好这些重点地区的就业问题，对于化解规模性失业风险、保持就业形势的总体稳定具有重要作用。

要从根本上扭转重点地区经济发展下行压力大、就业渠道狭窄、就业岗位短缺的局面，就必须着力支持重点地区调整经济结构，实现产业转型升级，形成多点支撑就业的局面。建议省级政府选择就业困难大的资源型城市，特别是资源枯竭、产业单一城市开展"去产能、调结构、促就业"试点，实行特殊的政策措施，从规划、土地、财税、金融、产业、技术、投资等方面给予政策支持，帮助重点地区结合本地实际，培育和发展适合的产业，实现转型发展。同时，鼓励和支持重点地区与发达地区开展产业对接，承接发达地区产业的梯度转移，形成与发达地区先进制造业、新兴服务业（如健康、养老、家政、长期护理、人力资源等服务业）紧密衔接、共同发展的产业链，进而拓展重点地区的产业发展和就业空间，形成多点支撑格局，从根本上改变这些地区的产业结构，实现转型升级，为扩大就业开辟广阔空间。

B.9
论煤炭新质生产力与新型生产关系

牛克洪 *

摘　要：　本报告以马克思主义生产力理论和我国新质生产力重要论述为指导，结合煤炭行业和煤炭企业实际，比较系统地介绍了煤炭新质生产力的内涵特质，着重论述了煤炭新质生产力的内在特色在煤炭企业中的六点特征表现；按照马克思学说，从三个方面对什么是生产关系、什么是新型生产关系、什么是煤炭企业新型生产关系问题做了阐述，并从八个方面论述了正确处理煤炭新质生产力与新型生产关系，强调了新型生产关系是适应和服务新质生产力发展的必然结果，新型生产关系最终要适应新质生产力发展的特点和要求，最大限度解放和发展生产力。所以，新型生产关系与新质生产力之间的关系是适应与反适应的关系，二者相互作用、相互适应、相互促进，并展示出动态跃升式发展的总态势。

关键词：　煤炭新质生产力　新型生产关系　体制机制改革

2024 年 1 月 31 日，习近平总书记在二十届中央政治局第十一次集体学习时的讲话中指出，发展新质生产力是推动高质量发展的内在要求和重要着力点。① 为此，我们要系统学习、深刻理解习近平总书记有关新质生产力的思想，包括新质生产力的内涵，以及正确认识和处理新质生产力与生产关系的问题，弄清这一问题对煤炭行业尤其是煤炭企业发展好新质生产力意义重大。

---

* 牛克洪，高级经济师，中国能源研究会高级研究员，中国煤炭经济 30 人论坛（CCEF-30）成员，研究方向为能源企业发展战略、煤炭企业管理。
① 习近平：《发展新质生产力是推动高质量发展的内在要求和重要着力点》，《求是》2024 年第 11 期。

一 煤炭新质生产力的内涵特质

按照马克思主义政治经济学中关于生产力定义的论述,生产力由劳动者、劳动资料、劳动对象三个基本要素构成。

马克思指出,"劳动生产力总是在不断地变化"。① 劳动生产力随着时代变化而不断变化,比如农耕技术对应的是农业文明、蒸汽机技术和发电机技术对应的是工业文明、信息技术对应的是生态文明等。各个时代所具有的独特性有技术、生产资源要素以及相关的产业形态,即生产力表现形态在不同时代具有不同的特征。

什么是新质生产力呢? 习近平总书记指出,"新质生产力是创新起主导作用,摆脱传统经济增长方式、生产力发展路径,具有高科技、高效能、高质量特征,符合新发展理念的先进生产力质态。它由技术革命性突破、生产要素创新性配置、产业深度转型升级而催生,以劳动者、劳动资料、劳动对象及其优化组合的跃升为基本内涵,以全要素生产率大幅提升为核心标志,特点是创新,关键在质优,本质是先进生产力"。②

新质生产力是相较于传统生产力而言的,它以现代劳动者、现代劳动资料和现代劳动对象优化组合的特质跃升为主要内容,以资源要素生产率大幅提升为核心标志。同时,具有创新驱动产业链、业务链、产品链、价值链高质量发展等新质生产力特征,并且新科技革命、"双碳"背景下的新质生产力还兼有智能化、智慧化、数字化、绿色化的时代特征。

煤炭新质生产力的内在特色体现于"煤炭企业"主要有六个特征。

---

① 《马克思恩格斯全集》(第二十一卷),人民出版社,2003。
② 习近平:《发展新质生产力是推动高质量发展的内在要求和重要着力点》,《求是》2024 年第 11 期。

（一）高科技创新水平

包括高科技研发能力，由科技创新而产生的煤矿生产新技术、新工艺、新装备，以及当今最突出的智能化生产技术装备、智慧化指挥系统等。

（二）高素质员工队伍

包括煤矿员工具有先进的思想理念、高超的现场生产技能，以及熟练驾驶及使用各种智能化、智慧化技术装备等。

（三）优良的经营管理模式

包括最优的煤炭企业体制机制、合理的生产组织、精益化的经营管理、良好的商业（盈利）模式、极具凝聚力的企业文化等。

（四）绿色低碳的生产体系

包括煤炭企业绿色开采方式、清洁化洗选生产体系、优美的矿区生态环境，以及低碳的煤电、煤化产业链条生产模式等。

（五）高效的企业经营业态

包括煤炭企业生产的高效率、产品的高质量、经营的高效益、良好的政治生态、极强的市场核心竞争力等。

（六）稳定的安全生产状况

包括煤矿本质型安全生产状态、员工良好的职业健康状态及员工较满意的幸福指数等。

二　煤炭企业新型生产关系

（一）什么是生产关系

按照马克思主义学说，生产关系是指在物质生产过程中所形成的人与人

之间的经济关系，可以从以下三个方面理解。

1. 生产资料的所有制归属关系问题

生产资料所有制是生产关系的基础，它决定了生产关系的性质。比如，在资本主义社会中，生产资料为资产阶级所占有；在社会主义社会中，生产资料的大部分为全民所共有，生产资料的小部分为私人所占有。

2. 人们在生产中的地位及相互关系问题

这种地位及关系呈现多维性，不同社会形态决定了生产中人们角色定位的不同，以及互相联系、互相作用的性质不同。比如，在资本主义社会中，资本家与工人的关系是雇用及被雇用的关系；在社会主义社会中，工人是国家的主人，在生产中人与人之间是平等的，没有高低贵贱之分。

3. 产品（劳动）及利润（剩余价值）的分配方式问题

不同社会形态会表现不同的分配方式，比如，在资本主义社会中，产品（劳动）分配按资本家的意愿进行，利润（剩余价值）为资本家所独占；在社会主义社会中，国有企业产品（劳动）分配依据劳动者的贡献多少进行，利润（剩余价值）的一部分上缴国家全民分配，另一部分用于企业扩大再生产等。

（二）什么是新型生产关系

习近平总书记在二十届中央政治局第十一次集体学习时指出，"发展新质生产力，必须进一步全面深化改革，形成与之相适应的新型生产关系"。[①]

根据习近平总书记关于新型生产关系的定义，新型生产关系内涵主要体现在一个"新"字上，这个"新"字包含新时代高质量发展特色所带来的与新质生产力相适应、相匹配的三个方面重大关系。

一是以生产资料所有多元化、公有制为主导的，多元产权结构相辅的新型生产资料关系。

---

① 习近平：《发展新质生产力是推动高质量发展的内在要求和重要着力点》，《求是》2024 年第 11 期。

二是以科技创新催生的新产业、新技术、数智化、人工智能、新业态、新动能、新模式，由此产生新的人与人、人与设备、人与人工智能、人与新业态等多种新型人与 N 的关系问题。

三是以深化改革牵引出的新的组织管理体制、新的制度体系、新的资源要素分配方式、新的劳动成果分配方式、新的市场主体培育方式、企业运营的新机制等。

（三）什么是煤炭企业新型生产关系

煤炭企业新型生产关系的基本形态与上述新型生产关系的内涵是相通的。就是说，通过不断深化改革创建出更加适应和保障新时代新质生产力发展的新型生产关系，这种新型生产关系更能体现煤炭企业的独有行业特色和企业微观市场主体特质。

三 正确处理煤炭新质生产力与新型生产关系

新型生产关系是新质生产力发展的必然结果，新型生产关系最终要适应新质生产力发展的特点和要求，最大限度地解放和发展生产力。所以，新型生产关系与新质生产力之间的关系是适应和反适应的关系，二者相互作用、相互适应、相互促进，并展示出动态跃升式发展的总态势。

根据习近平总书记关于发展新质生产力和创新生产关系的一系列重要论述，结合煤炭企业新时代高质量发展的内在要求，着眼于积极提升煤炭企业新质生产力和变革调整生产关系，使两者更加相辅相成、互为适应与支撑，应着力从八个方面推进煤炭企业新质生产力的提升和生产关系的优化调整与改善。

（一）推进全面加强党的领导

党是领导一切的。煤炭企业要推进"融合型、实效性"的党建工作，深化党企同进、一体化发展，推进党的领导与公司治理深度融合、党建工作与生产经营活动深度融合。把党的建设和企业改革发展同步安排，在企业重

要工作和重大项目工程等方面，使党的组织全覆盖和工作全覆盖。建立"两责"工作制度，完善跟踪督导工作机制。坚持"创新驱动""数智赋能"，提升党建创新性和智慧化建设水平。持续加强"三基"建设，不断巩固成果、提升水平，铸造党企融合发展的特色品牌。国有企业承担建设世界一流企业、实现高质量发展的历史使命，要不忘初心、牢记使命，加强党的建设。

（二）推动产业结构的优化与升级

深入贯彻能源安全新战略，着力构建"清洁低碳、安全高效"的现代能源体系。

1.突出"安全、高效、智慧、绿色"煤炭产业发展战略主线

一是煤炭企业未来发展应坚守两大"红线"风险，即安全保障和生态环保问题。

二是抓住移动互联、物联网、大数据、云计算等技术为煤炭企业高质量发展带来的新机遇，提升整个产业系统的自动化、智能化、智慧化、数字化水平，推进煤炭产业安全高效智慧绿色发展。

三是推动煤炭行业由高危行业传统思维向安全可预、可控和本安型煤矿安全理念转变；推进煤矿生产由用人多低效能向高产高效能转变；推动煤炭行业由技术落后、经营粗放型传统方式向信息化、智能化、智慧化技术和集约精益化管理转变；推动煤炭行业由生态污染、地表塌陷、环境破坏的传统发展模式向高效清洁、生态治理和绿色发展的方式转变。

2.实施矿区产业结构梯式发展方略，坚持"稳定老区、建设新区、产业升级"的梯式发展布局

一是精准把握老矿区转型升级方向。根据市场需求、资源赋存、吨煤成本情况，坚决关闭退出老矿区没有后备资源储量的衰老煤矿、无市场竞争优势的特困煤矿、安全隐患大的风险煤矿，盘活关井后留下的矿区土地、采煤塌陷地、铁路、电网等资源，将其融入地方经济建设，实现资源再生、生态再造、产业协同，探索出一条"后煤矿时代"可持续发展之路。

二是大力拓展新矿区建设。煤炭资源是煤炭企业赖以生存和持续发展的基础资源，要通过立足挖潜现有资源、拓展外部和深部资源，运用多种方式、多种途径，努力获取丰富优质煤炭资源，依据新矿区资源禀赋优势，加大投入、扩大产能，并大力提升作业机械化、自动化、智能化水平，推进绿色开采、洗选加工，促进高效转化和清洁利用，实现安全高产高效，培育企业经济新的增长极。

三是推进产业转型与升级。一方面，煤炭提质升级，坚持煤炭清洁化供给原则，通过科技创新和管理创新，推动从煤炭生产环节到消费环节的变革，实现煤炭清洁化和低碳化。建设绿色矿山，实现企业安全节能、环保、全面协调可持续发展。另一方面，大力发展风电、光伏、生物质能发电和储能等战略性新兴产业，实现传统能源升级和新能源开发并举共进。

（三）深化企业体制机制改革

企业体制机制是企业生产关系的重要平台载体，企业管理体制、经营机制改革能为企业发展与经营提供巨大动力和活力。当前，国企改革要围绕做强、做优、做大和提高核心竞争力这一中心任务。同时，加快形成同新质生产力相适应的新型生产关系，着力解决阻碍生产力发展的体制机制问题。

1.明确煤炭企业体制改革的方向和目标

改革的方向，是消除各种阻碍生产力发展的管理体制中的弊端和问题，激发和调动广大员工干事创业的热情和积极性，解放和发展生产力。改革的目标总体表现在两个方面，一方面，通过改革使管理体制这个生产关系更好地适应和服务企业的现实生产力（产品结构、资产结构、资金结构、经营模式、区域布局、智能化技术装备、市场需求、安全高效等）状况及其优化、升级、发展的需要；另一方面，改革管理体制这个生产关系是为了更好地服务和支持企业未来战略（发展愿景、战略方向、价值目标、产业结构优化、要素资源配置、绿色低碳、数字化转型、经营业态创新、商业模式创新、高质量发展等）的优化、升级、发展需要。

2. 把握管理体系结构及层级管理功能定位

一是理清企业管理体制框架结构。这主要包括五个方面，即企业管理的上下层次总体组织框架，公司的法人治理结构，公司总部职能部门的设置，企业上下级单位设置，企业管理制度、责任体系、运行机制、运作流程等。二是明确企业组织架构层级划分。目前，煤炭企业尤其是大型煤炭企业管理层级的划分一般为集团公司总部、子（分）区域公司、矿（厂）三个层级，经济规模小一些的煤炭企业为两层，即公司、矿（厂）。三是科学界定各管理层级的主体功能。分层级管理功能定位为：集团公司总部为决策中心，包括发展战略决策、投融资决策、重要人事决策、重大事项决策等；子（分）区域公司为利润中心，包括企业经营管理、市场营销管理、重要项目管理等；矿（厂）为生产中心、成本中心，包括安全管理、生产管理、成本管理、队伍建设等。

3. 明确企业管理体制改革效能的评价标准

管理体制改革效能的评价标准是要达到"四性"。一是适应性。管理体制必须立足企业现实和战略的高质量发展需要。二是认同性。企业管理体制无先进与落后之分，关键要适应新质生产力的发展要求，能得到广大员工的认同。三是操作性。企业各层面、各类人员能够适应改革后的管理体制，上下关系明晰、工作流程顺畅，各层面各类人员各自明确自身工作范围、岗位职责、运行守责等。四是实效性。管理体制改革要能为企业的决策、经营、管理、安全、生产、市场营销等日常运作带来效率和效益。

4. 加强企业治理机构建设

根据党的二十届三中全会精神，持续优化公司现代治理机制，提升董事会建设质量，完善外部董事评价和激励约束机制，规范董事会设立、运行、履职工作程序，建立决策咨询支撑体系，运用信息化、大数据手段创新科学决策流程。实施经理层成员任期制和契约化管理，推进经理层市场化，经营机制长效化、制度化，有效发挥谋经营、抓落实、强管理作用。

5. 创新用人机制

坚持人本管理理念，打通"管理、技术、技能"三条职业晋升通道，深化用工、人事、分配"三项制度"改革，完善全员绩效考核、薪酬激励体系，最大限度激发和调动广大员工干事创业、岗位建功的工作热情、创造性、积极性。

（四）推进企业科技创新赋能

树立科学技术是第一生产力的理念，国有企业是我国企业科技创新的重要主体，坚持把科技创新能力作为企业核心竞争力，立足实现创新链、产业链、资金链、人才链深度融合，把科技自立自强作为企业发展的战略支撑，完善科技创新体系，不断增强自主创新能力。

1. 加强企业科技创新规划编制

要加强科技创新规划引领，企业的科技创新规划要以国家发展战略需求和企业产业升级需要为导向，组织企业科技创新顶层规划的编制。要坚持目标导向和问题导向，针对煤炭行业（企业）基础理论研究较为薄弱分散、关键技术原创性不足、颠覆性技术创新较少，高端装备尚未完全满足煤矿新质生产力发展需求，科技创新领军人才较少和高技能人才大量缺乏，研发经费投入不够等问题，以现代化煤炭开发利用技术体系构建为目标，围绕煤炭安全绿色智能开采和清洁高效低碳利用，不断创新理论、技术和方法，编制高水平的煤炭科技创新发展规划，支撑煤炭行业转型升级和高质量发展。

2. 完善企业科技创新行为模式

发挥产、学、研多主体融合优势，创建高水平科技研发平台，加快完善科技创新机制，深化内外部创新协同，培育引领企业未来产业发展的高科技力量。遵循以"我"为主、内外结合，以自主创新为主，着力培养煤炭企业自己的科技研发力量。探索多元化平台建设路径，深化与国内外高校、科研院所等创新主体的合作，通过共建研究院、联合实验室、创新联合体、创新联盟等形式，加强技术合作、人才交流、资源共享，立足企业自我创新，强化企业创新平台力量，寻找产学研最佳结合方式，善借外智、外力加快科技创新。

3. 优化科技创新管理制度

完善科技创新平台运行管理机制设计，明晰科技创新平台功能定位，创

新制定科技课题立项、组织研发、转化应用、成果考评等一系列制度。围绕企业不同产业发展中的关键技术设立专题项目，组建研发团队，加大资金投入。建立契合研发机构业务发展需要的组织与运行管理保障机制，优化科技成果转化价值评估机制，明确科技成果定价方式、定价过程，持续推动成果评估环节的数字化升级。充分运用分红激励、股权激励、虚拟股权等方式开展成果转化激励，创新收益分配制度，明确多种激励方式，明确激励范围、激励比例，建立当期激励、回溯激励和未来激励相结合的长效激励机制。

4.完善科技创新投入机制

聚焦战略性新兴产业、未来产业和传统产业升级，持续提高基础研究、原创技术投入占比。建立科技研发投入增长机制和科技研发准备金制度，将每年提取研发准备金作为国有企业固定的制度安排，保证资金的投入，以保障科研活动的长期发展。同时，在企业外部引入创新风险投资基金、政府研发风险分担基金，寻找科技贷、"科技+保险"模式为基础研究与颠覆性技术研发提供资金支持。

5.推进安全生产科技创新

加强煤矿水、火、瓦斯、煤尘、顶板、矿压、运输等安全薄弱环节的风险识别、预测、预报技术及防控技术的研究与应用，实现煤矿事故由被动治理向主动预防转变。

6.明确科技人才培育导向

大力弘扬科学家精神和工匠精神，着力培养高水平的科技领军人才、一线创新人才和创新团队，持续完善考核评价和激励约束机制，营造积极向上的创新氛围，构建良好的科技创新生态。

（五）推动人才强企战略落地

人是生产力中最活跃的决定因素，也是撬动一切资源、提升新质生产力、促进高质量发展的核心要素。要把人才战略摆在突出位置，为高质量发展提供坚强人才保障。

1. 坚持实施"人才兴企"战略

要聚焦企业发展战略目标、新上项目和重大工程等，在做好中长期人才规划的前提下，高标准选聘人才、高起点配置队伍，建立企业用人新机制。加强人才队伍建设，特别是高层次科技人才专业化队伍建设。要加大对企业核心骨干人才的激励力度，建立风险共担、利益共享的中长期激励机制，打造一支知识型、技能型、创新型劳动者大军。

2. 创新人才招收、使用模式

构建高端人才体系，围绕解决关键领军人才结构性短板以及重点领域一线骨干队伍建设需求，完善各类人才引进机制，充分利用各种渠道和方式集聚人才。围绕重大项目、重大工程和重点企业，建立企业高层次人才发展机制，以项目推动人才兴企战略落地。建立健全职业经理人聘任、待遇契约等机制，实现企业优秀人才队伍建设的新突破。加快建立紧缺和优秀人才引进清单制度，改进人才引进方式，增强人才引进的活力和效能，建立各类人才储备信息库，实现动态调整和维护。

3. 分类培训提升人才素养

提升员工受教育程度，要从培育新质生产力和实现高质量发展的目标出发，实施人才队伍分级分类培训培养机制，加大人才交流、定制化培训和挂职锻炼力度，促进人才综合能力提升。充分利用培训基地、校企合作和大师工作室等平台，从课程培训辅导、信息化培训平台、岗位实操模拟考核、虚实结合警示教育、员工技能示范提升等方面，全面提升管理人员和基层员工的素质，培养一大批"煤矿工匠"。

4. 创新人才绩效考核机制

坚持以"安全、提质、降本、增效"为考核重点，建立科学合理的劳资体系，规范并完善考评体系，实施差异化绩效考核，通过奖惩机制、激励措施、责任落实举措，促进员工工作效能的最大化，提升管理质效，推动企业高质量发展。

5. 完善人才激励机制

遵循人才激励的目标原则、有形激励与无形激励相结合原则、公平合理

原则、直观和公开原则、时效性原则、按需激励原则、德才兼备原则等；采用灵活的人才激励方式，主要包括目标激励、物质激励、情感激励、差别激励、公平激励、名誉激励、信任激励、竞争激励、文化激励及处罚等。

（六）推进煤炭企业数字化转型

抓好煤炭企业数字化转型促进高产高效。党的二十大报告指出，要加快建设网络强国、数字中国。国家出台的《数字中国建设整体布局规划》《"十四五"数字经济发展规划》及有关部委发布的《关于加快推进国有企业数字化转型工作的通知》《关于加快推进能源数字化智能化发展的若干意见》等，均把煤炭企业列为数字化建设的重点。

1. 树立企业数字化转型的新理念

推动企业数字化转型发展必须理念先行，用先进的理念指导企业的数字化转型发展。

一是树立数据思维的新理念。数字化时代的特征是：数据连接一切、数据重塑一切、数据驱动一切。数据是企业数字化转型的核心要素。数据思维包括数据决策思维、共享思维、价值思维等。

二是树立用户共创的新理念。在数字化转型中应树立市场导向和以用户为中心、用户至上的"客户经济"新理念，在用户至上理念指导下，深入挖掘用户的个性化需求，创新生产及服务方式，提升用户体验，与用户价值共创、共同成长。

三是树立协同共赢的新理念。跨部门协同困难是阻碍数字化转型成功的最大障碍。为此，推进企业数字化转型要打破"部门墙""单位墙"，破除信息孤岛，实现跨部门、跨单位、跨职能的协同和数据共享，加强企业内部横向关系协调。

四是树立持续学习的新理念。新时代数字技术快速更迭、外部环境急速变化，企业员工尤其是管理人员都应注重不断学习新知识，坚持学习工作化、工作学习化，创建学习型组织，搭建数字化学习平台，不断提升员工的数字化知识水平。

五是树立创新容错的新理念。传统观念是企业厌恶风险和害怕失败，不敢于创新。数字化转型的关键是企业要突破既有边界，带来全新的价值点。由此，企业需要崇尚创新、支持冒险和颠覆性思维，鼓励创新必然意味着要容忍试错和失败，这是数字化转型所必须具备的差异化特质。

六是树立敏捷迭代的新理念。敏捷理念体现的是企业员工乐于拥抱变化，勇于创新和敢为人先探索新事物，能够适应在迅速变化的环境中，快速决策、执行和迭代，不断创造符合用户需求的技术迭代产品及服务，同时对用户消费需求信息数据进行分析，根据消费者反馈，持续改进产品和优化服务。

2.数字化转型赋能企业价值创造

一是数字化的功能定义。数字化转型要求顺应新一轮科技革命和产业变革趋势，数字化在企业转型发展中是工具、手段、催化剂、要素、动能。

二是数字化赋能企业价值创造。企业竞争优势最终表现为盈利能力的持续提升，数字化是催化剂。数字化转型成为提升企业经营韧性的重要手段，帮助企业提高经营效率、扩大业务覆盖范围、增强竞争力。

三是数字化转型促进企业战略变革。将数字化转型当成组织总体战略的重要组成部分，企业高层管理者在企业方向性和全局性的重大决策上选择"有所为有所不为"，以战略为指引开展数字化转型，提升转型成功率。

3.推动数字化转型，做强、做优、做大国有煤炭企业

一是坚持整体规划，分步实施。即注重全面统筹，进行整体规划，分类、分步施策，以推动企业主营业务高质量发展为着力点，统筹规划数字化实施路径。

二是坚持先易后难，由点到面。采取恰当步骤，优先应用成熟的数字化产品和服务，满足基础共性需求，再追求性能、能力提升，满足个性需求。

三是坚持统一领导，多方协同。实行企业"一把手"负责制，建立集中统一的数字化建设组织领导机构，健全组织领导机制，进行全盘统筹，统一调配资源，政令畅通、上下一心、协同发力，全程监督跟进，确保数字化转型在企业落地。

四是坚持业务引领，数据驱动。利用煤炭企业业务板块多、场景资源丰富的优势，将云计算、大数据、人工智能等新兴数字技术不断融入业务场景。

五是坚持集约建设，安全可控。集中建设企业云、大数据平台、数据中台等数字基础设施。同时，注意提高资源利用率、节约建设成本，切实解决企业数字化硬件重复建设、信息孤岛等问题。

（七）推进煤矿本质型安全管理

安全是煤矿生产的"天"字号大事，煤矿安全治理能力也是煤炭企业新质生产力的重要内容。要认真贯彻党的二十届三中全会关于"完善安全生产风险排查整治和责任倒查机制""强化基层应急基础和力量，提高防灾减灾救灾能力"的重大战略部署。坚持"安全第一、预防为主、综合治理"的安全生产方针，坚守"发展决不能以牺牲安全为代价"的红线。

1. 构建安全生产长效机制

煤炭企业要建立横向到边、纵向到底的全员安全生产责任体系，明确界定矿、厂所有从业人员的安全生产责任。严格落实企业安全生产主体责任，保障安全生产投入，改善安全生产条件。充分利用市场机制，推进安全生产工作，建立健全高危行业安全生产责任保险体系，借助第三方力量促进企业安全生产水平的提高。推进企业安全生产标准化建设，强化企业安全管理，确保所有矿、厂达到二级及以上安全生产标准化水平。强化企业安全文化建设，营造企业安全氛围，规范安全行为，全面实现从"要我安全"到"我要安全"的转变。

2. 提升防灾减灾救灾能力

煤炭企业要推进安全生产工作关口前移，建立健全风险管控和隐患排查治理双重预防控制机制，加快推进安全风险监测预警系统建设，有效遏制重特大事故的发生。加强煤矿隐蔽致灾因素普查，围绕瓦斯、水害、煤尘、顶板和地压等煤矿灾害，全面推进灾害预防和综合治理，将煤矿安全生产风险控制在可接受的范围内。加强现有煤矿、电厂和化工企业安全生产升级改造，提高本质安全水平。

3.提升员工职业健康水平

加强矿、厂职业健康投入，强化工程技术措施，提高企业职业病危害防控能力。加强职业病危害状况申报、监测、评价与控制工作，保障从业人员的安全健康权益。落实企业粉尘防治主体责任，降低尘肺病发病率。建立健全劳保用品管理制度，做好劳保用品的检查和更新。完善企业职业病防治支撑体系，切实解决困难职工医疗和生活问题。

（八）推行煤炭企业智能化、绿色低碳发展和精益化管理

推行智能化建设、绿色低碳和精益化管理是提高煤炭企业新质生产力的重要内容，务必系统安排、制定计划、抓好落实。

1.加快推动煤矿智能化建设

煤矿智能化是煤矿新质生产力的重要表现，智能化生产将改变煤矿过去主要依靠用人多、低能装备等为依靠高端智能化技术装备、大数据等要素，从而实现企业发展的质量变革、效率变革、动力变革。全面贯彻《国家能源局关于进一步加快煤矿智能化建设促进煤炭高质量发展》要求，根据企业实际，分类、分阶段全面推进煤矿智能化建设。

2.推进煤炭企业绿色低碳发展

践行"绿水青山就是金山银山"理念，推动煤炭绿色开发技术广泛应用。党的二十大报告提出，"推动能源清洁低碳高效利用，推进工业、建筑、交通等领域清洁低碳转型。深入推进能源革命，加强煤炭清洁高效利用"。国家"十四五"规划纲要提到，全面提高资源利用效率，提高矿产资源开发保护水平，发展绿色矿业，建设绿色矿山，推动煤炭等化石能源清洁高效利用。认真践行国家最新提出的绿色矿山"五化"建设目标及评价标准，即矿区环境生态化、开采方式科学化、资源利用高效化、企业管理规范化、矿区社区和谐化。

3. 推行煤炭企业精益化管理

我国经济已由高速增长阶段转向高质量发展阶段，在企业管理层面必须加强企业管理升级及创新，实施精益化管理。企业精益化管理既是一种管理变革，也是一种管理升级，更是新质生产力及高质量发展的一项重要内容。坚持消除浪费、创造价值，提高客户满意度和企业效益。精益化管理实质就是提高效益，根本意义上就是指以最优的品质、最低的成本实现企业经济效益与社会效益的最大化。

一是突出精益化管理中的主体思想。持续改进，消除一切浪费，追求效率和效益最大化。将互联网技术运用于精益化管理，用大数据、云计算等技术集成、融合、创新企业管理要素和运行模式，坚持点、线、面结合，做到面上布局优化、线上转型升级、点上降耗提效，推进企业管理全面升级，实现高效能管理。

二是坚持精益化管理的理念导向。煤炭企业实施精益化管理要坚持市场导向、问题导向和价值导向。

三是明确精益化管理的发展目标。通过查找企业产业链、产品链、业务链及作业流程中的价值不足，发现存在的问题，以市场客户需求作为目标导向解决问题，在这个过程中实现精益化管理的安全、优质、低耗、高效、绿色发展和持续改进目标。

四是明确精益化管理的工作标准。坚持煤炭企业精益化管理的"八精"标准，即生产组织精准、设备运行精良、管理体系精细、矿区环境精美、创新意识精进、文化建设精实、人员技能精通、数据信息精确。

五是运营匹配好企业精益化管理的要素资源。立足于利用、挖掘、配置、运营和开发要素资源价值，努力把企业人、物、资金、能耗、时间、空间和信息的价值发掘好、运营好。通过生产环节、经营环节和市场营销环节诊断及价值流分析，优化资源配置，挖掘企业内在潜力，着力解决企业发展中存在的管理短板和浪费点，提高全流程价值链的生产效率和产品质量。

参考文献

《我国煤炭工业科技创新进展及"十四五"发展方向》，"煤矿大脑"百家号，2021年1月21日，https：//baijiahao. baidu. com/s？id＝1689578495073924982&wfr＝spider&for＝pc。

牛克洪主编《企业四大问题探究》，中国经济出版社，2005。

B.10

推动煤炭新质生产力发展的
人才链构建与升级[*]

孙旭东　王立业　严江涛　张蕾欣　杨　洋[**]

摘　要：　人才是企业创新发展的核心资源，人才链则是推动产业转型升级的核心驱动力。为推进煤炭行业中国式现代化建设，加速形成煤炭行业新质生产力，亟须构建与之相匹配的人才链支撑体系。面向我国煤炭行业安全高效、数字智能、绿色低碳等高质量发展的新形势，发展煤炭行业新质生产力需要解决煤炭行业产业链、创新链与人才链贯通问题。本报告归纳总结了新形势下煤炭行业人才链的提升建设需求，总体研判了新质生产力发展背景下煤炭行业人才链融合发展趋势，探讨了煤炭行业新质生产力的人才链构建与升级对策，建立了人才链、产业链、创新链"三链"融合的煤炭行业新质人才体系，提出了人才链建设任务与关键路径。

关键词：　煤炭行业　新质生产力　人才链　人才体系

　　当前形势下，为推进中国式现代化建设及产业升级转型，实现高质量发展，煤炭行业亟须构建与之相匹配的人才链支撑体系，以加速煤炭行业新质

---

　　* 本报告系中国矿业大学（北京）校级教改项目"数字经济背景下能源行业大数据专业人才培养体系与实践教学质量研究"（项目编号：J230502）的阶段性研究成果。

　　** 孙旭东，副教授，博士生导师，中国矿业大学（北京）管理学院工商管理系主任，研究方向为能源经济与战略管理；王立业，中国矿业大学（北京）管理学院硕士研究生，研究方向为煤炭产业政策；严江涛，中国矿业大学（北京）管理学院硕士研究生，研究方向为煤炭行业战略研究；张蕾欣，中国矿业大学（北京）管理学院博士研究生，研究方向为能源经济管理；杨洋，教授，博士生导师，中国矿业大学（北京）管理学院副院长，研究方向为煤炭经济管理。

生产力的发展。长期以来，煤炭行业致力于引进和培养高层次人才，科学地优化人才结构，高端人才队伍迅速壮大，院士、国家级领军人才、创新人才、青年人才的数量持续增加，推动煤炭产业实现高质量发展，为煤炭行业提供了持续的支持和创新的动力，这将成为新质生产力发展的关键保障。未来，在构建煤炭产业新型生产力体系的过程中，人才链要与产业链和创新发展实现高度融合，煤炭行业新质生产力的人才链构建正面临重大挑战。本报告旨在研究新周期发展背景下煤炭行业新质生产力的人才链构建与升级问题，通过识别建设需求和深入分析未来发展动向，探讨煤炭行业人才链的发展思路、发展目标以及建设对策。

一　新形势下煤炭行业人才链的提升建设需求

（一）煤炭产业长期高质量发展推动生产和工作方式的根本变革

经过数十年的持续发展与创新，我国煤炭产业在地质勘探、大型矿井建设、大采高厚煤层开采、灾害防治与应急管理、清洁绿色开采与转化利用等关键领域取得了显著进步，[①] 新技术、新工艺和新装备不断涌现，煤炭产业的工作环境和作业方式经历了深刻的变革。在"双碳"目标下，我国煤炭产业面临高质量发展、产业升级转型等新形势，[②] 持续致力于发展绿色低碳产业新模式，推进节能、减排、降碳工作的绿色生产方式变革。新形势下，煤炭产业不断推进清洁煤技术、煤炭综合利用技术、碳捕集利用与封存（CCUS）技术等清洁技术应用，未来煤炭产业的生产方式变革必然带来人才链的重新构建和升级。

---

① 孙旭东、张博、彭苏萍：《我国洁净煤技术 2035 发展趋势与战略对策研究》，《中国工程科学》2020 年第 3 期；王国法：《煤炭产业数字化转型和智能化建设支撑新质生产力发展》，《中国煤炭工业》2024 年第 6 期。
② 孙旭东、张蕾欣、张博：《碳中和背景下我国煤炭行业的发展与转型研究》，《中国矿业》2021 年第 2 期；谢和平：《碳中和目标下煤炭行业发展机遇》，《煤炭学报》2021 年第 7 期；袁亮：《煤炭工业碳中和发展战略构想》，《中国工程科学》2023 年第 5 期。

（二）新质生产力背景下科技型与数字化特征人才需求显著

新质生产力理念着重指出，在产业升级转型的过程中，必须整合科技创新资源。随着智能化、绿色化等科技创新方法的兴起，煤炭产业迫切需要与相关领域的创新技术及科技资源深度融合，以实现高质量的发展目标。信息技术所驱动的新一轮科技革命对传统煤炭产业的生产方式产生了深远影响，煤炭产业正积极推进煤矿智能化改造和产业数字化转型。[1] 通过运用数字技术，煤炭产业致力于提升生产要素的效能，构建以安全、智能、高效为核心目标，以技术、装备、数据、环境等为主要构成要素的现代化生产力体系。[2] 2020年，国家发展改革委等八部委联合发布了《关于加快煤矿智能化发展的指导意见》，确立了我国煤矿智能化的发展路径，从而开启了煤炭产业智能化建设的热潮。智能化建设不仅要求提升设备智能化程度，还要求培养与之相匹配的数字化新型人才。因此，煤炭行业需要探索从传统单一的煤炭开采模式转向煤炭的综合清洁开发利用，不断加快科技创新发展，产业转型提升必将促使煤炭行业人才结构发生重大的转变。随着煤炭产业智能化与数字化的快速推进，行业对数字化新型人才、复合型人才的需求日益增长，煤炭产业的人才建设正步入一个新阶段，需要从根本上实现从劳动密集型产业向人才、技术密集型产业的转变。

（三）煤炭产业人才链迫切需要与产业链、创新链实现有效对接

人才链与创新链的布局是以产业链为基础，而创新链的核心支撑源于人才链，[3] 产业链、人才链与创新链三者之间如何协同发展是煤炭行业实现高质量转型与升级面临的关键问题之一。煤炭行业新质生产力的提升，依

① 葛世荣、胡而已、李允旺：《煤矿机器人技术新进展及新方向》，《煤炭学报》2023年第1期。
② 徐洪等：《人才链创新链产业链深度融合——理论逻辑、融合现状与提升路径》，《科学学研究》，网络首发时间：2024年8月20日。
③ 高中华、张恒：《高质量发展驱动制造业企业人才支撑体系优化的路径及对策》，《技术经济》2023年第12期。

赖科技创新，而作为创新活动承载者的人才发挥无可替代的作用，人才链与产业链、创新链实现有效对接成为发展煤炭行业新质生产力的关键。构建与煤炭行业新质生产力发展需求相适应的人才链和高素质的人才队伍，不仅需要对煤炭行业人才供需现状及发展趋势进行深入分析，还需要重点构建符合行业产业链、创新链高质量发展要求的人才链支撑体系。目前，煤炭行业的"三链"融合尚需进一步深化，人才政策与产业发展存在协同性不足的问题，这导致产业需求难以有效传导至人才链。同时，教育体系与创新链、产业链之间存在一定的脱节，未能将科技创新和产业升级转型的核心问题转化为人才培养的具体内容，使得人才培养与产业发展之间存在滞后现象。人才链对创新活动的支持力度仍需加大，目前尚未形成产学研用与创新要素高效对接的格局，人才链、产业链、创新链之间的有效衔接尚存在不足。

二 新质生产力发展背景下煤炭行业人才链融合发展趋势研判

（一）煤炭行业人才链与智能化、数字化领域融合发展

自 2021 年起，煤炭行业借助智能化煤矿的建设，加速了数字化转型进程。[1] 煤矿的无人化与智能化问题，将继续成为"十五五"期间煤炭产业转型升级的关键议题。井工矿智能化技术应用尚不成熟，而露天矿产能的持续释放和产能结构的不断优化，有利于露天矿智能化开采系统的建设及数智化场景的发展。煤矿的智能化生产和企业的数字化实践，将成为煤炭产业构建新质生产力体系的核心领域之一。煤炭生产方式与大数据、区块链等现代信息技术的深度融合，势必推进煤炭行业人才链从传统的煤炭资源开采向信息通信技术（ICT）、数字化管理等领域扩展。

---

[1] 王国法：《煤炭产业数字化转型和智能化建设支撑新质生产力发展》，《中国煤炭工业》2024 年第 6 期。

近年来，煤炭行业对产业数字化转型及数字经济的发展给予了高度关注。尽管如此，未来数字化领域的人才培养和吸引能力不足问题仍未得到妥善解决。智能化进程推动了生产组织方式的革新，新产品和新工艺层出不穷，加之现代信息技术应用环境的日益复杂，促使煤炭行业构建新的管理模式。智能设备和信息通信技术在应用过程中产生了大量数据，同时带来了生产安全、管理经营、业务决策等多方面的数据治理挑战，进而促进了煤炭行业的数字化转型以及对数字化人才的需求增长。人才是数字化转型的核心要素，近年来煤炭企业不断努力探索，加强创新人才的引进和培养，以适应智能化开采、智能装备使用等对行业人力资源的新需求。例如，建立与智能化建设相适应的专业化和场景化班组队伍。

（二）煤炭行业人才链与绿色低碳领域融合发展

我国产业结构正持续朝着绿色化、低碳化方向转型，[1] 煤炭行业作为国民经济和能源安全的关键基础产业，秉承新质生产力即绿色生产力的理念，积极响应绿色发展理念和环境保护政策，致力于废弃矿场的生态修复以及煤炭开采过程中的环境保护工作，加速推进煤炭产品的绿色、低碳标签化，打造绿色矿山、无废矿山、低碳矿山等。

随着煤炭绿色生产内涵的不断丰富，煤炭行业人才链与绿色低碳领域的融合日益加深，体现了煤炭行业向煤基产业链的延伸发展，涵盖了煤炭的绿色生产和清洁高效利用等方向。煤炭行业对绿色低碳发展相关人才的需求日益增长，环保、生态、低碳、节能等领域成为煤炭行业人才链纵向延伸的重要方向。鉴于配煤技术、循环发电技术等煤炭清洁利用以及煤矸石高价值利用、极端环境生态修复、沉陷地治理与 CCUS 等矿区生态环保领域的技术研发与应用不断推进，绿色低碳领域清洁利用和环保型人才需求日益增长，相关人才队伍建设问题依然严峻。

---

① 孙旭东等：《"6 矿"协同视角下促进煤炭新质生产力形成的路径与对策》，《中国矿业》2024 年第 5 期。

（三）煤炭行业人才链与新兴能源领域融合发展

在能源转型的关键时期，煤炭产业作为国家能源安全与稳定的重要支柱，正面临实现"双碳"目标的发展挑战，迫切需要规划布局战略性新兴产业和未来产业，[①] 以促进新质生产力的迅速形成，探索未来可持续发展机遇。鉴于煤炭与新能源之间具有显著的互补性，将煤炭开发、燃煤发电、煤化工和 CCUS 等环节与新能源产业相结合，有助于推动煤炭产业的绿色化和低碳化发展，并促进煤炭产业人才链向新能源领域的延伸。为了实现煤炭与新能源的有效融合，行业正积极研究煤炭开发与新能源融合技术、"风光火储"综合融合技术、太阳能光热与燃煤发电融合技术等，未来煤炭行业人才链将向新能源电力、新型储能和氢能与燃料电池等战略性新兴产业延伸。

三　推动煤炭新质生产力发展的人才链构建与升级对策

（一）发展思路

为响应新质生产力发展的重大国家战略需求，推进煤炭行业抢抓新一轮科技革命和产业变革机遇，加快通过人才链构建保障和实现煤炭行业高水平科技自立自强，引领行业高质量发展，聚焦数字化、绿色低碳化、煤电（含新能源电力）一体化的高质量发展趋势与煤炭行业新质生产力发展的核心目标，遵循人才培养与队伍建设的客观规律，并充分认识人才链与产业链、创新链的相互作用和影响机制，建立人才链、产业链、创新链"三链"融合的煤炭行业新质人才体系。本报告提出的煤炭行业新质人才链发展思路框架见图 1。

---

① 程超等：《煤炭与新能源融合发展场景与关键技术》，《中国工程科学》2024 年第 4 期。

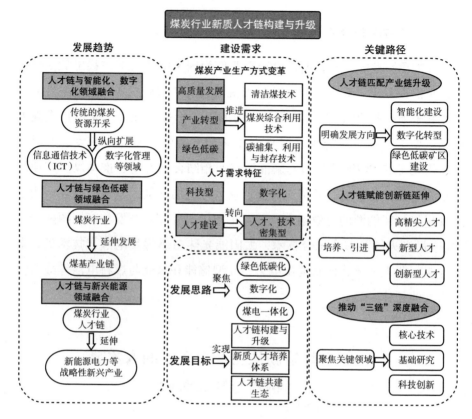

图1 煤炭行业新质人才链发展思路框架

（二）发展目标

面向未来5~10年，聚焦煤炭行业新质生产力发展，实现产业链匹配优化、创新链支撑赋能的煤炭行业新质人才链构建与升级，打造产业链升级、创新链延伸和人才链培育的"三链"深度融合发展的煤炭行业新质人才培养体系，形成涵盖煤炭企业、科研机构以及教育机构的人才链共建生态。

（三）人才链建设任务与关键路径

1.人才链匹配产业链升级：有效对接煤炭行业发展需求

人才链的发展必须与煤炭产业的数字化转型以及绿色低碳产业链布局

紧密相连。应当重视人才链与产业链协同的顶层设计，根据产业实际需求制定人才政策，并进行动态调整以满足产业链的人才需求，构建人才链与产业链有效匹配的双向互动机制。在短期内，应当重点推进支持产业链发展的人才链建设，通过分析产业链所呈现的人才需求，加速引进或培养所需人才。例如，明确煤炭智能化建设、数字化转型和绿色低碳矿区建设等发展方向，并培养符合煤炭行业发展需求的高素质人才。当前迫切需要建立相关岗位并引入专业人才，以推动无人化智慧采矿、矿区数智安全治理、煤矿智能装备和机器人、无人机等未来产业技术在矿区的应用。从宏观视角审视，产业链的持续发展对人才链的优化具有促进作用。在产业链高质量发展的过程中，不断涌现的新要求对人才提出了更高标准，产业链在其中扮演推动和引领的角色。人才链需依据产业未来的发展趋势，对链条式的人才结构进行优化调整。同时，应重视培育产业战略科学家、决策者以及企业家等关键人才，提高管理人员的综合素养，并致力于培养具备国际化视野、市场化思维和职业化素质的战略型人才。

2. 人才链赋能创新链延伸：打造煤炭行业独立自主的科研创新能力

构建和升级人才链的核心竞争力在于培养高层次的创新型人才，为煤炭行业的科技创新提供必要的技术研发和创新活动资源。智能化煤矿和绿色矿山的建设均需从基础技术和核心装备层面进行深入探索，这要求通过人才链的建设加强和支撑行业的自主创新能力与科技研发能力。

通过将人才链布局于创新链周围，实现人才链与创新链的相互促进，将人才培养与科技创新紧密结合。人才链需要聚焦煤炭行业新质生产力发展和创新过程中的关键环节，合理配置科学家和技能型人才，为产业变革发展提供持续动力。特别是在实现碳中和目标的过程中，煤炭行业逐步培养并引进具备煤炭智能化建设、数字化转型和绿色煤矿专业知识的高端人才，包括能够把握行业发展方向的战略科学家、能够引领行业持续高质量发展的管理型人才、能够推动行业创新的专业技能人才，以及具备环境保护、矿区修复技能的新型人才，从而在碳中和的关键阶段，实现人才链与产业链、创新链的深度融合。

3. 推动"三链"深度融合：培育"煤炭新质人才体系"新动能与共建生态

"三链"深度融合发展有益于激活煤炭行业新质人才体系的新动能。应当充分利用产业链对人才链进行动态优化匹配的效应，并借助创新力量推动产业与人才的共同进步，构建煤炭行业人才链与产业链、创新链深度融合的相互促进机制。首先，必须识别产业链转型重构对人才链的影响，以及创新发展对人才链的提升作用。积极促进能够适应煤炭行业新需求的人才队伍建设，转变人才培养模式，确保产业链上的人才供给，有效支持产业创新与升级发展。特别是对于相关专业乃至学科的人才培养需求，应建立与之相适应的动态匹配教育改革方案，充分利用行业创新链的科技成果和前沿新知识，促进人才链的更新迭代。其次，应聚焦关键核心技术、基础研究和科技创新等关键领域，确保人才链为煤炭产业的创新发展提供必需的人才支持以及所培养的人才能够成为煤炭行业发展新质生产力的人力资源基础。最后，通过研究加强产业链各环节的业务场景与创新应用集成，探索培养创新、战略、技能、工程和管理等环节的高层次、一体化综合素质人才。在"三链"深度融合的背景下，应致力于推动产业链和创新链各方深度参与人才链建设，通过多方协同合作、共享资源，共建人才培养、流通的协作环境，形成跨行业、多领域的合作共建生态。这包括但不限于与现代信息领域的融合、与生态修复领域的融合、与节能环保领域的融合以及与新能源领域的融合，共建生态中应涵盖煤炭生产企业与产业链企业、科研机构及教育机构等关键参与者。

参考文献

高中华、张恒：《高质量发展驱动制造业企业人才支撑体系优化的路径及对策》，《技术经济》2023 年第 12 期。

行业引领篇 ⟨⟩

B.11
能源安全新战略背景下新质生产力构建
及煤炭工业高质量发展研究

中国煤炭工业协会课题组 *

摘 要： 本报告系统地梳理并总结了十年来煤炭行业全面贯彻落实能源安全新战略，在绿色低碳高质量发展方面所取得的历史性成就。报告指出，新时代煤炭工业应当将保障国家能源安全视为首要责任，将发展新质生产力作为内在要求，将绿色低碳转型作为主攻方向，将维护产业链供应链的安全稳定作为中心工作，并将矿工的美好生活作为根本目的。煤炭工业需要明确自身在能源强国建设中的战略定位，并从以下几个方面着手：增强安全稳定供应能力、建设现代化产业体系、强化科技创新的策源功能、推动煤炭的清洁高效利用、加强市场体系建设以及深化国际合作。通过这些措施，煤炭工业将持续推进质量变革、效率变革和动力变革，以绿色低碳转型和高质量发展

---

* 课题组组长：张宏，教授级高级工程师，中国煤炭工业协会党委委员，研究方向为能源经济、煤炭市场与政策等。成员：郭中华，高级工程师，中国煤炭工业协会政策研究部主任，研究方向为煤炭产业政策、煤炭战略规划等；张磊，高级工程师，中国煤炭工业协会政策研究部处长，研究方向为煤炭产业政策、煤炭经济等。

的显著成果，为经济社会的高质量发展提供有力支撑。

关键词： 煤炭工业　能源安全新战略　高质量发展

能源作为经济社会发展的核心物质基础和动力源泉，其重要性不言而喻。2014年6月，在中央财经领导小组第六次会议上，习近平总书记创造性地提出了"四个革命、一个合作"能源安全新战略，为新时代我国能源的高质量发展指明了方向。在过去的十年里，煤炭行业在这一战略的指引下，深入推进供给侧结构性改革，全面提升科技创新能力，加速绿色低碳转型，不断完善现代化煤炭产业体系，为中国式现代化建设提供了坚实的能源支撑。

一　能源安全新战略实施十年来煤炭工业取得的历史性成就

（一）推进能源供给革命，持续提升煤炭供应保障能力

煤炭行业始终将保障国家能源安全作为首要任务，围绕"安全、高效、稳定"的核心要求，深入实施供给侧结构性改革，从资源勘探、开采到运输、调配的各个环节，全面推进优化升级，不断夯实产业链供应链的安全基础。通过一系列系统性改革举措，煤炭行业的能源保障能力显著提升，进一步彰显了其在国家能源体系中的关键地位。

化解过剩产能成效显著。"十三五"期间，煤炭行业大力推进去产能工作，在全国范围内累计关闭煤矿约5600处，削减过剩产能超过10亿吨/年。与此同时，行业妥善安置了近100万名职工，确保了去产能过程中的社会稳定。在这一过程中，煤炭行业通过淘汰落后产能，实现了产业结构的深度优化和升级。供需动态平衡的形成，使煤炭市场成功摆脱长期以来严重供大于

求的困局，步入了健康、可持续发展的新阶段。这一成果不仅为煤炭行业的未来发展奠定了坚实基础，也对我国能源市场的整体稳定起到了重要支撑作用。

开发布局实现深度调整与优化。为更高效利用优质资源，煤炭产业的开发重心逐步向资源丰富的西部地区转移，形成了以晋陕蒙新为核心的重点生产区域。根据国家统计局和中国煤炭工业协会数据，2014~2023 年，晋陕蒙新四省区的原煤产量从 26.2 亿吨跃升至 38.3 亿吨，全国占比提升了 13.7 个百分点。其中，新疆表现尤为突出，先进产能加速释放，2023 年的原煤产量较 2014 年增加 3.17 亿吨。此外，"疆煤外运"量首次突破 1 亿吨，成为我国煤炭供应体系的重要增长极，为全国能源结构优化和区域经济发展注入了强劲动力。

供应保障能力持续增强。截至 2023 年，全国原煤年产量达到 47.1 亿吨，长期保持 90% 以上的高自给率，为国家能源安全提供了有力支撑。与此同时，煤炭储备体系不断完善，产能储备机制逐步健全，应急保障能力显著提升。在面对自然灾害及复杂国际局势等挑战时，全国煤炭市场依然能够保持供应充足、价格平稳，为工业生产和民生需求提供了坚实保障。这充分展现了我国煤炭供应体系的韧性和稳定性。

生产结构完成迭代升级。煤炭行业在高质量发展的过程中，大幅减少煤矿数量，通过整合资源和技术升级，集中力量建设现代化、大型化的煤矿生产体系。截至 2023 年，全国煤矿数量已缩减至 4300 处以内，而大型现代化煤矿已成为行业的主力军。82 处年产千万吨级煤矿已建成投产，总核定产能达到 13.6 亿吨/年。同时，安全高效煤矿数量达到 1146 处，与 2014 年相比新增 704 处，其产量占比从 38% 提升至 70% 以上。这一系列结构调整，使行业在生产效率、安全性和技术水平上均实现跨越式提升，为引领全球煤炭产业高质量发展奠定了坚实基础。

大型企业的引领作用日益凸显。通过实施战略性重组与专业化整合，国有煤炭企业逐步形成了一批具有国际竞争力的行业巨头。2023 年，全国共有 17 家煤炭企业年产量超过 5000 万吨，总产量达 26.9 亿吨，占全国煤

总产量的57.1%。其中，8家企业的年产量更是突破1亿吨，总计21.4亿吨，占全国总产量的45.4%。这些大型企业在行业中的主导地位愈加显著，不仅成为推动技术创新、提升行业效率的重要力量，还为煤炭行业实现高质量发展提供了强有力的保障。

（二）推进能源技术革命，创新成为产业核心驱动力

煤炭行业始终秉持生态优先、绿色低碳的发展理念，全面推进降碳、减污、扩绿与经济增长的协调发展。经过多年的努力，煤炭清洁高效开发与利用水平显著提升，矿区生态文明建设成果显著，充分展现了能源消费革命的深远影响与积极成效。

清洁生产机制日益完善，绿色矿山建设成效显著。煤炭行业在绿色开发技术的应用和推广方面取得了显著进展。充填开采等绿色开采技术的普及范围不断扩大，绿色矿山建设稳步推进，资源利用效率大幅提升。截至2023年，大型煤炭企业的原煤入洗率已提高至69%，为提升煤炭利用质量奠定了基础。同时，煤层气开发利用成果显著，2023年全国煤层气产量达到117.7亿立方米，矿井水、煤矸石的综合利用率以及土地复垦率均较过去有显著提升。与之相伴，原煤生产能耗降低了26.8%，碳排放核算制度逐步完善，二氧化碳捕集与利用技术实现突破，为推动煤炭行业绿色低碳发展和能源转型提供了强大动力，也为我国生态经济的协调发展做出了重要贡献。

清洁高效与集约化利用成效卓著。燃煤电厂超低排放及节能改造的全面推进，成为煤炭清洁高效利用的重要标志。截至2023年，全国超过10.7亿千瓦的煤电装机容量完成了超低排放改造，占比超过95%，显著降低了煤炭在消费过程中对环境的影响。此外，高效煤粉锅炉技术和低阶煤利用示范工程的成功实践，不仅提升了煤炭燃烧效率，还推动了煤电与新能源的协同发展。在循环经济领域，煤基新材料研发和推广不断取得新突破，一批循环经济园区逐步建成并投入使用。这些园区通过资源再生、环境保护与区域经济发展的紧密结合，创造了资源高效利用与生态保护协同发展的新格局，为我国经济的绿色转型提供了坚实支撑。

现代煤化工产业加速转型升级。煤炭行业在现代煤化工领域的探索与发展步伐明显加快，全国煤制油、煤制气和煤基化学品产能实现了跨越式增长。截至 2023 年，全国煤制油产能从 2014 年的 158 万吨/年跃升至 931 万吨/年；煤制气产能由 27 亿立方米/年攀升至 75 亿立方米/年；煤（甲醇）制烯烃产能从 226 万吨/年增长至 1872 万吨/年；煤制乙二醇产能也从 112 万吨/年增至 1143 万吨/年。现代煤化工产业已初步构建起集聚化、园区化、基地化、规模化的发展格局，实现了从传统燃料到原料与燃料并重的转型。煤化工的多元化和高端化发展不仅提升了煤炭附加值，也为我国能源化工领域注入了新的活力，为实现产业升级与可持续发展提供了强劲动力。

矿区生态修复与治理工作不断深化。随着绿色发展理念的持续推进，矿区生态环境治理取得了显著成效。通过严格控制污染物排放和推进综合治理，主要污染物排放总量持续递减，矿区生态环境质量稳步向好，成功扭转了生态环境恶化的趋势。大量生态修复项目的实施，不仅改善了矿区及其周边的自然环境，还推动矿区融入区域生态系统的良性循环。通过生态治理与产业发展的协同推进，矿区可持续发展能力显著增强，为煤炭行业绿色低碳转型树立了示范样板。这一成果充分体现了煤炭行业在能源消费革命中取得的显著进步，展现了其在推动我国能源结构优化与生态环境保护中的重要作用。煤炭行业坚定走生态优先、绿色低碳的发展道路，协同推进降碳、减污、扩绿、增长，煤炭清洁高效开发利用水平实现了大幅提升，矿区生态文明建设取得了显著成效，彰显了能源消费革命的积极成果。

（三）推进能源消费革命，煤炭绿色低碳转型成效显著

煤炭行业紧紧围绕新时代发展需求，全面贯彻落实"科技强煤、人才兴煤、创新驱动发展"战略，持续加大科研攻关力度。在基础理论研究、关键技术突破、成果转化应用等关键领域奋力攻坚，显著提升了科技创新整体效能，为行业高质量发展注入了强劲动力。

构建以企业为主体的深度融合创新体系，全面提升平台能级。煤炭行业以企业为主体，逐步建立了产学研用深度融合的技术创新体系，并通过不断

优化创新资源配置，实现了研发效率与协同能力的双提升。围绕深部煤炭安全开采、环境保护等核心领域，13个全国重点实验室完成重组，为前沿科技研究提供了高水平支撑。同时，国家技术创新中心和国家工程研究中心等科研平台的数量与质量齐头并进，为行业实现重大关键技术突破、创新成果产出以及高端人才培养奠定了坚实基础。过去十年间，煤炭行业累计荣获32项国家科学技术进步奖，包括国家科学技术进步一等奖3项、二等奖21项，以及国家技术发明奖二等奖8项。此外，行业还荣获了132项中国专利奖，其中专利金奖7项、银奖8项，涵盖了从基础研究到技术转化的全链条创新成果。这些成绩彰显了煤炭行业在科技创新领域的突出贡献，为行业的技术进步提供了重要支撑。

在重大理论和关键技术装备领域实现多项突破。在基础理论研究和关键技术装备研发方面，煤炭行业取得了一系列具有里程碑意义的突破。例如，针对特厚煤层的开采难题，成功研发了10米超大采高综采关键技术与装备，为提高深部资源开采效率和安全性提供了解决方案。此外，煤矿掘支运一体化快速掘进系统和全断面硬岩巷道掘进机等先进技术装备已实现工程化应用，为提升煤矿生产效率奠定了坚实基础。在大型现代化矿井建设、煤炭绿色高效开发、煤与瓦斯共采、清洁煤电以及现代煤化工技术领域，行业技术均达到国际领先水平。同时，中国煤机装备制造的规模和技术能力稳居世界前列，成为行业发展的核心竞争力之一。各类创新成果的持续涌现，进一步巩固了煤炭行业的科技创新策源功能，为引领全球煤炭技术发展提供了强大支持。

数智化技术驱动煤炭产业智慧升级。随着数字化和智能化技术的加速应用，煤炭行业的智能化转型步伐显著加快。截至2024年5月，全国已建成2232个智能化掘进工作面和1993个智能化采煤工作面，智能矿山建设在广度和深度上都取得了重大突破。以5G、工业互联网、大数据、自动驾驶为代表的先进技术，正全面融入煤矿的勘探、开采、运输及安全监测等各个环节，极大地提升了生产效率和安全水平。同时，人工智能技术如矿山大模型和AI识别的应用，为煤矿智能化开采和管理提供了全新的解决方案。据统计，近年来煤炭数字产业的研发投入、营业额和利润额年均增速均达到约30%，相关发明专利数量年增速超过25%。这一系列数据不仅彰显了煤炭行业在智能化转型中的显著成效，也表明数智化技术正在推动行业迈向高效、智能与绿色发展的新时代。

（四）深化能源体制改革，煤炭市场体系持续优化完善

煤炭行业坚持以社会主义市场经济规律为指导，持续推进体制机制的创新和深化改革。在政策支持与行业自我优化的共同推动下，行业整体架构日趋成熟，运行效率显著提升，为煤炭产业高质量发展注入了强劲动力。

强化法律法规建设，构建行业发展坚实基础。近年来，煤炭行业的法律法规体系得到了全面强化，为行业健康有序发展提供了重要保障。一系列重要法律法规的颁布与实施，包括《中华人民共和国能源法》《中华人民共和国资源税法》和《煤矿安全生产条例》，为行业运行提供了明确的法律依据。同时，《中华人民共和国节约能源法》《中华人民共和国安全生产法》《中华人民共和国职业病防治法》等法律法规的修订，进一步完善了煤炭行业在资源节约、生产安全和劳动者权益保护等方面的规范性框架。特别是《中华人民共和国煤炭法》的修订工作正在加速推进，其落地将为煤炭行业未来的发展奠定更加坚实的法律基础。这些法律法规的出台与完善，形成了覆盖广、内容全、层次深的法律体系，为行业稳定和可持续发展奠定了基础。

加快市场化改革进程，推动市场体系持续优化。煤炭行业市场化改革步伐显著加快，行业市场运行机制逐步健全。政府通过制定并实施多项政策措施，建立起更加完善的煤炭交易市场体系，并大幅优化煤炭价格形成机制。这些举措有效提升了市场在资源配置中的决定性作用，进一步激发了行业活力。其中，煤炭中长期合同制度的推行以及"基准价+浮动价"定价机制的引入，成为推动煤炭市场平稳运行的核心举措。中长期合同通过明确供需双方的交易关系，降低了市场波动性风险，而定价机制的优化则使煤炭价格更能反映市场供需关系和真实成本。这些政策不仅促进了行业诚信体系建设，

还为煤炭经济的平稳健康运行提供了重要保障，显著提高了行业资源配置效率和稳定性。

提升煤矿安全治理水平，保障生产稳定与职工安全。在煤矿安全治理方面，行业整体治理水平实现了大幅提升，治理模式逐步从事后响应向事前预防转型。近年来，煤矿安全治理体系的建设和完善成为行业改革的重要内容，安全生产技术的创新与应用得到了全面推进。据统计，2023 年，全国煤矿百万吨死亡率相比 2014 年下降了 60% 以上。这一显著成效不仅体现了煤矿安全治理工作的显著进展，也反映出行业对安全生产的高度重视。在安全治理的持续深化过程中，行业通过严格的制度约束、先进的技术手段和全面的安全文化建设，有效降低了安全事故的发生率，为矿工生命安全和煤矿稳定生产提供了有力保障。煤炭行业遵循社会主义市场经济规律，不断推进体制机制的创新与深化，促使整体架构日益成熟，运营效率大幅提升。

（五）强化国际合作新战略，煤炭领域国际交流开启新篇章

煤炭行业主动顺应全球化发展趋势，积极拓展对外开放渠道，深度融入"一带一路"倡议框架下的国际合作格局，逐步构建起全方位、多层次、多领域的国际煤炭合作网络，为推动中国煤炭行业走向世界注入了新动能。

多元化策略推动国际业务布局，提升全球资源配置能力。在高质量共建"一带一路"的进程中，煤炭企业采取多元化发展策略，积极探索海外资源开发、联合运营、技术输出以及工程总承包等模式，大力推动"走出去"战略实施，显著提升了我国在全球资源配置中的话语权和竞争力。国家能源集团的国际化布局已覆盖美国、加拿大等十多个国家和地区，其业务领域涵盖能源勘探、资源开发以及技术合作等层面；山东能源集团则在澳大利亚、加拿大及南美等资源富集地区取得了重要开发成果，形成了具有国际影响力的资源开发体系。此外，中国中煤、中国煤科和郑煤机等大型企业，成功将自主研发的智能化煤矿综采设备及先进技术服务出口至欧美、澳大利亚等发达市场。这些成就不仅彰显了中国煤炭企业的技术实

力，也为国际煤炭领域提供了"中国方案"，进一步提升了我国在全球能源产业中的竞争地位。

搭建高端对话平台，深化国际交流与合作。煤炭行业通过搭建高端对话平台，持续深化与全球能源组织、主要产煤国政府机构、行业协会及国际知名企业的合作关系，推动了多边合作的广泛开展和深化。中国国际采矿展览会作为国际煤炭行业的重要交流平台，已成功举办多届，展会规模持续扩大，社会影响力显著增强，国际知名度大幅提升。展会不仅为国内外企业提供了展示新技术、新成果的重要窗口，还成为推动国际能源合作的重要纽带。同时，煤炭行业还主办了一系列高端国际活动，例如中国国际煤炭发展论坛等，通过分享中国煤炭工业在绿色转型、高效利用及技术创新等方面的成功经验，全面展示了中国煤炭产业高质量发展的成就。这些活动促进了全球煤炭行业的共识达成，推动了多边协作与务实合作，为构建全球能源命运共同体奠定了良好的基础。

推动中国标准与技术"走出去"，增强国际影响力。在推进国际合作的同时，煤炭行业积极推动中国标准、中国技术和中国装备的全球化发展。以智能化煤矿设备和绿色开采技术为代表的一批先进成果已在国际市场得到广泛认可，为我国煤炭行业在全球范围内赢得了良好声誉。行业还通过参与国际能源治理机制，推动全球能源资源互联互通与技术共享，进一步巩固了我国在国际能源领域的主导地位。通过深化国际合作和全球布局，中国煤炭行业已迈入开放发展新阶段，不仅增强了在全球能源市场中的话语权和影响力，也为构建全球能源合作新格局贡献了"中国智慧"。

二 精准把握新时代煤炭工业高质量发展路径

习近平总书记始终高度重视煤炭行业的改革与发展。"十四五"规划实施以来，他连续三年深入煤炭企业调研，对煤炭行业的安全生产、稳定供应、转型升级和科技创新做出了重要指示，为行业发展指明了方向。全行业将深入学习贯彻习近平总书记的重要指示精神，视其为推动煤炭行业高质量

发展的根本遵循和首要政治任务，全面落实各项改革措施，持续探索创新，推动行业迈向高质量发展新阶段。

（一）将确保国家能源安全作为高质量发展的首要职责

习近平总书记2023年7月在江苏考察时指出："能源保障和安全事关国计民生，是须臾不可忽视的'国之大者'。"[①] 党的二十届三中全会明确指出，要完善制度，全面提升产业链供应链的韧性和安全水平。

未来，"十四五"及"十五五"时期，我国将继续稳居全球第一大能源生产国和消费国的位置，经济发展预计保持中速至中高速增长，能源需求将持续呈现刚性增长态势。在我国资源禀赋条件下，煤炭是推动中国式现代化的重要基石，是应对国际形势变局及各类风险挑战的核心力量。煤炭行业不仅在保障能源安全方面发挥着不可替代的作用，也是支撑经济平稳运行和社会和谐稳定的关键所在。未来，煤炭行业必须进一步强化能源供给能力，通过科学规划产能布局、优化供应体系和完善应急储备机制，全力以赴确保国家能源安全。

（二）将发展新质生产力作为高质量发展的核心驱动力

习近平总书记在中央政治局第十一次集体学习时强调，"科技创新能够催生新产业、新模式、新动能，是发展新质生产力的核心要素"[②]。煤炭行业要实现高质量发展，关键在于同步推进科技创新和产业创新，持续挖掘新的增长点和竞争优势。

新质生产力是推动煤炭行业绿色转型、实现高质量发展的强大引擎。当前，煤炭行业正处于清洁化、高效化、绿色化、低碳化转型的关键时期，应

---

① 《习近平在江苏考察时强调：在推进中国式现代化中走在前做示范　谱写"强富美高"新江苏现代化建设新篇章》，中国政府网，2023年7月7日，https：//www.gov.cn/yaowen/liebiao/202307/content_ 6890463.htm。

② 《习近平在中共中央政治局第十一次集体学习时强调：加快发展新质生产力　扎实推进高质量发展》，中国政府网，2024年2月1日，https：//www.gov.cn/yaowen/liebiao/202402/content_ 6929446.htm。

进一步强化科技创新的引领作用，加速推进新型工业化进程，全面提升全要素生产率，增强产业链供应链的韧性与安全性。通过技术创新推动产业升级，实现经济发展在质量、效率和动力上的全面跃升，构建适应新时代需求的现代化煤炭产业体系。

（三）将坚持绿色低碳转型作为高质量发展的核心战略

煤炭使用量需要得到有效控制，应按照绿色低碳发展导向，紧密围绕碳达峰、碳中和的目标任务，加速推动煤炭行业转型升级。煤炭行业应进一步提升煤炭作为化工原料的综合利用效率，推动煤化工产业朝高端化、多元化、低碳化方向发展。

在新能源产业迈入规模化发展阶段的背景下，煤炭行业必须以降碳、减污、增绿、提效为目标核心，加快煤炭消费的减量替代进程。煤炭企业需要协同努力，加速推进煤矿智能化和数字化改造，实现生产质量的提升、消耗及成本的降低，同时大幅提升经济效益。未来，煤炭行业应积极推动资源节约集约和循环高效利用，构建从原料开发到高端产品生产的全产业链升级模式，以此带动产业链和价值链向更高端攀升，全面构建绿色低碳发展新格局。

（四）将维护产业链供应链安全稳定作为高质量发展的核心任务

党的二十大报告指出，加快建设现代化经济体系，着力提高全要素生产率，着力提升产业链供应链韧性和安全水平。煤炭行业作为我国能源体系的支柱性产业，在传统能源领域占据核心地位，对实体经济的支撑作用至关重要。煤炭产业链广泛延伸至电力、钢铁、化工、建材等国民经济关键领域，与国家经济命脉和社会稳定息息相关。

构建稳固且具有韧性的煤炭产业链供应链体系，是确保经济高质量发展的重要前提。煤炭企业需深刻认识自身在维护国家经济安全中的重大责任，通过补齐短板、强化薄弱环节和优化产业链布局，全面提升供应链的安全性、协同性与市场竞争力。这不仅有助于保障国家能源供应的安全与稳定，

也能为相关产业的可持续发展提供强有力的支持，使煤炭行业在国家经济发展中展现更大的担当和价值。

（五）将矿工的美好生活作为高质量发展的最终追求

党的二十大报告明确指出，中国式现代化是全体人民共同富裕的现代化。煤炭行业作为传统能源领域的重要组成部分，其发展应以提高矿工生活质量为重要目标。

当前，煤炭行业发展呈现明显的不平衡与不充分特征。一方面，部分企业在技术升级和管理水平上已跻身世界一流，展现出强劲的竞争力；另一方面，许多老矿区煤炭企业面临经营困难和转型压力，急需政策支持与技术指导，以走出发展困境，实现可持续发展。

煤炭行业必须坚守"以人民为中心"的发展思想，将提升矿工福祉作为首要任务。通过改善工作环境、提高收入水平、优化福利条件以及建设宜居宜业的美丽矿山，确保高质量发展的成果能够惠及每一位矿工，使他们在工作中获得成就感，在生活中收获幸福感，从而实现经济发展与民生改善的良性循环。

三 加速推进煤炭工业绿色低碳高质量发展进程

奋进新征程，肩负新使命。中国式现代化建设对能源的稳定供应和安全保障提出了更高的要求，而新型能源体系的构建离不开煤炭作为"压舱石"的关键作用。当前，我国煤炭工业正处于由规模扩张向高质量发展转型的战略关键期，在绿色开发、清洁高效转化、核心技术突破、关键装备研发、高端人才培养以及老旧矿区转型等方面仍存在短板。煤炭行业必须持续贯彻落实能源安全新战略，以发展新质生产力为核心，推动质量、效率和动力三大变革，将绿色低碳转型作为改革的核心目标，奋力开辟新时代煤炭工业高质量发展的新路径，为国家经济社会的可持续发展提供坚实支撑。

（一）强化煤炭安全稳定供应能力，全面确保国家能源安全

煤炭行业应立足国家战略需求，加强顶层设计，明确大型煤炭基地的战略定位，尤其是新疆等资源丰富地区的产能接续规划。通过科学规划和政策引导，优化资源勘探与储量评价，增加后备资源储量，不断提升煤炭资源保障能力。

在优化生产布局方面，应重点推动大型现代化煤矿建设，进一步提升安全高效煤矿的比例，挖掘重点煤炭矿区的稳产增产潜力。同时，推动煤炭产供储销体系的全面完善，探索建立灵活高效的煤矿弹性生产机制，提高重点煤炭供应基地的跨区域调配能力，提高应急保障水平，确保在复杂的国际形势和自然灾害等不确定性因素的影响下能源供应安全无虞。

（二）构建现代化煤炭产业体系，加速培育新质生产力

煤炭行业需要加快推动数智技术、绿色技术与产业链深度融合，持续深化煤矿智能化建设，以数字化、智能化变革推动产业优化升级。通过构建"数字煤炭"，拓展丰富煤矿数字化应用场景，强化数据的分类分级管理与共享利用，培育数据要素市场，推动煤炭数字经济朝高质量方向发展。

同时，煤炭行业应积极发展战略性新兴产业，超前布局未来产业，系统推进技术创新、规模化发展与产业生态建设，打造与高端制造、新能源、新材料及现代服务业深度融合的产业集群。以集约、高效、生态共生为核心，形成现代化煤炭产业体系，为我国能源体系的转型升级提供重要支撑。

（三）增强科技创新引领功能，激发行业高质量发展动能

科技创新是推动煤炭行业高质量发展的核心驱动力。煤炭行业应进一步完善科技创新体系，聚焦基础理论研究、关键技术攻关、成果孵化转化及创新生态体系建设，依托科技创新催生新兴产业、新兴业态和创新模式。

重点推动煤炭安全高效智能化开采、清洁低碳集约化利用等领域的技术突破，积极探索二氧化碳大规模资源化利用新路径，构建自主可控、多元协

同、安全可靠的产业链与供应链。通过强化企业在科技创新中的主体地位，培育一批世界一流企业和行业领军企业。同时，加速高端人才培养，打造高水平科技创新团队，培养行业科技领军人才、卓越工程师及高技能人才队伍，形成以科技创新驱动产业发展的内涵式增长模式，为煤炭行业注入持续创新动力。

（四）推动煤炭清洁高效利用，加速实现绿色低碳转型

煤炭行业应全面打响清洁高效利用攻坚战，深入实施煤炭清洁高效利用行动计划，将促进发展方式和产业结构的绿色化转型作为核心目标。应提升商品煤质量管理水平，加强对煤炭深度加工、合理消费及分级分质利用的政策支持，通过多元化路径提高煤炭利用效率，构建煤炭绿色低碳循环发展新体系。

现代煤化工产业需进一步优化发展模式，通过创新多联产系统下的煤化工循环经济模式，推动煤炭从勘探、开采、加工到利用全生命周期的清洁管理，逐步实现从传统燃料向原料的战略性转型，为能源结构优化升级提供强大助力。

（五）优化煤炭交易市场体系，提升资源配置效率与质量

煤炭行业应持续完善市场化运行机制，健全市场价格形成机制，强化煤炭中长期合同制度的执行和监督，确保合同有效履约。同时，不断规范和完善煤炭价格指数编制与发布，推动建立依法合规、竞争有序、统一开放的煤炭交易市场。

在产业协同方面，应积极构建煤炭上下游产业的合作共赢机制，推动煤炭与电力、钢铁、建材等下游产业的高效协同发展。通过多种形式推进煤电联营，实现煤炭与新能源的优化组合，构建稳定可靠、多能互补的能源供应格局，为能源市场稳定运行提供保障。

（六）深化国际能源合作，提升全球能源领域话语权

煤炭行业应深度融入"一带一路"建设，以高质量拓展国际业务为目

标，积极参与跨国能源合作项目，构建稳固的国际能源合作伙伴网络。同时，应参与全球能源治理机制，提升全球能源资源配置能力，推动我国煤机装备、技术标准和服务在国际市场中的应用与推广，培育具有国际核心竞争力的知名品牌。

探索科技创新领域的国际合作新机制，聚焦清洁能源、高端装备制造、绿色环保等关键领域，通过学术交流、资源共享及协同研发，实现技术优势互补与创新突破，助力我国在全球能源领域影响力的持续提升。

参考文献

中国煤炭工业协会：《2022 煤炭行业发展年度报告》，2023。
中国煤炭工业协会：《2023 煤炭行业发展年度报告》，2024。

B.12
践行新发展理念 以新质生产力助推煤炭行业高质量发展

山西省煤炭工业协会课题组*

摘 要: 山西是全国重要的煤炭生产基地。从新中国成立后的积极恢复生产到改革开放后的快速发展;从新世纪的整顿提升再到新时代的高质量发展,山西煤炭工业经历了从计划经济到市场经济的转轨,从粗放扩张到集约高效的转型,从建设全国能源基地到建设新型能源基地的跨越。在习近平总书记关于新质生产力的重要论述的指引下,山西煤炭工业智能化建设和绿色开采取得显著成效。下一步,将继续推动煤矿智能化建设全面提速、高位推动煤炭绿色开采全面发展,以新质生产力推进新时代煤矿高质量发展。

关键词: 智能化 绿色开采 新质生产力 高质量发展

一 山西省煤炭工业改革发展历程

山西历来是国家重要的煤炭生产基地。山西煤炭开采和利用历史悠久,早在春秋战国时期山西的先民就发现了煤炭并有记载。明代山西成为全国最大的产煤地,基本形成中国传统的煤炭开采技术。1907年初,山西商办全

---

* 课题组组长:翟红,山西省煤炭工业协会理事长。主执笔:刘振民,山西省煤炭工业协会副理事长。其他成员:王正达,山西省能源发展中心高级工程师;栾振兴,山西省能源局煤炭生产技术处二级主任科员。

省保晋矿务有限公司在太原成立，标志着山西近现代煤炭产业的兴起，也代表了当时先进的煤炭生产技术水平。

（一）新中国成立后方式转变阶段

新中国成立后，随着我国进入国民经济恢复时期，山西煤矿得到快速建设和恢复，主要用手镐落煤、人推车运煤等传统生产方式。到 20 世纪 50 年代末，煤电钻、装煤机、刮板运输机、电机车等电气设备陆续在煤矿中得到应用。20 世纪 60 年代，统配煤矿逐步开始使用 80 型滚筒采煤机，采装运开始向机械化迈进。20 世纪 70 年代，统配煤矿试用并推广综合采煤机，积极引进、注重吸收，逐步走向综采机械国产化，基本淘汰了手镐落煤、人力运输、汽绞车提升等落后生产方式，趋于矿井大型化、装备现代化、生产集中化，矿井综合生产水平能力进一步提高。

（二）改革开放后快速发展阶段

改革开放以来，山西加快推进国家能源基地建设、新型能源基地建设和综合能源基地建设，全省煤炭工业实现了大规模快速发展的历史性巨变。统配矿务局普遍采用综合机械化采煤，提高了矿井综合生产能力。地方煤矿坚持"以矿养矿、分期改造、由小到大、逐步提高"的发展方针，加强对煤矿的改造扩建，不断提高生产能力。

进入 20 世纪 90 年代，山西省煤炭行业贯彻党中央"抓住机遇、深化改革、扩大开放、促进发展、保持稳定"的指导方针，大力推进煤炭生产和建设，"八五"时期（1991~1995 年），全省先后建成投产了 8 个年生产规模 400 万吨以上的矿井和一批相配套的选煤厂，陆续建成了 22 处高产高效矿井和一批质量标准化矿务局，同时，地方国有和乡镇煤矿建成 170 多个质量标准化矿井和 49 个文明生产矿井。全省年产百万吨以上的综采队达 23 个。

（三）进入21世纪后整顿提升阶段

进入 21 世纪，随着社会发展和科技进步，煤矿采煤方法落后、资源浪

费严重、安全隐患多、重大事故频发等问题困扰着山西煤炭行业的健康发展。为此，山西开始对小煤矿开展整顿关闭，大力取缔落后生产力。同时，全面推进地方煤矿采煤方法改革，这是关系全省煤炭工业可持续发展的头等大事，是提高经济效益和资源回收率、实现安全生产的有效途径。全省煤炭行业加大煤矿技术改造力度，积极推广使用新技术、新工艺、新设备、新材料，坚决淘汰落后生产力，提高全省煤炭工业整体发展水平。2004 年底，全省一半以上的矿井进行了采煤方法改革，41 个地方煤矿实现了综合机械化生产，大量地方煤矿实现了悬移支架放顶煤开采、高档普采、普通机械化采煤、单体液压支柱采煤和金属支柱采煤。

由于历史的原因，山西煤矿"多、小、散、乱、差"的格局仍然是全省煤炭产业规模发展和优化升级的瓶颈，粗放经营、资源消耗高、浪费大、安全事故频发、矿山生态环境恶化等问题依然严重，煤炭工业发展水平偏低，产业集中度低。2008 年，全省 2598 座煤矿中，30 万吨以下的小煤矿占 70% 以上，其中 15 万吨及以下的占近 60%，大集团占比不到 50%，全省采煤综合机械化程度不足 25%。为此，2009 年，山西省开展了新一轮煤炭资源整合、企业兼并重组，根据国家在山西建设晋北、晋中、晋东三个大型煤炭基地和 18 个矿区的总体规划，拟定重组后保留 1000 座煤矿，90 万吨以上煤矿占比达到 70% 以上，全部煤矿实现综合机械化采煤、煤矿企业规模不低于 300 万吨/年的目标。同时，大力推进技术装备进步，表现在以下几个方面：一是积极开展综采工作面自动化、智能化升级改造；二是推进全省无人值守煤矿机房硐室建设；三是探索应用快速掘进技术及设备；四是推进辅助运输连续化、自动化，实现山西煤炭工业的跨越式发展。煤矿由矿井多、规模小、装备水平低发展到矿井少、规模大、装备水平高，山西煤炭行业进入了全新的"大矿"时代：煤矿数量由 2598 座减少到 1053 座，70% 的矿井规模达到 90 万吨以上，30 万吨以下的小煤矿全部淘汰，平均单井规模提升到 100 万吨以上，保留的煤矿全部实现机械化开采，实现了既定目标。

（四）新理念指引新发展阶段

2016 年以来，山西煤炭行业以新发展理念为指引，把创新、协调、绿色、开放、共享的发展理念贯穿于转型升级的全过程，构建现代能源体系，顺应能源革命要求，大力推动"减、优、绿"，即：坚定不移化解过剩产能、大力发展先进产能、走绿色低碳清洁高效之路。通过资源重组整合和进一步转型发展，山西煤矿的产业格局发生了质的飞跃。2018 年，全省煤矿综采机械化程度达到 100%，掘进机械化程度提高到 91%，煤炭资源回收率提高到 80% 以上，煤炭工业规模化、机械化、信息化、现代化水平明显提高，煤矿安全生产水平大幅提升，为全省经济结构调整、转型发展起到了主导带动作用、示范带头作用和基础支撑作用，也为本轮推行以智能化建设和绿色开采为重点的新型生产方式奠定了坚实的基础。

二　提升新质生产力水平，积极推进煤矿高质量发展

山西煤炭行业始终坚持淘汰落后、发展先进生产力，推进机械化、自动化、信息化和智能化建设，实现减矿、减量、减面和减人。党的十九大以来，山西煤炭行业在实现规模化、机械化、现代化的基础上，顺应全国能源发展大势和新质生产力的要求，树立和践行新发展理念，不断推进煤矿高质量发展，争当全国能源革命排头兵，全省煤炭行业进入了新的改革发展时期。高质量发展是煤炭工业现代化的本质要求，而发展新质生产力已成为推动高质量发展的内在要求和重要着力点。特别是近年来，山西省煤炭行业积极推行以智能化建设和绿色开采为重点的新型生产方式，摆脱了传统经济增长方式和生产力发展路径，具有高科技、高效能、高质量特征，对煤矿安全生产、减人提效、保护资源环境和全国能源保供起到了坚强的支撑作用。

（一）智能化建设工作成绩显著，处于全国第一梯队

1. 煤矿智能化建设方兴未艾
截至 2023 年底，山西省煤矿数量为 888 座，总规模为 14.37 亿吨/年。其

中，生产煤矿共 706 座，产能为 12.07 亿吨/年；建设煤矿共 182 座，规模为 2.3 亿吨/年。山西省计划建设 10 座国家智能化示范煤矿的目标全部完成。全省累计建成智能化煤矿 118 座、智能化采掘工作面 1491 处，其中 2023 年新建成智能化煤矿 81 座、智能化采掘工作面 498 处，年产量在 180 万吨及以上的生产煤矿智能化改造已全部开工。截至 2024 年第一季度，全省建成智能化煤矿增加至 128 座，智能化采掘工作面增加至 1521 处，全省 3200 处井下固定岗位实现无人值守，井下所有重要作业地点实现无监控不作业。煤矿人员岗位不断优化，作业环境持续改善，劳动强度显著降低，煤矿本质安全水平明显提升。

2. 做法成效

高位推动，全面提速。省委、省政府高度重视煤矿智能化建设，2020 年，省能源局等八部门联合印发《山西省煤矿智能化建设实施意见》，提出 2030 年各类煤矿基本实现智能化，比全国规划提前 5 年完成。自 2021 年起，省政府举办的晋阳湖·数字经济发展峰会均设有煤矿智能化专家论坛活动，有效发挥了宣传引导和成果共享作用。2022 年 10 月，省政府成立煤矿智能化建设工作专班，由常务副省长任组长，统筹推进各项工作。2023 年 5 月 9 日，省政府办公厅印发了《全面推进煤矿智能化和煤炭工业互联网平台建设实施方案》，进一步提出"全省各类煤矿在 2027 年全部实现智能化"的更高要求。2023 年 8 月 18 日，省政府召开全省煤矿智能化建设推进会议，对煤矿智能化建设工作进行再安排、再部署、再督促。2024 年 1 月 15~16 日，省煤矿智能化建设工作专班办公室在晋城组织召开全省煤矿智能化建设现场交流会议，省委常委、常务副省长出席会议并发表讲话，会议全面总结前一阶段煤矿智能化建设成效，安排部署下一阶段煤矿智能化建设工作任务，同时明确了 2024 年全省新建成 150 座智能化煤矿的工作目标。1 月 19 日，省能源局会同省应急管理厅、国家矿山安全监察局山西局印发《2024 年度全省加快推进煤矿智能化建设工作方案》，对全年工作任务进行了分解下达。

标准先行，示范引领。山西省积极推动相关标准制定，省标委会发布了《智能化煤矿建设规范》等 3 项地方标准，省能源局配套印发《全省煤矿智能化建设评定办法（试行）》和《山西省煤矿智能化建设指导手册》，初步形成了山西省从建设到评定的标准体系。2023 年以来，山西省持续完善智能化建设标准体系，推动了《综采工作面数据共享规范》等 5 项地方标准发布，对《全省煤矿智能化建设评定办法（试行）》和《全省煤矿智能化建设基本要求及评分方法（试行）》进行修订，于 2023 年 3 月印发《煤矿智能化建设评定管理办法》，于 2023 年 7 月 29 日与省市场监督管理局联合发布了《山西省煤矿智能化标准体系建设指南》并于 2023 年 8 月完成 2021版《山西省煤矿智能化建设指导手册》的修订工作，形成了《山西省煤矿智能化建设指导手册（2023 版）》，2023 年 8 月 14 日，征集发布了《山西省煤矿智能化建设典型案例汇编（2023 年）》。

实用创新，迭代升级。全方位应用先进技术，研用结合，推进智能化建设。潞安化工新元煤矿建成全国首座 5G 智能煤矿，联合中国移动推出 5G"智矿通"。华阳集团开展井下 5G 700M 频段应用，多矿井联合部署 5G 系统。以 5G 网络为支撑，我国知名企业华为公司研发了全景视频拼接技术，实现了对采煤机的精准远程控制。山西省企业中，科达自控在安全监控、管控一体化平台等方面取得了突破。精英数智研发了瓦斯监测、生产调度等智能系统。向明智控研发了恶劣工况下多节点、低延迟、自编址的以太网络通信支架电液控制系统。

数智赋能，融合发展。省委、省政府大力推进能源"五个一体化"融合发展，煤矿智能化就是其中煤炭产业与数字技术一体化的重要内容。华为公司与省政府签署推进数字经济发展战略合作协议，并将华为煤矿军团全球总部落户太原，为煤矿智能化产业集群发展带来重要机遇。众多智能化厂商在晋研发制造，装备智能化水平不断提高，为加快智能化建设创造了条件。中国煤科太原研究院自主研制的国内首套高阶智能快速掘进设备在山西鑫岩煤矿投入使用，多座煤矿使用盾构机，大幅提高了掘进效率。设备巡检、喷浆、探测等多种机器人应用也取得积极进展。

2024 年 3 月 27 日上线的山西煤炭工业互联网平台作为全国首个省级煤炭工业互联网平台，在建设过程中充分依托华为的技术优势，以人工智能大

模型为核心，主要包含煤炭工业互联网应用商城、矿山 AI 大模型平台、运营支撑平台等内容，其中矿山 AI 大模型采用了华为盘古大模型技术，包含机器视觉大模型和预测大模型。下一步，全省智能化煤矿将逐步统一接入平台，平台通过统一架构、标准和数据规范，实现系统互通和数据共享，将大模型的技术优势进行深度应用，综合赋能煤矿智能化高效建设。

3. 存在的问题

当前，煤矿智能化建设整体上仍处于初级阶段。据调研，受煤矿开采条件变化大、智能化技术成熟度不高等因素影响，建成的智能化系统效果不理想具有一定的普遍性。特别是山西省煤矿开采条件相较于内蒙古、陕西更加复杂，建成的煤矿智能化项目需要人工干预的情况多，"展示多，使用少"、"信息孤岛"现象突出、煤岩识别技术亟待突破、"透明地质"保障能力不足、5G 应用场景需进一步挖掘、智能化人才不足、煤矿企业认识理解有偏差等问题均不同程度地存在。

（二）煤炭绿色开采积极推进

1. 工作成效

根据全省煤炭资源禀赋和开发情况，在确保安全的前提下，秉持技术可行、合理实施原则，坚持区域布局、因地制宜，加强技术指导，推行试点示范，完善标准体系，统筹推进绿色开采工作。目前，山西省初步形成以充填开采、保水开采、煤与瓦斯共采等为代表的绿色开采技术路线和无煤柱、小煤柱开采齐头并进、积极推进的良好局面。

截至 2024 年第一季度，30 个充填开采、保水开采、煤与瓦斯共采等绿色开采技术试点煤矿已全部建成，实现了较好的社会效益和经济效益。9 个矿区和 11 个市均分布有实施无煤柱、小煤柱开采的煤矿，其中，采用无煤柱开采的有 120 座，采用小煤柱开采的有 89 座。

2. 存在的问题

（1）各类绿色开采技术存在不同程度的客观局限性，难以全面推广

一是充填开采存在资金投入大、建设周期长、投入人工多、技术工序多

等问题，且增加注浆、凝固等环节后，与采煤工艺相互制约，显著降低生产效率，吨煤成本增加80~160元，影响煤矿企业的积极性。

二是保水开采只有煤矿面临顶底板突水危险的情况下才具有使用价值，且需配套建设地面注浆站等系统，不仅占地面积大且工程量大。

三是矸石返井目的是处理矸石、减少地面堆存，需投入较大资金新建或改造地面、井下矸石破碎和运输系统，成本投入大，同时返井充填能力有限，无法规模化处置矸石。如能在地面进行填沟造地、覆土绿化和无害化处理，也符合绿色环保的要求，没必要全部返井。

四是煤与瓦斯共采只适用于高瓦斯、煤与瓦斯突出等灾害矿井，主要对成孔条件好的矿井具有推广示范作用，适用条件有限。且当前技术条件下，无法处置利用的瓦斯仍然排放到大气中，无法完全实现"零排放"。

五是无煤柱、小煤柱开采对工作面和顺槽围岩压力和围岩性质有特定要求，虽然采用该技术可以有效提高资源回收率，但必须符合顶板相对完整、采高不宜过高、瓦斯较低、不易自燃等前提条件，需因矿施策。

（2）扶持政策较少，对煤矿企业内生动力的激发远远不够

目前，国家层面明确了"充填开采煤炭资源税可减征50%""充填开采煤量可按30%折算产能置换指标"等激励政策，省级层面仅山西省能源局配套出台了"充填开采煤矿在符合《煤矿安全规程》的前提下，可增加1个采煤工作面"的利好、优惠政策。其他涉及环保、财政、水资源、文物保护、自然资源、应急管理、固废利用等方面的扶持政策和具体举措较少，尚未形成政策合力，影响企业的积极性。

（3）安全生产方面存在制约

当前，充填开采核心技术与装备未取得本质突破，很多方面还不够完善，以目前长治、吕梁、临汾等地一些煤矿开展的巷道式（条带式）充填开采为例，虽然国家矿山安全监察局发布推广目录，将这种技术列入其中；但出于通风安全考虑，省应急部门暂时不予办理这类项目安全设施设计，充填开采推进困难。同时，充填开采运行期间，由于系统复杂、运行设备多、各环节配合要求高，稍有不慎，就会发生管路堵塞等安全事故。充填工作面

在收尾过程中采用"煤体+柔性网+充填体"管理，在回撤支架后切眼支护强度相对不足，压力不能及时释放，也存在一定的安全风险。

（4）人才储备、科技研发、装备制造等方面均存在较大短板

因历史原因，山西省相关科研院所和煤炭企业对充填开采等绿色技术参与度低，核心技术掌握较少，绿色开采经验不足，加之煤矿所处地域面临不同的地质条件、资源禀赋，需与较早引进充填开采技术的河北、山东等地进行合作交流，再结合山西省煤矿实际进行消化、吸收，学以致用。同时，地面充填站及配套购买的充填泵、破碎机、配比搅拌机等设备，井下充填工作面及配套购买的充填专用支架、专用管阀等设施在运行期间要反复改良，优化工艺后，效果才能逐步显现。

三　下一步的举措与建议

（一）推动煤矿智能化建设全面提速

围绕省委、省政府对于煤矿智能化建设的工作要求，锚定目标任务，突出重点关键，在推动煤矿智能化建设中力争做到全面提速与全面提质齐头并进，重点从以下几个方面开展工作。

1. 加大力度推动煤矿智能化技术装备常态化运用

对于已建成的智能化煤矿，加强监督检查，推动常态化运行。引导厂商强化服务，在使用中不断发现问题、总结经验、完善提升。特别是对"效果不佳"的智能化系统，组织产、学、研、用单位因矿施策进行攻关，进一步巩固提升山西省煤矿智能化建设成效，切实提高智能化水平。

2. 持续完善智能化建设标准体系

依托《山西省煤矿智能化标准体系建设指南》，进一步加大对全省煤矿智能化标准制定的指导力度，立足于解决实践中的具体问题，引导相关企业积极参与标准制定，压茬推进，组织制定出台一批智能化地方标准，以标准引领加快煤矿智能化建设。

3. 不断完善智能化评价标准

坚持因地制宜、务求实效的工作原则，深入开展调查研究，准确把握实际情况，科学制定目标，持续优化验收评定机制，进一步将工作重心向实用靠拢。在前期以采掘为重点侧重硬件、目前全面铺开强调功能的基础上，下一步将适时对评定办法进行调整修改，以整体协同、有效管用为重点。

4. 组织关键技术和核心装备攻关

通过自主研发和引进先进装备，不断提高装备水平。加强智能矿山创新实验室平台建设，提高科技创新能力。加强与华为、天地煤机等龙头企业以及国内相关院士团队合作，鼓励企业加大科技投入力度，积极推进产、学、研紧密结合，形成综合互补型的技术支撑与创新体系，争取在智能化关键技术、装备等方面有所突破。

5. 加快人才队伍建设

充分发挥煤矿智能化专班作用，联合有关部门，加强人才队伍建设。指导煤矿企业定期组织职工开展技能提升培训，带动一线职工提高智能化操作水平。加强煤矿智能化相关学科建设，推进学科交叉融合，培育一批煤矿智能化复合型人才。深化校企合作，按照企业需求开展订单式培养，满足煤矿智能化专业人才需求。

6. 加大政策支持力度

继续积极争取煤矿安全改造中央预算内投资专项资金对山西的政策倾斜，加快推动落实智能化建设对企业安全生产费用的提取和使用政策，用足用好国家在科技研发、推广应用、产能核增等方面的智能化优惠政策，把实现智能开采煤矿纳入先进产能，组织专班成员单位研究制定煤矿智能化建设的正向激励和反向约束政策，加快推进煤矿智能化建设。

7. 加快推进煤炭工业互联网平台建设

根据省政府工作部署，积极配合省国资运营公司，加快推进煤炭工业互联网平台建设，加强引导，推动煤矿与平台适配对接，发挥平台资源集聚效应，降低煤矿智能化建设成本。依托平台推广自主可控的物联网操作系统，规范接口、打破壁垒，实现数据融合畅通，推动煤矿装备与操作系统整体适

配，提高系统间协作水平。

8. 充分发挥国有煤炭集团带头作用

省属国有煤矿数量多，产能占比大，同时具有资金、技术、人才等多方面的优势。充分发挥国企示范带头作用，率先全面开展智能化改造，带动其他煤矿对标建设。坚持"国企带头、梯次推进"原则，优先对大型和灾害严重的煤矿进行智能化建设，提升煤矿工人的安全感、获得感和幸福感。

9. 加大工作调度考核力度

按照山西省能源局、山西省应急管理厅、国家矿山安全监察局山西局联合印发的《2024年度全省加快推进煤矿智能化建设工作方案》，对2024年的150座智能化煤矿建设任务进展情况按月进行调度，对进展缓慢的强化督导考核，确保2024年目标任务顺利完成。

（二）高位推动煤炭绿色开采全面发展

1. 加强顶层设计，高位推动绿色开采全面发展

国家层面仅发展改革、税务、能源部门相继出台"充填开采煤炭资源税减征50%""充填开采煤炭产量按30%折算产能置换指标"的优惠政策，其他财政、水利、科技、生态环境、工信、应急、自然资源、文物等部门也应结合自身职责强化科技和制度创新，形成有效的激励机制，研究出台更加全面、具体的扶持政策和务实的举措，形成工作合力。

2. 对实施矸石返井的煤矿进一步加大扶持力度

山西煤矸石历史堆存量大，每年还在大量新增，压占土地、污染环境问题突出，国家鼓励对煤矸石开展多途径综合利用。目前，省能源局已经出台充填开采可增加1个工作面、充填开采煤炭产量按30%折算产能置换指标等优惠政策，鼓励煤矿企业实施充填开采。对于以采用充填开采技术处理矸石为目的的煤矿，相关部门应配套制定激励举措，进一步加大支持力度。

3. 对实施充填开采的煤矿企业减免矿山环境治理恢复基金

按照《山西省矿山环境治理恢复基金管理办法》的要求，山西省境内的采矿企业均需提取该基金专项用于资源开采活动引发的矿区地面塌陷、地

裂缝、崩塌等矿山地质、生态等环境治理恢复和监测。充填开采能避免或减轻地面塌陷等，进而保护地面生态环境。为此，酌情减免矿山环境治理恢复基金将进一步鼓励山西省煤矿大力实施充填开采。

4.加大绿色开采领域招商引资和人才吸引力度

绿色开采作为新世纪一项煤炭开采新技术，引领着煤炭开采新的发展潮流，在推进煤炭行业绿色转型发展和可持续发展方面发挥着越来越重要的作用，各级政府部门应因地制宜，出台相应的招商引资和人才吸引政策、举措，吸纳具有先进绿色开采技术的高新技术企业和专业技术人才服务山西省绿色转型。

参考文献

山西省煤炭工业协会编《山西煤炭工业70年巨变》，山西人民出版社，2019。

B.13
内蒙古煤炭工业发展历程
与新质生产力发展实践

内蒙古煤炭工业协会课题组 *

摘 要: 内蒙古自治区成立以来,其煤炭工业经过多年的发展,先后经历了恢复和曲折发展、深化改革、改革脱困、快速发展、高质量发展等阶段,逐步成为我国重要的煤炭生产基地。在新质生产力发展方面,积极引入智能化开采技术、践行绿色发展理念、加大科技创新投入力度、推动产业融合发展,为煤炭工业的可持续发展探索出了一条新路径。

关键词: 煤炭工业 新质生产力 内蒙古

内蒙古是我国煤炭资源富集区之一,其煤炭工业经历了从无到有、从弱到强的发展历程。随着国家能源战略的实施和煤炭市场的开放,内蒙古煤炭工业逐渐崛起,原煤产量从 1947 年的 35 万吨①增加到 2023 年的 12.1 亿吨②,实现了飞跃式增长;煤炭经济体制完成了由计划经济向市场经济的根本性转变;煤炭工业的生产力水平实现了大幅提升,产业结构得到了显著优化。经过几十年的快速发展,内蒙古已成为全国重要的煤炭生产基地,对保障国家能源安全、促进地区经济发展起到了重要作用。

---

* 课题组组长:刘锦,内蒙古煤炭工业协会会长,高级工程师。课题组成员:田春旺,内蒙古煤炭工业协会秘书长,高级工程师;李柏杉,内蒙古煤炭工业协会主任,经济师。

① 《内蒙古自治区志·煤炭工业志》编委会编《内蒙古自治区志·煤炭工业志》,煤炭工业出版社,1999。

② 内蒙古自治区政府网站数据。

一　内蒙古煤炭工业发展历程

（一）煤炭工业恢复和曲折发展阶段（1953~1978年）

伴随五年计划的稳步推进，内蒙古的工业发展步入了关键的起步阶段。内蒙古地区逐步实现了由农牧业经济主导型向工业经济主导型的重大历史性转变。在推动工业经济全面发展的同时，内蒙古高度重视煤炭工业的优先发展，以满足工业经济对煤炭资源的迫切需求。煤炭工业经过三年的恢复和改造，1956年全区私营煤矿全面转化为地方国营煤矿或集体所有制煤矿，实现了公私合营。与此同时，煤炭工业部积极调集了大批的工程技术人员和建设队伍，全力支援内蒙古煤炭工业的建设。成功开发了包头石拐矿区，有效解决了包头钢铁工业基地的燃料问题。同时，对元宝山煤矿和扎赉诺尔煤矿进行了扩建，对老矿井进行了技术改造，确保了内蒙古东部地区生产生活用煤的供应，并有力支援了辽宁省、黑龙江省的工业建设。煤炭工业生产建设规模得到迅速扩大，煤矿的生产方式也逐步由落后的土法工艺向半机械化方向迈进。截至1957年底，全区共有国家统配煤矿4处，煤炭产量达到132.29万吨；地方国营煤矿22处，产量达67.21万吨；社队、集体小煤窑生产原煤17.5万吨。全区煤炭总产量达到217万吨，总产值实现1912.22万元。①

1958年，为满足大炼钢铁和发展工业对煤炭的需求，内蒙古自治区在西部地区推进包头矿区、乌达矿区的扩建工作，新开发了海勃湾矿区；在东部地区继续扩建扎赉诺尔矿区，新开发了平庄矿区，建设了内蒙古首个全机械化装备的中型露天矿——平庄西露天矿。1959年，随着包头矿务局、扎赉诺尔矿务局、乌达矿务局、海勃湾矿务局、平庄矿务局的成立，煤炭企业的所有制结构也由此形成了国营统配煤矿、地方国营煤矿和社队及集体煤矿

---

① 《内蒙古自治区志·煤炭工业志》编委会编《内蒙古自治区志·煤炭工业志》，煤炭工业出版社，1999。

并存的格局。然而，"二五"计划的前三年，煤炭工业基本建设过猛、规模过大、生产发展过快，导致矿工队伍迅速扩张，进而引发了采掘关系、市场供需和轻重工业发展的失衡。1961年，内蒙古煤炭工业按照中央提出的"整顿、巩固、充实、提高"八字方针，开始实施调整措施，逐步减少基本建设投资，降低生产发展速度，精简职工队伍。部分项目被暂停或延缓建设，部分矿工精简后回乡支持农业生产。经过调整，煤炭采掘关系逐渐恢复正常，农轻重工业基本实现平衡发展。1965年，全区共生产原煤约806万吨，总产值达到10590.07万元。其中，统配煤矿17处，生产原煤635.88万吨，产值8462.77万元；地方国营煤矿32处，生产原煤147.46万吨，产值2127.3万元；乡镇集体煤矿生产原煤22.26万吨。[1]

1966年，煤炭工业的生产遇到严峻挑战，尤其是统配煤矿处于半停半产状态。地方社队及集体小煤窑的迅速崛起，不仅满足了内蒙古地区生产生活用煤的需求，还积极支援了其他省（区、市）的煤炭供应，成为煤炭供应的重要补充。1969年，随着内蒙古自治区东三盟和西三旗行政区划的调整，内蒙古所管辖的煤矿也逐渐减少。截至1975年，内蒙古地区有3个国有统配矿务局、管辖煤矿共计14处，1处自治区直属的营盘湾煤矿，51处地方国营煤矿，500余处社队、集体煤矿。全区原煤产量从1970年的754.48万吨增长至1975年的937.35万吨（不含已划出的东三盟和西三旗），总产值由1970年的12613.23万元提高至1975年的15892.22万元。[2] 这一时期，内蒙古煤炭产业在推动自治区经济发展中发挥了重要作用。

（二）煤炭工业深化改革阶段（1979~1992年）

党的十一届三中全会以后，1979年，随着内蒙古行政区划面积的恢复，自治区对东西部工业经济进行了第二次统筹调整和整顿，煤炭工业生产得以

① 《内蒙古自治区志·煤炭工业志》编委会编《内蒙古自治区志·煤炭工业志》，煤炭工业出版社，1999。
② 《内蒙古自治区志·煤炭工业志》编委会编《内蒙古自治区志·煤炭工业志》，煤炭工业出版社，1999。

迅速恢复，机械装备逐年增加，安全生产得到了有效保障。截至 1981 年底，全区有统配煤矿 29 处、地方国营煤矿 73 处、社队集体煤矿 516 处，年煤炭产量达 2178.72 万吨，总产值达 44620.85 万元。[①]

1982 年，国家取消了群众集体办矿和私人办矿的限制，鼓励群众以多种形式参与煤矿开采，促使内蒙古地区乡镇煤矿和个体煤矿快速发展。一批规模化的乡镇煤炭企业和全国重点产煤旗（县）逐渐涌现。地方煤矿产量迅猛增长，不仅与原有统配煤矿在区内市场展开竞争，还争夺运力和区外市场，一度出现产能过剩、运输压力增大的局面，导致自治区煤炭价格下滑，煤炭行业面临全面亏损的严峻挑战。

1985 年，煤炭行业借鉴农村改革的成功经验，开始全面推行全行业投入产出总承包政策。内蒙古自治区西部的包头、海勃湾、乌达三个统配矿务局以及东部的宝日希勒第一煤矿，与煤炭工业部正式签署为期六年的"投入产出"总承包合同。在确保生产计划遵循国家指令性计划的前提下，煤炭销售随着市场的逐步放开，转变为以运定产、以销定产、统一分配与市场调节相结合的灵活销售模式，从而实现了根据市场需求自主经营与销售，扩大了企业的自主经营权。国有统配煤矿获得了一定比例的产品自销权，以更好地适应能源市场的调节。地方小煤窑的产品则直接面向市场，无需国家统一分配。截至 1990 年，全区有国家统配矿务局 8 个、地方国营煤矿 73 个、乡镇集体煤矿 2131 个。煤炭产量从 1980 年的 2210.09 万吨增至 1990 年的 4761 万吨，位列全国第八。同时，煤炭工业总产值从 1980 年的 33642.4 万元增长到 1990 年的 110851 万元。[②]

（三）煤炭工业改革脱困阶段（1993~2001年）

1992 年，邓小平同志视察南方并发表重要讲话，为我国改革开放的

---

① 《内蒙古自治区志·煤炭工业志》编委会编《内蒙古自治区志·煤炭工业志》，煤炭工业出版社，1999。

② 《内蒙古自治区志·煤炭工业志》编委会编《内蒙古自治区志·煤炭工业志》，煤炭工业出版社，1999。

全面推进拉开了序幕。1996 年，《中华人民共和国煤炭法》的正式实施，标志着我国煤炭行业的发展迈入了规范化、法治化的新阶段。然而，1997 年受亚洲金融危机及国内外市场波动的双重影响，煤炭市场供需失衡，行业面临严峻挑战。1998 年，随着国家煤炭工业管理体制的改革，内蒙古地区的"9 局（公司）1 矿"，即乌达矿务局、海勃湾矿务局、包头矿务局、大雁矿务局、扎赉诺尔矿务局、平庄矿务局、霍林河矿务局以及准格尔煤炭工业公司、万利煤业公司和宝日希勒第一煤矿，被下放至自治区管理。随后乌达矿务局、海勃湾矿务局、包头矿务局、准格尔煤炭工业公司、万利煤业公司划归神华集团；霍林河矿务局、平庄矿务局则下放至所在盟市，组建为集团公司；大雁矿务局、扎赉诺尔矿务局建制撤销，与宝日希勒煤炭集团公司组建呼伦贝尔煤业集团公司。与此同时，煤炭行业面临的新矛盾日益凸显，如优化分流人员的再就业问题、利益格局的重新分配、历史欠账的补偿等，均需通过企业多年的积累来平衡。

在统配煤矿改革的推动下，地方国营煤矿也步入了深化改革的轨道。大型煤矿与央企实现了合并，小型煤矿则逐步转向民营化，并鼓励企业通过上市方式融资。改革期间，自治区坚决贯彻关井压产政策，严格整顿生产经营秩序，对无证照或手续不全、不具备基本安全生产条件的小煤矿坚决予以关闭。同时，对国有重点煤炭企业实施了债转股，并设立煤炭社保机构，保障下岗职工的基本生活。对于资源枯竭、扭亏无望、资不抵债的矿井，自治区坚决实施了政策性破产。此外，自治区还推行了煤炭销售"三不政策"，并扩大了煤炭出口，以优化市场结构。截至 2000 年底，全区已关闭证照不全的小煤矿 1737 处，并颁发了煤炭生产许可证 1693 个、煤炭经营许可证 683 个。这个阶段，乡镇、集体煤炭企业逐步转型，一批规模化的民营股份制企业逐步形成。

全区煤矿数量从 1991 年的 1049 处（其中国有统配煤矿 44 处、地方国营煤矿 73 处、乡镇企业煤矿 932 处）发展到 1997 年的 3746 处，其中国有统配煤矿开办的小井达到 219 处，地方国营煤矿 92 处，乡镇、集体、个人煤矿共计 3393 处，其他部门所属煤矿 42 处。同时，原煤产量从 1991 年的 4927.14 万吨增加至 1997 年的 7818.5 万吨。通过采取关井压产等整顿措施，截至 2000 年，全区煤矿数量减少至 2009 处，产量减少至 6964 万吨，确保了煤炭产业的稳定、健康发展。[①]

（四）煤炭工业快速发展阶段（2002~2010年）

2002 年，煤炭工业进入了快速发展时期。随着煤炭工业体制改革的深入推进和产业结构调整的持续优化，乡镇集体煤炭企业顺应时代潮流，逐步退出了历史舞台。内蒙古民营煤炭企业迎来了快速而稳健的发展，民营资本的大量涌入为其注入了强劲活力。特别是在煤炭资源丰富的鄂尔多斯市，地方国有煤矿和乡镇煤矿逐步转型为民营企业。自治区煤炭产业的格局由原先的"三足鼎立"（即中央企业、地方国有和集体企业、民营企业）转变为"两家独大"（即中央企业、民营企业）。2003 年 12 月，《内蒙古自治区人民政府关于加快发展重点煤炭企业的指导意见》印发，确定了 20 家自治区重点煤炭企业。以这 20 家核心煤炭企业为依托，构建 7 个年产能超过 5000 万吨的大型煤炭生产基地，以及两个特种煤基地，形成 11 个年产能在 1000 万吨以上的大型或特大型煤炭企业集群。此外，在资源配置、铁路运输、电力供应等方面为这些企业给予优惠政策支持和扶持。

2004 年，全国煤电油运出现需求紧张局面，煤炭需求急剧攀升，产能也随之迅猛增长，煤炭市场价格随之走高，引发了资源抢购、煤矿购买以及资源炒作的热潮。市场需求旺盛且价格高，众多小型煤矿采取低投入、高产出策略，与大矿争夺市场份额，通过开采优质煤炭而弃置劣质煤炭，降低生产成本，追求高额利润。这导致了资源的严重浪费，环境破坏问题突出，煤矿安全事故频发，给地方政府的管理工作带来了极大的压力。鉴于此，自 2005 年起，内蒙古自治区政府明确提出在三年内解决小煤矿的突出问题，并相继出台了《内蒙古自治区人民政府关于加快煤炭产业结构调整的指导意见》和《内蒙古自治区人民政府关于促进煤炭工业健康发展的意见》等

---

① 《内蒙古自治区志·煤炭工业志》编委会编《内蒙古自治区志·煤炭工业志》，煤炭工业出版社，1999。

规范性文件，以指导和推动煤炭工业的健康发展。特别是鄂尔多斯地区，率先启动煤炭三年攻坚行动，通过入股、兼并、收购等方式，对小煤矿资源进行整合，推动煤炭产业朝正规化、规模化方向发展。截至 2007 年，鄂尔多斯市已完成 300 多处小煤矿的整合工作，成功培育出年产 30 万吨以上的大中型煤矿 156 处，基本实现了全市地方煤矿的采煤机械化，不仅改变了过去落后的开采方式，提高了矿井资源的回收率，更实现了煤炭产业的安全生产，为地方经济的可持续发展奠定了坚实基础。

2008 年，在内蒙古煤炭行业的产业升级改造进程中，为加强行业管理，确保安全生产，自治区政府发布了《内蒙古自治区煤矿整顿关闭工作实施方案》。对未达到《国务院关于预防煤矿生产安全事故的特别规定》安全生产条件的煤矿，自治区采取了停产整顿、关闭取缔、整合技改等多种措施，实施了分类指导、分批实施，通过精准施策，推动煤炭行业的健康发展。为进一步加快煤炭产业的资源整合与技术升级，自治区人民政府在 2009 年 6 月制定了《内蒙古自治区人民政府关于进一步完善煤炭资源管理的意见》。该意见对新建露天煤矿的办矿条件进行了明确规定，强调新建露天煤矿的年开采能力必须达到 300 万吨以上，从而确保了煤炭资源的合理开发与高效利用。

"十五"以来，内蒙古自治区陆续出台了一系列促进煤炭行业健康发展的政策，全力发展大产业、培育大集团、建设大基地、形成大集群。在推进煤炭产业发展的过程中，自治区政府提出"综合开发、加工转化、高效利用、集约经营"的指导方针，推动了一系列高技术水平的大型煤电、煤化工项目在内蒙古落地生根。截至 2010 年底，全区火电装机容量已达 5406 万千瓦，煤制油产量达 142 万吨，甲醇产量达 60 万吨，烯烃产量达 60 万吨，二甲醚产量达 20 万吨，乙二醇产量达 20 万吨，聚氯乙烯产量达 210 万吨，合成氨产量达 30 万吨，尿素产量达 182 万吨，同时煤炭提质达到 455 万吨，煤焦油深加工 30 万吨，焦炭产量达 2420 万吨。[①] 在此期间，成功建设了全

① 《内蒙古自治区志·煤炭工业志》编委会编《内蒙古自治区志·煤炭工业志》，煤炭工业出版社，1999。

国最大的火力发电基地——大唐托克托电厂，拥有 8 台 600 兆瓦机组及 2 台 300 兆瓦自备机组。五期工程完工后，其装机总容量增至 6720 兆瓦，成为亚洲最大的火力发电基地。同时，国内首个采用煤直接液化技术的神华集团年产 108 万吨煤制油项目和 18 万吨煤间接液化项目，以及伊泰集团年产 16 万吨煤制油项目，均展现了我国在煤炭液化领域的自主创新能力。此外，具有世界先进水平的大唐多伦年产 160 万吨煤制甲醇及 46 万吨煤制烯烃项目也相继投产，标志着自治区在煤电、煤化工领域取得了巨大的进展。内蒙古煤炭产业逐步由以煤炭为主导的单一发展模式向多元化发展模式转变。据统计，2010 年，全区共有 353 家地方煤炭企业，其中，年产能达到 1000 万吨级及以上的企业有 6 家，年产能在 300 万~1000 万吨的企业有 22 家，年产能在 120 万~300 万吨的企业有 56 家，年产能低于 120 万吨的企业有 269 家。全区煤炭产量达 7.87 亿吨，煤炭工业总产值达 2543.7 亿元，居全国首位。[①] 同时，全区原煤生产安全状况显著改善，百万吨煤死亡率降低至 0.094 人，充分展现了内蒙古自治区煤炭工业在安全、高效、可持续发展方面取得的显著成效。

（五）煤炭工业高质量发展阶段（2011年以来）

内蒙古自治区煤炭工业经过快速发展，产业结构实现了由"小而多"向"大而强"的巨大转变，逐步由单一的原煤生产模式朝深加工和综合利用的多元化方向发展。同时，煤炭开采方式实现了由非正规化向正规化、机械化的转型升级，煤炭工业形势呈现积极向好的发展态势。为进一步优化煤炭产业结构，提升煤炭产业的整体竞争力，内蒙古自治区政府于 2011 年 3 月 15 日印发了《内蒙古自治区煤炭企业兼并重组工作方案》，计划利用三年时间，对全区地方煤炭企业实施兼并重组，将地方煤炭生产企业的数量减少至 80~100 家，并将煤炭生产企业的最低生产规模由年产煤炭 30 万吨提升至 120 万吨。

---

① 《内蒙古自治区志·煤炭工业志》编委会编《内蒙古自治区志·煤炭工业志》，煤炭工业出版社，1999。

2015年，《内蒙古自治区人民政府关于深化煤炭资源市场化配置的意见》发布，将煤炭资源转化政策提升至以"转化效率、节能减排、安全生产与投资效益"为核心的综合考量新高度。对于低层次、高能耗、不环保、不安全、效率低的转化项目，将坚决予以拒绝，决不走以牺牲环境、安全和效率为代价的经济发展之路。这一强有力的政策推动与向新、向优、向高的政策指引，成功吸引了大量投资与转化项目落户内蒙古。截至2015年底，内蒙古自治区煤炭转化消费量达到2.88亿吨，煤炭转化率达31%。全区建成多项转化项目，其中火电装机达到7260万千瓦，位居全国第四；煤制油产量达142万吨，甲醇产量达664万吨，烯烃产量达106万吨，芳烃产量达7.5万吨，二甲醚产量达90万吨，聚氯乙烯产量达445万吨，合成氨产量达468万吨，尿素产量达2017万吨，乙二醇产量达40万吨，煤制气产量达17.3亿立方米。此外，还实现了煤炭提质1703万吨、煤焦油深加工191万吨、焦炭产量5215万吨。[①] 这些项目共同构建了综合利用煤炭资源的新格局，并在为自身创造效益的同时，有力推动了关联产业的快速发展。

"十三五"以来，内蒙古自治区煤炭工业始终坚持以煤炭为基础、以电力为引领的能源发展战略，立足区内、面向全国，积极发挥煤炭资源丰富、开发条件优越的优势，有效利用现有产能，持续优化产业结构布局，加强配套建设，促进煤炭工业的协调可持续发展，以满足国民经济发展的煤炭需求。截至2023年，原煤年产量达12.1亿吨，形成13亿吨的生产能力；外送煤炭达到7.2亿吨，占全国跨省外送煤炭的1/3，覆盖全国25个省（区、市），产量和外运量均创下了历史新高。同时，区内煤炭企业年销售收入超过6000亿元，从业人员达到22万余人。[②] 内蒙古成功地从煤炭需求省份转变为煤炭供给大区，构建了门类齐全、较为完善的现代煤炭工业体系。

---

① 内蒙古自治区能源局、内蒙古煤矿安全监察局编《内蒙古自治区志·煤炭工业志（1991—2015）》，内蒙古人民出版社，2021。
② 内蒙古自治区统计局。

二 内蒙古煤炭产业周期波动情况

改革开放以来,国内经济以年均 9.1% 的速度高速增长,对能源的需求急剧攀升。内蒙古煤炭产量从 1978 年的 2194 万吨迅速增长至 2012 年的 10.6 亿吨,年均增长率达到 10% 以上。众多煤矿纷纷投入生产,产业规模急剧扩大。这一时期,内蒙古凭借丰富的煤炭资源优势,一跃成为国内重要的煤炭供应基地。然而,产业的蓬勃发展背后也逐渐显露出诸多问题。例如,过度开采致使资源浪费,采出率仅为 40% 左右;粗放的生产方式导致环境污染严重,全区能源消费产生的二氧化碳排放量由 2003 年的 1.34 亿吨增长到 2012 年的 5.13 亿吨。[①] 同时,低水平的产业结构也制约了产业的可持续发展。

随着国家能源政策的调整和对环境保护的日益重视,内蒙古煤炭产业在经历了一段高速增长后,于 2011 年进入了调整期。在这期间,煤炭价格波动频繁,根据行业内部数据,动力煤平均坑口价从 2012 年的 323.46 元/吨一度跌至 2015 年的 130.17 元/吨。市场需求不稳定性导致年需求增长率产生较大幅度的波动。一些小型煤矿由于技术水平低、成本高,难以在市场竞争中立足,纷纷被淘汰或整合。据统计,内蒙古煤矿数量从 2005 年的 1378 处减少至 2015 年的 588 处,产能则由 2.6 亿吨/年提升至 9 亿吨/年,平均单井产能从 2005 年的不足 14 万吨显著提高至 2015 年的 188 万吨。[②] 这一转变充分体现了内蒙古地区煤炭产业在优化结构、提升效能方面所取得的显著成效。

近年来,全球经济形势的变化和能源结构的调整,再次给内蒙古煤炭产业带来新的挑战与机遇。一方面,新能源的快速发展使得传统煤炭能源市场

---

① 乌日娜等:《2003—2012 年内蒙古工业行业能源消费 CO_2 排放研究》,《东北师大学报》(自然科学版)2016 年第 2 期。
② 内蒙古自治区能源局、内蒙古煤矿安全监察局编《内蒙古自治区志·煤炭工业志(1991—2015)》,内蒙古人民出版社,2021。

份额受到挤压，煤炭在能源消费结构中的占比从 2013 年的 67.4%下降至 2023 年的 55.3%，累计下降 12.1 个百分点，天然气、水电、核电、风电、太阳能 发电等清洁能源消费量比重则由 2013 年的 10.2%提高到 2023 年的 17.9%，累 计提高 7.7 个百分点。另一方面，煤炭清洁高效利用技术的不断进步，也为内 蒙古煤炭产业的发展提供了新的空间。2023 年煤制气产能达到 42.6 亿立方 米，居全国首位，产量达到 29 亿立方米，同比增长 6%，煤制油产量达到 115 万吨，同比增长 3%，[①] 为内蒙古的能源化工产业增添了新的动力。

从长期来看，内蒙古煤炭产业的周期波动与国内经济周期、能源政策以 及国际能源市场变化紧密相连。在经济增长期，如 2002～2012 年，能源需 求旺盛，煤炭产业繁荣，产量增长 89.17%；而在经济调整期或能源政策收 紧时，如 2014～2018 年，产业发展则相对放缓，产量下降 17.93%。

三 煤炭领域新质生产力发展实践及成效

煤炭产业长期作为内蒙古自治区经济发展的重要基石。在新时代的大背 景下，内蒙古自治区积极探索在传统生产力的基础上，依托创新驱动、技术 进步、绿色发展等关键要素，致力于提升煤炭产业的生产效率、优化资源配 置，并推动产业转型升级，构建新型生产力体系。这一举措旨在引领煤炭产业 发展新质生产力，以实现可持续发展的战略目标，并推动经济实现高质量增长。

（一）技术创新引领智能化开采

自党的十八大以来，内蒙古煤炭产业坚定不移地贯彻创新驱动发展战 略，着重强化战略科技力量，广泛运用人工智能、5G、云计算、大数据等 前沿技术，持续推动创新成果涌现。2018 年，世界首套 8.8 米超大采高综 采智能设备在神东上湾煤矿成功投产，标志着无人化采煤的"矿工梦"得 以实现，生产效率显著提升 16.7%。根据《内蒙古日报》报道，截至 2022

---

① 内蒙古自治区统计局。

年 12 月底，内蒙古已建成智能化煤矿 126 处，其中 80 处井工煤矿拥有智能化采掘工作面 227 个，相较于 2020 年增长了 12.6 倍；25 处露天煤矿开展了无人驾驶试验，涉及无人驾驶车辆 233 台，同比增长 12.7 倍。此外，82 处煤矿井下应用了矿山机器人，103 处煤矿实现了井下固定场所无人值守。

根据自治区的规划部署，未来内蒙古将严格控制采煤工作面、掘进工作面人数，以实现"少人则安、无人则安"的目标。同时，鼓励采用无人驾驶、无人机、机器人智能巡检等新技术、新装备，推动煤矿由"高危生产"向"本质安全"转变，由"规模产量"向"质量效益"转变，由"劳动密集"向"技术创新"转变，由"传统开采"向"智能开采"转变。这将引领煤炭行业向形态更高级、分工更优化、结构更合理的阶段演进，为行业的高质量发展提供坚实支撑。

（二）绿色发展与生态保护推进煤炭产业绿色转型

2012 年 2 月 10 日，内蒙古自治区国土资源厅正式印发了《内蒙古自治区发展绿色矿业建设绿色矿山工作实施方案》，明确提出了绿色矿山建设的目标，并对绿色矿山的规划、申报、验收工作进行了详尽部署。计划通过 1~3 年的时间，完成一批示范试点矿山建设工作，同时建立健全绿色矿山标准体系和管理制度，研究形成与绿色矿山建设相配套的激励政策。"十二五"期间，国家公布的 4 批 661 个绿色矿山试点单位中，内蒙古境内有 9 个煤炭企业所属的 12 个煤矿入选。

进入"十三五"时期，内蒙古制定并发布了《内蒙古自治区绿色矿山建设方案》等一系列制度标准，为绿色矿山建设管理工作提供了明确指导和有力支撑。同时，积极鼓励矿山企业争创国家级绿色矿山，享受矿产资源、绿色矿山建设用地、财税、绿色金融等扶持政策。内蒙古自治区自然资源厅发布的《关于 2019 年度内蒙古自治区第二批列入绿色矿山名录的公告》显示，截至 2019 年，自治区已有 46 处生产煤矿被纳入绿色矿山名录，其中 17 处达到国家级绿色矿山标准，29 处达到自治区级绿色矿山标准。这些煤矿的总产能达到 3.2 亿吨/年，在全区生产煤矿数量和产能中占较大比重。

2020 年，内蒙古自治区人民政府对绿色矿山建设进行了全面规划和部署，要求新建矿山必须达到绿色矿山建设标准，现有矿山需加快改造升级，限期达标。同时，计划建设 3 个自治区绿色矿业发展示范区，并启动一批绿色勘查示范项目。

"十四五"时期，内蒙古自治区坚持生态优先、绿色发展的原则，全面推进绿色矿山建设。自治区"十四五"规划明确提出，将开展绿色矿山建设行动，并推进一批自治区绿色矿山示范区建设。为确保绿色矿山建设任务的顺利完成，内蒙古自治区自然资源厅于 2022 年明确了绿色矿山年度建设名单和分阶段实施计划。预计到 2025 年底，全区所有矿山将达到国家级或自治区级绿色矿山建设标准，不符合标准的将依法逐步退出市场。

在绿色低碳发展方面，内蒙古大力推进煤炭绿色开采和清洁高效利用，实施煤电机组节能降碳改造、供热改造、灵活性改造"三改联动"，减少非电行业燃料煤用量。在沙漠、戈壁、荒漠地区等合理布局新能源项目，如库布齐沙漠的新能源基地项目，总投资 800 亿元，新增新能源装机 1200 万千瓦，每年外送绿电 440 亿度，节约标准煤 600 万吨，减排二氧化碳 1600 万吨。

（三）多元化发展推动煤炭产业结构优化升级

十八大以来，内蒙古煤炭行业通过供给侧结构性改革，加快去产能步伐，实现产业转型升级。根据《内蒙古自治区煤炭工业发展"十四五"规划》，"十三五"期间，内蒙古煤炭行业累计退出产能 0.69 亿吨，超额完成国家下达的任务。优质产能有序释放，新增优质产能 1.6 亿吨/年。煤炭产能结构不断优化，全区单矿平均产能达到 259 万吨/年，较 2015 年提高 32%，大型煤矿产能占全区煤矿总产能的 89.3%，较 2015 年提高 4.2 个百分点，发展质量和效益显著提升。2021~2023 年，内蒙古煤炭产量稳步增长，占全国煤炭产量的比重保持在较高水平，显示出其煤炭产业的基础实力。预计到 2025 年，稳定蒙东地区煤炭产能，在鄂尔多斯新建一批现代化大型煤矿，确保 120 万吨/年及以上煤矿产能占比达到 92%，进一步优化产能结构。

内蒙古不仅注重煤炭的开采和利用，还积极延伸煤炭产业链，发展煤电、煤化工、有色金属加工等产业，构建煤电、煤化、煤电冶加产业链。以鄂尔多斯市为例，构建起煤制油气、煤制醇醚、煤制烯烃等多条产业链，实现煤炭从原料到材料、由低端到高端的产业升级，推动煤化工产业高端化、多元化、低碳化发展，成为国内门类最全、规模最大的现代煤化工示范项目集中区，构建起集资源开发、就地转化、综合利用于一体的现代能源经济体系。

（四）绿氢制造与耦合利用提高煤炭利用效率

近年来，内蒙古在煤炭产业中引入绿色氢能源制造技术，通过光伏项目制造万吨绿氢。例如，全国首个制造万吨绿氢的 40 万千瓦光伏项目在蒙西建成，其中 80% 的绿电用于电解水制氢，20% 的绿电并网。这种绿氢与煤化工耦合制烯烃的技术，不仅提高了煤炭的利用效率，还降低了环境污染。

四　面临的问题及建议

近年来，内蒙古依托丰富的煤炭资源，积极推动清洁高效利用，在煤电、煤化工等产业链上取得了显著进展，有效提升了煤炭资源的附加值。与此同时，在国家及自治区政府政策的引领下，新能源领域发展势头强劲，为煤炭产业结构的调整和优化注入了新的动力。然而，内蒙古煤炭产业在发展过程中仍面临诸多挑战和困境，需继续深化改革，加强创新驱动，推动高质量发展，为实现能源强国战略做出积极贡献。

（一）面临的问题

1.国内外能源形势变化影响深远

当前，国际能源市场正经历前所未有的剧烈波动。由于国际能源市场价格的不稳定性，全球能源需求结构正发生深刻变革。随着清洁能源技术的持续突破和成本的不断降低，全球清洁能源需求呈现强劲增长态势。相比之

下，煤炭需求则呈现逐步递减的趋势。这一形势为煤炭企业的经营带来了极大的不确定性。面对能源经济形势带来的挑战，内蒙古自治区的煤炭生产和消费结构亟待调整与优化。

2. 产业结构调整优化任务紧迫

内蒙古煤炭产业近年来展现出显著的转型升级态势，由过去单一的规模扩张逐步转向更为精细化、高效化的产业结构和产品结构调整。这种转型不仅聚焦于提升煤炭产品自身的成本优势和质量竞争力，更致力于全面提升整个供应链的竞争力水平。然而，新兴产业在规模和影响力方面尚显有限，短期内难以迅速填补传统产业调整所带来的空白。当前，内蒙古能源结构仍有待进一步优化。在内蒙古自治区的一次能源结构中，煤炭等传统能源依然占据较大比重，这在一定程度上制约了能源结构的优化和可持续发展。

3. 煤炭资源枯竭问题凸显

长期以来，内蒙古凭借其丰富的煤炭等传统能源资源，为国家的能源供应和经济发展做出了重要贡献。然而，近年来受市场需求持续增长、资源开发强度过大等多重因素影响，部分矿区面临可开采资源日益减少、服务年限逐渐缩短的严峻挑战，大型煤炭基地（矿区）产能接续问题日益凸显。根据权威统计数据分析，内蒙古煤炭资源可利用储量剩余服务年限预计仅为30年左右。特别值得关注的是，未来 10 年内，鄂尔多斯等主要产煤地区的煤炭产量预计减少量将超过 1 亿吨。在全区范围内，乌海、包头等地区的煤炭后备资源储备不足，接续产能建设相对滞后；锡林郭勒盟的煤炭开发受到生态环境保护的严格限制；蒙东地区随着开采深度的不断拓展，灾害风险逐步增加，进一步增产面临较大困难。此外，随着煤矿智能化进程的加快，原有矿区生产能力已难以满足智能化开采的需求。部分企业为降低开采成本、追求短期效益，采取在原有矿井扩大产能的方式，导致矿井服务年限大幅缩短，加剧了现有矿区煤炭资源提前枯竭的风险。这不仅对内蒙古能源经济的稳定发展构成严重威胁，也给国家能源安全带来潜在风险。

4. 科技创新与人才引进不足

科技创新作为推动能源经济转型升级的核心驱动力，具有举足轻重的地位。当前，内蒙古在煤炭科技创新领域尚存显著短板。首先，内蒙古在新能源领域缺乏国家级科研创新平台，这与其在全国新能源产业中的重要地位极不相称。由于缺乏此类平台，内蒙古在关键技术研发和产业链掌控方面处于被动地位，难以在新能源领域取得突破性进展。其次，内蒙古在技术创新投入方面尚显不足。尽管在新能源领域取得了一定的发展成果，但在科研投入和技术创新方面仍存在明显短板，制约了新能源技术的研发和应用进程，影响了能源结构的优化和产业升级的推进。

此外，人才引进不足也是制约内蒙古能源经济创新发展的重要因素。由于经济发展水平、人才政策以及生活环境等多方面的因素，内蒙古面临严重的人才流失问题。一些本土培养的高端人才选择到外地发展，导致内蒙古在能源科技创新方面的人才储备严重不足。而且在人才培养与引进方面，内蒙古自治区尚未形成有效的衔接机制。这导致人才培养成果难以转化为实际的人才资源，同时对于引进人才的后续培养和支持也缺乏足够的关注和支持。这一系列现状严重制约了内蒙古能源经济的创新发展。

（二）应对策略及建议

煤炭资源作为我国经济发展的重要基石，其开发利用对国民经济增长和可持续发展具有深远影响。在积极贯彻"双碳"政策以及智能化矿山建设的大力推动下，内蒙古地区煤炭资源开发利用取得了显著进展，有效支撑了我国经济的稳健发展与持续增长。有研究表明，预计到 2035 年，我国煤炭消费总量将稳定在 40 亿吨左右。按照供需平衡的原则，内蒙古地区煤炭供给量需稳定在 13 亿吨左右。因此，如何有效利用煤炭资源、实现可持续发展已成为当前亟待解决的重要课题。为此，必须采取综合开发利用的策略，加大煤炭资源勘查力度，提高资源利用效率，拉长煤炭产业链，加大科技创新投入力度。同时注重生态环境保护，在推动经济发展的同时，既要节约有效利用煤炭资源，又要促进绿色转型发展，实现经济效益、社会效益和环境效益的有机统一。

在煤炭资源勘探领域。着力强化煤炭资源的勘探与评价工作，确保精准

把握内蒙古地区煤炭资源的分布格局及储量情况，从而为资源的科学规划与合理利用提供坚实支撑。依据国家和自治区颁布的相关政策，相关部门需适时制定并出台相关文件，有效引导和激励企业加大对煤炭资源勘查、评价及开发等方面的投入力度，积极推动煤炭资源的精细化勘查与精准化评价工作。特别是在那些尚未充分探明煤炭资源的区域，运用高科技勘探手段，提高勘查的精确性与效率，确保拥有充足的后备资源，实现资源的可持续开发利用，坚决杜绝"吃肥弃瘦"的浪费现象，切实做到科学开发、合理利用。

在资源节约领域。一方面是对现有探明的煤炭资源进行全面规划，确保按计划、按比例进行开采。同时，对于小块段和薄煤层等，也应尽量开采利用，以实现资源的最大化利用，从而延长矿区服务年限，避免老矿区和资源型城市因资源枯竭而陷入经济困境。另一方面是尽可能利用周边国家的煤炭资源。内蒙古与蒙古国和俄罗斯接壤，两国煤炭资源丰富且距离内蒙古较近。通过加强中、俄、蒙三国边贸合作，促进物资流通和资源互补，实现国内外能源的均衡有效利用，对于保障能源可持续供给具有重要意义。

在煤炭产业融合方面。深化煤炭工业与新能源、化工产业及交通运输业的融合发展，是优化能源结构、提升煤炭资源附加值以及改进煤炭运输方式的重要路径。首先，鉴于全球对可再生能源需求的持续增长，新能源产业蓬勃发展，煤炭在能源供给中的消耗比例逐步降低，逐步转变为调节能源消耗总量平衡的角色，以减少碳排放，并确保能源安全。基于当前全国能源消费结构、可再生能源发展趋势及科技进步的预测分析，煤炭作为传统能源，短期内仍将占据重要地位。因此，深化煤炭工业与新能源产业的融合，是内蒙古自治区能源结构转型的关键举措。此举不仅有助于减少对传统能源的过度依赖，更能通过新能源技术的应用，提升煤炭资源利用效率，降低环境污染，推动能源行业可持续发展，进而实现经济增长方式的转变。其次，化工产业作为煤炭资源的重要应用领域，加强煤炭与化工产业的协同合作，有助于实现煤炭资源的综合利用和价值最大化，推动化工产业的创新发展，提升整个产业链的竞争力。同时，交通运输业作为煤炭产业链的关键环节，其运输效率和成本控制对煤炭工业的发展具有重要影响。因此，加强煤炭运输和物流体系建设，提升煤炭产品运输效率和市场覆盖能力，实现煤炭运输的智能化、绿色化和高效化，对于促进煤炭产业健康发展具有重要意义。

在生态环境保护和治理领域。煤炭企业在追求经济效益的同时，必须严格按照循环经济理念，以更加专业、严谨的态度，持续推进矿区生态修复、废水治理和废气治理等各项工作，切实减少环境污染和生态破坏。必须牢固树立可持续发展理念，既要合理开采资源推动经济社会发展，又要积极谋划资源枯竭后的生态环境保护。加强与科研机构和高校的合作，共同研发更加高效、环保的煤炭开采和治理技术，为行业的可持续发展提供坚实的技术支撑。积极引入先进的环保技术和设备，提升治理效率和效果，真正实现煤炭开采行业的绿色转型和可持续发展目标。

在技术创新领域。进一步加大科研投入力度，深化技术创新与人才培养工作。通过积极引进和培养高层次技术人才，推动煤炭工业的技术革新与创新发展。以现代信息技术和人工智能技术为重要抓手，全面推动煤炭开采技术的创新与升级，实现煤炭开采、加工、利用等环节的智能化管理与控制，从而有效降低生产成本，显著提升煤矿生产效率与安全保障水平。此外，通过建设智慧矿山、智能工厂等一系列示范项目，积极推动煤炭产业的数字化转型与智能化升级，为行业的可持续发展注入新的强大动力。同时，要加强与国内外先进企业和科研机构的合作与交流，积极引进先进的技术与管理经验，全面提升内蒙古煤炭工业的整体技术水平，为行业的长远发展奠定坚实基础。

参考文献

《内蒙古自治区志·煤炭工业志》编委会编《内蒙古自治区志·煤炭工业志》，煤炭工业出版社，1999。

内蒙古自治区能源局、内蒙古煤矿安全监察局编《内蒙古自治区志·煤炭工业志（1991—2015）》，内蒙古人民出版社，2021。

企业实践篇

B.14
增强国家能源不断前进的动力
着力培育和发展新质生产力

国家能源集团课题组*

摘　要： 国家能源集团在"煤电路港航、煤电油气化、产运销储用"一体化能源格局中，坚持创新引领，全面培育新质生产力。以创新布局科学化、创新攻关自主化、创新成果工程化为抓手，勇当"策源地"，塑造创新发展新优势；坚持推进传统产业转型升级、推动绿色低碳发展、深度融合数字化智能化，稳住"基本盘"，焕发现代产业新活力；注重激发项目新动能、激发人才新动能、激发精神新动能，激活"全要素"，催生改革提效新动能。未来，国家能源集团将坚决扛牢"能源供应压舱石、能源革命排头兵"使命，增强国家能源不断前进的动力，以培育和发展新质生产力助力高质量发展，做出能源央企更大贡献。

关键词： 科技创新　新质生产力　绿色低碳

---

* 课题组由国家能源集团综合管理部、技术经济研究院相关人员组成。

　　国家能源投资集团有限责任公司（以下简称"国家能源集团"）于2017年11月28日正式挂牌，是经党中央、国务院批准，由中国国电集团公司和神华集团有限责任公司联合重组成立，集央企联合重组示范企业、国有资本投资公司改革示范企业、创建世界一流示范企业、国有企业公司治理示范企业"四个试点"于一身的中央骨干能源企业。其拥有中国神华、龙源电力2家"A+H"股上市公司，国电电力、长源电力、英力特、龙源技术4家A股上市公司，1000余家生产单位，12家科研院所，20家科技企业。自2017年重组成立以来，国家能源集团每年都获评中央企业负责人经营业绩考核A级，在2024年世界500强中居第84位。

　　国家能源集团拥有煤炭、电力、化工、运输等全产业链业务，产业分布在全国31个省（区、市）以及印尼、俄罗斯、南非等10多个国家和地区。截至2023年底，员工总数为31.0万人，资产总额为2.1万亿元，煤炭产能为6.7亿吨/年，发电总装机为3.2亿千瓦，自营铁路长度为2708.0公里，港口吞吐能力为2.9亿吨/年，煤制油品产能为531.0万吨/年。2023年，完成煤炭产量6.2亿吨，煤炭销量8.3亿吨，发电量1.2万亿千瓦时，供热量5.3亿吉焦，铁路货运量5.7亿吨，化工品产量2923.0万吨，实现营业收入7955.0亿元，利润总额1192.0亿元，资产负债率为58.9%。

　　国家能源集团积极践行国家战略、保障国家能源安全、推动国民经济稳定增长，深入贯彻"四个革命、一个合作"能源安全新战略，深入实施"一个目标、三个作用、六个担当"发展战略，即围绕全面建设世界一流清洁低碳能源科技领军企业和一流国有资本投资公司这一战略目标，发挥科技创新、产业控制、安全支撑三个作用，肩负能源基石、转型主力、创新先锋、经济标兵、改革中坚、党建示范六个担当。作为煤炭、火电、风电等产业规模位居世界第一的能源企业，国家能源集团深入贯彻习近平总书记提出的"四个革命、一个合作"能源安全新战略，在"煤电路港航、煤电油气化、产运销储用"一体化能源格局中，强化企业科技创新主体地位，坚持创新引领，全面培育新质生产力，以更可靠的国家能源安全、更绿色的低碳能源力量、更前瞻的未来能源布局，

加快建设世界一流清洁低碳能源科技领军企业和一流国有资本投资公司。

一　勇当"策源地"，塑造创新发展新优势

习近平总书记指出，"加快实现高水平科技自立自强，是推动高质量发展的必由之路"。① 新质生产力的特点是创新，核心路径是以科技创新推动产业创新，实质效果是优胜劣汰、破旧立新。能源技术革命催生能源产业变革，我国新能源技术、百万千瓦水电、400万吨/年煤间接液化、特厚煤层智能综采等一批重大科技创新成果就是实践证明。企业是科技创新的主体，科技创新实力应当与其规模、体量和贡献相匹配，特别是中央企业要坚持"四个面向"，担起国家战略科技力量的责任，以科技创新这一"关键变量"锻造竞争新优势，抢占国际供应链产业链的制高点，助力我国在"工业4.0"的博弈中拔得头筹、遥遥领先。

创新布局科学化。科技创新决策和布局不能一哄而上，也不能过度避险，要因地制宜，以需求为导向、以场景为驱动，提升决策专业化水平，研判创新方向是否前沿领先、基础研究是否扎实管用、技术路线是否科学安全、资源配置是否提质增效等。国家能源集团坚持多元化保障能源供给和推动能源转型，加快重塑"煤火风光水、化油气氢核等能源谱系"，瞄准国家提出的6个未来产业方向，加快煤基新材料、新能源、工业软件等研发，积极布局"新能源+储能"模式，推进风光氢氨储一体化发展，探索发展"虚拟电厂"。突出未来感。攻克关键共性、前沿引领、现代工程等技术以及颠覆性技术创新难题，依托新一代信息技术，打造"基于类脑大模型的矿山智能安全管控应用"等数字工业场景，聚焦下一代互联网、下一代光网络、6G、算力网络等方向构建以云网大模型为基础的云网操作

---

① 《加快实现高水平科技自立自强》，中国政府网，2023年3月11日，https：//www.gov.cn/xinwen/2023-03/11/content_5745992.htm。

系统，探索深部高温地热、地下空间人工硐室、压缩空气储能等技术，开展超导储能、新型卡诺电池、未来光伏，以及高性能碳纤维、煤基新材料等技术攻关和示范应用。外拓创新链。健全产学研一体化创新机制，高标准打造全国重点实验室、国家工程研究中心、国家能源创新平台等国家级研发平台载体，带动清洁能源研究院、协同创新中心、战略合作高校、先进民企等外部优势力量，组建一批"体系化、任务型"创新联合体，促进创新链、产业链、资金链、人才链深度融合。国家能源集团与怀柔实验室共建清洁能源研究院，建成智能重载铁路、煤制化学品和新材料、深部高温地热开发利用等7个协同创新中心，围绕关键技术开展联合攻关，实施能源重大科技协同创新研究。

创新攻关自主化。科技创新必须实打实，最终目标是应用。当前在空前活跃的科技创新竞争中，我国科研攻关面临"小院高墙""脱钩""断链"等挑战，其中能源领域技术迭代速度快、颠覆性强，有的核心部件尚未实现国产化替代，自主创新、原始创新形势更加紧迫。国家能源集团锚定高端化发展路径，在煤制油化工领域，以大项目建设带动科技创新和产业装备升级，形成煤直接液化工艺技术完全自主知识产权，在打造煤基领域的原创技术"策源地"和产业链"链长"中走在前列。要促进协同发力，积极健全新型举国体制，融入国家创新体系，摆脱仿效式创新和路径依赖，齐心打赢科技创新这场"大战役"。大力攻坚最前沿、最关键、最核心的技术，在紧要方面加快取得突破并进行应用，培育更多核心技术能力突出的创新型专精特新企业，以点带面提升整体竞争力，引领行业科技进步、服务科技强国建设、领先全球能源科技。要坚持长期主义，持续完善和细化政策体系，强化极端重视科技创新的考核导向，向技术源头汇聚资源，建立长周期稳定支持模式，完善科技成果转化机制，推行"揭榜挂帅""赛马"机制，提升共性基础技术供应能力。要强化产融协同，做好"科技金融"大文章，构建金融服务科技创新的全流程体系，为急需技术突破、缺乏资金支持的项目"雪中送炭"。

创新成果工程化。企业是科技和经济紧密结合的重要力量，特别是国有

企业要发挥市场需求、集成创新、组织平台优势。国家能源集团坚持以大项目建设带动科技创新和产业装备升级，建成并投运亚洲最大50万吨/年煤电CCUS项目，完成全球首次600兆瓦燃煤发电机组掺氨燃烧试验，国内首个发电工程国产BIM示范项目取得多项标志性成果，全国产化iDCS、风机主控系统等成功示范应用，300台无人驾驶矿卡常态化运行，35兆帕快速加氢机、35兆帕/70兆帕加氢站控制系统实现商用。战略性新兴产业是引领未来发展的新支柱、新赛道，事关战略能力的提升和国际竞争新优势的塑造。要紧跟能源领域重大项目科技需求布局，实施引领性科技攻关。深入推进科技成果转化应用，积极推行"产业公司—科技型企业—科研院所"三位一体模式，合理布局并充分利用中试和应用验证平台，鼓励成体系、成规模实施"首创""第一"的产业化项目，推广应用首台（套）装备，推进"国货国用"，全力以赴跨过"死亡谷"，实现更多从"0"到"1"的突破、从"1"到"100"的发展。

二 稳住"基本盘"，焕发现代产业新活力

习近平总书记指出，"发展新质生产力不是要忽视、放弃传统产业"。[①] 能源工业发展新质生产力，要在稳住传统产业"基本盘"的前提下，以产业迭代升级为支撑，依托完善的产业生态和丰富的应用场景，以科技创新推动产业创新，以技术产业化提升现实生产力。要深入贯彻"四个革命、一个合作"能源安全新战略，因地制宜优化调整传统生产力的结构和生产关系，推动传统产业高端化、智能化、低碳化、谱系化发展，推动战略性新兴产业规模质量发展，重塑形成"煤火风光水、化油气氢核等能源谱系+物流贸易金融支撑+产研用融通"的综合性现代化产业发展新格局，提升规模稳定性、多元融合性、先进高效性，加快培育形成能源领域新质生产力，打造

---

① 《习近平：发展新质生产力不是要忽视、放弃传统产业》，人民网，2024年3月8日，http：//lianghui.people.com.cn/2024/n1/2024/0308/c458561-40191849.html。

能源安全链、能源绿色链、能源科技链，推动产业结构优化升级，助力新型工业化建设，为中国式现代化构筑强大物质技术基础。

推进传统产业转型升级，兜底保障新质安全。传统产业是我国实体经济的重要组成部分，也是现代化产业体系的基底，既要巩固其主要优势领域地位，也要加速推进深度转型升级。国家能源集团具有"煤电路港航、煤电油气化、产运销储用"一体化的独特优势，以及"煤电协同、煤化协同、煤运协同、煤电与新能源协同、产融协同"的一盘棋协作关系，肩负着保障能源安全的重要职责。2023 年，国家能源集团煤炭产销量、发电量、供热量、铁路货运量分别占全国的 1/6、1/7、1/8、1/9，重组成立后，在稳产、稳供、稳价、稳市方面的作用更加显著，在保障能源稳定供应、推动能源产业发展等方面充分发挥了"稳定器"和"压舱石"的作用。能源安全事关经济社会发展全局，能源生产力跃迁要以"能源的饭碗必须端在自己手里"为前提。国家能源集团自主掌握的井工矿 8.8 米大采高、智能采煤、智能掘进、卡车无人驾驶等关键技术减员增效显著，大力推广煤质快速检测、无煤柱安全高效开采等技术应用，常规煤电机组 100%实现超低排放，超（超）临界机组占火电装机的 63.7%。未来，国家能源集团将坚持以煤炭保能源安全、以煤电保电力稳定，锚定绿色低碳发展方向，先稳固供给侧保障能力，再在现有赛道上创新，大力实施以旧换新行动，推动产业发展、装备升级、节能降耗、数字赋能和技术创新，推进低端环节向先进产能转化，加快提升高端、智能、绿色生产力。要做好能源安全兜底保障，全面推进亿吨级绿色矿区建设，抓好煤炭战略资源布局接续、增储增供、证照办理和产能核增等工作，坚持本质安全原则，探索深部煤炭地下气化与煤层气开发；深化煤炭与煤电、煤电与新能源、新能源与战略性新兴产业的合作，推进"三改联动"，打造更多城市电厂、园区电厂，结合发展需求开发保障支撑性清洁高效煤电；深化覆盖"四大经济圈"的"一纵两横三大枢纽 N 条通道"综合性布局，推动铁路改造升级扩能，加快跨境铁路建设，拓展疆煤外运路径，以港口铁路枢纽为支点向区域市场延展、向海外市场延伸，打造多功能现代化综合性能源运输通道，全力维护能源产业链供应链安全稳定。

推动绿色低碳发展,科学谋划新质布局。新质生产力是先进生产力质态,战略性新兴产业和未来产业是其重要表现形式。能源领域要深刻把握新能源等行业规模经济效应、政策支持机制、环境社会效益、可持续发展能力等方面优势,对基础支撑、价值外溢的新兴未来产业领域加大投入力度。截至 2023 年,国家能源集团可再生能源装机历史性突破 1.1 亿千瓦,占比较重组时提升了 11 个百分点,新能源装机接近 1 亿千瓦。其牵头开发的宁夏腾格里 1300 万千瓦大型风光基地项目,是国家规划建设的千万千瓦级"沙戈荒"新能源基地,也是我国第一条以开发沙漠光伏大基地、输送新能源为主的特高压输电通道——"宁电入湘"工程的重点配套项目。未来,国家能源集团将认真落实"双碳"目标,向"绿"向"新"转型升级,着力构建绿色低碳循环经济体系,加快绿色矿山建设,打造零碳矿区;推动新能源朝着多元化、快速化、规模化、科学化和效益化方向发展,扎实推进"沙戈荒"大型风电光伏基地建设,加大海上风电、光伏资源的获取力度,规划开发千万千瓦级、百万千瓦级综合能源基地,组团式开发大中型水电项目,建设清洁能源基地,推进新能源大比例规模化利用;发挥氢能产业优势,开展"多能互补+氢""源网荷储+氢"示范项目,推进"火电+新型储能"联合调频、配套储能产业发展,优先建设一批布局合理、条件成熟、指标优越的抽蓄电站;坚持"煤油气储、油化并举、平急结合",加快建设陕西榆林、新疆哈密等一批煤基集成创新示范基地,实现保供于链、储油于煤、藏油于技、育人于企,确保在极端情况下顶得上、靠得住。

深度融合数字化智能化,持续做实新质赋能。发展新质生产力,要以培育数据生产要素为关键,构筑新优势,强化系统、融合、跨界和工程师思维,推动能源生产与信息技术全过程、全要素深度融合。国家能源集团全力推进煤矿智能化建设,建成 9 个国家示范智能化煤矿,高级智能、"5G+工业互联网"示范电站数量递增,我国铁路目前编组最长、载重最大的 3 万吨级重载列车在全自主技术应用领域实现新突破,国能 e 购、国能 e 商、国能 e 电、国能 e 链千亿级生态化平台开启数智赋能新阶段。在当前的智能经济形态下,产业组织和产业形态变革调整,倒逼企业生产经营等管理模式创新。国家能源集团致力于推进产业链、供应链、价值链良性融通，规划布局统一人工智能底座和配套运营体系，提升区块链、数字孪生、BIM、物联网等新技术的平台化支撑能力，加快企业云、"新能源中心+算力数据中心"项目建设，打造精细化、场景化的优质数据集，更好用数据管理企业。聚焦人工智能广泛渗透正反向作用等前沿研究，搭建人工智能运行体系，以"生产运营调度指挥系统2.0"建设为牵引，推进煤矿智能化无人采煤等技术应用，推广发电厂智能工控系统、黑灯工厂模式，实施虚拟编组、智慧绿色无人港口、大型机械自动化操作、船舶智能管理等技术研发与应用，着力解决行业生产中存在的实际共性难题。

三　激活"全要素"，催生改革提效新动能

改革的核心就是调整生产关系，新一轮国企改革深化提升行动要求抓好以服务国家战略为导向的功能性改革。当前，科技革命和产业变革加速演进，能源领域生产力变革大势已锐不可当，要在改革中让各类先进优质生产要素向发展新质生产力顺畅流动，以解放和发展社会生产力为改革提供强大牵引，充分体现中国特色社会主义制度的优越性。实现生产力的跃迁，必然触及深层次矛盾，需要以巨大的政治勇气解放思想、动真碰硬。要蹄疾步稳深化改革，从最紧迫的事情抓起，优化配置劳动、知识、技术、管理、资本和数据等生产要素，培育一大批优秀人才、打造高精尖装备、推进标志性工程项目、研发前沿引领性产品，充分激发企业内生活力，使其更加符合高科技、高效能、高质量特征。

激发项目新动能。重大项目是经济发展的"压舱石"，也是企业的明天和希望。国家能源集团2024年首批（四省区）总投资4000亿元的80个重点项目集中开工，涵盖煤电化运等各产业板块，促进完善能源领域基础设施，助力区域经济社会发展。坚持"同题共答"，强化"战略管控+一体化运营"管理，实施"一区一策"，深化战略合作，加强区域公司平台化管理，巩固拓展内蒙古、新疆、宁夏等优势，融入京津冀、雄安新区、长三

角、大湾区等区域发展。国家能源集团将高质量推进支持"两重"建设的各项工作，根据战略重要程度、急迫程度和成熟程度，逐年新增一批重大项目开发建设清单，推进战略决策方向与国家发展需求相衔接。优化重大项目建设管理机制，在重大项目决策前开展科技创新布局，加强设计全过程管控，做到目标明确清晰、团队协作有力、信息沟通顺畅、调度协调到位、考核评价科学，优化全生命周期"一码到底"数智化管控，严防在战略规划和工程管理、技术、廉洁等方面出现风险，打造具有时代特征、行业领先、质量过硬的国能标志性工程。

激发人才新动能。人才是推动发展新质生产力的核心资源。能源行业要面向世界科技前沿和国家重大战略需求，立足优势领域和行业发展趋势，前瞻性系统性谋划重大科研工程建设项目，同步谋划高端人才布局，提前布局专业领域人才，遴选培养善于解决工程技术难题的杰出青年人才。要坚持完善市场化经营机制，深化"三项制度改革"，优化运用绩效考核、薪酬分配、激励、职务科技成果赋权等政策，客观体现知识、技术、人才的价值。国家能源集团大力实施"优秀专家、大国工匠和青年人才"三支队伍行动，注重在重大科技项目中培养使用人才，以重大科技项目为平台，优先推荐首席科学家、首席专家等领衔重大科技攻关任务，担任技术长和研发平台负责人，推广400万吨/年煤间接液化成套技术创新开发及产业化团队"国家卓越工程师团队"经验，努力建成一个项目，造就多个领军人才，培育多个创新团队，培养一大批科研骨干。工人阶级是先进生产力的代表，要大力弘扬劳模精神、劳动精神、工匠精神，办好职业教育培训和技能大赛，充分激发劳动热情和创新创造活力，让先进典型、技术能手、首席工匠等各类人才竞相涌现。

激发精神新动能。发展新质生产力，要发挥"关键少数"引领作用，强化实干担当意识，加快建设一支优秀企业家队伍。要坚持树牢正确的政绩观，抓好班子、带好队伍，发扬想事、干事、管事的优良作风，弘扬企业家精神、科学家精神，提升战略落实、组织领导、机遇把握、资源整合、变革创新"五项能力"，狠抓党中央重大决策部署的落实执行力，以只争朝夕的紧迫感带头实干。要把严明政治纪律和政治规矩摆在突出位置，加强国有企业管理人员队伍建设，强化全面监督。同时，要落实"三个区分开来"，细化合规免责清单，为勇于担当的干部护航、为敢抓敢管的干部撑腰，推动干部能上能下、能进能出，实现能者上、优者奖、庸者下、劣者汰。经过多年的发展和沉淀，国家能源集团各产业凝聚了宝贵的精神成果，有全集团共同的"社会主义是干出来的"实干精神，有煤炭产业的"五特"精神，有电力产业的"人民电业为人民"精神，有运输产业的"铁军"精神，有新能源产业的"绿色动力"精神，以及"三紧三非"的科技创新精神等，这些精神由劳动者创造，是催生产业变革的最基本、最深沉、最持久的力量。

坚持党的领导、加强党的建设是发展新质生产力的根本要求。党的十八大以来，习近平总书记多次到能源企业考察调研，特别是于 2016 年 7 月 19 日、2021 年 9 月 13 日和 2023 年 5 月 11 日三次视察国家能源集团所属企业并发表重要讲话，发出了"社会主义是干出来的"伟大号召，[1] 强调了煤炭主体能源地位，强调了能源工业绿色低碳高质量发展方向，强调了现代化能源大通道产业链建设，强调了高水平能源科技自立自强的重要性和紧迫性，为能源工业高质量发展举旗定向。国家能源集团将牢记嘱托、勇毅前行，系统化、一体化落实习近平总书记三次视察国家能源集团所属企业重要讲话精神，坚定履行国资央企职责，实施"一个目标、三个作用、六个担当"发展战略，坚决扛牢"能源供应压舱石、能源革命排头兵"使命，增强国家能源不断前进的动力，以培育和发展新质生产力助力高质量发展，真正担当起中国特色社会主义的重要物质基础和依靠力量，为以中国式现代化全面推进强国建设、民族复兴伟业做出能源央企更大贡献。

---

① 《刘国跃：践行能源安全新战略　走好能源央企高质量发展之路》，"中国电力报"百家号，2024 年 6 月 18 日，https://baijiahao.baidu.com/s?id=1802182237289154397&wfr=spider&for=pc。

参考文献

刘陈德:《"先立后破"是解决改革发展稳定问题的辩证法》,《前线》2024 年第
3 期。

魏一鸣:《打造能源新质生产力　促进新型能源体系建设》,《煤炭经济研究》2024
年第 1 期。

李寿生:《用新质生产力开辟石油和化工行业高质量发展的"新蓝海"》,《中国石
化》2024 年第 4 期。

《代表委员谈煤炭行业如何发展新质生产力》,中国煤炭经济网,2024 年 3 月 13 日,
https://www.ccera.com.cn/web/143/202406/23409.html。

戴翔:《以发展新质生产力推动高质量发展》,《天津社会科学》2023 年第 6 期。

B.15

新周期与新质生产力叠加影响下
山东能源集团煤炭产业高质量
发展探索实践

山东能源集团有限公司课题组 *

摘　要： 新周期与新质生产力叠加影响下山东能源集团顺应煤炭产业新周期，做强做优做大煤炭产业，优化省内资源开发，加大省外资源开发力度；新质生产力赋能企业转型发展，山东能源集团作为传统能源企业，用新技术改造提升煤炭产业，积极促进产业数字化、智能化、清洁化、绿色化，统筹推进煤炭产业升级，培育壮大新能源产业，促进煤炭产业与新能源产业的创新深度融合，巩固煤炭产业领先地位。

关键词： 新周期　新质生产力　"双碳"　数字化　智能化

山东能源集团有限公司（以下简称"山东能源集团"）作为传统能源企业，煤炭产业贡献了九成以上的利润，是企业生存之本、发展之基、财富之源。无论是过去还是现在，煤炭产业都深刻影响着山东能源集团发展，密切关系着山东能源集团命运，在未来一个时期同样如此。当前，我国煤炭产业进入新周期，国家倡导大力发展新质生产力。同时，面对绿色低碳转型的大趋势和动态变化的煤炭市场，系统分析行业发展现状与趋势，把握行业发

---

* 课题组组长：李伟，山东能源集团有限公司党委书记、董事长。课题组副组长：徐西超，山东能源集团有限公司董事会秘书、保密总监、战略研究院常务副院长。课题组成员：尹东凤，山东能源集团有限公司战略研究院副院长；李丑小，山东能源集团有限公司战略研究院副院长。执笔人：田德凤，山东能源集团有限公司战略研究院院长助理。

展新周期特性，领悟新质生产力的深层内涵，找准影响煤炭产业发展的关键因素，进而靶向应对、精准施策，必将推动山东能源集团绿色低碳转型和高质量发展，助力清洁能源供应商与世界一流企业建设。

一 山东能源集团基本情况

山东能源集团由原兖矿集团有限公司、原山东能源集团有限公司于2020年7月联合重组成立，是山东能源产业的国有资本投资公司、全国唯一一家拥有境内外四地上市平台的大型能源企业。山东能源集团拥有境内外上市公司12家（含新三板挂牌），职工近21万人，产业分布在国内22个省份和12个国家和地区。2023年，山东能源集团资产总额突破1万亿元，营业收入达8520亿元，居中国煤炭50强第1位、中国企业500强第22位、世界500强第72位。面向未来，山东能源集团将坚持以党的二十大精神为引领，认真贯彻习近平总书记做强做优做大国有企业重要指示精神，顺应"双碳"目标要求，坚决扛起中国式现代化国企使命，聚焦"绿色低碳高质量发展"，力争"十四五"末发展成资产营收"双万亿元"企业集团，建成清洁能源供应商和世界一流企业。

山东能源集团以煤炭、化工、电力、新能源、新材料、高端装备制造、现代物流贸易为主导产业。煤炭产业国内外产能3.4亿吨/年，产量居全国第3位，矿井智能化生产水平居行业前列，9处矿井成为首批国家级智能化示范矿井。化工产业建成济宁焦气化、鲁南高端化工新材料深加工、榆林高端煤制油、鄂尔多斯煤基化工新材料、新疆煤化一体化"五大化工基地"，聚甲醛、己内酰胺、乙二醇等高端化工产品产量1600万吨。电力产业建成一批大容量、高参数机组，现有装机及在建容量1600万千瓦。新能源产业搭建了省级投资平台，实施风光储氢、源网荷储一体化发展，渤中90万千瓦海上风电场实现全容量并网发电，成为我国"十四五"五大海上风电基地最大规模全容量并网发电项目。新材料产业拥有钙基新材料、高端化工新材料、纤维及复合新材料等产业集群。高端装备制造产业研发制造国内功能最全、加载能力最大的液压支架综合性能试验台，东华重工公司成为卡特彼勒公司液压支架产品全球供应商。现代物流贸易产业坚持服务实体产业发展，拥有山东国际大宗商品交易中心、山东电子口岸公司、海南国际能源交易中心等交易平台。

二 新周期下山东能源集团煤炭产业高质量发展新思路新举措

在"双碳"背景下，能源结构正在优化调整，叠加新冠疫情、俄乌冲突、极端天气等影响，煤炭产业迎来发展新周期。山东能源集团抢抓新周期发展机遇，加快做强做优做大煤炭产业，精耕细作省内煤炭资源，投资拓展省外煤炭资源，加快布局境外煤炭资源，推动煤炭产业高质高效发展。

（一）煤炭产业新周期特性

伴随经济周期轮动、政策调控、能源结构调整、科技进步等因素变化，煤炭产业在遵循自身发展规律基础上，整体保持与经济社会发展同周期、同方向、同节奏等常态化运行。受国际热钱投向转变、新冠疫情、地缘冲突、气候异常、逆全球化等因素叠加影响，煤炭供应紧张、消费增加、价格上涨，煤炭产业进入新的生命周期。煤炭产业新周期与经济波动呈现不一致性，产业"繁荣"持续时间较短，影响因素一旦减弱或消失，就会导致价格明显反弹、重新回归正常的产业周期。

1. 非常态性

通常产业周期分为形成期、成长期、成熟期和衰退期四个阶段。2020年，煤炭产业处于成熟期转衰退期的特殊阶段，2021年以来，在结构性（供给侧结构性改革去产能叠加资本开支长时间不足）、周期性（应对疫情的流动性宽松共振带来的需求强劲增长）和扰动性（俄乌冲突带来的欧洲能源产运扰动）三大因素的驱动下，煤炭整体供应紧张，供需缺口持续扩大，导致煤炭价格超预期上涨，甚至完全脱离供需基本面。市场主体的惜

售、囤积等不理性行为，进一步提升特定时段、特定地区供需失衡程度，增强煤炭价格上行动力，中国及全球煤炭产业进入"非常态"超级"繁荣"周期，与同时期国内宏观经济不振和下游产业普遍亏损形成鲜明对比，标志着我国煤炭产业进入了新周期。煤炭产业的新周期带来了短期供需失衡、价格上涨等"繁荣"景象。随着时间推移、冲突缓和、疫情平稳等，煤炭供需逐渐恢复平衡，价格逐渐回归理性，煤炭产业的短暂"繁荣"也会消逝。

2. 不可持续性

从煤炭发展趋势看，短期，煤炭价格反弹扰乱低碳转型节奏，推迟向绿色能源转型进程；长期，各国发展清洁能源、加快绿色转型，推动其加速发展替代能源和可再生能源等。从国家政策看，在保供稳价大背景下，煤炭企业势必要让出部分潜在利润，推动原料端利润回归合理空间，让渡部分利润到下游产业链，保障整个产业链稳定，为国民经济稳定发展做出贡献。从供需关系看，煤炭供需关系出现逆转，2023 年，国内生产原煤 47.10 亿吨，市场供需面逐步走向宽松；新增产能持续释放，2023 年，新增产能 2.34 亿吨，其中核增产能 1.08 亿吨，新投矿井产能 1.26 亿吨，为保障能源供应的安全稳定，政策方向继续要求增产保供，主产区优质产能进入释放窗口期；进口煤炭数量激增，随着煤炭零关税政策的延长以及澳大利亚煤进口禁令的解除，我国煤炭进口出现井喷式增长。从煤炭价格看，煤价是反映煤炭市场行情最直观的晴雨表，2024 年以来，我国煤炭供需偏紧状况得到了明显改善，煤炭价格中枢随之下移，且价差大幅收窄，价格逐步下滑。从经济复苏看，近年来，新冠疫情冲击导致经济内生动力不足，煤炭下游行业依然普遍亏损，推动高质量发展仍需要克服不少困难挑战。

3. 周期延缓性

煤炭产业同样会经历形成期、成长期、成熟期和衰退期等产业生命周期的四个基本阶段。当产业由成熟期进入衰退期时，企业通常采用引导消费者、创新产品使用、开拓新市场、寻求新顾客等方式，增强自身持续发展能力，归根结底是刺激消费市场，延长产业周期。当前，煤炭产业进入新周期，正是由于新冠疫情、俄乌冲突等引发全球能源危机，能源供应紧张加剧，部分国家不得不重启煤电或推迟退煤计划，煤炭需求快速攀升，煤炭消费量占能源消费总量比重由降转升，延长了煤炭产业的成熟期，减缓了煤炭产业由成熟期迈向衰退期的步伐，使煤炭产业处于成熟期。这时的煤炭产业的新周期是脱离经济发展周期的，随着全球经济发展趋缓，煤炭供需关系再平衡，煤炭产业必将回归正常的产业周期，不可否认，煤炭产业的新周期在一定程度上延缓了产业周期。

（二）煤炭产业发展新思路

山东能源集团将以"四个革命、一个合作"能源安全新战略为遵循，坚定落实"能源的饭碗必须端在自己手里"指示要求，强化煤炭兜底保障作用，主动顺应国家总体发展战略、能源战略、安全战略新趋势，顺应煤炭产业新周期，做强做优做大煤炭产业，优化省内资源开发，加大省外资源开发力度。省内实施稳产能、转动能、提效能、保供应策略，充分挖掘矿井潜力；省外推进扩产增效、并购重组、深化协同，打造千万吨级煤炭产业集群，推动煤炭产业高质量发展。

（三）煤炭产业发展新举措

煤炭作为山东能源集团发展的根基，山东能源集团需抓住新周期发展机遇，拓展煤炭产业布局，提升煤炭产能、产量，在承担增产保供稳价社会责任的同时，增加企业营业收入，提高煤炭产业利润，为绿色低碳转型夯实资本基础，争取时间空间。

1. 谋划煤炭产业布局，服务国家战略拓区域

山东能源集团跟踪研究国家煤炭相关政策，及时调整煤炭产业布局。目前，山东能源集团煤炭生产基地与国家大型煤炭建设基地高度重合。在煤炭供给区域布局中，中国山东、内蒙古以及澳大利亚煤炭产能、产量基本各占1/3，是当前煤炭生产的重要基地；陕西、甘肃、新疆是未来煤炭增量保障基地，可超前谋划煤炭生产接续布局安排。山东，巩固提升省内煤炭产量，以济宁、枣庄、菏泽、泰安等市为重点，扩大省内产能规模。内蒙古，加快

千万吨级矿井群建设，运用核增产能、新建煤矿、兼并重组等手段，扩增煤炭产能，推动内蒙古矿业资源开发，增加煤炭产量。陕西，以煤化工项目为引领和依托，积极获取榆林市煤炭资源；瞄准神府南区 300 亿~400 亿吨煤炭资源储量，加强与陕西省政府主管部门沟通，全力争取神府南区煤炭资源开发建设权，全面建设大型矿井。甘肃，以平凉市为基点，以"陇电入鲁"为契机，发挥全国输电通道枢纽作用，争取煤炭资源开发建设权，建设大型煤矿。新疆，将山东能源集团"十四五"规划中战略储备基地调整为战略核心基地，加大投资建设力度，以煤化工项目为抓手，围绕哈密、准东、伊犁、昌吉等煤炭供应基地，积极建设千万吨级煤矿。澳大利亚，实施优质煤炭资源兼并重组，扩大资源储备规模。

2. 把握市场有利时机，优化增量投资谋发展

山东能源集团始终坚持将煤炭优势做大，充分把握市场有利时机，增投资谋发展，持续实现增量稳产目标。

一是增加资源储备。锁定煤炭富集区域与优质整装资源，自重组成立以来，通过增资控股内蒙古矿业及竞得霍林河矿区一号煤矿探矿权，累计获取煤炭资源 72.4 亿吨。截至 2023 年底，煤炭资源总量超过 900 亿吨，可采储量近 180 亿吨，其中国内可采储量 163 亿吨，为未来发展奠定资源基础。

二是加快优势矿井建设。通过实施煤炭赋存条件、煤炭区域布局、煤种结构和煤质分级"四个优化"战略，加快优势矿井建设，建成金鸡滩、转龙湾、石拉乌素、伊犁一矿等一批千人千万吨安全高效示范矿井，推动煤炭产能提升至 3.5 亿吨/年。2023 年，完成煤矿建设投资 296 亿元，甘肃五举煤矿建成投产，内蒙古鲁新煤矿具备联合试运转条件，新疆五彩湾四号露天矿一期工程开工建设。2024 年底，万福煤矿建成投产，油房壕、杨家坪、鹰骏三号、刘三圪旦、嘎鲁图等煤矿开工建设。通过优势矿井的建设与运营，山东能源集团既培育了新的经济增长点，也为老区矿井转产转移拓展了空间。

三是加快产能核增。抓住国家核增产能政策窗口期，重点围绕陕西、内蒙古、新疆等基地煤矿项目，完成 12 处矿井产能核增，核增产能 1700

万吨。

3. 推动产业优化升级，做强做优主业提效能

山东能源集团把握新周期下煤炭增量发展趋势，立足长远、科学谋划，通过老区找煤扩量、新区增产提效、并购整合优化等方式，拓展煤质好、储量大、区位优、开采条件好、预期收益高的大型整装煤田，进一步提升优质煤炭产能占比，做强做优做大煤炭产业。

一是老区找煤扩量延长寿命。老区煤矿是山东能源集团的"根据地"，老区稳则集团稳。老区煤矿应在"控"和"挖"上做文章，控产量、挖内潜，实现精采细采、稳产稳量，确保十年内产量稳定在 7000 万吨左右，以"空间"换"时间"，保障战略转移和人员分流。以省内济宁、枣庄、菏泽、泰安等地矿井为重点，通过补充勘探、优化设计、变更工艺等多种方式，增加经济可采储量，延长矿井服务年限。针对受冲击地压影响导致的核减产能、"一井两面三刀"开采布局的制约，从技术、管理突破入手，最大限度释放矿井高效产能。瞄准"零压覆、全回收"目标，实施治灾换煤、系统换煤、搬迁换煤、政策换煤、采法换煤、工艺换煤"六个换煤"，提高资源回收率，延长矿井服务年限。

二是新区增产提效扩大规模。新区煤矿是山东能源集团的"主力军"，新区强则集团强。应抓住国家西部大开发、"一带一路"建设和大型煤炭保供基地建设等机遇，投资建设一批优质大型露天和井工煤矿，提升煤炭产能和产量。以西北矿业为开发主体，积极与陕西和甘肃省委、省政府及主管部门沟通交流，争取在神府南区和平凉投资建设大型煤矿。以兖矿能源为开发主体，积极与陕西省榆林市委、市政府及主管部门沟通汇报，争取新建 1~2 处千万吨级煤矿。以新疆能化为开发主体，重点围绕伊犁、昌吉、准东等煤炭基地，投资建设千万吨级露天煤矿。境外矿井要抓好艾什顿达产、猎人谷扩建、莫拉本洗煤厂升级等增产提效项目，提升运营质量和经济效益。

三是并购整合优化煤炭资源。未来煤炭近九成增量来自富集区，近九成产量来自顶部大型煤企，生产区域、企业将更为集中。应抓住国家及部分省份推进煤矿兼并重组历史性政策机遇，找准合理并购时机，寻找优质标的资源，择机整合一批优质矿井，通过资本运作手段快速做大增量。在国内，主要运用收购、兼并等市场化手段，或者整合、重组等行政化手段，加大兼并重组力度，重点关注煤炭富集区。在国外，紧抓国际能源巨头退出优质资源机遇，积极推进与国际知名矿业公司在煤炭资源方面的合作，重点在澳大利亚、俄罗斯、蒙古国等国家开展煤炭资源并购，同时关注印尼、南非、哥伦比亚等国家煤炭资源并购机会，优先并购成熟度高的优质在产资源及焦煤资源。

三 新质生产力下山东能源集团煤炭产业高质量发展实践路径

习近平总书记在2024年全国两会期间参加江苏代表团审议时提出新要求，对此，我们应认识到"传统产业与新质生产力不是对立关系，关键是要用新技术改造提升传统产业，积极促进产业高端化、智能化、绿色化，统筹推进传统产业升级、新兴产业壮大、未来产业培育"，[1]加强科技创新和产业创新深度融合，巩固传统产业领先的地位。习近平总书记清晰阐述了传统产业、新兴产业与新质生产力的关系，为煤炭产业的转型升级与高质量发展注入新动能。

（一）煤炭产业新质生产力特性

近年来，我国煤炭产业不断加快智能化煤矿建设、绿色矿山建设，开采技术正在实现从传统人工机械化向无人化数智采矿的革命性突破，生产要素从单一的煤炭矿产资源正在延伸到智能、绿色开采生产全要素的创新配置，新质生产力赋能煤炭产业安全、高效、绿色发展。

1.新质生产力赋能煤炭企业新发展

我国煤炭产业引领全球开展智能化煤矿建设，同时不断推进数字经济应

---

① 《学习金句丨"发展新质生产力不是忽视、放弃传统产业"》，人民论坛网，2024年4月1日，http://www.rmlt.com.cn/2024/0401/699136.shtml。

用，推进煤炭企业数字化转型，目前，在智能化煤矿建设和企业数字化转型实践方面初步形成了煤炭产业数智生产力。数字化转型与应用是近年来煤炭产业高质量发展与转型升级的重要内容，特别是智能化煤矿快速建设、数字化基础设施建设和煤炭开采数字化管理的根本性变革，倒逼煤炭企业快速跟上数智化企业治理浪潮，包括开采端煤炭智慧开采和运输及销售等各环节数字化应用实践。目前，各类煤炭企业基本建立起从物理采矿向数字采矿转变所必备的数字化基础设施，例如匹配了万兆级太环网的速率，部分矿区及井下实现了5G无线通信和Wi-Fi6无线网络。同时，煤炭企业运营管理正在推进主流大数据技术与实践工作场景的融合应用。例如，开展了相关安全生产环境风险的自动监控、智能预警；区块链和大数据技术正被应用于区域煤炭数字化仓储物流、数字化销售贸易、碳资产管理与碳交易等。

2. 新质生产力提高煤炭安全生产能力

安全生产是煤炭企业的"天"字号工程，新质生产力通过加强智能化建设和科技创新，不断提高生产效率和安全保障能力，为煤矿安全生产保驾护航。新质生产力在煤炭开采领域发展应用，加快推动机械化、自动化、智能化建设，推进人工智能等信息技术应用，推动应用无人化探仓、清仓、疏通技术装备，推进煤仓煤库优化设计和机械化改造，广泛应用数字技术对安全风险分级管控和事故隐患排查治理进行升级改造。同时，聚焦煤矿透明地质、矿岩识别、危险场景等"卡脖子"难题进行集成攻关，切实发挥科技支撑引领保障作用。目前，随着煤矿智能化开采技术持续取得突破，在薄及中厚煤层实现了智能化少人、无人开采，在厚及特厚煤层逐步实现了人工辅助干预的智能化开采，固定作业岗位无人值守技术取得突破，主煤流运输系统智能化无人操控、辅助运输辅助驾驶、井下巡检机器人等技术或装备逐步得到推广应用，大幅减少了煤矿井下用工数量。依靠煤矿智能化建设，有效提高煤矿安全生产水平。

3. 新质生产力助力煤炭产业转型升级

绿色低碳是煤炭企业发展的必然趋势和方向，煤炭产业长期聚焦绿色开采、绿色矿山建设和煤炭清洁高效利用，推进高质量发展与转型升级。随着

科技不断进步和产业结构不断调整，煤炭产业顺应时代潮流，推动产业融合。通过与其他产业的深度融合，拓展煤炭产业的发展空间，提高产业附加值。例如，煤炭产业可以与新能源、化工、装备制造等产业进行融合，发展煤基新材料、煤基化学品等新兴产业，推动煤炭产业朝高端化、多元化、智能化方向发展。资源利用上，可以探索煤炭资源的综合利用，如煤制油、煤制气、煤制烯烃等，提高煤炭资源的附加值。同时，可以研究利用废弃的煤炭资源，如煤矸石、煤泥等，实现资源的循环利用。数字化转型是煤炭产业创新发展的重要方向，建立煤炭产业大数据平台，可以实时监测和分析煤炭市场的供需情况、价格波动等信息，为企业决策提供数据支持。另外，通过延伸产业链，开发新的产品和市场。例如，利用煤炭资源发展煤化工、煤电一体化等产业，实现产业链的多元化和高端化。同时，可以探索与其他产业的融合发展，如与新能源、新材料等产业的融合，开发新的产品和市场。

（二）煤炭产业发展新思考

在数字经济、"双碳"目标、新型能源体系建设背景下，我国能源结构、能源布局、能源技术将发生广泛而深刻的系统性变革，加之新质生产力赋能企业转型发展，煤炭作为传统能源，应用新技术改造提升煤炭产业，积极促进产业数字化、智能化、清洁化、绿色化，统筹推进煤炭产业升级，培育壮大新能源产业，促进煤炭产业与新能源产业的创新深度融合，巩固煤炭产业领先地位。

（三）煤炭产业发展实践路径

山东能源集团主动融入能源安全新战略等，从构建新型能源体系、推动煤炭清洁高效利用、打造稳定煤炭供应链、建设智慧矿山等方面入手推进煤炭产业转型，初步实现"黑色煤炭，绿色开采；高碳行业，低碳发展"。

1. 把握战略方向，稳推数字化转型

数字化转型是企业赢得竞争优势、实现高质量发展的难得机遇，其中数据与实体融合是竞争格局重塑的核心变量、新型工业化发展的最大增量。山东能源集团积极融入"云行齐鲁·工赋山东"行动，聚焦"数智山能"建设目标，深入推进工业互联网应用赋能，优化数字化基础设施，健全数据资源管理体系，全力推进"数智企业"建设。

一是加快数据中心建设。山东能源集团把握数据资源入表契机，发挥海量数据、主导产业规模和丰富应用场景优势，制定实施"1+2+5+N"数据中心专项规划，统一基础设施、运营服务、运维管理及标准规范，打破内部壁垒，实现协同共享，为各产业板块智能化建设、一体化运营管理提供有力支撑。

二是加强 GIS 平台推广应用。GIS 平台作为矿山各类数据融合展示的图形底座，能够为矿井系统运行提供基础图纸、数据共享和一体化平台支持，为智能化建设绘制"作战指挥地图"。山东能源集团经过前期试点建设、优化完善，已实现 GIS 平台对煤矿图纸和基础数据的统一采集和协同应用测试，下一步将加大应用力度，确保煤矿平台上线全覆盖。

三是引领人工智能场景应用。山东能源集团与华为公司共建联合创新中心，利用机器视觉、自然语言处理、多模态等技术，开发推广井下智能场景应用，人工智能在矿山领域应用迈出了重要步伐。未来，将持续做好科技创新和场景应用工作，把握"两个方向"：一是人工智能要与生产管理、生产场景深度融合；二是场景应用要向更多领域、更深层次持续拓展。

四是全面推进数据治理。实施数据治理、构建数据资产管理体系、赋能企业价值创造，是企业数字化转型的必由之路。数据资源被视为资产，山东能源集团海量数据中蕴藏着不可估量的价值，积极推进数据资产价值化，开展数据资产入表试点。

五是深化重大数字平台建设。根据山东能源集团改革发展需求，持续拓展安全生产技术综合管控、业财一体化经营管控等平台功能宽度、应用深度，加快运营模式向数据驱动精细化转变、管理机制向智能网络协同化转变。

2. 转换发展动能，聚力智能化建设

山东能源集团锚定智能化、高端化、绿色化发展方向，秉持"少人则

安、高效可靠、实用实效"的理念，以科技创新、数智融合为牵引，巩固拓展智能化建设成果，系统攻关薄煤层无人开采"新课题"，探索走出一条煤炭产业转型升级、安全高质量发展的"山能路径"。

一是坚持分类施策。注重量体裁衣、不搞"一刀切"。山东能源集团将所属煤矿细分为五类，对应明确建设目标和技术路径。Ⅰ类引领型，将赋存条件优越的 5 处煤矿，打造成国际一流、国内领先的智能化矿井，实现采掘工作面智能化控制、固定岗位全部无人值守，达到单班入井 100 人、采掘工作面各 5 人的"155"控员目标。Ⅱ类示范型，将赋存条件较好的 20 处煤矿，打造成国内先进的智能化矿井，建成智能化采掘系统、基本实现固定岗位无人值守，达到单班入井 200 人、采掘工作面各 7 人的"277"控员目标。Ⅲ类基本型，将存在一定灾害的 21 处煤矿，打造成符合国家标准的智能化矿井。Ⅳ类推广型，对灾害威胁较大的 11 处煤矿，重点开展主要生产系统智能化建设，达到国家标准。Ⅴ类系统型，对资源条件差、灾害威胁大、剩余储量少的 7 处煤矿，按照国家标准，对信息、安全等关键系统进行智能化改造。

二是做强关键技术支撑。2021 年以来，山东能源集团实施惯导定位、数字孪生、复杂地质条件智能开采等关键核心技术攻关。研发应用基于采煤机定位的国产惯导系统，实现综采工作面自动找直技术常态化应用。研发应用纵轴掘进机自动截割关键技术，实现掘进无人、多循环、一次成型全自动规划截割。

三是做强系统装备支撑。瞄准"重装备、高可靠、少人化"方向，大力推广技术水平先进、经济适用性强、安全可靠性高的技术装备。累计投入 200 多亿元，对采掘、机电、运输、通防、洗选等系统进行装备改造升级。

3. 优化煤基产业链，开展清洁化利用

山东能源集团以煤为基，延链强链，打造煤基生态，推动煤炭清洁高效利用。坚持以煤为基，打造煤电、煤化一体化产业链与生态圈，推动煤炭由燃料属性向原料属性转变。

一是实施煤电联营，赋能扩容电力产业。在项目布局上，坚持省内省外并重。省内通过"上大压小""上高压低",布局一批大型清洁高效煤电机组,建成鲁西发电、田陈富源二期项目,有序推进新泰 2×60 万千瓦燃煤发电和聊城祥光 2×60 万千瓦热电联产项目。省外积极融入"蒙电入鲁""陇电入鲁"等国家战略,多点布局"外电入鲁"通道配套电源点项目,在上海庙矿区率先建成"蒙电入鲁"电源点项目盛鲁 2×100 万千瓦电厂,甘肃"陇电入鲁"灵台 2×100 万千瓦电厂项目有序建设,促进了电力资源优化配置、安全可靠供应。在技术方向上,推进煤电数智转型,推动"三改联动",持续对电厂进行智能化、数字化赋能,建成一批"5G+"智慧煤电厂。依靠工业物联网和自动控制等技术,建立煤电机组能耗、碳排放综合监测管理系统,煤电运营效率和节能管理水平大幅提高。

二是加快迭代升级,打造高端化工集群。瞄准低碳化、高端化、多元化、园区化发展方向,打造煤化工、煤焦化、化工新材料"三大专业管理平台",加快煤化工、煤焦化、化工新材料融合发展,建成济宁焦气化、鲁南高端化工新材料深加工、榆林高端煤制油、鄂尔多斯煤基化工新材料、新疆煤化一体化"五大化工基地",化工产品产能突破 2400 万吨/年。建成 3000 吨级大型、4000 吨级超大型水煤浆气化两大全球首套示范装置,国内首个百万吨级低温费托合成煤制油项目稳定运行,山东能源集团成为国内唯一一家同时掌握高温、低温费托合成技术的企业。

4.抓住有利时机,加快绿色化建设

贯彻国家构建适应新能源比例逐渐提高的新型电力系统部署,调整优化新能源区域布局,加快扩大光伏发电、风电和储能装机规模,优化煤电结构,积极探索生物质、地热能、核能等新业态新模式,实现供能、储能、运能、用能全产业链发展。

一是拓展新能源区域布局。关注国家"三北"地区大规模风光基地、西南地区水电基地、东部沿海地区海上风电基地等建设进度,统筹国家新能源发展政策和山东能源集团煤炭产业分布,开展"一核心、五重点"产业区域布局。即以山东为核心,充分发挥山东能源集团省内新能源发电和总部发展协同优势,做好山东省内新能源市场深耕开拓,将山东打造成引领新能

源产业高质量发展的战略核心;以中国内蒙古、陕西、甘肃、新疆以及澳大利亚为重点,依托区域公司对接当地政府,深入研究当地政策和新能源规划,争取项目开发或合作,扩大新能源区域布局版图。

二是扩大风光储装机规模。围绕"一核心、五重点",坚持海陆并进、集散并举,大力发展风电、光伏发电,配套发展储能,自建和并购双轮驱动,推动清洁能源成为电力增量主体。风电方面,以海上风电、"外电入鲁"通道电源端配套风电,以及中国新疆、澳大利亚风电资源为重点,坚持集中规模化开发与分散式开发并举,运用自建、并购、合作等方式,加大项目资源获取和建设力度,推动风电快速实现规模扩大。光伏发电方面,围绕鲁北盐碱滩涂地、鲁西南采煤塌陷区、"外电入鲁"通道电源端,以及中国新疆、澳大利亚等重点区域,推动光伏发电规模扩大。储能方面,大力推进电源侧储能项目建设,开展"共享储能电站"示范项目,加快扩大储能装机规模,实现储能与新能源电源深度融合。

三是推进多能源协同互补。充分用好山东省第一大国有资本投资公司平台优势,积极参与地热、氢能、生物质和海洋能示范应用,形成多能源协同互补局面。地热方面,以地勘集团为依托,优选省内地热资源丰富、消费需求匹配的地域,开展矿区地热综合利用示范,有序推进地热产业发展。氢能方面,综合考虑国家氢能产业发展政策支持力度、集团技术储备、未来产业市场空间以及目前技术水平条件下产业经济性等多方面因素,以山东省加快氢能产业发展为契机,借化工副产氢之"船"出风光发电制氢之"海",打造氢能"生产—运输—储存—销售"完整产业链,稳步推进氢能及燃料电池新业态新模式发展,并推动全国布局发展。生物质方面,因地制宜发展生物质清洁供热、供电,科学布局分布式生物质成型燃料收集、加工和销售基地,有序推进生物质热电联产项目建设,适时布局垃圾焚烧发电项目,积极探索生物质多元化利用。海洋能方面,利用山东能源集团海上风电项目优势,加强与中国海洋大学等交流合作,积极开展海洋能利用研究与示范,探索波浪能、潮汐能、洋流能与海上风电开发、氢能综合利用,推动海洋能协同立体开发,打造海上"能源岛"。

四 问题与建议

新周期与新质生产力叠加影响下山东能源集团抓住发展机遇，加大投资力度，做强做优做大煤炭产业，推动数字化、智能化、清洁化、绿色化发展，急需国家政策支持，从而释放煤炭产能，加大转型升级财税支持力度。

（一）建立弹性产能机制，加快释放产能

煤炭生产刚性强，虽有 10%~20% 的弹性，但长期满负荷甚至超负荷生产，极易造成采掘比失调、矿井接续失衡以及其他一系列安全隐患，引发安全生产事故。同时，煤炭因其自燃属性不宜像石油一样长期存放，当前煤炭资源开发和供给模式仍不能满足市场对煤炭的弹性需求。《2023 年能源工作指导意见》指出"以常态能源供应有弹性应对需求超预期增长"。为解决新能源因安全可靠程度低、负荷波动幅度大而带来的能源安全稳定供给问题，提高煤电系统灵活性，迫切需要创新煤炭产能管理和煤矿生产管理体制机制，建立煤矿弹性产能和弹性生产机制，提高煤炭安全稳定供应和应急供应保障能力。

一是研究"安全足量、灵活可靠"弹性产能机制。综合考虑煤矿资源条件、现代化程度、煤层煤质特点、安全生产形势等因素，对现有煤矿开展科学评估分类，研究煤矿弹性产能评估办法，设立煤矿产能弹性释放（收缩）阈值和等级，推动煤矿产能由刚性管理转为弹性管理。同时，超前研究煤炭需求趋势，有序调整产品结构、区域结构。二是研究"以增补欠、以减让盈"弹性生产机制。根据外部市场需求变化，通过生产系统改造升级实现生产能力动态调整，对生产、运输、储存等环节进行自动优化调整，保障煤炭安全、高效、稳定、柔性供给。三是推动煤矿弹性产能和弹性生产试点示范。支持资源条件好、安全有保障、环境友好型的煤矿开展弹性产能和弹性生产试点示范，总结经验，逐渐扩大煤矿弹性生产范围，建立煤矿弹性产能和弹性生产机制。

（二）加大财税支持力度，支持转型升级

在经济下行压力持续加大背景下，国家坚持把稳增长放在更突出位置，突出保市场主体以保就业保民生，确保经济在合理区间运行，其很重要的一点就是保企业稳健运营。鉴于山东能源集团正处在由传统能源企业向新能源集团转型发展的关键期，综合保电煤让利牺牲较大，建设储煤基地投资大、成本高，新能源项目投资大、投资回收期长等实际，需要在转型升级上予以政策支持。

在政策支持方面给予一定倾斜，一是适度加大对山东能源集团资金和财税支持力度，对全省能源保障型业务给予相关资金补偿或者一定财政补贴。二是免征（缴）能源交易过程中所涉及的增值税、所得税等税费，进一步减轻企业税费负担。三是引导国有资本投资支持，撬动民营、海外资本，助力山东能源集团新能源公司拓宽融资渠道、降低融资成本。

（三）针对新能源发展难题，制定一揽子支持政策

新能源产业作为绿色低碳、环境友好型产业，是实现国家"双碳"目标的关键，也是山东能源集团转型发展的关键。但目前该产业在发展中遇到一些突出问题。一是资源获取难度大。在 2023 年山东省内开展的新能源资源竞争性配置中，山东能源集团获取资源量仅占总量的 9.2%、省外入鲁通道仅新增 50 万千瓦资源。二是海上风电征海补偿标准不明确。目前，山东省尚无海上风电征海补偿标准，各地方政府间差异巨大，补偿事宜推进缓慢，抬高风电建设成本。三是渤中海域海上风电场址与油气资源存在重叠规划。相比《山东海上风电发展规划（2021—2030 年）》，部分海上风电场址完全或部分位于中海油探矿权范围内，场内存在油气平台、海底电缆管道、岸电工程等众多限制性因素，对项目开发规模及方案设计影响较大，场址可开发规模大幅缩小，发电能力、经济效益等均受较大影响。

资源获取方面，一是充分发挥国土空间规划引领和支撑作用，根据山东省可再生能源发展规划，强化土地等要素保障，加快构建新能源比例逐渐提

高的新型电力系统，促进山东省实现绿色低碳高质量发展。二是统筹考虑山东省能源安全和新能源资源开发，支持和培育省属企业在新能源产业上做强做优，将山东省具有话语权的资源优先配置给有开发实力的省属企业，明确省内五大清洁能源基地及"外电入鲁"等新能源资源由山东能源集团等有实力的省属企业主导开发，带动山东省新能源产业发展壮大。

征海补偿政策方面，参考国内其他省份做法，结合山东省海上风电规划区域内各县（市、区）海域实际情况，制定出台海上风电征海合理补偿标准，做到有据可依、科学规范。或协调出台净海出让政策，对重大项目由地方统一征海赔偿，净海出让由企业进行开发建设。

强化油气与海上风电协同开发方面，海上绿电直供油气平台既可以协同解决利益纠纷又能实现多方诉求。建议加大微电网项目发展支持力度，鼓励通过海上组网，搭建海上新能源直供采油平台、海洋牧场平台，实现就地消纳；出台相关政策，支持部分海上绿电直供油气平台试点开发。同时，省主管部门应尽快建立统筹协调机制，保障油气与海上风电协同开发。

参考文献

《大力发展新质生产力　做强做优国有资本——山东能源集团有限公司》，《中国煤炭工业》2024 年第 6 期。

李伟：《改革增活力　整合添动力　以国企改革三年行动助推世界一流企业建设》，《中国煤炭工业》2023 年第 3 期。

李伟等：《"五化"改革"山能样本"》，《企业管理》2024 年第 2 期。

徐天宝、李志勇：《山东能源走好变革转型赶考路》，《山东国资》2022 年第 9 期。

吴永国、李涛、夏水林：《"双碳"目标下山东能源集团煤化工产业高质量发展路径研究》，《中国煤炭》2022 年第 8 期。

胡怀国：《以新质生产力推动高质量发展的政治经济学解析》，《亚太经济》2024 年第 3 期。

B.16
潞安化工集团加快推进转型发展、培育和发展新质生产力的实践与探索

潞安化工集团课题组*

摘　要：　发展新质生产力是推动高质量发展的内在要求和重要着力点，将为能源产业转型升级与高质量发展持续注入新的动能。本报告从国家、山西省、企业自身三个层面深入分析了加快推进转型发展、培育和发展新质生产力的背景意义，系统盘点了企业转型发展现状及新质生产力培育和发展情况，深刻剖析了企业转型发展及新质生产力培育和发展中存在的问题，在此基础上，从战略引领、产业转型、科技创新、价值回报四个方面，提出了加快推进转型发展、培育和发展新质生产力的思路措施，以期通过培育和发展新质生产力为企业高质量发展注入强大动力，推动企业尽快建成高质量发展的一流能化企业集团。

关键词：　潞安化工集团　高质量发展　新质生产力

　　潞安化工集团有限公司（以下简称"潞安化工集团"）是按照山西省委、省政府对省属国有企业专业化重组的决策部署，以山西省原五大国有特大型煤炭生产集团企业之一——潞安矿业集团为主体，整合相关省属国有企业化工类资产和配套煤矿，通过战略性重组和专业化整合而设立的煤化一体化重点国有企业。

---

* 课题组组长：王志清，潞安化工集团党委书记、董事长。课题组副组长：马军祥，潞安化工集团党委副书记、副董事长、总经理。课题组成员：常跃刚，潞安化工集团办公室副主任；田文香，潞安化工集团综合服务中心主管；王伟，潞安化工集团办公室主管。执笔人：郭成刚，潞安化工集团办公室（董事会办公室）主任。

2020 年 7 月，潞安化工集团组建，注册资本 200 亿元，2020 年 11 月 26 日正式挂牌。截至 2023 年末，潞安化工集团所属各级控股子公司 174 家，参股子公司 73 家，分公司 96 家，业务覆盖山西、山东、河北、北京、上海、广东、江苏、新疆等 10 多个省（区、市），含潞安环能、阳煤化工 2 个上市公司，在册职工 12 万人。截至 2024 年，拥有 7 个国家级创新平台、13 家国家高新技术企业、20 个省级科技创新机构。潞安化工集团入选国务院国资委"国有企业公司治理示范企业"。截至 2023 年末，潞安化工集团资产总额 3142 亿元，完成营业收入 1730 亿元，实现利润 103 亿元，居中国石化企业第 15 位、中国能源企业（集团）第 23 位。

潞安化工集团是一家有着光荣传统和丰富红色基因的企业。石圪节煤矿是中国共产党接管的华北地区第一个红色煤矿，20 世纪 60 年代，被选树为全国工交战线勤俭办企业五面红旗之一，"艰苦奋斗、勤俭办矿"的石圪节精神闻名全国。

重组成立以来，潞安化工集团深刻践行国有企业经济、政治、社会"三大责任"，以提高核心竞争力、增强核心功能为目标，建设精益思想指导下的"算账"文化，系统构建了煤炭、化工"双主业"发展新格局，企业高质量发展成效显著。煤炭产业优势突出，拥有全国最大的喷吹煤基地、全国优质动力煤基地；潞安环能入选国务院国资委创建世界一流专业领军示范企业，高河、新元建成"国家首批智能化示范建设煤矿"。化工产业形成了集化工技术研发、产品生产营销、化工装备制造、工程总包、运维服务等于一体的完整产业链条。其产品涵盖 50 多个种类，产能达 2400 万吨/年；潞安化机被国务院国资委评为"科改示范行动优秀企业"。

一 加快推进转型发展、培育和发展 新质生产力的背景意义

（一）顺应新时代中国经济发展的战略举措

当前，全球产业链供应链加速重构，新一轮科技革命和产业变革蓬勃发

展，新型生产要素将替代传统生产要素释放巨大潜能。我国进入新发展阶段，经济高质量发展面临一些难点堵点，传统的粗放型增长方式难以为继。习近平总书记在中共中央政治局第十一次集体学习时强调，"发展新质生产力是推动高质量发展的内在要求和重要着力点""高质量发展需要新的生产力理论来指导，而新质生产力已经在实践中形成并展示出对高质量发展的强劲推动力、支撑力"。① 国有企业作为国民经济的中坚力量，是构建中国特色社会主义市场经济的微观基础，也是培育和发展新质生产力的重要载体和主体，必须坚决贯彻党中央决策部署，坚定不移以高质量发展为主题，以高水平科技创新为主线，加快培育和发展新质生产力。

（二）服务山西全方位转型大局的必然要求

山西承担着"建成资源型经济转型发展示范区""打造能源革命排头兵"的责任和使命。资源型经济转型发展、能源革命综合改革根本上是要实现新旧动能转换，摆脱对煤炭的过多依赖。面对全球化石能源消费退坡的大趋势和碳达峰碳中和目标的大背景，山西省委、省政府全面部署"推动高质量发展、深化全方位转型"，强调"加快发展新质生产力，是山西推动高质量发展、不断深化全方位转型的迫切任务"。作为省属重点国有企业，潞安化工集团必须牢记责任和使命，坚决贯彻落实省委、省政府高质量发展的目标要求，统筹传统产业升级改造、新兴产业培育壮大和未来产业前瞻布局，以科技创新引领现代化产业体系建设，培育和发展新质生产力，为山西省推动高质量发展、深化全方位转型做出积极贡献。

（三）把握主动、着眼长远的现实选择

潞安化工集团是一家能源企业，是一家煤化一体化的企业，也是一家发展新材料的企业，这是省委、省政府对潞安化工集团的总体定位。作为省属

---

① 《习近平在中共中央政治局第十一次集体学习时强调：加快发展新质生产力　扎实推进高质量发展》，中国政府网，2024 年 2 月 1 日，https：//www.gov.cn/yaowen/liebiao/202402/content_ 6929446. htm。

重点国有企业，其承担着"助推能源革命综合改革、煤炭清洁高效利用、转型发展蹚新路"三大使命，在新的历史条件下，如何推进传统产业转型升级，加快培育和发展新质生产力，形成新的效益增长点，不断提高核心竞争力，是企业亟待破解的重大课题。必须全面贯彻新发展理念，以高质量发展为主题，以新型工业化为转型方向，以"强煤优化育新"现代化产业体系为载体，加快培育和发展新质生产力，争当现代煤化工示范基地建设的排头兵、智能绿色开采清洁高效利用的先行者，尽快建成高质量发展的一流能化企业集团。

二 转型发展现状及新质生产力培育和发展情况

重组成立以来，潞安化工集团全面贯彻落实党的二十大精神和习近平总书记对山西工作的重要讲话重要指示精神，按照省委、省政府关于转型发展、能源革命的部署要求，立足煤炭、化工"双主业"，持续优化产业布局，系统构建"强煤优化育新"现代化产业体系，向新提速，向效发力，向智转型，向绿而行，全面开创了建设高质量发展的一流能化企业集团新局面。

（一）聚焦主责主业，持续优化产业布局

1. 煤炭产业

一是坚持以安全、市场、集约高效为导向，科学安排生产衔接，先进产能占比达 92.15%，位居全省前列。潞安化工集团现有的 29 座生产矿井中，一级标准化矿井有 15 座，二级标准化矿井有 11 座。2023 年煤炭产量破亿吨，圆满完成煤炭增产保供任务和电煤保供任务。二是持续推进煤炭绿色开采，实施长短壁充填、覆岩离层注浆开采等工艺，置换煤量不少于 230 万吨。稳步推进古城煤矿井下矸石智能分选系统和不可利用矸石充填系统项目，谋划孟家窑煤矸石全部返井试点示范项目。三是扎实推动产能核增、资源手续办理和煤矿治理。持续推进伊田、黑龙、黑龙关产能核增；坚持"能争尽争、应拿尽拿"原则，持续推进 18 宗资源手续办理；同时，开展

佳瑞、静安和宇鑫等"三类煤矿"治理工作。

2. 化工产业

围绕"现代煤化工示范基地"定位，坚持"煤化一体化"融合发展方向，加快推动煤炭由燃料向原料、材料、终端产品转变，板块化运营管控能力明显提升，产品单耗持续下降。潞安化机入选国家级服务型制造示范企业和省重点产业链"链核（潜在链主）"企业。下一步，将因地制宜、一链一策、一企一策，以技术创新推进产业升级改造，推动化工产业高质量发展；持续开展航天炉、晋华炉试烧潞安煤技术攻坚，开发化工煤新品种，优化供煤结构，促进煤化协同，进一步夯实"煤化一体化"融合发展的基础；稳妥推进齐鲁一化合成气、恒通动力结构等升级改造，实施煤基合成油二氧化碳气提尿素增加中压系统改造，持续提升存量化工资产的盈利能力。

3. 育新产业

分布式光伏发电示范项目一期 25MW 具备投运发电条件。成功开发了适用大型风电机组、升船机、轨道交通等高端润滑油新产品，有力推动了国产化替代。寺家庄试点防突示范、煤气共采示范"两个基地"建设有序推进；王庄、余吾等瓦斯发电项目投运。同时，贸易企业持续脱虚向实，各类金融服务、工程建设等企业有力应对市场波动，多元辅助产业创效能力和服务保障能力稳中提升。

（二）聚力攻坚突破，打造一流创新生态

1. 研发投入方面

自潞安化工集团重组成立以来，研发投入逐年增长，由 2020 年的 11.27 亿元增加到 2023 年的 31.90 亿元，研发投入强度由 0.81% 提升到 1.84%，持续保持较高研发投入水平。

2. 创新平台建设方面

截至 2024 年，已拥有国家级创新平台 7 个，省级科技创新机构 20 个，国家高新技术企业 13 家，专精特新企业 7 家，初步形成了多类型、多层次科技创新平台体系。

3. 科技研发方面

潞安化工集团先后承担国家重点研发项目 3 个，省级科技创新和科技攻关项目 20 余个；主持或参与制定国家、行业标准 16 项；累计取得专利授权 1600 多项；获得省部级及以上科技奖励 65 项，其中国家科技进步奖 2 项，中国专利奖优秀奖 1 项，省科技进步奖一等奖 1 项。在部分领域取得一批研发成果，煤炭产业方面，开展了长壁、条带、注浆等多种充填开采技术的探索，实现了保水开采和压煤开采；开发了"松软低渗煤层瓦斯智能分析预警及动力灾害防治关键技术"，研究成果在古城等 4 座煤矿推广应用。化工产业方面，先后开发出高端车用油、无人机油、风电齿轮油等多种高附加值产品，赋能新兴产业发展；自主研发的晋华炉 3.0 新签合同额占同期国内市场的 70% 以上。

4. 机制建设方面

潞安化工集团出台《科技项目管理办法（试行）》《知识产权（技术类）管理办法（试行）》《科学技术奖励办法》《科学技术奖励实施细则》等科研管理基础制度，全省首家制定《科技项目组运行激励管理办法（试行）》《科技项目组奖励实施细则》，探索科技创新收益分红机制，为激发全体职工的积极性和创造性提供了制度保障。持续深化科技项目管理改革，全面推行"项目负责人和技术负责人制"，初步构建以"项目组"为核心的科技创新体系。

5. 人才队伍建设方面

实行"项目+人才""平台+人才"等柔性引才模式，聘任刘维民院士等 10 位专家教授为科研顾问，打造高端决策咨询智库。面向社会公开招聘了潞安化工集团总部市场技术部负责人、下属重点企业负责人、技术骨干等 20 余名高端人才。持续加大技术序列人才培育力度，累计选聘技术序列人才 300 余名，其中首席师 34 名。自主专职研发队伍和实战型工程技术队伍不断发展壮大，具有初级及以上职称专业技术人员超过 2 万人，其中具有高级及以上职称专业技术人员 1700 多人，正高级 80 多人；全集团 5 万多人取得国家职业资格证书、职业技能等级证书，高级工及以上高技能人才占到技能人才总数的 48% 以上，技能人才素质持续提升。

（三）坚持智改数转，推进发展方式转变

1. 产业数字化方面

智能化示范矿井建设方面，截至 2023 年底，已累计完成高河、新元 2 座国家级智能化示范矿井建设及验收，14 座省级智能化示范矿井建设及验收；2021~2023 年，累计完成 36 个智能化综采工作面、123 个智能化掘进项目、263 个无人值守机房硐室以及 6 个机器人项目的建设。下一步，将加大新技术、新工艺、新装备投入力度，通过持续推动煤矿智能化成套装备常态化应用、推广智能大功率掘进机、"一矿一策"逐步淘汰小绞车辅助运输方式等，提升煤炭安全集约高效水平。智能化工厂建设方面，因行业的特殊性，化工本身数字化程度较高，主要推进生产节能、降碳、节水、减污等数字化改造，加强全过程精细化管理，提高资源利用效率，强化能效、水效、污染物排放标准引领和约束作用，稳步提升绿色低碳发展水平。近年来，累计投入约 2 亿元，改造了 4 个应用 APC 技术的装置线并将其作为示范点，减少了操作人员80% 以上的工作量，同时自动对多个回路进行高频率的带有预测优化能力的智能操作，使装置关键运行参数的波动幅度降低至少一半，通过稳定操作来实现卡边控制，可使装置的运行经济效益平均提高 1%~3%。

2. 治理数字化方面

围绕"价值创造"主线，坚持问题导向，聚焦生产、安全、运营和管控等业务领域痛点，依托统一云表系统建立涵盖"人财物产供销"核心业务一体化的数字化综合管控平台，以平台固体系，以体系促提升，推进业务优化重构和精益管理，实现"横向业务协同，纵向运营洞察"。截至 2023 年底，数字化综合管控平台基本上实现了全面预算、日报管理、资产管理、采供管理、案件管理、薪酬管理等数字化，借助 DataFocus 大数据分析工具，对经营指标进行大数据分析，为潞安化工集团及各单位经营管理提供了很好的决策辅助支持。

三　转型发展及新质生产力培育和发展中存在的问题

潞安化工集团重组成立以来，依托煤炭和化工"双主业"，大力建设精益思想指导下的"算账"文化，推动生产方式和商业模式变革，转型发展取得一定成效。但在新的时代背景下，对标中央培育和发展新质生产力的要求及省委转型发展目标，潞安化工集团在"产业布局、科技创新、价值创造、数字化转型"等方面还存在诸多问题。

（一）产业整体布局亟待优化

未完全破除过多依赖煤炭产业、过多依赖煤炭价格的"两个依赖"，各产业板块也各有各的问题。煤炭板块吨煤成本高、综合能耗高、地质条件日益复杂、瓦斯利用率低，部分矿井资源枯竭，传统的产品优势、集约高效生产优势等受到挑战。化工板块以传统化工为主，项目投资大、财务费用高、历史包袱重，产品低端多、高端少、企业数量多、布局散、链条短，建链补链延链强链、打造"链主""链核"企业任务艰巨，与省政府"争当现代煤化工示范基地建设的排头兵"要求差距还较大。战略性新兴产业处于培育、起步状态，产业投入有限、份额不足，拳头产品、专精特新企业数量少，战略研究和政策跟进不及时。

（二）科技创新能力亟待提升

市场化思维缺乏，自主研发能力不足，导致科技项目的选择缺乏前瞻性和引领性。缺乏自主知识产权，主导核心技术和关键核心技术受制于人。科技人才队伍结构不合理、素质偏低，高端技术人才短缺，自主专职研发队伍短板明显。科技创新成果转化创效能力不强，科技投入回报率低，煤基科技创新成果转化基地发力不足。航天炉、晋华炉等掺烧潞安煤效益还未完全显现，"煤化一体化"融合发展亟待取得实质性突破。在科技创新体系建设、资源整合、平台利用、机制改革等方面仍存在差距。

（三）价值回报意识、价值创造能力亟待增强

数字化治理刚刚起步，管理变革亟待深化。精益思想指导下的"算账"文化系统化体系化落实不到位，"价值创造一体化融合考核"亟待完善，追

求价值回报率的内生动力亟待增强，大部分单位和部门以价值回报率为导向推动工作的机制还未完全形成。部分单位预算体系、核算体系、考核体系不完善，业财一体化推进流于形式，不能有效驱动生产方式和商业模式的变革，部分人员仍没有实现由"生产者""经营者"向"竞争者"的转变。

（四）数字化转型升级亟待加速深化

虽然潞安化工集团依托统一云表系统建立了数字化综合管控平台，但许多单位数据系统尚未完全统一，各系统的数据尚未完全联通，"数据孤岛""数据烟囱"现象仍然存在，需要持续推进平台应用从集团管控朝全业务、全流程运营方向转变。智能化示范矿井建设实效有待提升，大部分矿井不具备智能物探、智能钻探、其他智能探测等能力，不能实现地质数据、工程数据的存储与应用。数智化对生产效率提升、业财一体化推进等方面的赋能作用总体存在差距。

四 加快推进转型发展、培育和发展
新质生产力的思路措施

习近平总书记关于高质量发展和新质生产力的重要论述，为未来我国经济发展和产业发展指明了道路。潞安化工集团将深入学习贯彻习近平总书记关于高质量发展和新质生产力的重要论述，真正把培育和发展新质生产力作为推动自身高质量发展的内在要求和重要着力点，从战略引领、产业转型、科技创新、价值回报四个方面发力，积极培育和发展新质生产力，为中国式现代化贡献力量。

（一）以"三个转型"为重点，科学把握转型发展的核心内容和重要任务

1. 产业结构由"一煤独大"向"强煤优化育新"转型

一是提升战略性新兴产业资产规模占比，抓住"2030 碳达峰"前重要窗口期，加快推进"煤化一体化"融合发展，加大战略性新兴产业投资力度，推动战略性新兴产业资产规模稳步提升。二是提升战略性新兴产业营收

占比，按照"省国有企业改革深化提升行动"要求，战略性新兴产业营收占比每年提升 1 个百分点，到 2025 年力争达到 10% 左右。三是培育战略性新兴产业效益增长点，力争在"十四五"期间，推动一批战略性新兴产业项目陆续建成见效，形成新的效益增长点。

2. 产业特征由"传统、低端、高耗"向"智能化、高端化、绿色化"转型

一是煤炭产业板块，智能化示范矿井要实现"应建尽建"，提升效益水平；井下充填开采、矸石返井、保水开采、煤与瓦斯共采等绿色开采工艺推广率持续提升。二是化工产业板块，坚持优势发展与扭亏减亏整体谋划，增量优化与存量盘活统筹推进，到 2027 年实现产品结构优化（战略性新兴产业相关产品由 5 种增加至 29 种），煤化工企业发展质量大幅提升（形成 4 个细分领域的龙头企业，6 个细分领域的头部企业）。三是强化价值回报率考核，加强项目全生命周期、全生产要素精益化管理，着力破解"智能不经济、高端不经济、绿色不经济"的难题。

3. 发展方式由"资源驱动"向"创新驱动"转型

围绕绿色化工、生物化工、新能源、新材料等方面开展核心技术攻关，为战略性新兴产业发展奠定基础。加大战略性新兴产业相关产品开发力度，不断提升产品附加值；持续加大研发投入力度，2025~2027 年研发投入强度年均增幅达到 9%，重点子公司研发活动覆盖率达到 100%，各类知识产权授权达到 1800 项。国家级创新平台建设取得新的突破。

（二）以"强煤优化育新"为重点，推动产业深度转型升级

1. 改造提升传统产业

煤炭产业板块，一是加快智能化示范矿井建设。2024 年，完成开拓、东盛、上庄、伊田、黑龙、温庄、五里堠等 7 座矿井智能化改造；2025 年，完成慈林山、新良友、黑龙关等 3 座矿井智能化改造。二是实施煤炭绿色开采。重点开展厚煤层一次采支充智能绿色高效开采技术、井下矸石智能分选和充填技术研究；推广低浓度瓦斯利用、矸石再选等节能降碳增效技术；在条件具备的矿井，有序探索煤与瓦斯共采、煤炭地下气化等绿色开采新技

术。三是加大新产品开发力度。加大与北科大、山钢的合作力度，持续做好喷吹煤产品的开发研究、专利布局和市场开拓；开展化工煤等 4 新产品研究，继续进行多种气化炉掺烧本地煤探索，强化低成本助熔剂开发；以"煤化一体化"融合发展为重点，推动煤炭清洁高效利用。

化工产业板块，一是煤制油产业链，聚焦"优势产品Ⅲ+基础油"、聚α烯烃、全合成润滑油，面向新能源润滑、AI 算力冷却等应用领域，持续开发填补国内空白的战略性新兴产业相关产品；实施"减油加化"，通过轻烃裂解技术路线，转化附加值低、石油基同质化产品，生产高分子量聚乙烯和丁辛醇，提升产品技术含量和附加值。二是碳基新材料产业链，探索产业链延伸至高端聚氨酯弹性体，择机布局聚己二酸/对苯二甲酸丁二醇酯（PBAT）、聚丁二酸丁二醇酯（PBS）、N-甲基吡咯烷酮（NMP）；谋划风光发电、电解水制绿氢，耦合二氧化碳减排。三是高端树脂产业链，补链延链，布局环氧丙烷、聚醚多元醇和湿电子产品，转型升级氯碱产业为高端树脂产业；朝高性能树脂产品方向延伸，在产能增加 1 倍的同时，增加医用级树脂等特种树脂牌号。四是尼龙产业链，发挥园区焦化苯、氢气等原辅料及公用工程优势，实现协同发展、降本增效；有序扩大产能，提高己内酰胺（CPL）及尼龙 6 产品市场占有率并大幅降低能耗；探索己内酰胺氨化法、生物化工等技术路线，发展尼龙 66 和生物基尼龙 56，突破己二腈"卡脖子"问题。五是化肥产业链，推动产能集聚、一体化发展，打造运城、长治、沧州三大百万吨级化肥生产基地；发挥硝酸磷肥独有技术优势，向水溶肥、功能性肥料延伸；肥化并举，集中三聚氰胺产能，提升产能质量，打造三聚氰胺龙头。

2. 培育壮大新兴产业

加快新能源绿电产业布局。一是布局分布式光伏发电项目，按照"自发自用，就近消纳"的原则，开发分布式光伏发电项目并在企业内部示范应用。二是探索布局其他新能源项目，在新疆、沿海等区位条件优越的地区，探索布局光伏、风电、储能等新能源项目。三是探索多能互补发展模式，通过"五个一体化+增量配电网主体"，构建源网荷储一体化的绿色低碳、循环高效、高质量发展的新模式。四是探索"新能源+"商业模式，积极探索老旧矿区抽水蓄能发电、"光伏+氢能"、"光伏+储能"、"光伏+红色教育基地"等技术储备和产业链延伸实践。

形成独立自主的煤层气综合利用新产业。一是加快煤层气增储上产和降碳一体化布局。推进采煤采气一体化发展，"十四五"末地面抽采煤层气新增较多。推进煤层气产业化发展，构建煤层气开发、储配、深加工链条。推进煤层气产业和降碳技术一体化发展，加快科技成果自主研发和转化。二是加快瓦斯抽采及规模化综合利用。针对现有项目，通过"提气、储气、扩增"，扩大现有利用项目规模或升级单机组提高利用效率。拓展应用场景，对≥30%中高浓度瓦斯进行再提纯，用作 CNG、LNG。探索瓦斯储能，建立分布式小型发电装置，用作各种蓄电池的充换电站。

高端化工装备制造产业。持续推进晋华炉迭代升级，加快研发晋华炉4.0，巩固晋华炉"国之重器"的领先地位。瞄准新能源等需求，开发"晋华"电解槽、生物质气化炉、二氧化碳电解制合成氨撬装系统。抓住"淘汰落后产能进行装备升级改造"机遇，不断开拓晋华炉应用市场，打造气化岛和综合运营一体化服务商。

3. 布局建设未来产业

绿色化工产业。谋划布局风光大基地建设，或协同区域可协调发展的光伏及风场电站，探索低成本绿氢制备和化工耦合降碳一体化发展新模式。依托生物质气化技术，耦合绿氢，推进绿色甲醇示范项目，并适时推动绿氨、绿色航油等产品开发和产业布局，构建绿电—氢—醇—氨—油多层次绿色能源产品体系。

生物化工产业。与行业头部企业合作，开发生物发酵、生物催化和生物转化等关键核心技术。与巨鹏生物等企业合作，聚焦生物燃料、生物尼龙和生物化肥领域，推动生物乙醇和生物甲烷的示范。推动生物基戊二胺、尼龙56 的全产业链生物制造产业培育，探索生物基合成 BDO 技术开发，跟踪可再生 PBAT 和氨纶产业发展。

其他技术储备。因地制宜地开发储能产业技术，以化工生产储能多场景

应用示范助推储能产业与氢能产业互促发展。推动光伏制氢和储氢关键核心技术和装备攻关，支持化工生产中新能源制氢、储氢、用氢等系统集成和应用示范。探索开展光热熔盐和相变熔盐集成技术的研发应用。发挥煤基费托合成蜡产品优势，拓展中低温相变蜡在军工、纺织和冷链领域的应用市场，并进一步开发高端高温相变蜡，逐步实现进口的替代。发挥碳基材料产业基础优势，探索高碳产品和固废生产钠离子电池负极材料技术攻关。

（三）以"高水平自强自立"为重点，切实提高科技创新成效

1. 加大科技投入

研发投入纳入全面预算管理，按照"三个一批"定位，实施研发投入分类管理，高新技术企业研发投入强度不低于3%，一般生产类企业研发投入强度不低于2%。依托国家工程技术研究中心、省重点实验室等，联合山西研究院等高端研发机构，积极申报国家及地方科技攻关项目，争取各类政府科技资金支持和享受科技优惠政策。强化研发投入跟踪问效，提高研发投入产出效率，做好科技项目的跟踪评价和科技成果的推广应用。

2. 强化平台建设

聚焦主责主业，打造煤炭绿色安全开采、"煤化一体化"原创技术策源地。完善国家煤基合成工程技术研究中心等现有研发机构功能，推进先进适用科技成果转化示范。根据省政府、省科技厅安排部署，推进煤气化国家技术创新中心的筹建工作。整合现有研发资源，积极推进煤基合成化学品山西省实验室建设。依托有条件的单位，推进煤炭、化工板块专业实验室运行。培育潞安化机、太行润滑油、煤基合成油成为世界一流专业领军企业、专精特新企业和高新技术企业。

3. 深化机制改革

一是实施分类管理。对于从"0"到"1"的研发创新，要鼓励积极探索，不做效益考核；对于"真金白银"产生效益的创新，包括技术改造等，也包括通过资金归集实现的财政支持、税收优惠等，要算清价值回报率；鼓励能够产生政治效益、安全效益、社会效益的其他创新。二是优化评价机

制。在"价值创造一体化融合考核"中，分类突出创新导向，提高科技创新指标考核比重，对取得重大科技创新成果的单位，予以考核加分。三是完善激励机制。有序实施"442"科技成果收益分配机制。对列入科技型子企业后备库的科技型公司实行工资总额单列，探索推进职务科技成果赋权改革试点。

4. 推动项目建设

一是加快产品开发。持续推进煤制油下游产品开发，实现精细化分离和高值化利用；围绕新能源、电子信息、高端装备等新领域，推进数据中心冷却液、海上风电润滑油等煤基合成下游产品开发；结合政策导向、产业方向、企业优势和市场需求，开发新型肥料。二是加强低碳研究。包括环保治理技术，比如化工废液掺烧、工业废盐处置、固废资源化利用、矿井生态环境修复等；节能降耗技术，比如低品位能源有效利用、密闭式循环冷却、矿区地热资源利用等；低碳降碳技术，比如电解水制氢、二氧化碳封存利用、电解二氧化碳制一氧化碳等。三是开展数智攻关。研究确立业务架构、应用架构、数据架构和技术（安全）架构，构建数字化治理体系。健全数字化综合管控平台，系统化体系化落实精益思想指导下的"算账"文化。有序推动矿井智能化建设和化工企业数字工厂建设，潞安化机要建成"灯塔工厂"。

（四）以"价值回报率"为重点，系统化体系化落实精益思想指导下的"算账"文化

1. 丰富价值回报率的本质内涵

强化系统思维、结构化思维，通过价值回报率考核，来衡量和调动人的积极性、创造性，推动实现提质增效、创新引领、布局优化、改革深化、风险防范。一是聚焦"国企担当"，通过明确责任使命、功能定位、发展愿景等，激发全员"价值成就你我"的责任心和使命感，实现由"单一价值"向"整体价值"的转变。二是聚焦"布局优化"，通过产业升级、项目建设等，实现价值引领、价值创造，培育和发展新质生产力，实现由"短期绩

效"向"长期价值"的转变。三是聚焦"顶层设计",通过优化管控模式、"价值创造一体化融合考核",并与干部职工"面子、票子、帽子、位子"强挂钩,进一步凝心聚力,实现由"点线创新突破"向"系统化体系化落实"的转变。四是聚焦"创新引领",通过做实创新平台、培育研发队伍、加大研发攻关力度等,进一步增强科技发展的动力,实现由"外延扩展"向"内涵创新"的转变。五是聚焦"提质增效",通过深化改革、对标管理、数字化赋能等,提升效率效益,实现价值创造,实现由"规模数量"向"质量效益"的转变。

2. 优化要素资源配置

一是投资方面,对回报周期长、有利于做强做优主业的投入,降低或豁免短期回报要求。对重大工程、强链补链重点项目、战略性新兴产业重点领域投资项目,在资产负债率管控方面给予特殊考虑。对于攻克国产替代产品、关键核心技术与"卡脖子"技术,培育和打造专精特新"小巨人"企业和单打冠军产品的投资项目,探索列入清单管理。二是资金方面,在全面预算中优先安排对相关项目的资金支持,鼓励投资布局战略性新兴产业。在符合规定的前提下,对于融资困难的战略性新兴产业子公司,原则上可通过增信、委贷等方式予以支持。探索发起设立和参与战略性新兴产业创业投资基金,投资相关领域具有核心技术的早中期企业。为核心企业提供宽约束的直接融资渠道,探索助力核心科研成果的转化和核心技术的产业化。

3. 强化考核和激励

一是对主动承担战略性新兴产业和未来产业任务的单位和干部,制定实施差异化考核评价一揽子配套政策。二是通过工资总额单列、设置"产业孵化人才特区"、员工持股、风险抵押、协议工资等措施,多元强化激励,营造"加快推进转型发展、培育和发展新质生产力"的浓厚氛围。三是注重数字提升。比如,针对优化产业结构,强化"战新产业规模占比、战新产业营收占比、战新产业投资占比"等指标考核;针对加强科技创新,强化"研发投入总额及强度、科技成果转化率"等指标考核;针对人才队伍建设，强化"顶尖科技人才和科技领军人才数量、研发人员全时当量、工程技术人才和技术工人占比"等指标考核。

参考文献

魏一鸣：《打造能源新质生产力　促进新型能源体系建设》，《煤炭经济研究》2024年第 1 期。

李寿生：《用新质生产力开辟石油和化工行业高质量发展的"新蓝海"》，《中国石化》2024 年第 4 期。

《代表委员谈煤炭行业如何发展新质生产力》，中国煤炭经济网，2024 年 3 月 13 日，https：//www.ccera.com.cn/web/143/202406/23409.html。

戴翔：《以发展新质生产力推动高质量发展》，《天津社会科学》2023 年第 6 期。

B.17
新周期下新质生产力的培育路径及在现代新型能源集团构建中的实践探索

淮河能源控股集团课题组[*]

摘　要： 淮河能源控股集团是全国 14 个亿吨级煤炭基地和 6 个大型煤电基地之一，国家首批循环经济试点企业、中华环境友好型煤炭企业、国家级创新型试点企业，安徽省煤炭产能规模、电力权益规模最大的企业，华东和长三角区域重要的能源保障主体。近年来，淮河能源控股集团坚定用习近平新时代中国特色社会主义思想指引前进方向，深刻理解、主动适应煤炭产业新周期，全面贯彻新发展理念，坚决贯彻"四个革命、一个合作"能源安全新战略，坚定实施创新驱动发展战略，建强高水平科研创新平台，集中攻坚关键核心技术，推深做实科技成果孵化转化，强化高端应用，推动智能升级，加快数字转型，发展煤炭新质生产力，不断做强做优做大煤炭产业，探索传统能源企业转型升级新模式、新样板，全力打造"绿色、清洁、和谐、美丽、安全、高效、智慧、低碳"的新时代现代新型能源集团。

关键词： 淮河能源控股集团　新周期　新质生产力

　　淮南煤矿于 1897 年建立，截至 2024 年，已走过 127 年风雨历程，曾是

---

　* 课题组组长：王世森，淮河能源控股集团党委书记、董事长；韩家章，淮河能源控股集团党委副书记、总经理。课题组副组长：汪天祥，淮河能源控股集团副总经理。课题组成员：顾云华，淮河能源控股集团党委宣传部部长；张仕军，淮河能源控股集团党委宣传部副部长。执笔人：王开心，淮河能源控股集团党委宣传部高级主管。

全国五大煤矿之一，素有"华东煤都""动力之乡"的美誉。淮河能源控股集团前身为成立于 1949 年的淮南矿务局，1998 年改制为淮南矿业集团。2018 年，经安徽省委、省政府批准，淮河能源控股集团成立，成为淮南矿业集团的控股股东。淮河能源控股集团是全国 14 个亿吨级煤炭基地和 6 个大型煤电基地之一，中国企业 500 强和中国煤炭企业 50 强之一，国家首批循环经济试点企业、中华环境友好型煤炭企业、国家级创新型试点企业，安徽省煤炭产能规模、电力权益规模最大的企业，华东和长三角区域重要的能源保障主体。

近年来，淮河能源控股集团坚定用习近平新时代中国特色社会主义思想指引前进方向，全面贯彻新发展理念，坚决贯彻"四个革命、一个合作"能源安全新战略，积极统筹能源安全与企业发展，聚焦煤炭、煤电、清洁能源三大产业，全力打造"绿色、清洁、和谐、美丽、安全、高效、智慧、低碳"的新时代现代新型能源集团，逐步探索出传统能源企业转型升级新模式、新样板，在行业内具有借鉴和推广意义。企业在淮南本土和蒙西鄂尔多斯高标准建成 2 个煤炭基地，现有 11 对矿井，核定产能 7790 万吨，电力装机规模 4749 万千瓦，权益规模 2317 万千瓦，构建形成光伏、风电、储能、天然气等多元化清洁能源产业体系，实现从单一煤炭产业到煤炭、煤电、清洁能源多业并举的转型升级。企业拥有 3 个国家级、2 个省部级创新平台，获批建设安徽省能源领域、省属企业唯一深部煤炭安全开采与环境保护全国重点实验室。

一 主动适应煤炭产业新周期，做强做优做大煤炭产业

能源安全事关经济社会发展全局。党的十八大以来，以习近平同志为核心的党中央从国家发展和安全的战略高度，找到顺应能源大势之道，提出能源安全新战略，推动能源消费革命、能源供给革命、能源技术革命、能源体制革命，全方位加强国际合作，立意高远，内涵丰富，思想深刻，对于新时代新征程统筹好新能源发展和国家能源安全，深入推动能源革命，加快建设

能源强国，为中国式现代化建设提供安全可靠的能源保障，具有十分重要的意义。因此，在全球节能减排、低碳转型的大背景下，煤炭企业必须深入贯彻落实习近平总书记相关重要讲话和重要指示批示精神，主动适应煤炭产业新周期，坚持发展以安全高效、绿色智能为特征的煤炭先进产能，有力保障区域能源安全供应。

（一）深刻理解煤炭产业新周期，准确把握发展机遇

当前，世界百年未有之大变局加速演进，逆全球化思潮抬头，世界经济复苏乏力，国际经贸格局和规则面临调整，在全球产业链分工方面表现得尤为明显，各种"黑天鹅""灰犀牛"事件随时可能发生，确保产业链供应链安全是保障国家经济安全的一项重要任务。

与此同时，新一轮科技革命和产业变革深入发展，数字、能源、绿色等领域多种重大颠覆性技术不断涌现，跨领域科技交叉融合不断推进，科技成果转化速度明显加快，产业组织形式和产业链条更具垄断性，全球创新版图、全球经济格局、全球产业链供应链等的重塑变得越来越突出。

从国际能源供需格局看，近年来，原油、天然气和煤炭市场受到多种因素影响波动变化，俄乌冲突重塑了国际油气供需格局；中东局势与巴以冲突，导致能源市场不确定因素增加；苏伊士运河货轮意外搁浅事故、红海危机，加剧了人们对世界黄金水道风险的担忧。同时，能源转型加速推进，各国纷纷出台政策推动可再生能源发展，减少对化石能源的依赖。电力行业成为实现全球气候目标的关键领域。随着全球电力需求增加和低碳转型推进，可再生能源发电将发挥越来越重要的作用，国际能源市场将面临更多机遇和挑战。

从我国能源结构调整方向看，加快建设新型能源体系，既是推动能源绿色低碳转型的重要支撑，也是保障国家能源安全的必然选择。能源工业推动能源结构加快优化调整，新能源替代强度不断提高。全国水电、风电、光伏发电装机容量由 2014 年的 4.92 亿千瓦增加到 2023 年的 14.70 亿千瓦，发电量由 1.24 万亿千瓦时增加到 2.25 万亿千瓦时，净增 1.01 万亿千瓦时，

相当于替代煤炭 4.50 亿吨左右。初步预测，"十五五"期间，我国煤炭消费总量将进入峰值平台期，煤炭行业即将进入产量零增长阶段，转型发展进入关键攻坚时期。

从我国煤炭的地位作用看，煤炭作为我国的主体能源和重要的工业原料，肩负着重要的使命和责任。综合多家权威机构研究成果，我国煤炭消费总量在 2029 年前后进入峰值平台期；到 2035 年，煤炭在我国一次能源消费结构中的比重降至 44% 左右。煤炭作为兜底保障能源的地位不会改变，能源安全保障的使命和责任不会改变。全国可再生能源迅猛发展，煤电装机比重首次降至 40% 以下，但煤电发电量仍占总发电量的近 60%，同时，还承担着为新能源发电调峰和顶峰负荷时段的应急保障功能。根据对我国现有生产煤矿和在建煤矿产量趋势分析，按照 2035 年前年均 40 亿吨的煤炭需求和支撑 2060 年前实现"碳中和"目标要求，全国还需要新建煤矿产能 8 亿吨/年。

从企业自身看，企业正处在技术迭代升级窗口期、转型发展机遇期、进一步深化改革提升深水期、消化风险隐患吃紧期、新业态发展关键期、国家战略叠加期。随着新上项目陆续投运、市场竞争日趋激烈，企业面临投资发展、生产运营双重压力。面对双重压力，既要增强忧患意识、直面问题挑战，又要增强信心底气，用好历史底蕴深厚、产业基础坚实、经营态势稳健、区域互补联动、创新动力强劲五大优势，确保各项工作平稳有序，积极应对外部环境的不确定性，切实把潜力转化为动力、把优势转化为胜势。

（二）始终坚持做强做优做大煤炭产业

煤炭作为我国主体能源，在区域能源保供和企业转型发展中发挥着"顶梁柱"作用。企业坚持发展以安全高效、绿色智能为特征的煤炭先进产能。

1. 做强

一是瓦斯治理技术实现革命性突破。推动瓦斯治理从以井下为主转为井

上井下并重，逐步实现以井上为主、井下为辅的重大转型突破，解决压力3MPa以上行业内禁止井下作业的"卡脖子"难题。创新地面钻井超前区域治理技术，打造复杂地质条件下松软低渗高突煤层地面瓦斯治理示范项目，颁布实施淮南矿区煤层气钻井、排采2项企业技术标准。转变钻探作业方式，"以孔代巷"定向长钻孔施工孔深1080米、大垂深下向灰岩探放水钻孔施工孔深985米，双双创造行业新纪录。构建形成保护层开采、区域预抽、局部防突、综合增透、地面钻井"瓦斯治理五大技术体系"，创立"煤与瓦斯共采"理论与技术体系，破解了低透气性高瓦斯煤层群安全开采的世界性技术难题，瓦斯治理被誉为煤炭行业50年来最具影响力的创新成果之一。

二是世界首台井工防爆盾构机研制应用成功。岩巷施工工效提高近10倍，解决了采掘接替和系统瓦斯治理"卡脖子"问题。企业从2012年与中煤矿山建设集团、安徽理工大学、沈阳北方重工集团进行产学研合作，研制并在张集煤矿成功应用直径4.5米盾构机。2020年，与沈阳天安科技股份有限公司共同研发成功直径2.5米盾构机，突破世界最大盾构机制造商德国海瑞克公司标定盾构机直径3.8米的下限。截至2023年底，该台直径2.5米盾构机已连续施工4条硬岩巷道，共计5343米。

三是首创断层及矿压主动治理新模式。该模式被国家矿山安全监察局发文向全行业推广应用。顶板（断层）治理变被动"过断层"为主动超前"治断层"，不断完善技术体系和工艺体系，成功解决了断层对采掘及系统巷道的影响，为根本消除顶板事故创造条件。实施切顶留巷、切顶护巷技术，成功破解深井地压治理难题。

四是全国首创立井"冻结法"施工工艺。发明了立井井筒"上冻下注"特殊凿井施工工艺，率先制定了表土层大于400米的建井规范。实现了千万吨级千米深现代化矿井3年内建成投产，当年投产当年达产，为深部煤炭安全开采提供了范本，成功解决了立井复杂地质条件下安全高效施工问题。获国家科学技术进步奖二等奖2项，被煤炭工业协会在全行业推广应用。

五是采取组合式降温工艺，解决深井开采热害威胁问题。在所有高温矿井投入集中制冷系统后，又建成热电冷联供项目，并在行业首次自主研制应用井下移动式二氧化碳跨临界制冷除湿一体机，高温季节井下工作环境温度降低 3~5℃、湿度降低 15%，成为行业典范。

2. 做优

一是优化矿区布局。深入推进供给侧结构性改革，落实国家"三去一降一补"政策要求，主动退出淮南本土 4 对矿井，退出落后产能 1420 万吨，内部分流安置职工 3 万人。利用国家去产能指标置换政策，蒙西矿井产能由 1200 万吨核增至 2300 万吨，建成淮南、蒙西 2 个煤炭基地，煤矿产能实现从低效粗放向高效集约转型。

二是优化产品结构。积极响应国家煤炭清洁高效利用战略，大力实施精煤战略，推进煤炭合理配采、配选，由动力煤、原料煤各有侧重向动力煤、原料煤并重转变，在保供的同时，本土煤矿 A 组煤全部入选，B 组、C 组煤比价入选，实现结构最优、效益最佳，彰显溢价效应。

三是提升生产力水平。发布 13 项智能化建设企业标准，建成 2 对国家级、3 对省级首批智能化示范煤矿。试点使用无轨胶轮车，探索使用锂电池单轨吊和井下电瓶车，购置使用 234 台单轨吊，矿井运输里程达 291 公里，新采区全面建成连续化、网格化运输系统，实行"一站式"运输，大采深井工矿井辅助运输在业内从"跟跑""并跑"走向"领跑"。朱集东矿 1171（1）智能化工作面获评全国薄煤层赛道"特等级"奖。通过机械化替代劳动、自动化替代岗位、可视化替代监管、信息化替代跑腿"四个替代"效应，推动决策形态、管理形态、操作形态根本性变革，用工总量从 12.5 万人减至 6.5 万人。2023 年，煤炭行业两化深度融合推进现场会举办，淮河能源控股集团获评行业唯一两化深度融合特别贡献奖。

四是健全安全管理体系。深化安全管理总体思路，筑牢安全根基，层层压实安全责任。依托淮河能源控股集团建设的国家矿山应急救援淮南队，先后参加了 2015 年 12 月深圳市光明新区渣土受纳场特别重大滑坡事故、2015 年 12 月山东省平邑县石膏矿坍塌事故、2021 年 1 月山东省烟台市栖霞市笏山金矿爆炸事故、2021 年 7 月河南省郑州市洪灾、2022 年 8 月辽宁省盘锦市洪灾等救援。截至 2023 年，累计参加内外部事故救援 3200 余起、抢救遇

险被困人员 4300 余名，已连续安全救援 26 年。2023 年，成功承办 5 个部门组织的第十二届全国矿山救援技术竞赛，中央广播电视总台等 10 余家主流媒体给予重磅报道，淮南队获奖总数、一等奖数均位居榜首。

五是坚持矿山低碳发展。持续深入打好蓝天、碧水、净土保卫战，"三废"全部达标排放；坚持"减量化、再利用、资源化"发展路径，强化资源综合利用，实现"变废为宝"。抽采瓦斯全浓度利用行业领先，开创超低浓度瓦斯蓄热氧化热能梯级利用新模式，建成世界首座低浓度瓦斯发电站，开发世界首个瓦斯利用 CDM（清洁发展机制）项目。煤矸石、煤泥处置利用率达到 100%。制定《潘谢矿区水资源利用方案》，推进矿井疏干水、生活污水、工业污水、雨水"四水共治"。

3. 做大

一是煤矿产能大幅跃升。自 1998 年企业改制到 2013 年，煤炭产量从 1000 万吨提升到 7100 万吨。2014 年以来，集团积极关闭落后矿井，核增西部优质产能，矿井数量从 16 对降至 11 对，煤炭产能从 7100 万吨/年跃升至 7790 万吨/年，平均单井产能达到 708 万吨/年，井工深部开采平均单井规模位居全国第一。

二是摘牌优质煤炭资源。成功竞得内蒙古苏布尔嘎煤炭开发公司 51% 股权，资源量达 16.52 亿吨，各可采煤层均为高发热量的不黏煤，矿井规划产能为 800 万吨/年。

三是扩大先进产能规模。坚持高目标引领、高标准推进，坚持内涵式发展与外延式发展并重，扩大先进煤炭产能规模。针对淮南本土煤矿，着力提高其安全保障水平和生产作业效率，不断增强"造血功能"。推进安全改建及二水平延深工程，开工建设潘二矿、顾北矿安全改建工程。获得潘谢矿区总规环评批复，上报总规修编，适时推进本土煤炭资源整合。西部煤电按照"三同时"要求，强化目标引领，倒排工期，全力推进苏布尔嘎煤矿项目建设，积极挺进新疆等地，继续寻找优质资源。

四是强化保供能力。主动作为，充分发挥国企担当作用，以保障区域能源供给为己任，持续强化煤炭保供能力，动力煤长协保供稳定在 5000 万吨/

年，占煤炭资源量的 80%，兑现率达 100%，长三角每 4 吨煤炭有 1 吨来自淮南，集团已成为长三角区域乃至华东地区重要的能源保障主体，经济"压舱石"、发展"稳定器"夯实筑牢。在电煤长协价格平均低于市场价格 150 元/吨情况下，坚持兑现长协合同，让渡利益 52 亿元。有力担当起党和国家可信赖的依靠力量，为社会做出应有贡献。

（三）打造"六全"智慧企业，实现全业务流程数字化呈现

近年来，着力打造全洞见、全感知、全链接、全场景、全融通、全智能"六全"智慧企业，推动智能化深入应用，实现全业务流程数字化呈现，完成了由"人控"到"数控"的提质升级，从"少人"到"无人"的智慧转变。

坚持"一把手"抓数字化转型，推行"网长制"，主要领导每月主持召开专题调度会，自上而下推进数字化建设。截至 2024 年 8 月，已打造超前适用的数字化底座，建成 10 万兆企业骨干网、PaaS 平台、数据中台，构建互联标准、移动生态，建成上线 176 个信息化项目，信息化、智能化建设总投入超过 30 亿元。淮南本土矿区安装了 1.3 万余个摄像头，实现生产关键环节和系统重要部位视频监控全覆盖，安全监管通过 AI 在线分析和视频"五级筛查"，实现了由"人防"向"技防""物防"的转变。

截至 2024 年 9 月初，淮河能源控股集团数据中台实时接入 93 个信息化业务系统全量数据，涵盖环渤海动力煤价格、动力煤期货收盘价格、全国发电量等 11 类外部指标数据，包含 2.44 万张表、47.80 万个字段、上百亿条记录，真正破除"信息孤岛"，打通信息化、智能化基础"脉络"，全面支撑起数字化运营，数据应用与业务流程的全融通体现在煤炭产、洗、运、销各个环节。

二 坚持推进科技创新，发展煤炭新质生产力

习近平总书记指出，"新质生产力是创新起主导作用，摆脱传统经济增

长方式、生产力发展路径，具有高科技、高效能、高质量特征，符合新发展理念的先进生产力质态"。①

淮南为煤层群开采，所有矿井均为煤与瓦斯突出矿井，具有高瓦斯、高地压、高地温、高承压水、埋深大"四高一大"特点，是我国开采最深、灾变多元、条件最为复杂的矿区之一。淮河能源控股集团坚定不移地学习贯彻落实习近平总书记关于新质生产力的重要论述，坚定实施创新驱动发展战略，突破"卡脖子"关键核心技术，加快形成新质生产力。

（一）新周期下企业发展煤炭新质生产力的实践

1. 建强高水平科研创新平台

建成以安徽省首个全国重点实验室为引领的科研创新体系。拥有深部煤炭安全开采与环境保护全国重点实验室、煤矿瓦斯治理国家工程研究中心、煤矿生态环境保护国家工程实验室 3 个国家级研发机构，深部煤炭开采耦合灾害防控国家矿山安全监察局重点实验室、安徽省煤矿绿色低碳工程发展研究中心 2 个省部级研发机构。全国重点实验室柔性引进 14 位院士和 5 位知名教授专家加盟学术委员会，聚焦"深部煤炭安全智能精准开采、深部煤矿典型动力灾害防控、粉尘防控与职业安全健康、淮河流域煤矿生态环境保护"四个主要研究方向，依托潘一东井改造建设世界最大、国内唯一的千米级深井原位实验室，打造支撑有力、前沿领先、根基深厚的国家战略科技力量。培育一流研发力量，2023 年研发投入 21.5 亿元、研发投入强度 3.18%，研发人员 7000 余人，占职工总数的 13%。入选中国工程院院士 1 人。

2. 集中攻坚关键核心技术

先后承担 20 余个国家重大项目，荣获国家科技进步奖 16 项，中国专利金奖 1 项、优秀奖 2 项，瓦斯综合治理与利用项目荣获中国工业大奖。主持

---

① 《以新的生产力理论指导高质量发展》，人民网，2024 年 11 月 28 日，http：//theory.people.com.cn/n1/2024/1128/c40531-40370676.html。

完成国家"十三五"科技重大专项——两淮矿区煤层群开采条件下煤层气抽采示范工程（三期），科技部验收评为优良。承担国家深部松软低透煤层、高压力瓦斯治理工程试验。积极构建井上下立体瓦斯综合治理新模式，协同推进地面煤层气开发与井下瓦斯治理，先后建成 29 口地面瓦斯治理井，总产气量突破 2000 万立方米，在复杂地质条件下松软低透气性煤层中实现重大突破。颁布实施煤层气钻井、排采 2 项企业技术标准，获批国家能源局"瓦斯高效抽采示范项目"，淮南矿区地面瓦斯治理井技术体系初步形成。积极推进煤层气和煤矿瓦斯规模化开发与利用，实现了煤层气资源全利用，为地方能源保供增添了保障。

3. 推深做实科技成果孵化转化

在煤炭开采国家工程技术研究院下设 5 个产业化公司，开展科技成果转化和对外科技服务。探索形成瓦斯治理"淮南模式"，企业瓦斯治理科技成果在全国重点产煤省份全面推广，服务 14 个产煤省份、30 多家大型煤炭企业、120 余对煤矿，覆盖产能 22 亿吨。承办全国煤矿瓦斯防治培训班 200 多期，培训煤炭企业高管、矿长、总工程师等 2 万余人次，助力建成全国瓦斯治理示范矿井 12 对、全国瓦斯治理先进单位 7 家，推动行业科技进步和安全形势根本性好转，全国煤矿瓦斯事故从 2005 年的 414 起、死亡 2171 人降至 2022 年的 5 起、死亡 20 人，得到国务院安委会、国家矿山安全监察局等部门的高度肯定。

4. 强化高端应用

积极开展首台（套）装备、首批次材料、首版次软件研发应用，彰显中国创造。在煤炭行业率先研发应用直径 2.5 米、3.5 米、4.5 米、5.5 米系列化盾构机，创造深井 TBM 施工月进度 736 米世界纪录，获中国煤炭工业科技进步奖一等奖。2024 年 7 月，全球首款、中国首制江海直达型 1.4 万立方米 LNG 加注运输船"淮河能源启航"号在上海命名并交付，全船采用一系列国产化装备成功研制并实船应用，尤其是低温系统主要设备首次全面实现国产化，使该船的国产化率达到 85% 以上，打破国际技术壁垒，成为国产化率最高的中国制造的 LNG 储运装备，为世界 LNG 船关键核心装备

设计建造提供了又一"中国方案"。

5. 推动智能升级

发布 13 项智能化建设企业标准，建成 2 对国家级、3 对省级首批智能化示范煤矿。煤矿全面建立综合信息化、自动化平台，主要固定车间及硐室全部实现无人值守，机电运输、"一通三防"等生产系统实现集控自动化运行，完成煤流、矸石流、人流、物流"四流"分离。建成入洗能力 1200 万吨/年的亚洲单体最大炼焦煤智能化潘集选煤厂，实际用工 380 人，比设计定员减少一半以上，实现"工位替代岗位"，推行"五班三运转"模式，提升职工幸福指数。2014～2024 年，集团用工总量净减 6 万人，下降一半以上，有力破解人海战术、贴身战术、人盯人战术等落后问题。

6. 加快数字转型

2019 年 10 月至 2024 年 5 月，集团累计投入 30 余亿元，实施新一轮信息化智能化建设规划，全面上线运行 176 个信息化应用项目，实现"一网打尽、一屏尽览、互联互通、信息共享"，推动党务、事务、业务一体化，安全监管可视化，设备运维智能化，管理流程信息化，分析决策智慧化。集团入选国务院国资委"国有企业数字化转型试点企业"，成为安徽省属企业仅有的 2 家上榜企业之一。数据管理能力成熟度达到"稳健级"水平，是安徽省属企业首例、煤炭行业第 2 家。

（二）坚定不移推进科技创新

科技创新是企业生存之根、发展之本、效益之源。未来，淮河能源控股集团将深入实施创新驱动发展战略，构建科技创新工作体系，奋力打造行业具有重要影响力的科技创新策源地。

1. 在建强战略科技力量上勇挑重担

全力打造中国工程院高能级创新平台体系，在"承担国家重大科研专项、开展行业基础研究、攻克企业重大课题、推进科技成果转化升级、做好技术服务和装备制造"上谋深抓实，做强科技创新主阵地。顶格推进全国重点实验室建设，聚焦"深部煤炭安全智能精准开采、深部煤矿典型动力灾害防控、粉尘防控与职业安全健康、淮河流域煤矿生态环境保护"四个主要研究方向,边建设、边运行、边出成果,打造支撑有力、前沿领先、根基深厚的国家战略科技力量。构建完善"产、学、研、用"协同创新机制,在实验室开放式协作、市场化运行、人才培养、科技成果转化、考核激励评价等方面创新探索,不断提升研发力、生命力、品牌力。力保生态实验室纳入国家工程研究中心新序列、瓦斯治理工程中心。

2.在关键核心技术攻关上敢打头阵

突出战略导向,精准选题、靶向破题。首要任务是打造复杂地质条件下松软低渗高突煤层地面瓦斯治理示范项目,加大规模化工业化应用力度,实现瓦斯治理从以井下为主转为井上井下并重,逐步实现以井上为主、井下为辅的重大转型突破,将企业标准上升为行业标准。同时,争取在A组煤开采、水害防治、地压治理、地热治理利用等领域取得更多突破,解决安全高效生产"卡脖子"难题。

3.在科技体制机制改革上多出经验

强化对科技创新工作的领导和统筹,成立领导小组和专家委员会,健全调度机制,优化资源配置。高质量推进"科改行动",把工程院建成国内一流、国际领先的煤矿安全和环境保护领域综合性研究机构。设立科技创新激励专项资金,搭建"金点子"平台,健全完善"揭榜挂帅""定向委托""竞争赛马"等新型科研攻关机制,配套第三方评价确认和奖励、容错措施,调动全员发现问题、解答问题积极性。推行科研项目制管理,对重大攻关课题实施中长期考核激励。抓好以"五小"成果为代表的技术创新转化应用,加速创新成果转化为现实生产力。创新借智引才方式,加强人才培养,培育创新文化,充分释放人才创造活力。

4.在加速数智赋能升级上走在前列

坚持以用促建、以用促学、以用促改、以用促用、以用促效"五个以用"和机械化替代劳动、自动化替代岗位、可视化替代监管、信息化替代跑腿"四个替代",开展数智赋能巩固提升年行动,打造国家级数字化转型示范企业。加强"一把手"工程组织领导,组建智能化建设推广应用专班,

健全示范引领、正面激励、监督考核、适度容错、运维保障等制度机制。矿井智能化按照"一头一面一机"连续化运行底线要求，打造具备专业化装备、专业化技术、专业化能力、专业化队伍的体系，持续孵化裂变，确保连续接替不断线。工厂（车间）推行"工位替代岗位"，实现固定车间少人化无人化。精心做好主导设备采购选型、性能参数、运行维护管理，运用大数据手段分析研判，提高技术门槛和标准，掌握采购话语权、主动权。推行采购标准化，强化设备"三化"管理，积极开展首台（套）装备、首批次材料、首版次软件研发应用，宁上装备不增人，"少人则安，无人则安"。加强数据治理和信息化流程融通，实现"一网打尽、一屏尽览、互联互通、信息共享"。加强数字化业务监管，构建深层次业务分析和监督预警分析模型。推进多网融合、岗位整合，写好减人提效"后半篇文章"。

三 发展煤炭新质生产力的问题和建议

（一）建议加大对煤炭企业在推进生产方式转变等方面的政策扶持力度

中国是世界上最大的煤炭生产国和消费国。截至 2023 年，已查明的煤炭资源中，埋深 1000 米的资源量约占资源总量的 53%。随着我国能源总量需求持续增加，煤矿开采强度不断加大，我国煤炭开采正在由浅部向深部延伸。但深部煤炭开采面临高地压、高瓦斯、高地温等灾害，开采成本高、难度大、效率低。实现深部煤炭资源的安全高效智能绿色开采，必须发展深部煤炭新质生产力。科技创新是发展煤炭新质生产力的核心要素，推进生产方式转变是发展煤炭新质生产力的重要方式。推进生产方式转变，要投入大量的先进装备，伴随着大量的资金投入，建议国家相关部门在研究制定相关政策时，综合考虑，加大对煤炭企业在推进生产方式转变等方面的政策扶持力度。

（二）建议加大深部煤炭资源试验开采研究支持力度

随着煤矿开采不断走深，瓦斯、水、火、冲击地压等灾害也在不断升级，特别是瓦斯，严重威胁煤矿安全生产，加大对深部煤炭资源灾害规律性研究力度势在必行。淮河能源控股集团正在依托深部煤炭安全开采与环境保护全国重点实验室，全力开展深部煤炭安全高效开采技术攻关。根据相关工作安排，淮河能源控股集团要在3年内完成松软低透煤层、高压力瓦斯治理工程试验任务，并在潘一煤矿东区对煤层超千米埋深区域地面瓦斯治理井工程进行原位验证，为全国-1200～-1000米深部煤炭资源安全开采提供技术储备和经验支撑。建议将潘一煤矿东区剩余煤炭资源无偿划拨给淮河能源控股集团或有条件摘牌，供开展深部煤炭瓦斯治理与试验开采研究，释放深部煤炭资源潜能。

（三）建议积极搭建发展煤炭新质生产力沟通交流平台

发展煤炭新质生产力是大势所趋，各煤炭企业在科技创新、推进生产方式转变方面"八仙过海，各显神通"。但是，在探索发展新质生产力方面，各煤炭企业存在各耕各的责任田现象，缺少沟通交流，墙里开花没有墙外香。建议国家相关部门通过召开现场经验交流会等方式，积极搭建沟通交流平台，便于各煤炭企业相互之间加大沟通交流力度，互相借鉴，在发展煤炭新质生产力方面少走弯路。

参考文献

张宏：《深入贯彻落实能源安全新战略　促进煤炭产业链供应链融合发展　确保国家能源安全稳定供应——2024夏季全国煤炭交易会主旨报告》，《中国煤炭报》2024年7月30日。

王政、刘温馨：《如何发展新质生产力（政策问答·2024年中国经济这么干）》，《人民日报》2024年1月15日。

张春敏、黄婧：《培育发展新质生产力的新动能》，《人民日报》2024年4月17日。

左前明：《煤电新周期的机遇和挑战》，《中国煤炭报》2024年3月9日。

B.18
以新质生产力引领煤炭产业高质量发展

河南能源集团课题组*

摘　要： 随着全国煤炭产业步入新的发展周期，加快培育和发展煤炭新质生产力已成为煤炭企业实现转型升级和推进高质量发展的必然选择。本报告在总结河南能源集团推进煤炭产业高质量发展的探索与实践的基础上，着眼于全国煤炭产业发展新周期，立足企业发展新阶段，探讨了培育煤炭新质生产力和推进企业高质量发展的思路方向与工作重点，分析了在推进企业高质量发展过程中面临的主要问题，并提出了加强顶层规划、攻坚关键技术、加强金融支持等对策建议。

关键词： 河南能源　新质生产力　高质量发展

一　河南能源集团发展概况

（一）企业概况

河南能源集团是先后经过 2008 年 12 月和 2013 年 9 月两次战略重组成立的省管重要骨干企业。2022 年 7 月，经河南省政府同意，企业名称由河

---

* 课题组组长：马正兰，河南能源集团党委书记、董事长；杨恒，河南能源集团总经理、党委副书记、副董事长。课题组副组长：宋录生，河南能源集团党委常委、常务副总经理；盛天宝，河南能源集团党委常委、副总经理；贾明魁，河南能源集团党委常委、副总经理。课题组成员：张建勋，河南能源集团战略发展部总经理；陶进朝，河南能源集团战略发展部高级经理；马震，河南能源集团能源事业部经理；陈杰军，河南国资国企改革创新研究院工程师；陈科汝，河南国资国企改革创新研究院助理研究员。

南能源化工集团更名为河南能源集团。集团公司注册资本金为 210 亿元，现有职工 13.7 万人，资产总额为 2548 亿元，产业涉及煤炭、化工及新材料、电力及新能源（风光火储氢）、现代物贸，以及医疗健康、金融服务等现代服务业。所属企业主要分布在河南省内 16 个省辖市、国内 12 个省（区、市）和香港特别行政区，以及澳大利亚、新加坡等地。截至 2023 年底，集团公司共有生产煤矿 52 处，煤炭产能为 8865 万吨/年，规模以上化工企业 34 家，各类化工产品产能约为 1000 万吨/年；控股大有能源、九天化工 2 家上市公司和濮阳绿宇新材料 1 家新三板挂牌公司。集团公司居 2022 中国煤炭企业 50 强第 11 位、2023 中国石油和化工企业 500 强第 24 位、2024 中国企业 500 强第 216 位。

近年来，河南能源集团按照河南省委、省政府的决策部署，立足全省能源保障主平台的战略定位，围绕打造全省国企一流旗舰劲旅目标，坚持稳字当头、稳中求进、循序渐进、持续推进的工作总基调，加快构建"2+2+N"产业体系，全力做优做强存量产业，积极拓展发展增量。一方面，狠抓现有煤矿安全高效绿色智能开采，实现做精做优、绿色转型，同时分类推进化工园区关停并转、扭亏增盈、创新发展和对外合作，实现腾笼换鸟、蝶变转型；另一方面，积极实施"走出去"战略，加大在新疆等西部省区的优质资源获取和产业规划布局力度，积极培育新质生产力，加快推进主要产业向高端化、智能化、绿色化转型，不断为企业高质量发展注入新的动能。特别是 2023 年以来，河南能源集团克服煤炭、化工产品市场价格下行等不利因素的影响，全面加强生产经营管理，全力推动各级子企业降本增效，企业高质量发展态势持续得到巩固。2023 年，集团公司实现营业收入 1202 亿元，盈利 53.68 亿元，上缴税费 106 亿元，在全省经济社会发展中做出了积极贡献，展现了国有企业的责任与担当。

（二）煤炭产业发展现状

煤炭产业是河南能源集团的两大主业之一，主要包括煤炭开采、洗选加工、煤矿瓦斯抽采利用，以及服务煤炭生产的煤矿建设施工、煤机设备制造

等业务。经过 100 多年的发展传承与历史积淀，河南能源集团在煤炭安全高效开采、煤矿企业经营管理、专业人才队伍建设、红色文化赓续发展等方面形成了独特的核心竞争力，为保障国家能源安全和服务地方经济发展做出了突出贡献。

截至 2023 年底，集团公司煤炭保有资源储量为 284 亿吨，其中河南省内 59 亿吨、省外 225 亿吨，主要分布在新疆、内蒙古、陕西、贵州、青海等省区及澳大利亚。拥有生产煤矿 52 处（其中井工矿 51 处、露天矿 1 处），核定生产能力为 8865 万吨/年；选煤厂 35 座，洗选能力为 5885 万吨/年。现有煤矿主要开采无烟煤、长焰煤、贫瘦煤、不黏煤、焦煤、气煤和贫煤 7 个煤种。其中，永煤公司、焦煤公司是国内主要的无烟煤生产企业，主要生产高炉喷吹煤、无烟块煤和动力煤，产品具有低硫、低灰、低磷、高固定碳、高可磨等特征，是国内优质的高炉喷吹用煤；鹤煤公司主要煤种为瘦煤、贫瘦煤，主要产品洗精煤和混煤具有低灰、特低硫、高发热量等特点，属于优质炼焦配煤和动力用煤；义煤公司主要煤种为长焰煤、焦煤、贫瘦煤，主要产品为洗混煤，作为动力煤广泛应用于发电、工业锅炉等行业；新疆豫能投资集团有限公司（以下简称"新疆公司"）主要煤种是气煤，具有特低灰、特低硫、少砷等特点，黏结指数高的 45 号气煤为优质炼焦配煤；贵州豫能投资有限公司（以下简称"贵州公司"）主要煤种为优质无烟煤，主要作为动力煤和化工煤使用。2023 年，集团公司完成原煤产量 6716 万吨、商品煤销量 6527 万吨，煤炭板块实现营业收入 442.7 亿元、利润总额 70.6 亿元。

二 推进煤炭产业高质量发展的主要举措和思路

（一）面临的发展形势

进入"十四五"以来，我国煤炭行业发展的内外部环境发生了巨大变化，煤炭产业进入了新的发展周期。从行业整体看，"双碳"目标对煤炭生产与消费的约束逐步增强。生产方面，为落实"双碳"目标要求，煤矿企业积极推广充填开采、保水开采等绿色采煤技术，加快主要耗能设备节能降碳改造，提升采掘装备数字化智能化水平，积极开展矿区生态环境修复治理，提高煤炭资源综合利用水平，加快向绿色化、低碳化、智能化转型升级，行业整体发展的质量、效率、效益和安全保障水平显著提升，行业发展面貌焕然一新。消费方面，煤炭在我国能源消费结构中所占的比重逐步下降，据预测，到2035年左右，煤炭占一次能源消费的比重将下降到50%左右。但综合考虑我国经济发展阶段、能源资源禀赋、油气进口保障能力，以及国际经济、地缘政治不确定性等多重因素，煤炭在当前及未来相当长一个时期内仍是保障我国能源安全稳定供应的"压舱石"。

从企业内部看，河南能源集团所属省内煤矿经过几十年的煤炭开采，煤炭板块面临的优质后备接续资源不足和发展不平衡、不充分等问题日益凸显。河南能源集团响应国家西部大开发战略，积极"走出去"参与新疆、内蒙古、陕西、青海、贵州等西部省区煤炭资源开发转化，建成了一批大型现代化煤矿项目，为集团公司可持续发展提供了重要支撑，也为保障国家能源供应做出了积极贡献。但是由于河南省内的矿井普遍进入深部开采阶段，冲击地压、水、火、瓦斯等灾害治理难度加大，灾害治理成本大幅提升。部分生产矿井面临后备资源枯竭、安全风险高、生产效率低、经营效果差、可持续发展动力不足等问题。

（二）采取的主要举措

在新的发展形势下，河南能源集团按照省委、省政府确定的"全省能源保障主平台"战略定位，聚焦发展煤炭主业，坚持"四有"原则①，指引煤炭产业持续推进高质量发展。一方面，通过推进省内煤矿扩边增储，确保省内产能规模稳中有升，实现提质增效、做精做优目标；另一方面，积极争

---

① "四有"原则即：守牢安全环保底线，实现发展"有保障"；加快推动煤矿"一优三减"、智能化建设，实现发展"有效率"；保证稳产达产，加强经营管理，增强盈利能力，实现发展"有效益"；瞄准亿吨产能目标，统筹省内外资源储备与开发，实现发展"有资源"。

取省外优质煤炭资源，着力拓展省外煤炭产能增量，实现做强做大、释放产能目标。

1. 提升灾害治理效能，夯实安全发展基础

一是持续加大瓦斯治理力度。针对省内多数矿井普遍面临的瓦斯治理难题，集团公司经过多年探索，逐步形成了以"开采保护层优先、底抽巷穿层抽采"为主的瓦斯治理技术路线，使瓦斯治理效能得到了显著提升。依托河南省煤层气公司专业技术人员和骨干职工，组建了专业化的瓦斯治理队伍，为各生产矿井提供专业打钻服务，形成了"专业化公司承揽打钻业务、矿井及煤业公司进行监督评价"的管理机制，瓦斯治理效率得到明显提高。各煤业公司基本淘汰了 4000 牛·米以下钻机，瓦斯抽采总能力达到 49769 米³/分，瓦斯治理能力逐年提升，瓦斯超限次数大幅下降，确保矿井实现了高瓦斯条件下的低瓦斯开采，高突矿井单产单进水平稳步提升。二是着力强化水害治理。以老空水、底板水防治为重点，坚持工程治理、源头治理，2021 年以来年均老空水探放工程进尺超过 5 万米，底板注浆钻孔工程进尺超过 60 万米，有效控制了水害风险，消除了水害威胁，年均解放煤量 5000 万吨左右。大力开展井下超前钻探和远距离定向探测工作，年工程量达 70 万米，保证了致灾因素的精准探查与控制。2023 年 5 月，河南能源集团防治水工作经验作为典型示范，在全国矿山防治水现场会议上进行了经验交流，水害治理示范矿井建设经验在全国煤炭系统获得推广。三是有效防治冲击地压。集团公司对冲击地压坚持"区域治理先行、局部防治跟进"的原则，通过调整生产布局、优化开采设计、调整开采顺序、降低开采强度、划分危险区域、联合监测预警等措施，坚持采取卸压、注水、断底、爆破等工程治理手段，有效降低了大能量冲击事件的发生频率，基本实现了冲击地压灾害的安全有效治理。

2. 坚持科技创新驱动，破解高效生产难题

一是大力推广切顶卸压沿空留巷技术。近年来，集团公司年均完成沿空留巷工程量 1 万米以上，形成了涉及薄、中、厚多煤层及多工艺的沿空留巷技术体系，为安全高效生产奠定了基础。二是应用复杂条件下锚网支护技术。积极探索厚煤层托顶煤、底分层、极三软、大倾角等复杂条件下锚网支护技术，集团公司煤矿巷道锚网支护率整体达到95%以上。三是成功应用覆岩离层注浆减沉技术。先后在义煤公司新义矿、义安矿试验成功了覆岩离层注浆减沉技术，解放"三下"压煤量300万余吨，有效延长了矿井服务年限。下一步，准备在其他具备条件的煤矿全面推广该技术，通过解放"三下"压覆的呆滞储量，解决省内矿井资源枯竭问题，延长矿井服务年限。四是研究厚煤层综放开采端头三角煤高效回收技术。先后在义煤公司新安矿、永煤公司主焦矿、焦煤公司九里山矿、鹤煤公司三矿等矿井试验了端头大采高支架、巷道顶部充填、托顶煤沿底锚网支护等技术，并取得了预期效果，实现了厚煤层端头三角煤安全高效回收，有效提高资源回收率，减少了煤炭资源浪费。

3. 加快煤矿"四化"建设，着力提升装备水平

一是采掘装备实现重型化高效化。2021年以来，集团公司累计更新综采设备20余套，新购掘进机50余台，采煤机械化率保持100%，岩巷掘进机械化率提高至66%以上，煤巷掘进机械化率提高至92%以上。其中，所属主力矿井采煤工作面综采支架基本升级至工作阻力6400千牛以上，采煤机功率升级至1000千瓦以上；掘进工作面逐步向"破岩机械化、运输皮带化、转载仓储化"的高效掘进模式转变。二是系统运行逐步自动化无人化。截至2023年底，集团公司所有生产矿井均实现了主提升系统、副提升系统、主煤流系统、主通风系统、供电系统、主排水系统、压风系统、架空乘人装置8个自动化子系统建设的全覆盖，基本实现了无人值守、自动运行、远程监控，固定岗位作业人员大幅减少。三是开采模式逐步智能化少人化。截至2023年底，集团公司累计建成智能化采煤工作面85个，建成智能化掘进工作面103个。已建成的智能化采煤工作面占全部采煤工作面的43.0%，智能化掘进工作面占全部掘进工作面的38.3%。四是积极推进智能化示范煤矿建设。截至2023年底，集团公司已累计高标准建成国家级智能化示范煤矿3处、省级智能化示范煤矿9处。完成了河南省首台矿用TBM盾构机入井安装应用和全国首个F5G矿山商用，煤矿智能化建设已由试点示范阶段转

向规模推广的新阶段。

4. 优化煤矿生产布局，加快产业转型升级

近年来，集团公司坚持推进煤矿"一优三减"，全面优化生产布局，为推进煤炭产业高质量发展奠定坚实基础。通过关闭低效采区和资源枯竭采区、优化生产系统、提升采掘装备水平、优化工作面设计、延伸工作面切眼长度及推进长度、提高单面可采储量等手段，推动矿井生产布局优化、简化和生产效率提升，实现了"减头、减面、减人和提质增效"的发展目标。2021年以来，集团公司在保证同口径产量基本稳定的前提下，将采掘头面由"十三五"末期的370多个减少到2023年底的270多个，基本实现了100万吨/年以下矿井"一井一面"、100万吨/年以上矿井"一井一面"或"一井两面"的高效开采模式，采掘一线作业人数大幅减少，安全保障水平显著提升。

5. 推进煤矿产能核增，积极拓展发展增量

一是推进优质煤矿产能核增。近年来，集团公司先后完成了新疆中联润世露天矿，内蒙古马泰壕矿、苏家沟矿，河南嵩山矿、义络矿、郁山矿、观音堂矿7处煤矿的产能核增工作，新增产能1185万吨/年。二是推进具备条件的矿井技改扩能。有序推进河南大众矿、义络矿、赵固二矿、贺驼矿，贵州黔金矿、新田矿、糯东矿、高山矿8处矿井的改扩建工程，完成后可增加产能513万吨/年。三是积极推进新建煤矿项目前期工作。稳步推进河南省内金鼎矿、新河矿等项目复工建设，同时积极推进新疆准东芨芨湖西矿井（2000万吨/年）、河南省内永煤公司李大庄矿井（180万吨/年）等新建煤矿项目前期工作，根据煤炭市场形势适时开工建设。

（三）在培育煤炭新质生产力方面的主要探索

1. 超前高效实施灾害治理

一是推进灾害治理模式由井下向地面转变。近年来，先后在赵固一矿、赵固二矿、陈四楼矿等7处矿井试验底板承压水地面区域治理，在新田矿、榆树岭矿等5处矿井试验地面瓦斯区域治理，在常村矿试验地面复合压裂致

灾关键层区域防冲，灾害治理能力显著提升。二是积极推广应用先进灾害治理技术装备。先后在焦煤公司、鹤煤公司、贵州公司探索推广自动化智能化打钻、远距离恒压供水、底抽巷煤水智能处理、新型防喷装置等先进技术设备，瓦斯治理效率不断提高。

2. 积极推进绿色低碳转型

一是探索试验充填开采、注浆减沉开采技术。先后在新义矿、义安矿试验成功覆岩离层注浆减沉技术，减少了地表沉陷和矸石排放。二是积极推广瓦斯高效发电技术，实现瓦斯减排增效。近年来，集团公司年均瓦斯利用量约为1.8亿立方米，年均发电量在2亿千瓦时以上。三是加大矿井乏能利用力度。建成了赵固一矿、赵固二矿和古汉山矿等矿井的矿井水余热利用系统，宝雨山矿等5处矿井压风机余热利用系统等，满足矿井降温和供暖需求。四是加强矿井水处理和循环利用。将永煤公司、鹤煤公司矿井水净化后作为周边化工园区煤化工项目用水，对马泰壕矿的矿井水进行深度处理，用于生产生活用水等，实现污水零排放。

3. 加强煤矿智能化建设

集团公司建成了覆盖所有生产煤矿的安全生产智慧管控平台，完成了285个自动化子系统的集成接入，所属煤矿的110个泵房、248个变电所、391个主煤流皮带系统、60个压风机房全部实现了远程监测监控、无人值守和走岗管理，61台主副井提升机、86台主通风机实现了远程在线监测。永煤公司新桥矿推行5G网络井上井下全覆盖和多业务接入、多场景应用，技术成果荣获全国第四届"绽放杯"5G应用征集大赛智慧能源专题赛一等奖。

（四）下一步推进高质量发展的思路

当前及未来一个时期，河南能源集团将以习近平新时代中国特色社会主义思想为指导，深入贯彻落实国家能源安全新战略和"双碳"目标相关部署，立足全省能源保障主平台的战略定位，坚持"有保障、有效率、有效益、有资源"的"四有"原则，围绕"安全、高效、绿色、低碳、智能、

可持续" 6 个关键目标，采取有力措施化解安全风险，推动省内稳住产量、延长年限、提高效率、做精做优，省外提升产能、拓展增量、提高效益、做强做大，实现煤炭产业高质量和可持续发展目标。展望 2035 年，集团公司所属煤矿企业安全治理体系将更加健全，全部实现正常采掘接替和达产稳产，基本实现开采条件可控、地质情况透明、煤矿设计科学、开发模式集约、开采技术绿色、开采方式智能、一线人员精干、效率效益双高、经营行为合规的高质量发展目标，煤炭产业整体步入安全有保障、经济效益好、资源利用率高、生态环境损伤小、区域示范性强的高质量发展轨道。

三　培育煤炭新质生产力的方向与重点

习近平总书记指出，新质生产力是创新起主导作用，摆脱传统经济增长方式、生产力发展路径，具有高科技、高效能、高质量特征，符合新发展理念的先进生产力质态。它由技术革命性突破、生产要素创新性配置、产业深度转型升级而催生，以劳动者、劳动资料、劳动对象及其优化组合的跃升为基本内涵，以全要素生产率大幅提升为核心标志，特点是创新，关键在质优，本质是先进生产力。[①] 全面理解和准确把握习近平总书记关于新质生产力的深刻论述，结合煤炭产业特点和企业发展实际，课题组认为煤炭企业培育煤炭新质生产力应从夯实安全生产根基、强化科技创新引领、加快产业转型升级、推动管理改革深化 4 个方面着手。

（一）培育煤炭新质生产力的方向

紧紧抓住国家培育和发展新质生产力的战略机遇，按照构建 "2+2+N" 产业体系的部署，坚持因地制宜、因时制宜、因业制宜、因企施策的发展原则，聚焦安全生产、科技创新、产业升级、管理变革 4 个方面，持续提升安

---

① 《发挥创新主导作用　加快发展新质生产力》，求是网，2024 年 3 月 28 日，http：//www. qstheory. cn/dukan/hqwg/2024-03/28/c_1130097718. htm。

全生产保障能力和生态环境支撑能力，积极推广应用创新技术和前沿技术，着力推行管理创新和机制改革，不断优化生产力要素配置和布局，加快推进煤炭产业向高端化、智能化、绿色化转型升级，不断提升发展的含"金"量、含"新"量、含"绿"量，实现煤炭产业提质、增效、增安、行稳致远。

（二）培育煤炭新质生产力的重点

1. 夯实安全生产根基

加强安全保障能力建设，提高煤矿安全生产标准化水平，有效杜绝各类事故发生，保障煤矿职工生命安全和煤矿企业可持续发展。一是树牢安全生产理念。多层次、多渠道、多维度开展安全生产宣传教育工作，强化集团公司、二级煤业公司、煤矿、班组、矿工等"从零开始、向零奋斗"安全理念。二是健全安全管理体系。加强"双重预防"管理体系建设，以重大安全风险辨识管控和重大事故隐患排查治理为主线，以安全生产标准化建设为抓手，以安全理念、文化、责任、制度、培训、应急等为支撑，形成"人、机、环、管"高度协调的安全管理体系。三是完善安全责任机制。按照"党政同责、一岗双责、齐抓共管、失职追责"要求和"三管三必须"原则，构建煤矿安全责任全覆盖、安全职责清单化、考核奖惩全配套的责任体系，形成各尽其责、关联有责的网格化安全责任管理机制。

2. 强化科技创新引领

科技创新是企业发展的核心要素。要通过研发应用符合煤矿生产实际需要的创新技术和前沿技术，催生新产业、新模式、新动能，为煤炭企业高质量发展不断注入新的动力和活力。一是重塑科技创新体系。以集团公司科技创新中心和研究总院为依托，积极融入河南省科技创新体系，加强高端科技创新平台建设，逐步形成以三级研发单位、四项研发要求、五种研发类型为特色的"三四五"科技创新体系。二是突破关键核心技术。聚焦制约煤炭产业安全高效和绿色低碳发展的"卡脖子"技术难题，加强产学研用深度融合，突出关键技术、前沿引领技术、现代工程技术、颠覆性技术创新，加

大科研攻关力度,在煤矿瓦斯、冲击地压、矿井水、自燃等灾害预防和治理,煤矿智能化,共伴生资源回收利用,碳基新材料等方面突破一批新技术。三是落实科技创新机制。全面推行"揭榜挂帅"、"赛马制"、项目负责人制等新型科研组织方式和管理方式,完善科技项目管理、投入保障、评价考核、激励分配等配套制度体系,持续加强创新人才队伍建设。

3. 加快产业转型升级

转型升级是提高企业竞争力的关键,生态优先、绿色发展是煤炭企业转型升级的必经之路。要在绿色低碳生产的基础上推动煤炭产业链朝清洁高效利用方向延伸,实现煤炭产品的价值跃升,科学布局煤炭与新能源耦合发展,推动清洁能源多元化、规模化发展。一是改造提升传统产业。聚焦矿井智能开采、矿山生态保护和煤炭清洁利用,加快推进煤矿智能化建设。持续推进充填开采、边采边复、共生资源开采等绿色开采技术。加强煤炭生产全过程管理,不断提升煤炭产品质量,推动煤炭分级分质清洁高效利用。二是积极培育新兴产业。以煤为基优化产业生态链、畅通循环产业链,推动煤矿建设施工、煤机装备制造、绿色建材等产业协同发展。抢抓河南省"7+28+N"产业链群建设机遇,以化工新材料、新能源、新一代信息技术、节能环保等新兴产业为突破口,开展"新业倍增"行动。三是前瞻布局未来产业。基于集团公司工业富氢资源和河南省"郑汴洛濮氢走廊"建设,谋划开展包含氢燃料电池、加氢站等的氢能产业链建设。努力探索退产能关闭矿井转产转型发展新路径,谋划地下煤气化、地下空间碳储备、地面土壤改良、分布式光伏、塌陷区生态治理等新项目建设。

4. 推动管理改革深化

管理改革是提升企业效率和经济效益的重要途径,也是新质生产力的重要组成部分。要通过开展国企改革深化提升行动,全面构建与新质生产力相适应的新型生产关系,让各类生产要素向新质生产力顺畅流动。一是提升公司治理能力。引导和推动各级子公司在公司治理过程中全面加强党的领导,持续提升董事会运作水平,深入推进三项制度改革,完善收入分配制度和企业绩效考核体系，推动企业真正按市场化机制运营。二是提升资源配置能力。围绕企业发展战略部署产业，围绕产业布局企业，围绕企业配置资源，聚焦企业的主责主业，推动国有资本合理有序流动和资源要素优化配置，提高产业要素配置能力和企业运营效率。三是增强耐心资本的信心和金融支持能力。积极争取政府基金、银行专项贷款、私募股权投资等资本对实体产业的支持，解决在培育和发展新质生产力过程中出现的资金难题。

四　培育煤炭新质生产力面临的问题及对策建议

（一）面临的问题

1. 灾害治理难度不断加大

集团公司现有的 52 处生产矿井中，煤与瓦斯突出矿井有 32 处，冲击地压矿井有 3 处，水文地质极复杂矿井有 5 处，水文地质复杂矿井有 7 处，Ⅱ类及以上自然发火矿井有 13 处，煤尘具有爆炸危险性矿井有 36 处。部分矿井多种灾害叠加，且随着开采深度提升，灾害治理难度越来越大，严重影响企业生产效率与经济效益。

2. 部分矿井资源储量不足

在现有的 52 处生产矿井中，有 11 处生产矿井可布置工作面的储量服务年限不足 10 年，部分生产矿井已经开始回收遗留煤柱资源，矿井面临资源枯竭难题，急需接续资源。

3. 大部分矿井面临结构性缺员

在现有生产矿井中，采煤、掘进、机电、通风、灾害治理等一线生产人员和技术人员短缺，且结构年长化，采掘一线人员年龄普遍超过 40 岁。

4. 煤炭转型升级尚处于起步阶段

煤炭、煤化工等传统产业项目大多处于产业链中低端，附加值低，整体盈利能力较弱，战略性新兴产业发展基础薄弱，推进产业转型升级仍面临较

多困难。

5.科技创新引领带动能力不足

科技创新驱动转型升级的能力不足，科技创新的体制机制活力尚未全面迸发，科技创新平台对实体产业的支撑作用发挥不够。专业科研人才储备不足，科研人员的创新意识未完全激活，科技创新和管理创新能力总体偏弱。

（二）对策建议

1.加强顶层规划

建议结合重大国家战略布局、煤炭产业发展趋势和经济社会发展需求，由煤炭产业主管部门牵头，煤炭行业协会参与组织编制煤炭产业新质生产力发展规划，建设煤炭新质生产力技术库和案例库，强化顶层规划引领，发挥行业指导作用。

2.攻坚关键技术

发挥新型举国体制优势，聚焦重大国家战略需求，建议科技主管部门会同煤炭产业主管部门进一步明确煤炭新质生产力培育的重点和主攻方向，以重大科技项目为牵引，聚焦煤矿灾害治理、安全高效开采、智慧矿山建设、清洁低碳利用等，不断突破制约煤炭产业高质量发展的关键"卡脖子"技术，以技术突破引领和推动煤炭新质生产力发展。

3.加强金融支持

建议政府有关部门进一步出台相关支持政策，引导资本市场加大对煤炭企业发展新质生产力项目的支持力度，引导金融机构创新煤炭金融产品，促进煤炭产融结合。建立政府财政引导、金融机构和社会资本参与的煤炭产业转型发展基金，支持煤炭企业开展新能源、煤制气、煤基化工新材料等重大项目建设，推动煤炭企业加快转型升级和高质量发展。

参考文献

习近平：《发展新质生产力是推动高质量发展的内在要求和重要着力点》，《求是》2024 年第 11 期。

刘帅等：《新质生产力赋能煤炭企业高质量发展研究》，《煤炭经济研究》2024 年第 6 期。

陈峤鹰：《新质生产力赋能煤炭产业绿色可持续发展路径研究》，《煤炭经济研究》2024 年第 8 期。

乔晓楠、王奕：《构建适应新质生产力发展的新型生产关系——全面深化改革着力点的政治经济学分析》，《财经科学》2024 年第 8 期。

B.19
新质生产力视角下伊泰集团高质量发展的实践与路径

内蒙古伊泰集团有限公司课题组*

摘　要： 内蒙古伊泰集团积极顺应能源发展新趋势，抢抓科技革命和产业变革的契机，加快培育新质生产力，以新动能新优势引领集团高质量发展。本报告依据伊泰集团发展实际，结合我国煤炭产业新周期的特征与新质生产力发展要求，论述了伊泰集团根植现实、深耕煤炭、引领煤化工转型升级的新质生产力发展基本策略，指出伊泰集团坚持以煤炭为基础，深耕煤化工领域，实现传统产业转型升级与价值重塑，通过做优做强煤炭主业、坚定发展精细化工、强化科技创新驱动和注重人才培养与引进等措施，推动煤化工产业朝高端化、多元化、低碳化方向转型，从而实现产业升级和价值提升的目标。

关键词： 新质生产力　创新驱动　生产要素　产业升级

内蒙古伊泰集团有限公司（以下简称"伊泰集团"）自1988年创立以来，已发展为集煤炭、铁路、煤化工、房地产开发、生态修复及有机农业等领域于一体的综合性大型清洁能源企业。伊泰集团稳居中国企业500强之

---

* 课题组组长：刘春林，内蒙古伊泰集团党委书记、董事长、总裁。课题组副组长：李俊诚，内蒙古伊泰集团副总裁、总工程师；刘向华，内蒙古伊泰集团监事会主席；马宇驰，内蒙古伊泰集团董事会秘书。课题组成员：王新民、柴芳、斯日，内蒙古伊泰集团行政管理部高级经理；李新富，内蒙古伊泰集团董事会办公室高级经理。执笔人：杨海军，内蒙古伊泰集团行政管理部副总经理。

列，总资产超 1000 亿元，员工逾 6000 人，业务遍布国内外，展现了强大的市场影响力和竞争力。

在煤炭产业领域，伊泰集团坚持"以煤为主、多元互补"战略，通过现代化矿井建设与资源整合，构建了高效、安全的煤炭生产体系，年产能超5000 万吨。同时，依托自建的铁路与公路网络，实现煤炭的顺畅集运。伊泰集团还积极推动智能化转型，与高科技企业合作，实现矿井智能化升级，确保煤炭生产绿色、高效。

在煤化工领域，伊泰集团紧跟国家清洁能源政策，与中国科学院等科研机构合作，成功推进煤间接液化技术产业化，建成了多个具有自主知识产权的煤制油及精细化学品项目，年产能近 200 万吨，成为行业内的佼佼者。在"双碳"目标下，伊泰集团正加速向低碳、零碳转型，探索煤基新材料研发，推动产业链综合平台升级。

此外，伊泰集团积极履行社会责任，累计贡献税费超千亿元，公益捐赠超 28 亿元，荣获多项国家级荣誉，包括"全国先进基层党组织""中华慈善奖"等，彰显了社会担当与影响力。未来，伊泰集团将继续秉持绿色发展理念，推动产业升级，为实现高质量发展贡献力量。

一 新质生产力视角下伊泰集团高质量发展的实践

新质生产力以全要素生产率大幅提升为核心标志，特点是创新，关键在质优，本质是先进生产力。作为地方大型能源企业，伊泰集团必须主动顺应能源资源发展新形势，积极抢抓新一轮科技革命和产业变革新机遇，加快培育新质生产力，以新动能新优势引领高质量发展。

（一）技术创新引领产业升级

坚持科学布局，实现大型煤炭基地集约化、智能化、绿色化发展。伊泰集团早在 2008 年就建成了年产 1200 万吨的酸刺沟煤矿（后产能核增至2000 万吨/年），同时，伊泰集团开始谋划布局建设两座超千万吨级煤矿，

并于 2017 年先后建成了年产 1500 万吨的红庆河煤矿和年产 600 万吨的塔拉壕煤矿（后产能核增至 1200 万吨/年），最终形成了以酸刺沟、红庆河和塔拉壕 3 座千万吨级矿井为核心的现代化煤炭生产基地，全集团煤炭生产能力超过 5000 万吨/年。近年来，按照国家绿色矿山、智能矿山建设要求，伊泰集团以行业一流的智能化水平为标准，累计投入超 5 亿元，联合华为建设智能矿山，已完成 8 座生产煤矿智能化采掘生产全覆盖。集团 5 家企业（红庆河煤矿、塔拉壕煤矿、酸刺沟煤矿、凯达煤矿和大地精煤矿）均通过内蒙古自治区能源局智能化煤矿验收评估，成为行业智能化标杆企业。目前，集团所属井工煤矿全部进入国家级或自治区级绿色矿山名录。酸刺沟煤矿、宝山煤矿、大地精煤矿被评为国家级绿色矿山，红庆河煤矿、塔拉壕煤矿、凯达煤矿、宏一煤矿被评为自治区级绿色矿山。

聚焦科技创新，全力推动煤化工产业高端化、多元化、低碳化发展。伊泰集团从保障国家能源安全大局出发，主动承担工业化风险，积极推动我国煤间接液化技术产业化。2009 年 3 月，伊泰集团建成了国内第一条具有完全自主知识产权的 16 万吨/年煤间接液化工业化示范项目。2017 年，在克服了技术集成、设计及反应器制造等方面的困难后，伊泰集团 120 万吨/年精细化学品项目一次投料成功、顺利产出合格产品、3 个月实现满负荷运行，创造了行业奇迹。截至 2023 年底，两个项目累计生产各类化工产品 971 万吨，缴纳税费 35 亿元，为我国解决煤间接液化技术"卡脖子"难题、以国家石油战略安全为立足点推动煤制油产业布局及高端化延伸奠定了坚实的基础。

经过 20 余年的精耕细作，伊泰集团在煤制油领域累计投入超 370 亿元，形成了涵盖技术研究、工程设计、催化剂产品生产和大型化工装备制造的产业化支撑体系，培养了 2300 多名产业技术和管理人员及 1000 多名科研人员。以集团具有自主知识产权的"煤基液体燃料合成浆态床工业化技术"为核心的"400 万吨/年煤间接液化成套技术创新开发及产业化"项目荣获国家科技进步奖一等奖。进入新时代以来，伊泰集团高度重视科技创新对产业升级的关键作用，按照习近平总书记关于现代煤化工产业发展的重要指示要求，持续推进技术创新并及时进行产业化。2017 年，成立了伊泰煤基新材料研究院。该研究院积极整合产业链上下游科研资源，加快特种相变蜡、α-烯烃、润滑油基础油等高附加值产品开发转化。2023 年，集团研发的煤基特种相变材料产品发布，打破了国外对该技术的垄断。

2021~2023 年，伊泰集团投入近 20 亿元研发资金用于技术创新。截至 2023 年底，伊泰集团集聚研发人员超 500 人、博士及以上人员 50 人（其中中科合成油技术股份有限公司 47 人、伊泰煤基新材料研究院 3 人）；拥有 1 个博士后科研工作站、2 个省部级实验室（煤制清洁液体燃料北京重点实验室、内蒙古自治区煤基新材料重点实验室）、3 家高新技术企业（内蒙古伊泰化工有限责任公司、内蒙古伊泰煤制油有限责任公司、内蒙古垣吉化工有限公司）、4 个自治区研究开发中心（伊泰化工煤基合成精细化学品研究开发中心、伊泰煤炭开采及深加工研究开发中心、科领环保危险废物综合处置与利用研究开发中心、垣吉化工费托蜡精制研究开发中心），正在筹建伊泰上海创新发展中心，并发起全球化工事业合伙人计划。

（二）生产要素的创新性配置

整合外部要素，全力打造清洁能源综合体。2020 年以来，伊泰集团坚决扛起本土企业政治责任，积极完成煤炭稳产保供任务，先后核增产能 790 万吨/年，全部用来兑现中长期合同，2022 年兑现率达 100%。年产 2000 万吨的酸刺沟煤矿在建矿和生产过程中规划实施煤电联营、煤矸石综合利用、矿井水循环利用等项目，实现了资源清洁利用、循环利用和节能降耗。另外，积极推动煤炭资源低碳化开发，在煤矿采空区、复垦区布局分布式光伏发电项目，在重点用能单位引入绿电，大量减少非化石能源消耗。截至 2023 年底，集团累计投资 5.69 亿元建设光伏发电站 12 座，总装机容量达 89.5 兆瓦，年可实现绿电替代 13665 万千瓦时，节省电费约 1.4 亿元，节约标准煤约 3 万吨，减少二氧化碳排放约 7.8 万吨。

优化内部要素，全面增强企业竞争力。强化管理改革与市场化转型双轮驱动，在高质量发展的征途中，伊泰集团深刻认识到，优化内部要素、提升

整体效能是核心驱动力。为此，集团采取了一系列战略举措，旨在通过深化管理改革与推行内部市场化改革，为企业的长远发展奠定坚实基础。一是深化管理体制改革，为企业高质量发展筑基。管理是企业运营的基石。伊泰集团不断深化管理体制改革，通过优化组织架构、完善管理制度、强化执行能力等措施，提升了管理效能和决策效率。同时，集团注重引入现代管理理念和方法，如精益管理、数字化转型等，推动管理模式的创新升级，为企业的高质量发展提供了有力支撑。二是推行内部市场化改革，激发活力，催生新动能。为进一步提升企业的市场竞争力，伊泰集团积极推行内部市场化改革，将市场机制引入企业内部。组建内蒙古中钰泰德煤炭有限公司、内蒙古仲泰能源有限公司、内蒙古胤泰建筑安装有限责任公司、内蒙古伊泰信息技术有限公司等多个独立的经济实体，依托集团业务优势直接进入市场参与竞争。这种改革模式不仅提升了伊泰集团的专业化能力和市场竞争力，还在降本创效、调动员工积极性、增加员工收入等方面发挥了显著作用。同时，这种改革模式为集团实现井工煤矿整体托管提供了有益探索。三是实施"育鹰计划"，强化人才梯队建设。人才是企业发展的第一资源。伊泰集团高度重视人才培养和梯队建设，启动了"育鹰计划"，旨在通过系统化、科学化的培养机制，为集团持续高质量发展输送新鲜血液。该计划包括"育鹰—翱翔"和"育鹰—展翼"两个子项目，分别针对管理型和技术型人才进行选拔和培养。截至2023年底，已有122名优秀人员通过该计划实现职位晋升，走上了重要的管理和技术岗位，为集团的长远发展注入了新的活力。四是优化财务资源配置，提升资金使用效率。财务是企业运营的血脉。伊泰集团积极运作好伊泰财务公司这一平台，通过集中管理、统一调度等方式，从整体上提高了全集团的资金使用效率。同时，集团注重减少财务费用，通过优化融资结构、加强资金管理等措施，有效降低了财务成本，提升了整体盈利能力。

（三）党建引领高质量发展

在伊泰集团30余载的辉煌历程中，红色基因如同不灭的灯塔，照亮了集团前行的道路。自 1988 年创业之初，伊泰集团便坚定地高举党的旗帜，将党的领导深深植根于集团发展。从最初的 4 名党员到如今拥有 2090 名党员，伊泰集团党委的设立与发展见证了党建力量的不断壮大。

"四个不变"原则作为伊泰集团办企的核心理念，为集团的稳健前行提供了坚实的思想保障。它强调党的领导核心地位不动摇，合法经营、照章纳税的底线不逾越，依靠职工、尊重职工的主人翁地位不改变，为国家和地方社会建设做出积极贡献的初心不褪色。这"四个不变"如同精神支柱，支撑着伊泰人在复杂多变的市场环境中始终保持正确的航向，不断前行。

在完善公司治理结构的过程中，伊泰集团更是将党的领导贯穿集团决策、执行、监督的每一个环节。通过"党委、董事会交叉任职"的复合型领导体制，确保党的路线、方针、政策在集团得到高效贯彻。同时，建立党建发展"五权"体系，赋予党组织在战略发展、生产经营、反腐倡廉、组织建设及人员经费等方面的全面参与权和监督权，为党建引领集团发展提供了坚实的制度保障。在筑牢发展思想根基方面，2023 年开展专题学习 246 次、专题党课 113 次、主题宣讲 110 场次、主题实践活动 72 次、志愿服务活动 69 次，为群众办实事 140 余件。全方位、多层级开展党的二十大精神学习，高标准、高质量推进习近平新时代中国特色社会主义思想主题教育，延伸开展建设模范自治区群众性教育实践活动和铸牢中华民族共同体意识教育实践工作。

二 新质生产力视角下伊泰集团高质量发展的路径探索

发展新质生产力并非凭空创造，亦非盲目地另辟蹊径，而是应当深深植根于企业的现实基础与独特优势。对于伊泰集团而言，其当家产业——煤炭不仅是企业立足之本，更是推动未来发展的坚实基石。因此，在探索新质生产力的发展路径时，伊泰集团必须坚定不移地以煤炭为基础，深耕煤化工领域，实现传统产业的转型升级与价值重塑。

（一）持续推动技术创新与研发

科技创新已成为企业发展新质生产力、向产业链高端迈进的最重要、最关键、最核心动力，伊泰集团在多年高起点、高水平开展技术、产品研发创新的基础上，借助伊泰煤基新材料研究院这一平台，联合国内众多优秀科创型企业或科研院所，锚定现代煤化工全产业链布局创新链，聚焦产业链上下游人才、资金等资源要素，聚点成链、聚链成群，打造高附加值技术产品离岸科创孵化平台。同时，伊泰集团注重在探索新质生产力发展路径方面将科技创新和产业创新一体推进，加大科技创新与成果转化力度，让"实验室"成果加快走上"生产线"，培育新质生产力，探索实现煤化工与绿氢、绿电的耦合，实现高端化、多元化、低碳化发展。正在推进建设的 5 万吨/年 α-烯烃工业化项目、10 万吨/年乙醇联产 2 万吨/年菌体蛋白项目、25 万吨/年三类及以上高档润滑油基础油及食品级白油项目，前期经过多年研发，基本具备工业化条件，正在加快成果转化和技术示范，进军国外高端润滑油市场，填补国内动物蛋白市场缺口，拓展聚 α-烯烃（PAO）、ASA 造纸施胶剂等高端新材料市场。

（二）优化生产要素配置与产业链布局

在追求新质生产力的道路上，伊泰集团深刻认识到优化生产要素配置与产业链布局的重要性。集团通过精细化管理，对煤炭资源、人力资源、技术资源等生产要素进行科学配置，确保每个环节都能发挥最大效能。同时，集团积极调整产业链布局，以煤炭为基础，向煤化工、精细化工等高附加值领域延伸，形成上下游协同发展的产业生态。

在资源配置方面，伊泰集团注重提高资源利用效率，减少浪费，通过技术创新和工艺改进，实现煤炭清洁高效利用。此外，集团还加强了对人力资源的培养和引进，通过"育鹰计划"等人才培养项目，为下属企业输送了大量高素质的管理和技术人才，为产业升级提供了坚实的人才保障。

在产业链布局方面，伊泰集团坚持高端化、多元化、低碳化的发展方向，通过内部市场化改革，催生一批具有市场竞争力的经济实体，这些实体依托集团业务优势进入市场接受竞争，不仅提升了自身的专业化能力，也促进了整个产业链的协同发展。通过优化生产要素配置与产业链布局，伊泰集团正逐步构建起一个高效、协同、可持续的产业发展体系，为新质生产力的持续释放奠定了坚实基础。

（三）加强党建与生产经营深度融合

在党建方面，伊泰集团充分发挥集团党委的领导核心和政治核心作用，保证党和国家方针政策、重大部署在集团内贯彻落实。坚持把服务大局、促进发展作为一切工作的出发点和落脚点，推进主责主业与企业党建深度融合。加强基层党组织建设是实现党建与生产经营深度融合的关键。伊泰集团用好多年来形成的"一个支部一个品牌"独特党支部创建成果，2023年将目标定位在"强堡垒模范支部"创建和"最强党支部"示范引领提质升级工作上。集团党委成立专项组，对标学习优秀党建品牌，围绕能源保供、绿色转型、安全生产、科技创新、节能降耗等开展党建品牌提升行动。开展7次党建品牌提升专项工作深入研讨，改造13个基层阵地，新建2个活动阵地，被授予"鄂尔多斯市非公有制企业和社会组织党建工作实训基地"。特色党建活动的开展，为伊泰集团的基层党组织注入了源源不断的活力。通过打造"四型"党组织，推行"党建+"工作模式，伊泰集团实现了党建与生产经营的深度融合。党员们在各自的岗位上发挥着先锋模范作用，以实际行动诠释着责任与担当。而一系列党建品牌的创建，更让党的旗帜在每一个基层阵地高高飘扬，凝聚起推动集团高质量发展的强大力量。

在履行社会责任方面，伊泰集团同样展现了民企的担当与情怀。在脱贫攻坚、煤炭保供等急难险重的任务面前，伊泰集团始终坚持党建引领，构建了党委领导、支部推动、党员带动的党建工作新模式。通过积极参与社会公益事业、全力以赴完成保供任务等实际行动，伊泰集团为地方经济发展和社会和谐稳定做出了积极贡献。

三 伊泰集团高质量发展面临的挑战与对策建议

（一）面临的挑战

1. 建设清洁能源综合体未达到预期目标

近年来，我国新能源发电装机规模保持高速增长，但由于发电效率等方面的问题，仍然难以满足电力消费需求。当前，煤电在电力系统中仍将发挥"压舱石""稳定器"的作用，煤炭在能源中的基础地位短期内难以改变。大型煤矿具有产能大、服务年限长的特点，实施节能低排放的新型煤电联营项目，就地转化煤炭资源，输出清洁电力能源，可有效减少运输及下游环节的能源消耗及碳排放，同时实现矿井水循环利用、劣质煤综合利用，利用循环产业链实现节能降耗。基于此，伊泰集团在酸刺沟煤矿煤电联营项目良好运营的基础上，计划在红庆河、塔拉壕两座千万吨级煤矿分别建设 1000 兆瓦坑口煤电一体化项目，实现低热值煤的就地转化。但是，伊泰集团面临项目审批困难的情况，特别是塔拉壕煤电一体化电厂项目前期工作已开展 13 年之久，仍未得到核准。

2. 向技术密集型和人才密集型产业转型滞后

近年来，尽管煤炭企业在煤炭市场利好的背景下积极投身煤矿智能化建设，显著促进了产业结构的调整与优化，提升了整体发展质量与经济效益，然而煤炭产业在向技术密集型和人才密集型产业转型的道路上仍显滞后，面临多重挑战。

首先，安全生产体系存在脆弱性。随着开采活动的不断深入，开采环境的复杂性急剧上升，冲击地压、瓦斯等自然灾害的潜在威胁日益凸显，使安全生产风险管控难度显著增加，基础支撑亟待加固。其次，绿色开采技术的普及与应用不足，成为产业可持续发展的一大瓶颈。地表沉陷、水土流失及地质灾害等问题频发，不仅对环境造成了不可逆的损害，也影响了集团的社会形象与长期发展潜力。再次，科技研发与创新能力短板尤为明显。伊泰集团近年来虽然增加了研发投入（2021～2023 年分别为 5.85 亿元、7.16 亿元、6.16 亿元，占销售收入的比例约为 1%），但相较于行业转型升级的迫切需求而言，整体投入仍显不足，特别是在人工智能、大数据等前沿技术的探索与应用上，投入力度与深度均欠缺，产学研合作机制亦不够完善，限制了技术创新成果的有效转化与应用。最后，人才结构的失衡成为制约产业转型升级的关键因素。井下作业环境艰苦，薪酬待遇相对存在劣势，加之对高新技术人才吸引力不足，导致煤炭行业专业人才尤其是复合型高端人才严重短缺。这不仅影响了智能化、信息化建设的进程，也限制了集团在新兴技术领域的探索与突破。

3. 煤制油产业转型滞后，影响企业可持续发展能力

伊泰集团是我国最早进入煤制油产业的民营企业。作为我国煤制油产业的先驱与领军者，历经 20 余年的精耕细作，伊泰集团的发展历程深刻揭示了煤制油产业在转型之路上所面临的复杂挑战与困境。集团投资建设的 16 万吨/年煤制油示范项目及 120 万吨/年精细化学品项目，虽在产能与销售收入上取得显著成就，累计生产 971 万吨产品，实现销售收入 523 亿元，但不可忽视的是，截至 2023 年底，项目整体累计亏损达 6.54 亿元（含计提资产减值损失 4.73 亿元），这一现状深刻揭示了煤制油产业转型滞后的严峻现实及其对集团可持续发展的负面影响。

首先是产品体系与产业链条的单一性。伊泰集团在煤制油领域初期主要聚焦石油替代产品的研发与生产，然而这种单一的产品定位未能有效构建具有核心竞争力的产品体系和完整的产业链条，导致集团在面对石油化工市场波动时缺乏足够的灵活性和抗风险能力，只能被动接受市场规则，难以形成差异化的竞争优势。

其次是消费税政策的影响。国家对煤制油产品征收消费税，进一步压缩了项目的利润空间，加剧了集团的财务压力。这一政策因素在一定程度上限制了煤制油产业的快速发展，使集团在市场拓展和研发投入上显得更为谨慎和保守。

最后是转型策略的实施效果有限。虽然伊泰集团近年来已意识到转型

的紧迫性，并尝试通过延长产业链、投资高附加值项目等方式来寻求突破，投资 12.4 亿元建设了 10 万吨/年费托蜡、50 万吨/年费托烷烃精细分离、2 万吨/年高碳醇、千吨级 α-烯烃中试等附加值较高的项目，但实际效果并未达到预期。这主要是由于转型项目在规模、技术成熟度及市场接受度等方面存在不足，形成新动能尚需时日。

（二）对策建议

1. 构建实业与资本并行运营新模式

与传统能源企业一样，以往伊泰集团把煤炭资源获取作为发展的重要动力之一。面对我国能源结构转型的深刻变革，伊泰集团正积极调整战略方向，从传统煤炭资源依赖型向实业与资本并行运营的新模式转型。在这一转型过程中，集团深刻认识到，单纯依赖煤炭产业的扩张已难以支撑长远发展，特别是在煤炭逐步过渡为基础能源和调节能源的新周期背景下。为此，伊泰集团致力于构建"两条腿走路"的发展策略。一方面，强化实业基础，通过深度整合内部资源（包括劳动、资本、技术、管理等要素），精准对接培育新质生产力的需求，推动煤炭产业向提质增效转变，煤化工产业向高端化、精细化延伸，同时促进非煤产业快速健康发展，形成内部资源高效配置、产业协同发展的"内循环"体系。这一体系不仅提升了资源利用效率，还增强了企业的内生增长动力。另一方面，伊泰集团积极拓展资本运作领域，充分利用国内外市场广阔空间和实体金融双重资源，构建"外循环"发展新格局。通过资本运作，集团不仅能够获取更多的外部资源支持，还能有效分散经营风险，拓宽盈利渠道。同时，这有助于提升集团的品牌影响力和市场地位，为集团的跨越式发展奠定坚实基础。

通过内外循环相结合的发展模式，伊泰集团不仅能有效应对市场变化带来的挑战，还能在激烈的市场竞争中保持领先地位。这种新模式不仅体现了集团对未来发展的深刻洞察和前瞻布局，也彰显了其在新质生产力驱动下实现可持续发展的坚定决心和强大能力。

2.加大研发投入力度，加强人才队伍建设

通过加大安全生产投入力度，推广绿色开采技术，提升科技研发与创新水平，同时优化人才结构，吸引并留住更多高新技术人才与专业技术人员，为产业的持续健康发展奠定坚实基础。

深化技术创新与产品研发。伊泰集团应加大在煤制油核心技术及高附加值产品上的研发投入力度，积极寻求与国内外科研机构、高校及同行的合作，共同推动技术创新与产业升级。通过开发具有自主知识产权的特色产品，构建差异化的产品体系，提升市场竞争力。同时，在现有基础上进一步延伸煤制油产业链，加强上下游企业的合作与协同，实现资源共享与优势互补。通过整合产业链资源，降低生产成本，提高产品附加值，增强企业的抗风险能力。

加强人才队伍建设。重视人才在产业转型中的关键作用，加大人才引进与培养力度。通过建立健全人才激励机制和培训体系，吸引更多优秀人才加入煤制油产业，为产业的可持续发展提供强有力的人才保障。

3.做优做强煤炭主业，坚定发展精细化工

伊泰集团应持续巩固和提升煤炭主业的竞争力。这不仅意味着要追求产量的稳步增长，以满足市场对能源的基本需求，更重要的是将绿色低碳循环发展的理念贯穿煤炭生产的全过程。通过引入先进开采技术、提高资源利用效率、加强生态环境保护等措施，确保煤炭产业的可持续发展。同时，积极探索煤炭清洁利用的有效途径，如煤炭洗选、配煤加工等，减少污染物排放，提升产品附加值。

在巩固煤炭主业的基础上，伊泰集团必须坚定不移地推进精细化工的发展。精细化工是煤化工产业转型升级的重要方向，也是提升产业附加值、增强市场竞争力的关键所在。伊泰集团应充分利用自身在煤炭资源、技术积累和市场渠道等方面的优势，加大在精细化工领域的研发投入力度，推动煤化工产业链朝高端化、多元化、低碳化方向延伸。通过开发高附加值、高技术含量的精细化工产品，如高端化学品、新材料等，满足市场对高品质、多样化产品的需求。

为了加快新质生产力的发展步伐,伊泰集团必须进一步落实创新驱动发展战略。通过构建产学研用协同创新体系,加强与高校、科研院所及行业领先企业的合作与交流,共同攻克煤化工领域的关键技术和共性难题。同时,建立健全科技创新激励机制和成果转化机制,激发员工的创新活力,推动科技成果的快速转化和产业化应用。

综上所述,发展新质生产力需要伊泰集团根植于现实土壤,以煤炭为基础深耕煤化工领域。通过做优做强煤炭主业、坚定发展精细化工、强化创新驱动以及注重人才培养与引进等措施,推动煤化工产业朝高端化、多元化、低碳化方向转型升级,实现产业升级和价值提升的目标。

参考文献

伊泰集团:《伊泰集团 2023 年社会责任报告》,2023。

国家能源集团技术经济研究院主编《中国煤炭工业发展报告(2023)》,社会科学文献出版社,2023。

林毅夫等:《新质生产力:中国创新发展的着力点与内在逻辑》,中信出版集团,2024。

眭文娟、文晓巍、文丹枫:《"十四五"与企业高质量发展:"十四五"时期双循环格局下的企业发展路径》,中国经济出版社,2022。

B.20
华阳集团新质生产力发展实践

华阳新材料科技集团有限公司课题组 *

摘　要： 华阳集团坚定不移实施双轮驱动战略，统筹推进传统产业升级，积极促进传统产业高端化、智能化、绿色化，实现煤炭产业提质、扩容、增效，让传统产业主动拥抱新质生产力。同时，做精做优钠离子电池、高端材料、煤层气制金刚石、PBAT 可降解塑料、高性能碳纤维等新能源新材料产业，构建现代化产业体系，形成发展新质生产力的重要阵地。面向未来，华阳集团应创新发展新质生产力，加大研发投入和核心技术攻关力度，加快科技成果转化和推广工作；推动煤矿智能化建设，升级智能化装备技术，着力打造煤矿智能建设标杆；推动矿区环境治理，积极推进环保节能新技术的研发引进并深入推进节能降碳。

关键词： 新质生产力　科技创新　煤矿智能化建设　节能降碳

一　企业概况及煤炭产业发展历史沿革

华阳新材料科技集团有限公司（以下简称"华阳集团"）是勇担"在转型发展上率先蹚出一条新路来"历史使命，由世界 500 强企业——阳煤集团整体更名而来的高科技新材料产业集团。华阳集团前身为阳泉矿务局，

---

* 课题组组长：石成涛，华阳集团战略发展部部长。课题组副组长：尚校，华阳集团战略发展部副部长。课题组成员：王涛，华阳集团战略发展部战略投资室；聂善兴，华阳集团战略发展部战略投资室；白璐，华阳集团战略发展部战略投资室；李欣欣，华阳集团节能环保部资源管理室。执笔人：朱肖梅，华阳集团战略发展部战略投资室。

于 1950 年 1 月成立，1998 年 2 月整体改制为阳煤集团，是原山西五大煤炭集团之一。阳煤集团是全国最大的无烟煤生产基地，建企 70 余年来，累计生产煤炭 20 亿吨以上，上缴税费 2000 亿元以上，为保障国家能源供给和新中国工业基础体系建设做出了卓越贡献。2020 年 9 月 15 日，山西省政府第 26 次省长办公会研究决定，将阳煤集团更名为华阳集团，要求聚焦新材料产业，提高全省新材料产业集中度，着力构建集科研、产业、资本于一体的新材料协同创新生态系统，推动山西省新材料产业向高端化、智能化、规模化发展，打造在全国具有比较优势的特色新材料产业集群，助力山西省在转型发展上率先蹚出一条新路来。2020 年 10 月 27 日，华阳集团正式挂牌，开启了转型发展新征程。

华阳集团拥有山西华阳集团新能股份有限公司和山西华阳新材料股份有限公司两个上市公司，拥有煤矿 10 座，核定生产能力为 3390 万吨/年。现有机关部室 21 个、业务共享中心 5 个、二级子公司 48 个；共有在册职工 5.83 万人，所属党组织 1043 个，党员 1.57 万人。集团始终坚持创新驱动发展战略，与北京大学、浙江大学、中国矿业大学、中国科学院等数十所顶尖高校、科研院所，及华为、中国移动等数十家一流企业合作，打造集科研、产业、资本于一体的新材料协同创新生态系统。截至 2024 年上半年，华阳集团拥有研发创新平台 47 个，其中国家级企业技术中心 1 个、省部（行业）级科技创新平台 24 个。截至 2024 年底，华阳集团拥有研发技术人员 1730 余人，柔性引进高端人才 58 人，其中院士 7 人。华阳集团先后多次荣获"全国先进基层党组织""全国质量诚信先进企业"等荣誉，连续 7 年入选国务院国资委国企改革"双百行动"名单。

华阳集团坚决贯彻党中央、国务院决策部署，落实山西省委、省政府高质量发展目标要求，以"双碳"目标为引领，坚定不移实施双轮驱动战略，统筹推进传统产业升级、新兴产业壮大、未来产业培育。既坚持立足煤、做强煤，用新技术、新工艺改造提升传统产业，积极促进传统产业高端化、智能化、绿色化，实现煤炭产业提质、扩容、增效，让传统产业主动拥抱新质生产力；又坚持延伸煤、超越煤，立足自身产业基础，集中优势力量，做精做优钠离子电池、高端材料、煤层气制金刚石、PBAT 可降解塑料、高性能碳纤维等新能源新材料产业，构建现代化产业体系，形成发展新质生产力的重要阵地。

华阳集团煤炭产业发展经历了 5 个阶段：第一阶段（1950～2000 年）以煤炭产业为主；第二阶段（2001～2008 年）"煤与非煤并重并举"，发展煤炭、铝产业、磁材、水泥、氯碱产业；第三阶段（2009～2016 年）实施"强煤强化"战略，聚焦煤炭、煤化工、电力产业；第四阶段（2017～2020年）实施"127"战略，发展煤炭、煤化工、煤电铝、装备制造、建筑地产、现代金融、服务业七大产业板块；第五阶段（2021 年至今）实施双轮驱动战略，聚力发展煤炭、新能源新材料产业。

二 煤炭产业新周期下企业发展新举措新思路

（一）创新发展新质生产力

华阳集团自成立以来，肩负"在转型发展上率先蹚出一条新路来"历史使命，大力实施双轮驱动战略，优化产业结构，加大科研投入力度，助力重点领域关键核心技术攻关，培育壮大新兴产业，做精做优新能源新材料产业。结合集团自身情况，创新推动新质生产力发展，主要从以下几个方面着手。

一是以科技创新推动产业创新，加快科技创新体系改革。完善集团层面科技创新领导组织建设，推动基层单位建立起技术、财务、人力等多部门联动的研发管理机制，推动项目、人才、资金一体化配置，加大关键技术攻关和科研产品开发力度，健全科技创新体系，出台相应政策积极推动新能源新材料项目高效率、高质量落地。

二是优化产业布局，加快成果转化。聚焦钠离子电池、高性能碳纤维等产业，尽快实现产业链的融合，打通产业应用、商业运营等创新场景，促进科技成果转化为现实生产力。强化对产业链关键环节的引领，与行业协会组

织加强产业链互动，与产业链企业开展良性竞争，助力产业尽早形成新质生产力。

三是积极推进绿色开采工艺技术研究。基层技术人员固守传统经验做法，没有真正"走出去、引进来"，存在创新能力不足、科研工作推进缓慢、技术发展滞后等问题。华阳集团坚持加快推进对绿色开采工艺技术的研究，使集团在真正意义上实现技术方面的创新突破。

四是推动数据的标准化建设、智能化挖掘。充分发挥数据要素价值，开发数据应用场景。目前，华阳集团与实现"用数据说话、用数据决策、用数据管理"的目标还有一定差距，通过调研学习其他企业的数字化转型和智能化管理先进经验，建立"煤矿智能化运行评价管理体系"，开展"智能化采掘工作面建设专项评比"，对数据的连续性、完整性和标准化程度进行评比，对信息化建设进行统一指导，制定统一标准，推动信息资源的整合，打造属于华阳集团的数据支撑数智化管理平台，助力实现数字化转型。

五是加快人才队伍建设，健全技能人才培养体系。人才队伍建设是科技创新和新质生产力发展的重要影响因素，建立高效的人才培养体系和多元化的引进机制是助力华阳集团创新转型的关键。华阳集团实施高技能人才培训基地师资队伍提升行动，选拔集团公司各行业专家和技术能手组建技能人才专家库，培养专业带头人，完善技能人才激励政策，重点培育急需紧缺技能人才，形成"低端普惠"和"高端引领"双向发力的激励导向。

（二）做好科技创新成果与先进技术推广工作

一是建立科技成果转化机制。为促进科技成果转化，充分调动科研人员的积极性，规范科技成果转化实施流程，推动科技成果转化为现实生产力，华阳集团根据《中华人民共和国促进科技成果转化法》《实施〈中华人民共和国促进科技成果转化法〉若干规定》等法律法规，制定《科技成果转化与激励管理办法（试行）》，明确转化及奖励流程，对实现成果转化的科研人员给予奖励。

二是打造新材料原创技术策源地。华阳集团聚焦新型钠离子储能技术、钠离子电池储能系列产品，开展磷酸铁钠正极材料规模化制备、工业化储能应用等关键技术攻关，打造"钠离子电池储能产品原创技术策源地"，制定《钠离子电池储能产品原创技术策源地建设行动方案》，于 2023 年 4 月 18 日完成论证评审，上报山西省国资委。与山西大学签订《钠离子电池储能技术厅市共建山西省重点实验室培育基地共建协议书》，共同推进钠离子电池储能技术实验室建设，加快推进"钠离子电池关键技术研究"等六大重点研发项目。应邀加入由国家电网、南方电网共同组建的新型储能创新联合体，推动新型储能基础研究、技术研发和产业化应用，培育高水平人才队伍，破解行业发展痛点。2024 年 6 月 12～14 日，围绕钠电产业发展在山西省阳泉市举办国家级专业化论坛——第三届钠离子电池产业链与标准发展论坛，与中国电子技术标准化研究院、中关村储能产业技术联盟等行业头部单位重点布局钠离子电池产业，推动钠离子电池大规模商业化应用。华阳集团成为全国首家实质性打造钠离子电池全产业链的企业。

三是实现高分子纤维气凝胶成果转化。华阳集团针对高分子纤维气凝胶材料当前存在的制备流程复杂、纤维结构稳定性不足、生产速度慢、生产过程不连续等问题，开发了高分子纤维气凝胶（白绒）连续化制备技术及中试生产装置，实现高分子纤维气凝胶保暖材料的稳定生产，产品经浙江省科技成果鉴定达到国际先进水平。相关项目于 2023 年 4 月完成终期验收，并顺利在浙江平湖实现成果转化，建成年产 700 吨的白绒生产线。白绒产品已应用于集团公司内部示范工程，且反响良好。为加快市场推广，先后与际华集团、水星家纺、安踏等企业就白绒供销事宜进行洽谈，多家企业合作意向明显。2024 年初与际华集团签订 3.5 吨白绒产品买卖合同，真正实现了成果转化。

四是开展高性能碳纤维科技成果转化。积极拓展无烟煤下游的材料化应用，与中国科学院山西煤炭化学研究所深入合作，针对国内高性能碳纤维当前存在的生产技术相对落后、市场需求供应不足、产业链不完善等问题，开发了干湿法 T1000 级聚丙烯腈碳纤维生产技术及中试生产装置，实现了高性能碳纤维的稳定生产。2023 年 6 月，山西华阳碳材科技有限公司与中国科

学院山西煤炭化学研究所签订千吨级高性能碳纤维一期 200 吨/年示范项目技术开发协议，计划于合同生效后 5 年内完成技术开发任务，实现成果转化。

三　煤炭产业新质生产力发展企业实践

（一）聚力科技创新

一是加大研发投入力度。2024 年，华阳集团加大研发投入力度，科学规范开展科技创新工作，推进研发活动标准化管理。截至 2024 年 9 月，研发投入达 18593 万元。

二是梯度培育科技型企业。宏厦公司获批山西省 2024 年第一批创新型中小企业。华钠芯能、煤基公司获批 2024 年度阳泉市科技成果转化示范企业。宏厦三建、煤基公司获批 2024 年度阳泉市中试基地。

三是加强高端人才队伍建设。多渠道引育高端人才。2024 年 2 月聘用浙江大学刘之涛教授为华阳集团产业技术研究总院新能源分院名誉副院长；4 月柔性引进中北大学王延忠教授，挂职华阳集团产业技术研究总院新材料分院科研副院长；5 月引进清华大学硕士刘建涛，任华阳集团产业技术研究总院新能源分院技术总监。强化科技人才培训。2024 年 5 月于浙江杭州开展了为期一周的"科技创新管理能力提升培训班"，浙江大学管理学院教授郑刚、浙江大学西子研究院副院长汪泉发等 8 位相关领域专家围绕创新思维、新质生产力、精益化管理等内容进行了授课，集团各重点单位共计 50 人参加。进一步强化企业创新主体意识，助推集团公司高质量发展。

四是加大核心技术攻关力度。积极参与国家和行业重大科技项目攻关，打造原创技术策源地。煤炭产业主要围绕瓦斯治理、巷道支护、充填开采、智能化采掘等领域开展技术攻关，新能源新材料产业主要围绕钠离子电池模块化储能、无烟煤基快充型石墨负极材料、高性能碳纤维等领域开展技术攻关，已取得 2 项创新成果。2024 年上半年，申请专利 14 件，其中发明专利

5件；授权专利24件，其中发明专利11件。

五是积极参编国标行标。截至2024年上半年，华阳集团承担或参加制定、修订各级技术标准共计227项，其中国家标准11项、行业标准8项、地方标准1项、团体标准191项、企业标准16项。2024年参编2项国家标准、3项行业标准，其中《水泥净浆黏度测定方法》《水泥原材料中总铬的测定方法》2项国家标准、《绿色建材评价建筑用气凝胶绝热材料》1项行业标准正式文本已发布。

（二）推动煤矿智能化建设

一是强化智能煤矿网络基础建设。在煤矿智能化建设过程中，网络建设为视频传输提供了重要的通道和基础。华阳集团通过建立高速、稳定、安全的网络，确保了视频传输的流畅性和稳定性，提高了视频质量，为集团打造山西省"无监控不作业"标杆应用提供了有力支持。华阳集团致力于建设"看得见、看得清、看得懂"的视频监控系统，实现重要作业场所全流程监督和可视化管理，有效防范违章指挥、违章作业、违反劳动纪律等行为，助推集团安全稳健发展。

二是强化智能煤矿数据标准建设。开展智能化综采工作面数据标准化及融合分析研究，发布了《综采工作面数据共享规范》山西省地方标准，目标是实现煤矿工业互联网架构下综采工作面数据的模型化和对象化。

三是研制煤矿智能化先进技术装备。成功应用全国首台直径为3米的TBM小断面煤矿岩巷掘进机，月进尺608米，刷新了集团2017年应用直径4.53米的TBM全断面煤矿岩巷掘进机月进尺最高562米的纪录，达全国煤矿岩巷掘进最高水平。

四是着力打造煤矿智能建设标杆。2021年5月建成全省首个智能综采工作面和智能掘进工作面，即新景公司的3215综采工作面和保安佛洼瓦斯管联络巷掘进工作面。"华阳一矿高抽巷全断面快速掘进系统"入选国家能源局《全国煤矿智能化建设典型案例汇编（2023年）》。"华阳一矿高抽巷全断面快速掘进系统""华阳一矿辅助运输智能调度系统""新景矿煤业

TBM 全断面快速掘进系统""开元矿业智能气力输送系统"入选山西省煤矿智能化建设典型案例，并收录于《山西省煤矿智能化建设典型案例汇编（2023 年）》。二矿 81511 智能化综采工作面参加 2023 年全国煤矿采煤工作面智能创新大赛，荣获厚煤层智能综采赛道二等奖。

（三）着力推动矿区环境治理

华阳集团深入践行习近平生态文明思想，坚持生态优先、绿色发展，持续加大环保资金投入力度，高标准、规范化开展环境治理，大幅降低了各类污染物排放浓度和排放量，有效改善了矿区生态环境。集团公司环保工作得到社会各界的认可和肯定，获得中央环保督察整改工作表现突出单位、山西省"春节蓝"功勋企业等荣誉称号。

1. 大气污染防治方面

各储煤场全部完成全封闭改造，并配套建设了喷淋、洒水等降尘设施；各厂区道路及时清扫、洒水，排矸、排灰车辆按要求进行苫盖，大大降低了无组织废气污染。所有小型燃煤锅炉全部完成清洁能源替代改造；锅炉烟气全部完成超低排放改造、低氮改造，重点排放口均安装在线监控设施；筛分、破碎、卸料、转载等环节均配套建设了除尘器或洒水抑尘设施，各项污染物稳定达标排放。

2. 矿井水治理及回用方面

严格按要求建设矿井水处理站，处理工艺主要为"混凝+沉淀+过滤+消毒"，处理后水质达到井下消防洒水使用标准，部分矿井水处理站增加超滤、反渗透等深度治理设施，处理后水质达到地表水Ⅲ类或生活饮用水卫生标准。2023 年集团公司矿井水回用率达 98%以上，主要用于井下洒水降尘、选煤厂补水、乳化液配置、地面绿化、澡堂用水等；其余不具备利用条件的严格按规定达标排放，实现矿井水"应用尽用"。

3. 煤矸石处置利用方面

严格执行国家及地方矸石贮存、填埋规定，按照"由下向上—分层碾压—黄土覆盖—恢复植被—管理维护"的治理模式标准化开展煤矸石"边排边治"，确保覆土厚度、压实度、表面坡度、绿化度等符合要求；加强老旧矸石山管理维护，常态化排查老旧矸石山自燃情况，积极推进矸石山灭火治理工程，及时消除矸石山自燃隐患。同时，加快推进新建矿井矸石井下充填利用项目建设，积极探索煤矸石土地复垦、填筑路基等综合利用新途径，不断提高固废综合利用率，集团公司 2023 年煤矸石综合利用率达到 34%。强化科技创新，先后开展了 15 项与矸石山灭火及生态恢复治理相关的科研项目，并荣获国家科学技术进步奖二等奖、教育部科技进步奖二等奖等诸多奖项，进一步提升了集团公司矸石山生态恢复治理水平。

（四）深入推进节能降碳

集团公司坚持"走出去、引进来"的方针，积极推进环保节能新技术的研发引进和推广应用，组织开展了"大垴梁矸石山温控法综合治理研究与应用""狮脑山矸石山覆盖组合物和植被喷播技术""煤矸石山绿化技术标准研究""二矿桑掌乏风氧化电厂发电""一矿吴家掌风井回风源余热回收利用技术与研究"等项目，取得了丰硕的科研成果。

"大垴梁矸石山温控法综合治理研究与应用"项目能够实现自燃矸石山的快速降温，并有效抑制自燃范围的进一步扩大，为山西省解决矸石山自燃问题提供了安全、经济和可复制的方案，具有良好的经济效益和社会效益。2021 年，该项目获得一项实用新型专利；2022 年，经中国煤炭工业协会科学技术成果鉴定，该项目达到国内领先水平。

"狮脑山矸石山覆盖组合物和植被喷播技术"项目通过使用一种新型封闭隔离材料替代层间覆土，解决黄土资源匮乏、覆土密闭不严等问题，并大幅缩短植被生长时间，提高矸石山抗侵蚀能力，实现生态持久恢复。2021 年，该技术获得一项实用新型专利。

"煤矸石山绿化技术标准研究"项目填补了酸性矸石山绿化标准的空白，为各煤炭单位加强煤矸石山生态恢复精细化管理提供了可参考的经验和样板，在煤矸石山生态恢复治理领域具有重要意义，取得一项发明专利，并荣获"2022 年中国创新方法大赛山西赛区二等奖"。

"二矿桑掌乏风氧化电厂发电"项目每小时可处理乏风54万立方米,年可减排二氧化碳约82万吨。"一矿吴家掌风井回风源余热回收利用技术与研究"项目是低温热管换热技术在国内首次应用于煤矿井筒加温,该项目荣获2018年度中国煤炭工业协会科学技术进步奖一等奖。以上两个项目成功入选中国企业联合会"2023企业绿色低碳发展优秀实践案例"。

四　企业发展新质生产力存在的问题及对策建议

（一）存在的问题

1.矸石利用技术不成熟或利用量低

目前,国内外大型煤矿尤其是高瓦斯矿井的煤矸石井下充填技术仍不成熟,不仅一次性投资大、运行成本高,且煤矸石充填至井下采空区后,无法与空气、水分彻底隔绝,存在易自燃等安全隐患。

2.掘进工序、装备还需进一步改进

一是普掘岩巷打眼效率低、钻眼时间长、出渣慢,巷道掌头淤泥积水多,施工环境受影响。二是掘进机适应效果差,莫氏硬度小于6,有一定的适应范围。全断面硬岩掘进机对岩层坡度变化的适应性差,如遇到泥岩等松软岩体,会出现顶帮破碎掉矸,造成设备运行和维护困难。三是目前支护机具普遍使用凿岩机、气动锚杆钻机,支护耗时长。

3.数据挖掘和应用工作力度不足

煤矿生产和运行数据的采集、上传只是智能化建设的基础,数据的标准化建设、智能化挖掘、安全性管控等才是智能化建设的核心,海量数据分析、数据处理、智能决策和预警指挥是智能化建设的最终目标和发展方向。华阳集团在数据挖掘和应用方面还需要进一步加大工作力度。

4.新型技能人才短缺

随着煤矿企业由传统生产模式向智能化、数字化生产模式转型升级,新型技能人才短缺成为行业普遍存在的问题。华阳集团亟须引进培养一大批适应企业智能化、数字化建设以及信息化控制、运维的新型技能人才，而采取何种方式高效引进人才、科学培养人才、合理使用人才，是华阳集团下一步需要重点探索解决的问题。

5. 钠离子电池市场开拓存在困难

从未来发展战略来看，钠离子电池能够改变锂资源受制于人的局面，符合应用安全性要求。但目前钠离子电池产品还处于发展期，产业链尚不完善，尤其是在锂电行业价格下降的情况下，钠离子电池的市场开拓存在一定困难。

（二）对策建议

1. 建立完善技术规范

目前充填开采、沿空留巷、切顶卸压等工艺、技术种类繁多，建议国家层面建立完善相关技术规范和标准，便于煤炭企业在工作推进过程中落实相关要求。

2. 加快快掘工艺、装备改进研究

一是研发小断面岩巷快速掘进装备，如硬岩掘锚一体机、快速临时支护和锚杆支护成套装备，探索吸尘式锚杆钻具替代用水打眼，减少巷道积水淤泥。二是全力推进全断面岩巷掘进机（盾构机）的使用，建立盾构机使用煤矿技术规范标准，规范盾构机使用模式，如租赁有资质单位的盾构机，并要求其提供掘进、维修、保养等系统化服务。

3. 其他建议

一是进一步配套研究制定激励政策，鼓励和支持煤矿安全科学技术研究和煤矿安全生产先进技术、工艺的推广应用。

二是在以钠离子电池为主要动力的载人、载货及工程车辆方面给予购置补贴，重点支持有基础、有积极性、有特色的企业或区域围绕钠离子电池储能关键零部件技术攻关和产业化应用开展示范。

三是依据《财政部、国家税务总局关于对电池 涂料征收消费税的通知》（财税〔2015〕16号）中对无汞原电池、锂原电池等免征消费税的相

关政策，免征钠离子电池消费税，从而降低材料成本，推动产业快速发展。同时，建议有关部门制定引导相关企业积极开发钠离子电池公共车辆的政策，将钠离子电池公共车辆列入政府优先采购目录，在国资背景企业和机关单位等设置一定的采购比例。

四是制定煤矸石井下充填、地面回填等技术标准，科学调整现行政策和实际管理中"煤矸石全部井下充填""煤矸石不允许永久填埋"等要求，并结合山西省耕地面积小且分散、荒沟荒地多的特点，允许企业实施煤矸石土地复垦、填沟造地、填筑路基等综合利用项目。

五是及早将低浓度瓦斯利用项目纳入温室气体自愿减排市场，并适当提升瓦斯利用浓度上限，同时尽快明确低浓瓦斯利用中国核证减排量（CCER）方法学和碳减排量签发流程，帮助企业增加碳资产收益，进而激发其自主碳减排积极性。

六是加大对瓦斯及余热发电企业的政策扶持力度，进一步调整优化瓦斯发电上网电价，简化余热余压利用项目审批程序，为瓦斯发电和余热余压利用等创造良好条件，持续提升能源利用水平和节能降碳成效。

参考文献

王国法：《煤矿智能化最新技术进展与问题探讨》，《煤炭科学技术》2022 年第 1 期。

于海鹏：《"双碳"目标下煤炭矿区节能降碳路径研究》，《煤炭经济研究》2023 年第 9 期。

王海军、黄万慧、王洪磊：《煤矿智能化建设中发展新质生产力的内涵、挑战与路径》，《智能矿山》2024 年第 7 期。

武光城、田俊夫、张建中：《新质生产力赋能煤炭行业数字经济高质量发展》，《煤炭经济研究》2024 年第 7 期。

邬丽群、张倩：《新质生产力视域下煤炭行业人才培养研究》，《煤炭经济研究》2024 年第 7 期。

B.21
新质生产力驱动下川煤集团
高质量发展的路径与实践分析

四川省煤炭产业集团有限责任公司课题组*

摘　要： 本报告在介绍川煤集团概况及历史沿革、总结 2021 年以来川煤集团在产业发展方面的举措和新质生产力发展实践的基础上，分析了新周期下川煤集团产业发展、新质生产力发展面临的问题，提出了未来一个时期川煤集团在产业发展方面的思路和新质生产力发展方面的思考。下一步，川煤集团将以习近平新时代中国特色社会主义思想和习近平总书记对四川工作系列重要指示精神为指导，以推动企业转型升级、高质量发展为总基调，以发展新质生产力为着力点，以深度优化产业结构布局为抓手，以国企改革深化提升行动为主线，以实施"四大战略"为主攻方向，加快培育战略性新兴产业，积极融入区域经济发展，推动煤炭向绿色智能高端升级、企业向清洁能源综合供应商转型，努力建设西南地区一流现代化综合型能源企业。

关键词： 四大战略方向　产业发展　新质生产力　科技创新

一　企业概况及历史沿革

四川省煤炭产业集团有限责任公司（以下简称"川煤集团"）是四川

---

* 课题组组长：王昌润，四川省煤炭产业集团有限责任公司党委书记、董事长；王映健，四川省煤炭产业集团有限责任公司党委副书记、副董事长、总经理。课题组副组长：郑和平，四川省煤炭产业集团有限责任公司党委委员、董事、副总经理。课题组成员：张骞，四川省煤炭产业集团有限责任公司战略发展部；刘伯军，四川省煤炭产业集团有限责任公司科创中心。执笔人：梁洪，四川省煤炭产业集团有限责任公司战略发展部部长；程联勇，四川省煤炭产业集团有限责任公司战略发展部副部长。

省委、省政府为优化调整煤炭工业结构、促进全省煤炭工业健康发展，于2005年8月以省内国有重点煤矿为基础组建的大型煤炭企业集团，注册资本金为30亿元。川煤集团拥有9家二级子公司和85家三级子公司，总资产为304亿元，在册职工为3.3万人。主要产业分布在云贵川三省九地市州，拥有煤炭资源储量约24亿吨、生产矿井20对，核定产能为1478万吨/年；选煤量厂13座，入选能力为1300万吨/年，年产原煤约1200万吨、贸易煤800万吨；煤机装备制造能力为5万吨/年，瓦斯、煤矸石、光伏发电装机规模为116MW；国家大型应急储煤基地2个，静态储煤能力为140万吨；综合及专科医院5家、酒店7家。形成了以煤炭生产经营为主，新能源、工程建设、装备制造、医疗康养、科技服务、物流贸易协同发展的产业体系。

二 新周期下企业发展举措与思路

（一）2021年以来企业在产业发展方面的举措

2021年以来，川煤集团顺利完成司法重整，实现从"债务泥潭"到"转型发展"的转变。进入创新创业新阶段后，川煤集团坚持从全国全省战略大局中找准坐标方位，对企业战略布局进行调整优化，确立"传统能源改造升级、新兴产业前瞻布局、装备制造规模提升、医疗康养融合发展"四大战略方向，聚焦煤炭核心主业改造升级、战略性新兴产业培育提升、现代服务产业布局优化，推进企业转型升级、高质量发展。

1.聚焦煤炭核心主业改造升级

一是全力推进智能化改造升级和"五化融合"建设。截至2023年底，共建成1对智能化示范矿井、12个智能化综采面、1个智能化综掘面，智采产能达到650万吨；共建成国家一级标准化矿井5对、安全高效矿井12对，机械化程度达91.4%，综采率和综掘率分别达90.4%、34.7%。二是持续扩大资源保障和产能规模。强力推动矿业权申办、深部资源勘探，积极争取将退出矿井资源纳入整合开发范畴，截至2023年底，保有资源量提升至

24.37 亿吨；深挖生产矿井潜能，产能规模提升 40 万吨/年；做实矿业分公司煤矿托管业务，截至 2023 年底，省外最高托管产能达 500 万吨，为产业后续拓展积累了经验。三是稳步提升供应保障及储备能力。积极发挥全省能源安全应急兜底功能，加强生产组织，2021~2023 年年均产量维持在 1100 万吨左右；建立营销贸易平台，加强整合引进省内外优质煤源，截至 2023 年底，累计供应煤炭 4500 万吨，供应能力持续增强，每年均超额完成电煤保供任务；建成达州河市、广安高兴储煤基地，形成静态储煤 140 万吨、年周转 1100 万吨的能力。四是不断加强绿色低碳开采和清洁高效利用。建立贯穿"从设计到生产现场"的全流程绿色开采体系，全面推行煤与瓦斯共采、减沉开采，原煤入洗率达 100%；2021~2023 年年均投入约 1.5 亿元，实施一批矿井水处理、土地复垦及矸石山治理等环保工程，矿区生态持续好转。

2. 聚焦战略性新兴产业培育提升

一是推进煤机制造产业规模化发展。以四川嘉华机械有限责任公司为主体，整合分散煤机制造产业并提级管理，加大基础设施及设备改造更新力度，截至 2023 年底，产品加工制造能力提升至 5 万吨/年；成立研发中心，加强技术攻关，先后在薄煤层、急倾斜、大采高、大倾角智能综采支护装备方面取得突破，核心产品不断增加；加强销售网络构建，产品向内销往 15 个省份的多家大型煤企，向外远销欧洲，年均服务 100 余个采煤面。2021 年，四川嘉华机械有限责任公司被成功认定为专精特新"小巨人"企业。二是推进新能源产业培育布局。在光伏发电方面，截至 2023 年底，利用矿区闲置土地资源建成分布式光伏电站建设 2 座，装机规模为 10MW；主动对接攀枝花、广元等地区光伏产业发展规划，积极争取采煤沉陷区治理政策支持，推进光伏发电拓展增量，力争"十四五"时期新增集中式光伏装机 150MW 以上。在煤层气方面，截至 2023 年底，新建或扩建瓦斯发电站 5 座，新增装机 4.5MW，累计达到 14 座、总装机 31.4MW；成功实现白皎煤矿地面煤层气探索性开发，并分步推进川南芙蓉矿区地面煤层气滚动开发利用，截至 2023 年底，累计建设煤层气井 16 口，预计到 2025 年末年产气达

到 2000 万 m³，为"十五五"时期形成规模效应创造条件。

3. 聚焦现代服务产业布局优化

工程建设板块积极对标一流企业，大力实施"走出去"战略，深入构建矿建带托管、基建带运维以及"房建+"等产业链，提升自身"造血"功能，在工程建设施工市场竞争激烈的背景下，2021～2023 年营收年均增长14.27%。科技服务板块坚持走"专精特新高"发展之路，做精做优煤矿检测，优化勘察设计、工程监理、工程治灾等服务，截至 2023 年底，经济规模提高约 20%。医疗康养板块通过升级医院设施设备提升诊疗服务能力，稳步推进医养融合发展，截至 2023 年底，新建康养床位 500 余张；整合酒店资产，引进战略投资实行专业化运营，实现提质减亏。

（二）未来一个时期企业在产业发展方面的思路

1. 总体思路

川煤集团以习近平新时代中国特色社会主义思想和习近平总书记对四川工作系列重要指示精神为指导，全面学习贯彻党的二十大和省委十二届历次全会精神，深入对接"四化同步、城乡融合、五区共兴"及四川国家战略大后方建设、成渝地区双城经济圈建设、新时代西部大开发等战略需求，完整、准确、全面贯彻新发展理念，主动服务和融入新发展格局，抢抓深入推进新型工业化、加快现代化产业体系和新型能源体系建设机遇，主动顺应煤炭行业新一轮科技革命和产业变革，坚持"绿色、低碳、安全、高效、可持续"的发展理念，以推动企业转型升级、高质量发展为总基调，以发展新质生产力为着力点，以深度优化产业结构布局为抓手，以国企改革深化提升行动为主线，以实施"传统能源改造升级、新兴产业前瞻布局、装备制造规模提升、医疗康养融合发展"四大战略为主攻方向，加快培育战略性新兴产业，积极融入区域经济发展，推动煤炭向绿色智能高端升级、企业向清洁能源综合供应商转型，努力建设西南地区一流现代化综合型能源企业，全力担当四川省煤炭安全保障供应商和综合服务商，更好地服务四川经济社会高质量发展。

2.主要任务

一是持续推动煤炭产供储销一体化。紧抓四川加快构建现代工业体系的机遇,通过"高端化、低碳化、定制化"路径,通过矿井智能化改造升级、煤矿托管扩容等增强煤炭主业发展能力,加速推动煤炭产业向"高端、智能、绿色、低碳"提档升级。推进矿业权申办,争取退出矿井资源整合建设,积极寻找优质资源,加强资源保障。深入推进智能化矿井、智慧化矿山以及"五化融合"建设,大力实施强链补链、强基保安、提能增产、提质增效工程,稳步提高产能利用率,持续构建煤矸石等循环经济产业链,推动煤炭产业提档升级。加强储配能力建设,强化区域能源应急保障和工业原料支撑,以企业搭建的煤炭大营销平台为纽带,加强省内外优质资源整合引进,构建集煤炭储备、销售运输、清洁转化、智慧交易等于一体的现代煤炭"点对点、定制化"服务模式,进一步扩大煤炭贸易规模,增强供应保障能力,主动服务全省战略大局。充分发挥企业在复杂难采煤层和成套装备技术等方面的优势,大力实施"走出去"战略,拓展煤矿托管业务。

二是不断壮大服务型装备制造产业。抢抓我国加快建设现代煤炭工业体系、加快煤机装备向智能高端转型的机遇,深度融入四川"六大优势产业提质倍增计划",充分发挥20多年"大倾角、急倾斜、薄煤层"成套装备研发制造优势,加快人才引进和创新平台建设,进一步加大科技创新投入力度,集中力量打造全国复杂难采煤层智能装备技术策源地,并按"总部研发+片区制造"发展模式,锚定差异化、特色化发展目标,开发高端智能采掘装备拳头产品,完善"保姆式"开采技术与装备运用服务体系,增强核心竞争力。同时,加快智能装备生产基地建设,增强产品加工制造能力,以"一带一路"建设为契机,以服务全国15个省份的多家大型煤炭企业为依托,加强销售网络体系构建,扩大国内国际市场份额,稳步推进产业规模化,打造在全国具有较强竞争力的煤机装备服务型制造企业。

三是加速培育发展绿色低碳新型产业。紧密结合全省加快战略性新兴产业培育行动方案,以煤炭生产加工为主线,大力推进风光发电和煤层气等清洁能源开发建设。在风光资源开发建设方面,积极利用攀枝花、广元等地区

良好的光热、风力资源和矿区矸石山、闲置荒山、工业建筑等土地或空间资源,以争取采煤沉陷区治理政策支持为突破口,有序推进分布式风光资源开发。以推进煤炭老矿区转型为着力点,加强地企合作,各自发挥优势,大力推进集中式风光发电合作,加快扩大企业风光新能源开发规模;积极发挥矿区场景优势,探索绿电储能与煤矿用电丰储低用、物流重卡换电等"新能源+"领域的发展。在煤层气开发利用方面,在成功实现白皎煤矿地面煤层气开发利用的基础上,按照推进煤炭规划区、准备区、生产区、采空区"四区联动"、煤气资源联合开发的思路,加快建设川南地区煤层气开发利用实验室,加快川南重点矿区地面煤层气滚动开发利用,形成规模效应;通过地面煤层气开发,减轻瓦斯灾害,降低新井建设、开采成本,逐步推动川南煤田古叙筠连矿区煤炭资源整装开发。

四是积极打造特色鲜明的现代服务业。工程建设板块充分发挥在矿建、房建等领域的特色优势,坚持推动业务培育和资质提升,探索向"两新一重"、"老旧"项目、农村市场等领域转型,拓展发展空间,增强发展动能及抗风险能力。科技服务板块强化科技赋能,搭建检测鉴定、灾害治理、智能化建设等服务平台,提升服务能力,发展技术服务。医疗康养板块积极推进"医疗+康养""康养+酒店""酒店+旅游""旅游+文化"融合创新发展,有序实施医疗康养资源整合和"装备、技术、质量、服务、素质"全面升级,增强发展动能,提升核心竞争力,抢占医疗康养新市场。

三 新质生产力发展实践与思考

(一)2021年以来企业在新质生产力发展方面的实践

1.完善科技创新体制机制

川煤集团主动适应企业司法重整带来的新变化,进一步完善管理体制,明晰职能职责,初步建立起与集团新发展格局相适应的科技管理体系。2021年以来,川煤集团成立科创中心,进一步加强技术创新工作。将企业技术中心研究所下放至四川川煤华荣能源有限责任公司,让研究人员融入生产业务部门，让科技研究更加贴近生产业务、更好地服务生产现场。坚持业绩导向，完善科技创新管理办法、科技人员创新创效激励机制，拓宽科技人才成长晋升通道，有力激发广大科技人员的积极性、创造性。

2. 强化科技创新平台建设

2021年以来，川煤集团下属5家企业获得国家级高新技术企业称号。国省级技术创新平台增加到5个，高新技术企业增加到8家，科技型中小企业增加1家，专精特新"小巨人"企业增加1家；获省部级科技成果奖14项，其中四川省科技进步奖7项、中国煤炭工业协会科技成果奖7项。2021年，四川川煤华荣能源有限责任公司获评省级企业技术中心；2023年，四川芙蓉川南建设工程有限公司申报省级企业技术中心，目前已通过专家答辩，待现场考核。

3. 增加科技创新研发投入

2021年以来，川煤集团坚持"科技是第一生产力"，以新质生产力赋能企业高质量发展，全面推进技术创新工作落地落实。2021年投入研发经费21235万元，研发投入强度为1.31%；2022年投入研发经费35842万元，研发投入强度为2.28%；2023年投入研发经费35563万元，研发投入强度为2.21%。2021~2023年获得发明专利授权22件。

4. 推进关键核心技术攻关

一是在智慧矿山建设方面，提升矿井安全高效开采水平。在龙滩煤矿实现生产全流程的集中控制、协同作业与优化调度，推动矿井生产智能化运行、感知能力提升、信息综合处理、数据挖掘以及决策支持。该项目经济效益为3092万元/年。二是在复杂难采煤层综采成套技术与装备研发制造方面，联合西安科技大学，利用国家煤炭工业采矿工程重点实验室，通过大型平面、立体相似模拟实验系统，研发急倾斜煤层智能化开采方法、配套技术及工艺。项目在绿水洞、大宝顶、龙滩、铁山南煤矿等内部19对矿井的57个工作面进行推广应用。2021~2023年，新增产值13.97亿元、利润5.28亿元。三是在急倾斜复杂条件俯伪斜开采成套技术研究方面，开展急倾斜俯

伪斜智能化综采可行性方案研究、综采面"三机"配套选型与设备稳定性控制研究、工作面设计和开切眼支护设计研究。相关技术先后在石洞沟煤矿等 10 对矿井中应用，其中石洞沟煤矿 31111 工作面智能化综采水平显著提高，年创经济效益 4667.7 万元。四是在大倾角煤层智能化监测监控装备研发方面，开展支架侧护行程精准监测、支架高度监测、大倾角防护系统与智能化采煤工艺的动作匹配与程序控制，相关项目在绿水洞煤矿 3122 工作面开展工业性试验并成功实施。五是在大伸缩比高可靠轻型液压支架设计与应用方面，为解决大倾角急倾斜松软厚煤层大采高综采液压支架存在的问题，在原支架防倒、防滑和防飞矸的基础上，针对分体运输搬家倒面安装困难导致的开采效率不高等问题进行分析研究。相关项目分别在太平煤矿 3121－22 工作面、石洞沟煤矿 31111 工作面开展工业性试验并取得成功。六是在低透气性煤层瓦斯治理技术研究方面，把煤层瓦斯治理技术作为安全开采的重点科技项目，在大宝顶、龙滩、叙永一矿等煤矿重点开展难采煤层、低透性煤层的瓦斯治理技术研究，确保矿井安全生产。

（二）未来一个时期企业在新质生产力发展方面的思考

1. 总体思路

以习近平新时代中国特色社会主义思想为指导，深入贯彻创新驱动发展战略和能源安全新战略，坚持新发展理念，加快培育和发展新质生产力，以支撑引领现代化煤炭经济体系建设为目标，加强新一代信息技术与煤炭开发利用的深度融合，大力提升自主创新能力，加强煤炭安全生产研究，积极推进煤炭安全绿色智能化开发和清洁高效低碳化利用，强化重大技术创新示范引领，推广先进适用技术，培养科技创新人才，构建开放型合作创新生态，为川煤集团高质量发展提供坚实的科技支撑。

2. 主要任务

一是积极构建三级技术创新体系。完善科技创新管理机构，加强集团、子公司、矿（厂）三级技术创新体系建设，细化各级管理职能职责。加强研发体系建设，根据各子公司均为专业化公司的实际，将研发机构建在子公司更有利于工作开展。完善科技创新激励机制和容错机制，探索对原创技术研发核心人才实施中长期激励。

二是加大科技创新经费投入力度。完善三级科技投入机制，落实好科技经费提取和使用管理办法，加大投入强度，确保各子公司研发投入占营业收入的比例每年增长 5% 以上，并加大重点科技项目和核心技术、拳头产品的研发力度和投入强度，确保项目落地见效。

三是逐步建设一批引领性创新平台。川煤集团技术中心 1 年内建成省级技术中心，力争 3 年建成国家级技术中心；四川川煤华荣能源有限责任公司、四川嘉华机械有限责任公司保持省级技术中心地位，实力进一步提升；四川鼎能建设（集团）有限公司、四川省恒升煤炭科技开发有限公司 2 年内建成省级技术中心；到 2026 年建成 2 家四川省知识产权优势企业，再培育 2 家高新技术企业。

四是加强科技攻关以解决发展技术难题。在煤炭主业板块，围绕复杂煤层安全高效开采，重点开展大倾角和急倾斜智能化综采面超前护巷、提升薄煤层硬底综掘单进水平、全岩盾构机快速掘进、瓦斯增透、水压预裂和水沙混压及水力冲孔、绿水洞 50°~70° 急倾斜大俯伪斜综采装备及开采、花山大倾角大采高煤层综采面开切眼快速掘进及综采设备安全高效回撤和安装、龙滩长兴灰岩段系统巷道帷幕注浆治理、柏林极近距离煤层破碎顶板开采等课题研究，以颠覆性、原创性、前沿性技术发展新质生产力，建设国内复杂条件智能化开采原创技术策源地。围绕精煤战略，开展多种煤配洗技术及效益最大化、生产无烟喷吹煤技术、外购煤配洗最大效益边界研究。加大智慧矿山建设力度，全面推进智能化采煤、智能化掘进，适时建设智能化洗选厂。在机械制造板块，深化急倾斜煤层大俯伪斜智能化综采成套装备及工艺研究，加大工作面 3D 实景再造系统、工作面煤壁煤岩界面透视识别系统、急倾斜综采支架位态监测及核心控制系统的研发力度，加强玄武岩纤维池窑炉技术开发研究，形成成套技术和装备，抢占复杂开采条件智能化煤机市场，提升煤机制造质量和品牌效益。利用建新厂的契机，高起点高标准建设智慧工厂，实现机械制造业高端化、智能化、绿色化发展。在建筑建材板块，应

用建材生产智能化、工程施工模块化、项目管理智慧化等技术。在科技服务板块，深化对外技术合作，重点开展煤矿、隧道等灾害治理技术攻关和煤矿监测监控设备研发，巩固千米钻机瓦斯治理、井下灾害检测监测、矿区生态环境治理等技术。在医疗康养板块，着眼拓展发展空间，提升生存和竞争能力，聚焦矿山医疗救援体系、特色专科医疗、智慧医院、康养服务创新等方面。在物流服务板块，围绕煤炭"产供储销"体系建设开展智慧物流技术研究，打造"产业+数据+金融"物流综合服务模式。在焦化处理板块，开展焦化公司最佳配煤比研究，对焦化公司销售、合作、产业链延伸进行深入研究，全面分析论证焦化产业生存发展模式。

五是以科技创新赋能新的产业链。开展生产矿井煤层气开发利用技术、煤层气地面高效经济抽采技术研究。开展松潘县东北寨金矿构造叠加晕研究及成矿预测、东北寨复杂含砷含碳型金矿石选矿试验研究。针对赋存条件复杂、灾害威胁大、开采难的托管煤矿，做好技术论证。与院校和优秀企业开展广泛的合作，选择优秀的科技成果进行转化，发展新的产业链。

六是加大产学研合作力度。加强与煤炭及能源方面的高校及科研院所的合作，开展好煤矿开采技术及灾害防治技术攻关，强化煤层气开发利用；加大煤机制造高端装备的产学研合作力度，研发新产品、开拓新市场，促进产值实现大幅提升；积极参与成渝地区双城经济圈重大项目、重大工程建设，推动建筑产业提档升级；加强与华西医院、省人民医院、重庆医科大学附属医院的合作，持续提升医疗综合服务水平，适时引进新技术新装备，扩展业务范围；充分发挥安全技术服务优势，积极参与重大基建工程。

四　川煤集团高质量发展面临的形势与对策建议

（一）新周期下企业产业发展面临的形势

1.外部环境

基于我国能源情况，考虑影响能源安全的非传统因素不断增多，煤炭作为兜底能源的趋势持续凸显，尤其是四川还需要煤炭在能源应急、电力调峰、工业领域发挥关键作用，区域市场广阔，企业实现传统能源改造升级有较好的环境；国家正加快建设现代煤炭工业体系，煤机产业迎来了由传统制造向高端制造转型的机遇；煤矿安全生产要求不断提高，大量煤炭企业对专业化生产的需求日趋增强，为企业开展煤矿托管带来新空间。能源结构加速转换，清洁能源对传统能源的冲击愈加明显，煤炭行业发展所受制约越发突出；煤炭价格不再呈明显的周期变化规律，不利于行业和企业稳步发展；广阔的区域市场加速吸引北煤入川，对四川省内煤企的冲击越发猛烈。

2. 内部形势

一是资源基础薄弱。企业煤炭资源总量虽有一定规模，但均衡性不强，五大矿区开采历史久远，多数矿井进入深部开采阶段，部分矿井资源正逐步枯竭，产能产量有下滑之势，并且优势资源不多，多数资源赋存条件差、灾害威胁较大、开采成本高、产品竞争力不强，急需优质接替资源。二是煤炭产能提升受限。企业产能产量不足，一方面，因四川煤矿多为煤与瓦斯突出矿井，在资源配置、产能核增等方面受政策限制；另一方面，受四川煤炭资源赋存限制，新井建设投资规模大、周期长、经济性较差，省外优质资源不易获得。三是转型支撑薄弱。煤炭主业上下游产业链、循环经济产业链构建力度不足，装备制造、煤层气及光伏等战略性新兴产业资源支撑、技术支撑不够，工程建筑、科技服务、医疗康养等板块市场竞争力不强、规模效应不足，支撑转型发展的动能亟须增强。四是发展资金和人才保障不强。企业资信等级还未完全恢复，融资渠道还未重构完成，只能依靠自有资金推进改革发展，投资能力有限。对煤炭主业提档升级和煤机、煤层气、光伏等产业的培育步伐加快，人才需求随之升级，高端技术型、专业技能型、复合管理型等方面的人才紧缺。

（二）新周期下企业新质生产力发展面临的形势

1. 外部环境

能源安全是关系国家经济社会发展的全局性、战略性问题，对国家繁荣

发展、人民生活改善、社会长治久安至关重要。党的二十大报告明确提出"深入推进能源革命，加强煤炭清洁高效利用""加快规划建设新型能源体系"，对煤炭行业提出了更高的要求。低碳经济、绿色环保、生产安全已经成为当今世界的主流趋势，煤炭及关联行业面临产业结构调整的重任，依靠科技进步发展低能耗、符合环境保护要求、安全风险低的产业和项目任务艰巨。这迫切要求川煤集团通过发展新质生产力，在安全生产、节能降耗、综合利用、产品深加工等方面取得新进展，不断塑造发展新动能新优势。

2. 内部形势

资金投入不足。科技创新往往需要大量资金投入，但因煤价不确定或内外部资源有限，资金投入及兑现成为瓶颈。人才短缺。高层次人才、引领型人才短缺；在经济下行情况下，人才培养、留用、引进存在挑战。创新成果转化难。企业科研成果转化为市场产品或服务需要一定时间，大部分成果在企业内部转化，在外部转化的成功率低，导致科研成果难以商业化或市场化。存在技术风险。新技术研发过程存在不确定性，技术难题或技术服务不到位可能致使项目研发不能达到预期目标。

（三）对策建议

1. 产业发展方面

为煤炭储备基地运营提供政策支持。煤炭储备基地作为调节电煤峰谷波动、平衡煤炭市场、保障煤炭供应、应对重大突发事故的重要支撑，发挥着区域能源安全兜底作用，社会公共服务功能明显。煤炭储备基地投资规模较大、运营成本高，建议上级有关单位出台运营支持政策。

为川煤集团"走出去"牵线搭桥。优质资源是煤炭企业的发展命脉，为实现可持续、高质量发展，川煤集团正大力实施"走出去"战略。建议上级有关单位在优质煤炭资源、煤矿托管、建立稳定煤源关系等方面提供帮助。

为重大项目提供资金支持。川煤集团虽完成司法重整，企业经营形势适度好转，但融资渠道尚未恢复，完全依靠自有资金开展投资活动，同时受煤价下行因素影响，投资能力十分有限，项目建设资金保障困难，投资规模较大的项目更是难以启动。随着安全生产和环保等政策日趋严格，为保障核心主业持续发展而实施的"补短工程"增多，导致对其他产业的培育力度弱化，企业转型升级进度较慢。建议上级有关单位在煤矿智能化建设、矿井技术工艺改造、煤矸石综合利用、环境保护治理等重大项目上加大资金支持力度。

2. 新质生产力发展方面

支持地面煤层气开发利用。四川现有煤炭主产区的资源正逐步枯竭，国家规划的川南煤田古叙筠连矿区煤炭及煤层气资源丰富，具备规模化、产业化发展基础。推进地面煤层气开发，既可以减轻瓦斯灾害，降低新井建设及后续开采成本，推动四川煤炭行业健康发展，又可以实现资源最大化利用。虽然国内煤层气产业发展迅速，开采成本逐渐降低，但还处于培育阶段，投入产出还有一定缺口。建议上级有关单位出台支持地面煤层气开发利用的专项政策。

支持煤炭企业开发新能源。为提高顶峰兜底电源建设积极性，加快形成多能互补电源结构，四川出台激励政策，支持"火电+新能源"资源配套开发，可通过新建煤电等方式获得新能源资源配置。煤炭企业作为火电企业的燃料供给支撑，同样在兜底电源建设上发挥积极作用。建议上级有关单位从煤炭企业积极发挥能源安全保障作用的角度出发，将煤矿产能或供应能力的提升纳入新能源资源配置激励范畴，如提升一定的产能或供应量，配置一定的集中式光伏发电开发权。

支持川煤集团打造全国复杂难采煤层智能装备技术策源地。川煤集团拥有 20 多年"大倾角、急倾斜、薄煤层"成套装备研发制造优势，特别是近年来产品研发创新体系持续优化，在智能化煤机产品方面不断取得突破，成为国内唯一生产 ZJ 系列急倾斜液压支架的厂家，多种拥有自主知识产权的差异化产品继续保持国内国际领先优势。建议上级有关单位加大对川煤集团煤机装备的宣传推介力度，并在川煤集团打造全国复杂难采煤层智能装备技术策源地以及培育煤机装备产业板块上市方面提供相关政策支持。

参考文献

中国煤炭工业协会编《中国煤炭工业安全高效矿井建设年度报告（2022）》，应急管理出版社，2023。

陈飞、刘华云、章涛：《薄煤层智能化综采装备及开采工艺实践》，《煤矿机械》2023 年第 3 期。

杨开安、黄艳、黄东平：《宝鼎矿区小宝鼎煤矿绿色矿山建设探索与实践》，载《四川省 2023 年度煤炭学术优秀论文集》，2023。

B.22

创新驱动与主业强化双轮驱动下
中国煤炭科工集团新质生产力培育新范式

中国煤炭科工集团有限公司课题组*

摘　要： 中国煤炭科工集团有限公司是国务院国有资产监督管理委员会监管的中央企业，是我国煤炭工业科技创新领域的国家队和排头兵，致力于煤炭安全绿色智能开发和清洁高效低碳利用。近年来，深入落实"1245"总体发展思路，大力推进实施"创新驱动、做强主业"战略，引领行业科技进步和打造新质生产力。在具体做法上，坚持创新驱动，推进煤炭开发利用技术革命性突破；坚持做强主业，推进生产要素向发展新质生产力集聚；坚持使命担当，推进行业发展方式智能绿色深度变革；坚持深化改革，健全与新质生产力相适应的体制机制。面向未来，将以科技创新为引领，加快发展前瞻性、战略性新兴产业和未来产业，强化高端技术装备供给和绿色生态安全服务支撑，全面深化改革，形成同新质生产力更相适应的生产关系，加快建设世界一流科技领军企业。

关键词： 中国煤科　创新驱动　新质生产力　绿色低碳

中国煤炭科工集团有限公司（简称"中国煤科"）坚守"引领煤炭科

---

* 课题组组长：赵永峰，中国煤炭科工集团党委副书记、总经理。课题组成员：闫勇，天地科技股份有限公司副总经理；汪有刚，煤炭工业规划设计研究院有限公司党总支书记、执行董事；任世华，中国煤炭科工集团改革发展部副部长；李健康，中国煤炭科工集团改革发展部处长；麻晓博，中国煤炭科工集团改革发展部主管；赵路正，煤炭工业规划设计研究院有限公司副总工程师；朱乾浩，煤炭工业规划设计研究院有限公司战略分院项目经理。

技　推动行业进步"初心使命，坚定不移落实"1245"总体发展思路，实施"创新驱动、做强主业"战略，以科技创新为引领大力发展新质生产力，以做强主责主业促进各类先进生产要素向发展新质生产力集聚，以全面深化改革加快形成适配新质生产力的生产关系，加快打造新质生产力，赋能煤炭行业高质量发展。

一　企业概况

（一）基本情况

中国煤科是国务院国有资产监督管理委员会监管的中央企业，由煤炭科学研究总院和中煤国际工程设计研究总院于 2008 年合并组建而成，是我国煤炭工业科技创新的国家队和排头兵，拥有涵盖煤炭行业全专业领域的科技创新体系，致力于煤炭安全绿色智能开发和清洁高效低碳利用，肩负着引领煤炭科技进步的光荣使命。

中国煤科以科技创新为基础，发展形成了矿山安全、智能装备、设计建设、绿色开发、清洁低碳、新兴多元六大产业板块。现有员工 2.5 万人，其中专业技术人才 1.4 万余人，中国工程院院士 3 人，国家级勘察设计大师 2 人，杰青、长江学者等国家人才计划人选 14 人，享受国务院政府特殊津贴专家 706 人。拥有省部级及以上科研平台 146 个，其中国家级科研平台 12 个。拥有上市公司 2 家、海外研发中心 3 个，全级次 122 家子企业分布在北京、上海、重庆等大中城市。

中国煤科积极主动服务"国之大者"，加快打造原创技术策源地和国家战略科技力量，提升核心竞争力、增强核心功能，发展新质生产力，更好发挥科技创新、产业控制、安全支撑作用。截至 2023 年底，企业净资产为 347.6 亿元。"十四五"以来，利润总额年均增长近 30%，全员劳动生产率年均增长超过 20%，营业收入年均增长超过 10%，连创历史新高。2023 年，获得省部级以上科技奖励 260 余项，重要奖项占行业的 1/3 以上，有效专利总数达到 8112 件，科技引领力不断增强。

（二）发展成效

中国煤科先后设计了全国 80% 以上的矿井，原创了 80% 以上的煤矿在用先进技术装备，承担了煤炭行业 70% 以上的国家重大科技项目，获得了行业 50% 以上的国家级科技奖励，制定了 85% 以上的煤炭国家行业标准，完成了 95% 以上的矿用产品检测检验。推动了我国采煤工艺的数次跨越，率先提出并建成全国首个煤矿智能化采煤工作面，主导完成超半数的智能化煤矿建设，形成了透明矿井、智能开采、智能掘进、智能运输等煤矿全系统智能化核心技术和装备，推动和引领了全国煤矿智能化建设。从无到有系统建立了防灾致灾机理、监测预警、防范治理、应急救援、职业病危害防治等煤矿安全理论技术装备体系，贡献了行业 70% 以上的监测监控系统和平台，提升了煤矿安全监测预警能力。在全国率先开展岩层移动及控制理论研究、采煤塌陷区生态复垦和综合治理技术研究，形成了采空区治理、沉陷区土地整治、农林复垦、露天煤矿生态环境修复治理、矿区生态重构技术体系，支撑了全国煤矿开采沉陷区土地复垦和生态治理。围绕煤炭开发利用重大科技需求，集中优势资源开展应用基础研究、关键核心技术、前沿引领技术、战略性新兴技术、重大产业技术等攻坚，累计取得 9000 余项科技成果，攻克了一系列行业重大关键核心技术难题，主导了煤炭行业历次技术革命，推动了我国煤炭工业高质量发展。

二　煤炭产业新周期下企业发展新举措新思路

面对世界百年未有之大变局加速演进，新一轮科技革命和产业变革深入发展，全球碳中和愿景加快推进，我国能源体系更加强调稳定性和低碳化双重要求。一方面，鉴于我国化石能源资源禀赋和可再生能源的不稳定性，煤炭承担兜底保障使命，在我国能源体系中发挥"压舱石"和"稳定器"作用。浅部资源逐渐枯竭、安全要求日益严格等，对煤炭开发科技创新提出了更新更高的要求。另一方面，风、光等可再生能源规模快速扩大和占比快速

提升，我国能源加快清洁低碳转型，要求进一步提高煤炭利用效能和清洁化水平、加快探索碳减排碳利用碳封存途径，对煤炭利用科技创新提出了更新更高的要求。

作为全球唯一为煤炭行业提供全产业链服务的科技创新型企业，中国煤科主动把握新形势新要求，以习近平新时代中国特色社会主义思想为指导，全面贯彻落实党的二十大精神和二十届二中、三中全会精神，坚决贯彻落实习近平总书记重要指示批示精神，完整、准确、全面贯彻落实新发展理念，以增强核心功能、提高核心竞争力为重点，以推动实现高质量发展为主题，以发展新质生产力为着力点，深入落实"1245"总体发展思路，大力推进实施"创新驱动、做强主业"战略，加快建设世界一流科技领军企业，引领行业科技进步和高质量发展。

（一）大力实施创新驱动战略

党的二十大明确指出，必须坚持科技是第一生产力、人才是第一资源、创新是第一动力，深入实施创新驱动发展战略。贯彻党的二十大精神、落实建设世界一流企业要求，中国煤科深入实施创新驱动发展战略，把科技创新放在发展全局的核心位置，坚守引领行业进步的初心使命，自觉履行高水平科技自立自强使命担当，树立科技创新理念，深化科技体制机制改革，优化顶层设计，推进创新链产业链资金链人才链深度融合，以创新驱动塑造发展优势、转变增长方式、实现价值创造，建设全球煤炭科技领军企业，打造国家战略科技力量。

树立科技创新理念。解放思想、突破定式，树立"追求真理、探索奥秘、价值创造、家国情怀"的科技创新理念，引领科技创新整体能力提升。

弘扬科学家精神。树立恪守诚信、淡泊名利的科学道德和奉献精神；倡导做真科研、真做科研，破除"四唯"，创造价值。

强化效能导向。深化科研管理"放管服"；建立以创新价值、能力、贡献为导向的人才评价体系，健全科技创新激励保障体系，加强正向激励，激发活力动力。

增强科技创新能力。聚焦行业发展方向，加快"卡脖子"技术攻关突破和关键核心技术迭代升级；聚焦"四个面向"进行前瞻性布局，强化基础研究和应用基础研究，高水平建设全国重点实验室，打造原创技术策源地。

构建开放协同的创新体系。提升资源配置能力，优化科研经费投入方式，推动三级研发体系高效运转，做实做优中央研究院；主导建设产学研创新联合体，加强协同创新；深化国际合作和学术交流，打造全球煤炭科技创新高地。

提升科技成果转化实效。突出价值创造，提高科技投入产出效率，提高技术、产品研发效能，提高产业转化效益；加强科技人员知识产权确权，推动知识产权资产化、资本化。

打造卓越科技人才队伍。优化科技人才培养机制，加大战略科学家、科技领军人才和创新团队的引育力度，打造全球煤炭科技创新人才高地；加快营造鼓励创新、勇于创新、包容创新的良好创新生态。

通过深化实施创新驱动发展战略，以科技创新为核心带动包括管理创新、商业模式创新等在内的全面创新，为集团公司高质量发展注入强大动力。

（二）加快实施做强主业战略

党的二十大明确指出，坚持把发展经济的着力点放在实体经济上，推动国有资本和国有企业做强做优做大，提升企业核心竞争力，加快建设世界一流企业。贯彻党的二十大精神，落实"质量第一、效益优先"的高质量发展理念，中国煤科在聚焦主业的基础上，实施做强主业战略。坚定不移做大，更加意志坚定地做强做优，特别是将做强放在优先位置；服务国家重大战略需求，服务现代化产业体系建设，围绕产业链部署创新链，围绕创新链布局产业链，优化调整布局结构，提高核心竞争力，增强核心功能；专注品质、专注成长、专注价值，打造全球煤炭科技第一品牌，加快建设世界一流企业和专精特新企业。通过实施做强主业战略，实现国有资产保值增值，实

现健康可持续的高质量发展，实现做强做优做大，铸就基业长青。

加快"四化"发展。分类实施"集团化、专业化、区域化、国际化"，拓展发展空间，打造做强主业新路径。具备核心产品和优势产业的企业实施集团化发展，打造细分产业链链长和优势龙头企业；新兴产业、细分行业企业实施专业化发展，持续加大内部专业化整合力度，打造一批拥有"独门绝技"的专精特新企业；落实国家区域发展战略，面向能源主战场和行业重点客户，在重点区域优化产业布局，推进区域化发展；积极融入国际循环，服务高质量共建"一带一路"，加强海外布局，实施国际研发与产业一体化建设，加快国际化发展。

实施转型发展。积极推进"数字化、高端化、智能化、绿色化"，提升品质内涵，增强做强主业新动能。加快传统优势产业转型升级，强化产业基础再造，推动制造业与互联网、大数据、人工智能技术融合发展，推动基础固链、技术补链、优化塑链、融合强链，打造煤炭开发利用现代产业链链长，巩固提升主赛道；加快战略性新兴产业发展和未来产业布局，坚持长期主义、稳定投入，边发展、边突破、边布局，依托科技优势大力发展绿色环保、清洁低碳产业，积极向非煤领域延伸，开辟拓展新赛道。

三 推进新质生产力发展实践与路径

（一）坚持创新驱动，推进煤炭开发利用技术革命性突破

贯彻落实习近平总书记关于科技创新的重要论述，大力实施创新驱动发展战略，把科技创新摆在企业发展的核心位置，大刀阔斧推进科技改革，扎实推进科技领军企业建设，打造原创技术策源地和国家战略科技力量，持续引领煤炭行业科技进步，推动煤炭科技自立自强。

一是系统谋划科技创新顶层设计。研究修订《集团公司科技创新顶层设计》，强化"追求真理、探索奥秘、价值创造、家国情怀"的科技创新理念，系统明确"坚持科学至上、坚持四个面向、坚持实效导向、坚持统筹

兼顾"的科技创新原则,创新提出"知识产权为主线、IPD 体系为平台、科研项目为载体"的科技改革思路,构建"市场需求—产品布局—研发攻关—应用转化"研发组织的新模式,全面推动知识产权资本化,建立科研人员"类股权"收益机制,确立以专利、专有技术、计算机软件著作权等知识产权为科研成果载体的新形式,形成科研人员研发活动在价值培育、价值产生、价值分享全过程反映的新机制,实现科技研发、成果转化、科研激励的有机统一,从源头上解决价值导向不明确、激励方式不科学、成果转化力度不够的问题。

二是加快建强科技创新体系。持续深化研发体系建设,新成立的中央研究院聚焦深地科学、人工智能、大数据等前沿战略领域组建专业研究机构,"引擎"作用逐渐凸显;新成立澳大利亚、德国、日本等海外研发中心,完成国际研发布局,"补强"作用发挥;各二级单位围绕其主导专业优化建设专职研发机构,"堡垒"作用不断夯实。全集团科技创新能力有效提升。大力推进科研平台建设,2023 年以来,成功获批 2 个全国重点实验室、2 个国家工程研究中心,新增 2 个国家企业技术中心;获批新设安全科学与工程博士后科研流动站,煤炭行业科技创新平台排头兵地位进一步巩固。新增矿山安全、固体生物质燃料 2 个以中国煤科作为挂靠单位的全国标准化技术委员会,挂靠的全国标准化技术委员会达到 6 个,技术话语权和行业影响力持续增强。以科研平台建设带动研发能力提升,加快新领域新方向布局。

三是持续增强关键共性技术供给能力。一批国家科技重大专项、国家重点研发计划等国家科技计划项目获批并取得重大进展,新承担一批国务院国资委"1025"攻坚工程,战略性新兴产业和未来产业技术攻关等重大任务并加速推进;瞄准卡点、堵点、争点,精准布局一批重大科技攻关项目,自主研发投入量质齐升,数字岩石力学、透明矿井、钻锚一体化快速掘进等400 余项关键核心技术取得突破。发布应用行业首个"太阳石"矿山大模型、国内首个数字岩石力学基础工业软件平台,引领行业人工智能和工业软件发展;形成了煤矿智能化关键核心技术与重大装备体系,构建了煤炭行业智能化发展新范式,在国家煤矿智能化建设进程中发挥主导作用;形成了瓦

斯、水害、冲击地压、粉尘等灾害防控技术装备体系并持续迭代升级，推动全国煤矿安全形势达到新水平；形成了超大露天矿、矿业城市、西部生态脆弱区等典型条件下的矿区生态治理关键核心技术体系，推动我国绿色矿山建设取得新成效。

四是不断提升科技研发效能。加大科研人员授权赋权定权力度，赋予所属科研机构和科研人员更多科研自主权和成果收益权。改革科技投入体系，树立"科研是投资行为""投科研就是投未来"的理念，以二级单位为研发投入的主体，强化由横向资金、集团公司资金、国家和地方财政资金、二级单位自有资金等组成的多元投入机制。转变科技立项方式，科学研究重点关注理论机理原创性，技术开发项目坚持市场导向、产品导向，全面精简立项流程和材料要求。转变项目过程管理模式，全面推行 IPD 管理，科学设定管理节点和管理层级，强化过程管控。加强科研经费管理，坚持预算从松、管理从简、监督从严的原则，规范研发费用的使用，提高了经费使用效率。

五是大力推进科技成果转化。加快推进知识产权资本化，建立"1+3"知识产权资本化制度体系，形成知识产权遴选、确权、转化、收益分配等管理流程，加快推动项目到产品、产业的进程。2023 年，首批实施知识产权资本化项目 35 个，收益分配总额近 1300 万元，充分调动了科技创新和成果转化的积极性和主动性。涌现出全球首台套最大功率超大采高智能化高端采煤机、全球首创智能化矿用岩巷复合盾构掘进装备、全球首套智能锚索机器人、全球首套铰接式百吨级综采成套搬家装备等 10 项"首台、首批、首版"重大科技创新成果，31 项成果先后入选国务院国资委、自然资源部、国家能源局先进成果推广目录，3 项成果入选中国科协"科创中国"先导技术榜单。

六是加速汇聚高端创新人才团队。实施"百万年薪聘英才""人才工作12 条""千万引才基金""6U 人才工作体系"等措施，大力引进培育一流科技领军人才和创新团队，形成了由 3 名院士、27 名战略科学家和科技领军人才培养对象、86 名首席科学家、140 名菁英双百人才组成的 4 级人才梯队，科技人才占比达到 40% 以上。加快培育国家级人才，2023 年，1 人获批国家杰出青年科学基金项目，3 人获聘"长江学者奖励计划"校企联聘学者，6 人入选中国科协青年人才托举工程，首次实现"四青"全覆盖，进一步夯实科技创新的根基和潜力。

（二）坚持做强主业，推进生产要素向发展新质生产力集聚

贯彻落实习近平总书记关于建设现代化产业体系的重要论述，推进"现有战略性新兴产业优化提升、焕新行动重点产业深化拓展"两端发力，加快发展新质生产力，推动高质量发展。

一是大力发展战略性新兴产业和未来产业。成立集团公司加快发展战略性新兴产业工作领导小组，把握加快发展战略性新兴产业工作重点方向，研究制定战略性新兴产业发展方案，积极推进矿用 5G 技术装备、高分子材料、井下用锂电池等产业不断壮大，加快行业技术装备升级和生产效率提升，2023 年战略性新兴产业营收占比 46.5%。聚焦"9+6"重点领域，围绕人工智能、大数据互联网平台、地热能、生物质能、煤基新材料等布局未来产业，不断研究新业务、新产业落地，西安煤科透明地质科技有限公司入选国务院国资委首批启航企业。

二是加快传统产业转型升级。推动制造能力智能化提升，部署实施设备更新、产业数字化转型和智能化升级工作，实施产业基础再造工程，加快智能制造基地建设。"十四五"以来，建成 3 个智能工厂、3 个数字化车间、27 条智能生产线和 34 个智能制造单元，生产效率提高 30% 以上；天玛智控、重庆研究院入选智能工厂揭榜单位名单，天地（常州）自动化股份有限公司入选智能制造优秀场景名单。强化数字化转型赋能，新增 4 家数字化转型示范企业，2 家企业入选国资委"国有企业数字化转型试点企业"，11 项典型数字场景在国资委"首届国企数字场景创新专业赛"中获奖，数字化整体水平持续提升。

三是推动资源向优势产业集中。坚持做强主业，"十四五"以来围绕战略性新兴产业和转型发展需要，实施战略重组或相关业务专业化整合 91 项，先后设立了信息公司、透明地质公司、智能公司等一批专业化企业，拓展了

煤炭蓝皮书

新业务新产业。持续加大"两非""两资"处置出清，完成"两非"处置任务12户，清退参股企业39户，累计压减企业22户。盘活土地使用权12.7万平方米、房产2.2万平方米，获得资产处置、出租收益1255万元，处置闲废物资3850万元，资产运营效率持续提升。

（三）坚持使命担当，推进行业发展方式智能绿色深度变革

贯彻落实习近平总书记关于能源安全新战略的重要论述，聚焦国家战略和行业急需，持续提升技术装备供给能力和水平，推进煤炭开发利用智能化、绿色化、低碳化发展，支撑能源安全和绿色转型。

一是发挥引领性作用，推动煤炭智能绿色开发。提出煤矿智能化标准体系，主导和参与编制煤矿智能化标准超过200项，占比接近50%；攻克智能开采关键技术及装备、智能矿山工业互联网等多项技术，研发出国内首套掘支运一体化智能成套快速掘进装备"煤海蛟龙"、10米超大采高智能综采工作面成套装备等高端智能装备；率先提出煤矿智能化一体化解决方案，参与建设了全国60%以上的煤矿智能化工作面，实施了榆家梁煤矿智能化项目、曹家滩智能化煤矿等一批特大型矿井智能化示范项目，建成了全国首个无人工作面，为煤炭智能开发提供了中国煤科方案；发起成立煤矿智能化创新联盟，建立协同创新中心，构建煤炭行业智能化创新生态圈，以集中联合研发、驻矿协同攻关等新模式，持续推进煤矿智能化建设。突破保水采煤等关键技术，扎泥河露天煤矿帷幕节水工程实现矿坑排水量减少75%，植被多样性增加15%以上；完成的抚顺西露天项目，入围自然资源部项目库；先后设计建成了补连塔煤矿、红庆河煤矿等10余个高盐矿井水零排放示范项目，助力煤矿"黑水"变"清水白盐"；开创了采煤沉陷区治理与土地开发一体化的"任城模式"，为我国矿业城市生态建设和城市经济转型探索出一条新路径；青海木里矿区江仓一号井生态治理示范工程累计植被复绿面积1900余亩，植被盖度达89%，有力支撑祁连山南麓青海片区生态环境综合整治。

二是发挥主力军作用，推动煤炭清洁低碳利用。开发出兰炭燃烧利用新技术和新装备，实现无助燃低氮稳定燃烧；多元燃料煤粉锅炉突破高效燃烧关键核心技术，相较普通燃煤锅炉热效率提升近 10 个百分点，污染物达到近零排放，承建国内规模最大的多元燃料工业锅炉热源厂山西太谷区集中供热城乡一体化建设项目；研制出电站煤粉锅炉灵活深度调峰无助燃点火及稳燃技术装备，在 200MW 煤电机组上成功示范应用，无助燃最低负荷可低于 20%；承建的全球首套含氦煤层气提取高纯氦气装置投入运行，顺利产出 99.999% 以上纯度的高纯氦气；成功研发煤基 2.6-萘二甲酸连续制备技术，制备出的 2.6-萘二甲酸样品经下游企业应用验证，各项指标均达进口产品水平，有效填补了技术空白。

（四）坚持深化改革，健全与新质生产力相适应的体制机制

贯彻落实习近平总书记关于完善中国特色现代企业制度的重要论述和习近平经济思想，坚持市场化改革方向，推进实施"四化"发展，深化市场化选人用人机制，加大中长期激励力度，充分激发企业高质量发展的动力和活力。

一是推进实施"四化"发展。加快集团化发展，对 7 户企业实施集团化，通过授放权激发内生动力，培育出电液控制系统、钻机等 10 个单项冠军产品，位居央企前三；山西煤机和天地奔牛被认定为省级"链主"企业，天玛智控入选国资委"创建世界一流专业领军示范企业"，实现科创板分拆上市。加快专业化发展，适应环保产业、选煤产业发展需要，对杭州研究院、唐山研究院实施提级管理；加大细分领域优质企业培育力度，"十四五"以来专精特新企业从 8 户增加到 39 户，在全级次企业中占比达到 30%，其中小巨人企业从 0 户增长到 14 户；高新技术企业由 45 户增加到 63 户，占比超过 50%。加快区域化发展，聚焦煤炭主产区和重点客户，加强区域布局，建成新疆研究院，在疆业务实现年均 15% 以上的增长；建成内蒙古研究院，该研究院正在加快发挥区域中心作用。加快国际化发展，扎实推进澳大利亚、日本、德国等海外研发中心建设，持续深化与俄罗斯、印度尼西亚、蒙古国等共建"一带一路"国家的科技合作。

二是深化"一业一策、一企一策"分类考核机制。结合经营特点、功能定位和发展需求,将二级企业划分为科研智造类、设计类、工程类、平台类和公益类五大类,并差异化设置质量效益、科技创新、结构优化、风险管控、经营特色、专项与重点工作等考核指标和指标权重,实现"一企一策"考核全覆盖。着力引导企业积极提升以利润总额、经济增加值(EVA)、净资产收益率和全员劳动生产率为主的当期质量效益指标,同时持续强化研发投入和产出"双线"考核,大力提高战略性新兴产业营收占比,着力提高企业价值创造能力。2023 年,各二级企业均设定了年度经营业绩摸高目标,整体利润总额考核指标较上年增长 28%。

三是全方位推进管理人员竞争上岗、末等调整和不胜任退出。坚决落实竞争上岗机制,2023 年以来共开展集团党委管理干部的 4 个批次 80 余个岗位的公开竞聘工作,竞争上岗占提拔任用总人数的 68.9%;98 户二级、三级子企业的 352 名管理人员完成竞争上岗,占新聘任管理人员总数的59.06%。深入实施末等调整与不胜任退出制度,2023 年以来,全级次共调整或退出管理人员 110 人,达到了"三能"效果。

四是更大力度推进中长期激励。实现岗位分红、超额利润分享、项目分红、项目跟投、股权激励、混改员工持股等 6 种激励工具应用尽用,其中项目跟投试点数量居央企前列;引入中国国新国改科技基金实施混改,探索以知识产权作价投资。"十四五"以来累计批复各类中长期激励方案 99 项,实现符合条件二级企业全覆盖,激励科研、管理、营销、技能人才超 4000人,完成兑现激励金额近 3.5 亿元。2023 年人均激励额达 6.83 万元,最高超 20 万元;激励方案合计实现净利润 24 亿元,较目标值增长 26%。

未来一个时期,中国煤科将深入贯彻落实党的二十大和二十届三中全会精神,深入贯彻落实党中央、国务院重大决策部署,践行"1245"总体发展思路,加快培育和打造新质生产力,引领行业科技进步和高质量发展。一是以科技创新为引领,加大科技创新改革力度,加快建设集智攻关与自由探索相结合的科技创新体系,持续强化面向行业未来制高点的原创技术研发,优化打造高效运行的一流科技创新平台,加快推进面向产业培育的科技成果转化，不断强化国际化的高端科技人才队伍建设，建设世界一流的行业科学技术创新中心。二是结合主责主业和资源禀赋，加快发展前瞻性战略性新兴产业和未来产业，推动传统产业转型升级和优化布局，深入推进"四化"发展，开拓国际业务市场，推动生产要素创新性配置、产业深度转型升级。三是强化能源安全装备技术支撑，强化现代化应急管理技术装备支撑，加强国家绿色生态安全服务支撑，以高端智能煤炭技术装备优势托起国家能源安全底气，以煤矿安全技术优势服务防灾减灾、应急保障，以煤矿生态治理技术优势保障矿山绿色生态安全。四是进一步全面深化改革，形成同新质生产力更相适应的生产关系，提升现代企业治理能力，健全市场化经营机制，构建与新阶段科技创新、产业发展更加适应的体制机制，走出一条具有中国煤科特色的转制科研院所高质量发展之路，建成世界一流科技领军企业。

参考文献

胡善亭：《数字化转型引领煤炭行业科技进步　打造智慧矿山排头兵》，《企业观察家》2021 年第 3 期。

王国法：《煤炭产业数字化转型和智能化建设支撑新质生产力发展》，《中国煤炭工业》2024 年第 6 期。

刘峰等：《煤炭工业数字智能绿色三化协同模式与新质生产力建设路径》，《煤炭学报》2024 年第 1 期。

王双明等：《"双碳"目标下煤炭绿色低碳发展新思路》，《煤炭学报》2024 年第 1 期。

中国煤炭科工集团有限公司党委：《深入实施人才强企战略　高科技驱动高质量发展》，《国资报告》2023 年第 11 期。

Abstract

Grounded in the coal industry, *Annual Report on Coal Industry in China (2024)* systematically researches and demonstrates the development of China's coal industry in the new cycle as well as the development of new quality productive forces through four sections: the general report, the theoretical research section, the industry guidance section and the practical exploration section.

Based on industrial business cycle theory, the general report analyses and demonstrates the economic cycle of China's coal industry and the issue of new quality productive forces, and it is believed that China's coal industry has entered a new industrial cycle and presents many new characteristics in terms of industrial structure, industrial organization, supply and demand relationship, market operation, development formats, etc. The new cycle stage needs to correctly handle the multiple relationships between the evolution of industrial function positioning and medium- and long-term development plan, industrial investment and technological transformation, the development of advanced and exit transformation, the optimization of the supply-side structure and the transformation and upgradation of the consumption side, as well as the coupled development of coal mining and the exploitation of multiple minerals and energy sources. Developing new quality productive forces has become an inherent requirement and an important focus for promoting high-quality development of the coal industry, and four key tasks for promoting the development of new quality productive forces in the coal industry are proposed, including using scientific and technological innovation to stimulate new elements and new models for industrial development, promoting the deep transformation and upgradation of the coal industry towards green and low-carbon, constructing suitable new production relations through deepening reform, and building talent guarantee for new quality productive forces in coal via mechanism construction.

The theoretical research section discusses the new cycle and new quality productive forces of coal in terms of coal power, coal chemical, data elements, digital intelligence, green productive forces, methane emission reduction, just transition, new production relations and talent chain. It is believed that the coal power industry has entered a transition period to transform into a foundational and regulatory power source and a dividend period for the rediscovery of the functional value in the promotion of electricity marketization reform, the coal chemical industry should continuously promote green and low-carbon transformation and development and facilitate the premiumization and diversification of products, the coal industry is reshaping and enhancing new quality productive forces through digital transformation and intelligent upgradation, developing new quality productive forces for green and low-carbon coal mining is an effective way to resolve the contradiction between the ballast stone role of coal demand and the environmental problems, it is necessary to use systematic thinking to layout the overall methane emission reduction work in the coal mine field and deal with the relationship among emission reduction, development and safety, it is necessary to plan early on the just transition of the coal industry, innovate diversified vocational training models, implement special preferential policies, expand employment space, new production relations must ultimately adapt to the characteristics and requirements of the development of new quality productive forces in the coal industry and unleash and develop the productive forces to the greatest extent, and it is necessary to establish a new quality talent system with the integration of the talent chain, industrial chain, and innovation chain to accelerate the formation of new quality productive forces in the coal industry.

The industry guidance section co-ordinates the overall industry and the regional characteristics, discusses the challenges faced by the coal industry in achieving high-quality development in the new cycle. It is believed that to enhance the strategic position of the coal industry in the construction of an energy powerhouse, efforts should be made in aspects such as strengthening the capacity for safe and stable supply, building a modern industrial system, enhancing the

source-generating function of scientific and technological innovation, promoting the clean and efficient utilization of coal, strengthening the construction of the market system, and deepening international cooperation. Specific suggestions for developing new quality productive forces of coal are also put forward. Focusing on the enterprise production practice of coal development and technology research, the practical exploration section puts forward the important direction and initiatives, problems and relevant suggestions for enterprises to cultivate new quality productive forces in coal, so as to provide the path reference for the high-quality development of coal enterprises in the new cycle.

This book integrates knowledge, theory, practice, policy, and is guided by the urgent practical problems that need to be solved in the development of the coal industry. The basic requirements for the development of new quality productive forces of coal in the new era. The main innovation of the book lies in the use of Marxist cycle theory and productivity theory to sort out the cyclical changes in the coal industry, analyze the contemporary connotation of new quality productive forces in the coal industry, and propose the "three new" path for constructing new quality productive forces in the coal industry under the guidance of Xi Jinping's Thought on Socialism with Chinese Characteristics for a New Era.

Keywords: Coal Industry; Industrial Business Cycle; New Quality Productive Forces; Technological Innovation; Factor Combination

Contents

I General Report

B . 1 Research on the New Cycle and New Quality Productive
Forces in China's Coal Industry
Research Team of CHN Energy Technology & Economics
Research Institute / 001

Abstract: Based on the business cycle theory and analysis methods, this report studies the business cycle issues of China's coal industry. It is believed that China's coal industry has entered a new development cycle and presents new characteristics in aspects such as industrial structure, industrial organization, supply and demand relationship, market operation, development formats, etc. Guided by Xi Jinping Thought on Socialism with Chinese Characteristics for a New Era, on the basis of elaborating the theoretical system of new quality productivity forces, this report discusses the main reasons for developing new quality productivity forces of coal in the new era, and puts forward the "three new" connotations of new quality productivity forces of coal industry, namely, new technological ecology, new factor system and new industrial system. Based on this, the index system of new quality productivity forces of coal industry is constructed. Combined with the analysis of the coal industry cycle and the research on new quality productive forces, the main tasks of developing new quality productive forces in China's coal industry in the new cycle are put forward, that is, on the basis of handling a series

of major relationships, using scientific and technological innovation to stimulate new elements and new models for industrial development, promoting the deep transformation and upgradation of the coal industry towards green and low-carbon, constructing suitable new production relations through deepening reform, and building talent guarantee for new quality productive forces in coal via mechanism construction.

Keywords: Coal Industry; New Industrial Cycle; New Quality Productive Forces; Technology Innovation; New Production Relations

Ⅱ   Theoretical Research Section

B.2   The Understanding of the New Cycle in the Coal Power

Industry   *Zuo Qianming, Li Chunchi /* 061

Abstract: Since the start of the 14th Five-Year Plan, the coal power industry has entered a brand new cycle. This cycle is a window period for restarting coal power construction in the context of power shortage. It is also a transition period for coal power to transform into a foundational and regulatory power source. Moreover, it is a dividend period for the rediscovery of the functional value of coal power in the promotion of electricity marketization reform. With the promotion of the dual carbon goals in energy and the deepening of electricity marketization reform, the new cycle of the coal power industry is expected to continue to develop. However, the development of coal power under the new cycle faces both opportunities and challenges, especially the handling of the relationship between coal power and coal has become an issue that needs to be focused on by the industry and government.

Keywords: Coal Power Industry; Electricity Marketization Reform; Transformation of Coal Power; Energy Security

B.3 The New Cycle Characteristics and High-Quality

Development Strategy of Coal Chemical Industry

Zhu Binbin / 071

Abstract: This report summarizes the current development status and achievements of China's coal chemical industry in terms of industrial systems, technical equipment, operational levels, etc. It analyzes the new circumstances including the new variables of coal development, conversion, consumption faced by the coal chemical industry in the new cycle, the new situation where energy chemical products market facing both periodic surplus and supply security risks, the new constraints and requirements for the coal chemical process raised by carbon peak and carbon neutrality, etc. It proposes that the coal chemical industry should coordinate high-quality development with high-level safety in the new cycle, industrial development should not only address current issues of coal utilization and oil and gas supplementation but also focus on building the zero-carbon chemical industry for the future, continuously optimizing industrial increment and project layout, strengthening the research and application of innovative technologies, promoting green and low-carbon transformation and development, facilitating the premiumization and diversification of products, etc.

Keywords: Coal Chemical Industry; Low-carbonization; Premiumization; Diversification

B.4 Data Elements Empower the Development of New Quality

Productive Forces in the Coal Industry

—*Taking the Safety and Intelligent Construction of Coal Mine*

as an Example *Fu Wei, Ma Wenwei* / 080

Abstract: With the rapid development of new generation information technology, data has become a key element driving industrial transformation. The

coal industry, as an important part of the traditional energy industry, is reshaping and enhancing new quality productive forces through digital transformation and intelligent upgradation. Taking the safety and intelligent construction of coal mine as an example, on the basis of analyzing the connotation of data elements and new quality productive forces of coal, this report discusses the role of data elements in the safety and intelligent construction of coal mine. By analyzing the current situation and challenges of the safety and intelligent construction of coal mine, it also puts forward strategies for data elements to empower the development of new quality productive forces in the coal industry.

Keywords: Data Elements; Coal Mine Safety; Intelligentization; New Quality Productive Forces; Digital Transformation

B.5 Digital Intelligence Injects Strong Impetus into the New Quality Productive Forces of Coal
—*Taking the Application of Digital Intelligence to Assist Mine Disaster Warning, Supervision and Inspection as an Example*

Liu Yuan / 090

Abstract: With the rapid development of global technology and the acceleration of digital transformation, digital intelligence technology, as the culmination of new generation information technology, is penetrating into every traditional industry including the coal industry at an unprecedented speed. Taking the application of digital intelligence technology to assist mine disaster warning, supervision and inspection as an example, this report discusses in depth how digital intelligence becomes the key driving force for promoting the transformation and upgradation as well as building new quality productive forces in the coal industry. In particular, it shows the huge potential and practical application value in intelligent mine construction, coal mine safety improvement and promoting the high-quality development of the coal industry.

Keywords: Digital Intelligence; New Quality Productive Forces; Disaster Warning; Supervision and Inspection; Coal Mine Safety

B.6 New Quality Productive Forces for Green and Low-Carbon

Coal Mining *Fang Jie, Wei Hengfei* / 099

Abstract: Under the dual carbon strategic goal, taking innovation as the driving force and developing new quality productive forces for green and low-carbon coal mining to transform and upgrade the traditional coal mining industry is an effective way to resolve the contradiction between the ballast stone role of coal demand and the environmental problems caused by coal mining. Traditional coal mining is confronted with issues such as waste of coal-derived minerals due to coal exploitation, damage to the ecological environment caused by opencast or underground mining, serious waste of coal mine groundwater, etc. In response to these issues, through technological and conceptual innovation, CHN Energy Group has proposed three major innovative technical systems: integrated green exploitation of coal and coal-derived minerals, ecological protection coal mining, and underground reservoirs of coal mine. It has improved the total factor productivity of the coal mining industry, formed new methods and models for coal mining, promoted the transformation and upgradation of the traditional coal mining industry. Furthermore, it has laid out a series of emerging green industries centered around the production, storage, purification, and utilization of coal mine groundwater and built a number of national and provincial-level demonstration projects for green and low-carbon mines.

Keywords: New Quality Productive Forces; Green and Low-Carbon Coal Mining; Ecological Protection Coal Mining; Underground Reservoirs of Coal Mine

B . 7   Research on Methane Emission Reduction Path and Key
Technologies in Coal Mine under Carbon Neutrality Goal

Liu Wenge , Xu Xin , Yang Pengfei and Yan Yuan / 113

Abstract: Methane is the second largest greenhouse gas globally. Methane emission reduction is one of the key ways to achieve the temperature control target of the Paris Agreement. Strengthening methane emission control in the coal field is not only conducive to achieving China's carbon neutrality goal, promoting the clean and low-carbon transformation and high-quality development of the coal industry, but also expanding China's international influence and discourse power in the field of global response to climate change. Coal plays the role of stabilizer and ballast stone in China's energy system, and it is necessary to use systematic thinking to layout the overall methane emission reduction work in the coal mine field and deal with the relationship among emission reduction, development and safety. The design of the emission reduction path for coal mine methane needs to be guided by the principles of green development, overall coordination, multiple measures, and support and guarantee, and follows the idea of coordinated development of policy standards, technical equipment, trading market, and demonstration projects. Further improve the design of the MRV system, give play to the leading role of scientific and technological innovation in coal mine methane emission reduction work, focus on breaking the key technical bottlenecks of ultra-low concentration mashgas and ventilation air methane efficient utilization in coal mines, support methane emission reduction projects that meet the conditions to participate in voluntary greenhouse gas emission reduction trading, and promote methane emission reduction by market-oriented means. Timely layout demonstration projects such as accurate monitoring of the full-process of coal mine methane, safe and efficient utilization of ultra-low concentration mashgas and ventilation air methane in coal mines, and drive industrial development through demonstration projects.

Keywords: Coal Mine Methane; Utilization of Ventilation Air Methane; Carbon Neutrality

Abstract: China is the largest coal producer and consumer in the world, and it's coal-based energy structure has supported the steady economic development. Under the background of the rapid development of non-fossil energy, intelligentization and low-carbonization are the inevitable trends of the coal industry's development, and even more importantly, they are the significant approaches for China to achieve the dual carbon goals. However, the transition of the coal industry has brought a huge impact on the employment groups in the coal and related industries. According to statistics, the number of employees in China's coal industry has decreased from 3. 9711 million in 2016 to 2. 619 million in 2023, with a net reduction of approximately 1. 36 million, and the resulting job loss issue is a severe challenge faced by the just energy transition. This report conducts a survey on coal enterprises and their employees in Shanxi, Henan, Anhui, Heilongjiang and other key coal-producing provinces, and collects 29311 valid questionnaires. Based on the results of the questionnaire, this report expounds the situation and main problems of the just transition of China's coal industry, analyzes the main influencing factors of the just transition of the coal industry, and puts forward suggestions for realizing the just transition of the coal industry in the context of transformation.

Keywords: Coal Industry; Employment Impact; Just Transition

Abstract: Guided by Marx's theory on productive forces and Xi Jinping's important expositions on new quality productive forces, combined with the actual situation of the coal industry and coal enterprises, this report systematically

introduces the connotative characteristics of coal's new quality productive forces, and emphatically narrates six characteristic manifestations of the inherent features of new quality productive forces in coal enterprises. In accordance with Marxist theory, this report elaborates on the issues of what production relations are, what new production relations are, and what new production relations of coal enterprises are. This report also discusses from eight aspects on how to correctly handle coal's new quality productive forces and new production relations, and emphasizes that new production relations are the inevitable result of adapting to and serving the development of new quality productive forces, new production relations must ultimately adapt to the characteristics and requirements of the development of new quality productive forces and unleash and develop the productive forces to the greatest extent. Therefore, the relationship between new production relations and new quality productive forces is adaptation and counter-adaptation, with the two interacting with each other, adapting to each other, and promoting each other, they will demonstrate a general trend of dynamic leapfrog development.

Keywords: Coal's New Quality Productive Forces; New Production Relations; Institutional and Mechanism Reforms

B. 10   Talent Chain Construction and Upgradation of New

Quality Productive Forces in the Coal Industry

Sun Xudong, Wang Liye, Yan Jiangtao, Zhang Leixin

and Yang Yang / 152

Abstract: Talents are the core resource for the innovation and development of enterprises, and human chain is the core driving factor for promoting industrial transformation and upgradation. To promote the construction of Chinese-style modernization and accelerate the formation of new quality productive forces in the coal industry, it is urgent to build a matching talent chain support system. Facing the new situation of high-quality development such as safety and efficiency, digital intelligence, and green and low-carbon transformation in China's coal industry, in order to develop its new quality productive forces, it is urgent to solve the problem of connecting the industrial chain, innovation chain, and talent chain in the coal industry. This report summarizes the upgrading construction needs of the talent chain in the coal industry under the new situation, generally analyzes its integrated development trend under the development of new quality productive forces, discusses the construction and upgrading measures of the talent chain for the new quality productive forces in the coal industry, establishes a new quality talent system in the coal industry with the integration of the talent chain, industrial chain, and innovation chain, and puts forward the tasks and key path for the construction of the talent chain.

Keywords: Coal Industry; New Quality Productive Forces; Talent Chain; Talent System

Ⅲ Industry Leadership Section

B.11 Research on the Construction of New Quality Productive
Forces and High-Quality Development of the Coal
Industry under the New Strategy of Energy Security

China National Coal Association / 161

Abstract: The report systematically reviews and summarizes the historic achievements of the coal industry in fully implementing this new strategy and achieving green, low-carbon, and high-quality development over the past decade. The report points out that in the new era, the coal industry should regard safeguarding national energy security as its primary responsibility, developing new quality productive forces as its inherent requirement, focusing on green and low-carbon transformation, maintaining the security and stability of the industrial and supply chains as its central task, and ensuring a better life for miners as its

fundamental goal. The coal industry needs to clarify its strategic positioning in the construction of an energy powerhouse, starting from the following aspects: enhancing its ability to provide safe and stable supply, building a modern industrial system, strengthening the source function of scientific and technological innovation, promoting clean and efficient utilization of coal, strengthening market system construction, and deepening international cooperation. The coal industry will continue to promote quality, efficiency, and power changes, and effectively support high-quality economic and social development with significant achievements in green and low-carbon transformation and high-quality development. Through these measures, the coal industry will continue to promote quality, efficiency and power transformation, and provide strong support for the high-quality development of the economy and society with significant achievements in green and low-carbon transformation and high-quality development.

Keywords: Coal; New Energy Security Strategy; High-Quality Development

B.12 Implementing the New Development Concepts and Boosting the High-quality Development of Coal Industry with New Quality Productive Forces

Shanxi Coal Industry Association / 176

Abstract: Shanxi is an important coal production base in China. From the active resumption of production after the founding of the new China to the rapid development after the reform and opening up; from the rectification and upgradation in the new century to the high-quality development in the new era, Shanxi's coal industry has undergone a transition from a planned economy to a market economy, from extensive expansion to intensive and efficient development, and from building a national energy base to constructing a new-type energy base. Under the guidance of General Secretary Xi Jinping's new quality productive forces ideology, significant achievements have been made in the intelligent construction and green mining of Shanxi's coal industry. Next, we will continue to accelerate the intelligent construction of coal mines and promote the comprehensive development of green coal mining at a high level, using new quality productive forces to promote the high-quality development of coal mines in the new era.

Keywords: Intelligentization; Green Mining; New Quality Productive Forces; High-Quality Development

B. 13　The Development History of Inner Mongolia's Coal Industry and the Practice of Developing New Quality Productive Forces　*Inner Mongolia Coal Association* / 188

Abstract: Since the establishment of the autonomous region, Inner Mongolia's coal industry has gone through many years of development, including recovery and tortuous development, deepening reform, reform and get out of the predicament, rapid development, and high-quality development, gradually becoming an important coal production base in China. In terms of developing new quality productive forces, Inner Mongolia's coal industry actively introduces intelligent mining technology, practices the concept of green development, increases technological innovation, promotes industrial integration, and has explored a new path for the sustainable development of the coal industry.

Keywords: Coal Industry; New Quality Productive Forces; Mongdia

Ⅳ　Practical Exploration Section

B . 14　Enhance the Driving Force of China Energy for Constant

Progress, and Focus on Cultivating and Developing

New Quality Productive Forces

CHN Energy Technology & Economics Research Institute / 206

Abstract: Within the integrated energy pattern covering "coal, electricity, railways, ports, and shipping; coal, electricity, oil, gas, and chemicals; production, transportation, sales, storage, and utilization", CNY Energy Investment Group adheres to to innovation leadership, comprehensively cultivates new quality productive forces, takes the scientificization of innovation layout, individualization of innovation and research, engineering of innovation achievements as the gripping hand, courageously acts as the "source of initiatives" and shapes new advantages in innovation and development, persists in accelerating the transformation and upgradation of traditional industries, seizing the opportunities for green and low-carbon development, deeply integrating digitalization and intelligence, stabilizing the "fundamental base" and rejuvenating the new vitality of modern industries. It pays attention to stimulating new driving forces from projects, talents, and the spirit, activating all factors and giving birth to new driving forces for improving efficiency through reform. In the future, CNY Energy Investment Group will resolutely shoulder the mission of being the "stabilizer of energy supply and pioneer in energy revolution", continuously strengthen the "China Energy driving force for constant progress", and contribute more as a major energy central enterprise by cultivating and developing new quality productive forces to facilitate high-quality development.

Keywords: Technological Innovation; New Quality Productivity; Green and Low-carbon

Abstract: Under the combined influence of the new cycle and new quality productive forces, Shandong Energy Group conforms to the new cycle of the coal industry, strengthens, optimizes and expands the coal industry, optimizes and extends the development of resources within the province, and increases the development of resources outside the province. The new quality productive forces empower enterprises to transform and develop. As a traditional energy enterprise, Shandong Energy Group will use new technologies to transform and enhance the coal industry, actively promote industrial digitalization, intelligence, cleanliness, and greening, promote the upgradation of the coal industry as a whole, cultivate and strengthen the new energy industry, promote the innovative deep integration between the coal industry and the new energy industry, and consolidate the leading position of the coal industry.

Keywords: New Cycle; New Quality Productive Forces; "Dual Carbon"; Digitalization; Intelligence

Abstract: Developing new quality productive forces is an inherent requirement and a critical focus for promoting high-quality development, which will continuously inject new momentum into the transformation and upgradation of

the energy industry and high-quality development. This report provides an in-depth analysis of the background significance of accelerating transformation and development, cultivating and developing new quality productive forces from the perspectives of the country, Shanxi Province, and the enterprise itself. This report systematically reviews the current status of corporate transformation and development, as well as the cultivation of new quality productive forces, and provides an in-depth analysis of the issues faced in corporate transformation and the cultivation of new productive forces. Building on this foundation, the report proposes ideas and measures for accelerating transformation and development, as well as cultivating and developing new quality productive forces from four aspects: strategic leadership, industrial transformation, technological innovation, and value return. The aim is to inject powerful momentum into high-quality development for the enterprise by fostering and developing new quality productive forces, ultimately promoting the establishment of a first-class energy and chemical enterprise group with high-quality development as soon as possible.

Keywords: Lu'an Chemical Group; High Quality Development; New Quality Productive Forces

B.17 The Cultivation Path of New Quality Productive Forces
in the New Cycle and the Practical Exploration
in the Construction of Modern New-Type Energy Group

Huaihe Energy Holding Group Co. , Ltd. / 250

Abstract: Huaihe Energy Holding Group is one of the 14 hundred-million-ton coal bases and 6 large coal-power bases nationwide. It is one of the first batch of circular economy pilot enterprises nationwide, a Chinese environmentally friendly coal enterprise, a national innovative pilot enterprise, and the largest coal production capacity and electricity equity scale enterprise in Anhui Province. It is also an important entity of energy security in East China and the Yangtze River Delta region. In recent years, Huaihe Energy Holding Group has been firmly guided by Xi Jinping Thought on Socialism with Chinese Characteristics for a New Era, deeply understanding and actively adapting to the new cycle of the coal industry, fully implementing the new development concept, resolutely implementing the new energy security strategy of "four revolutions and one cooperation", firmly implementing the innovative development strategy, building a strong high-level scientific research and innovation platform, focusing on key core technologies, promoting the transformation and incubation of scientific and technological achievements, strengthening high-end applications, promoting intelligent upgradation, accelerating digital transformation, developing new quality productive forces of coal, continuously strengthening, optimizing and expanding the coal industry, exploring new models for the transformation and upgradation of traditional energy enterprises, and striving to build a modern new-type energy group of "green, clean, harmonious, beautiful, safe, efficient, intelligent, and low-carbon" in the new era.

Keywords: Huaihe Energy; New Cycle; New Quality Productive Forces

B. 18 Leading High-Quality Development of the Coal Industry with New Quality Productive Forces

Henan Energy Group Co. , Ltd. / 264

Abstract: With the national coal industry entering a new development cycle, accelerating the cultivation and development of new quality productive forces in coal has become an inevitable choice for coal enterprises to achieve transformation and upgradation, as well as promoting high-quality development. On the basis of summarizing the exploration and practice of Henan Energy Group in promoting high-quality development of the coal industry, this report focuses on the new cycle of national coal industry development and the new stage of enterprise development, explores the ideas, directions, and work priorities for cultivating new quality

productive forces in coal and promoting high-quality development of enterprises, analyzes the main problems faced in promoting the process of high-quality development of enterprises, and puts forward policy suggestions such as strengthening top-level planning, tackling key technologies, and increasing financial support.

Keywords: Henan Energy; New Quality Productive Forces; High-Quality Development

B. 19 Practice and Pathway of High-Quality Development of Yitai Group from the Perspective of New Quality Productive Forces

Inner Mongolia Yitai Group Co., Ltd. / 278

Abstract: Inner Mongolia Yitai Group actively adapts to the new trend of energy development, seizes the opportunity of technological revolution and industrial changes, accelerates the cultivation of new quality productive forces, and leads the company's high-quality development with new driving forces and advantages. This report is based on the actual situation of Yitai Group, combined with the characteristics of the new cycle of China's coal industry and the requirements for the development of new quality productive forces. This report discusses Yitai Group's basic strategy for the development of new quality productive forces that is rooted in reality, deeply cultivates coal, and leads the transformation and upgradation of coal chemical industry. This report clarifies that Yitai Group insists on using coal as the foundation, deeply cultivates the coal chemical industry, achieves the transformation and upgradation of traditional industries and value reshaping. By optimizing and strengthening the main business of coal, firmly developing fine chemical industry, strengthening technological innovation drive, and emphasizing talent cultivation and introduction, the enterprise promotes the transformation of the coal chemical industry towards high-end, diversified, and low-carbon direction, thereby achieving the goal of industrial upgradation and value enhancement.

Keywords: New Quality Productive Forces; Innovation-Driven; Production Factors; Industrial Upgradation

B. 20　Practice of New Quality Productive Forces Development in Huayang Group

Huayang New Material Technology Group Co. , Ltd. / 291

Abstract: Huayang New Material Technology Group firmly implements the "dual wheel drive" strategy, overall premotes the upgradation of traditional industries, actively promotes the high-end, intelligent, and green development of traditional industries, achieves the improvement, expansion, and efficiency enhancement of the coal industry, and enables traditional industries to actively embrace new quality productive forces. At the same time, the enterprise strives to refine and optimize new energy and new material industries of full sodium ion batteries industry chain, high-end materials, diamond production from coal bed methane, PBAT degradable plastics, high-performance carbon fiber, build a modern industrial system, and form an important battlefield for the development of new quality productive forces. Looking towards the future, Huayang Group innovatively develops new quality productive forces, increases research and development investment and core technology breakthroughs, accelerates the transformation and promotion of scientific and technological achievements; promote the intelligent construction of coal mines, upgrade intelligent equipment technology, and focus on building a benchmark for intelligent construction of coal mines; promote environmental governance in mining areas, actively promote the research and introduction of new environmental protection and energy-saving technologies, and deeply implement energy-saving and carbon reduction measures.

Keywords: New Quality Productive Forces; Technological Innovation; Intelligent Coal Mine Construction; Energy Saving and Carbon Reduction

B.21 The Path and Practice Analysis of Sichuan Coal Industry Group's High-quality Development Driven by New Quality Productive Forces

Sichuan Coal Industry Group Co., Ltd. / 303

Abstract: On the basis of introducing the overview and historical evolution of Sichuan Coal Industry Group, summarizing the measures taken by Sichuan Coal Industry Group in industrial development and the practice of new quality productive forces development since 2021, this paper analyzes the problems faced by Sichuan Coal Industry Group in industrial development and new quality productive forces development under the new cycle, puts forward the ideas and thoughts of Sichuan Coal Industry Group in industrial development and new quality productive forces development in the future period, as well as policy recommendations. Next, Sichuan Coal Industry Group will be guided by Xi Jinping Thought on Socialism with Chinese Characteristics for a New Era, promote high-quality development of enterprise transformation and upgradation as the overall tone, focus on developing new quality productive forces, deeply optimize industrial structure layout as the starting point, deepen and upgrade state-owned enterprise reform as the main line, implement the "Four Major Strategies" as the main direction, accelerate the cultivation of strategic emerging industries, actively integrate into regional economic development, promote the upgradation of coal to green and intelligent high-end, and transform the enterprise into a comprehensive clean energy supplier, striving to build a first-class modern comprehensive energy enterprise in Southwest region.

Keywords: Four Major Strategic Directions; Industrial Development; New Quality Productive Forces; Technological Innovation

B.22　The New Paradigm of Cultivating New Quality
　　　　Productive Forces of China Coal Technology &
　　　　Engineering Group under the Dual-wheel Drive of
　　　　Innovation and Main Business Strengthening
　　　　　　China Coal Technology & Engineering Group Co. , Ltd. / 317

Abstract: China Coal Technology & Engineering Group Co. , Ltd. is a central enterprise supervised by the State-owned Assets Supervision and Administration Commission. It is a national team and pacesetter in the field of technological innovation in China's coal industry, committed to the safe, green, intelligent development and clean, efficient, and low-carbon utilization of coal. In recent years, we have deeply implemented the overall development strategy of "1245", vigorously promoted the implementation of the "innovation driven, strengthening main business" strategy, led the industry's technological progress and created new quality productive forces. In terms of specific measures, we will adhere to innovation driven approach and promote revolutionary breakthroughs in coal development and utilization technology; persist in strengthening the main business and promoting the agglomeration of production factors towards the development of new quality productive forces; adhere to mission and responsibility, promote the intelligent and green deep transformation of industry development mode; persist in deepening reforms and improving institutional mechanisms that are compatible with new quality productive forces. Looking towards the future, we will take technological innovation as the guide, accelerate the development of forward-looking and strategic emerging industries and future industries, strengthen the supply of high-end technological equipment and green ecological security services, comprehensively deepen reforms to form production relations that are more compatible with new quality productive forces, and accelerate the construction of world-class technology leading enterprise.

Keywords: China Coal Technology & Engineering Group; Innovation-Driven; New Quality Productive Forces; Green and Low-Carbon

皮 书

智库成果出版与传播平台

❖ 皮书定义 ❖

皮书是对中国与世界发展状况和热点问题进行年度监测,以专业的角度、专家的视野和实证研究方法,针对某一领域或区域现状与发展态势展开分析和预测,具备前沿性、原创性、实证性、连续性、时效性等特点的公开出版物,由一系列权威研究报告组成。

❖ 皮书作者 ❖

皮书系列报告作者以国内外一流研究机构、知名高校等重点智库的研究人员为主,多为相关领域一流专家学者,他们的观点代表了当下学界对中国与世界的现实和未来最高水平的解读与分析。

❖ 皮书荣誉 ❖

皮书作为中国社会科学院基础理论研究与应用对策研究融合发展的代表性成果,不仅是哲学社会科学工作者服务中国特色社会主义现代化建设的重要成果,更是助力中国特色新型智库建设、构建中国特色哲学社会科学"三大体系"的重要平台。皮书系列先后被列入"十二五""十三五""十四五"时期国家重点出版物出版专项规划项目;自2013年起,重点皮书被列入中国社会科学院国家哲学社会科学创新工程项目。

权威报告·连续出版·独家资源

皮书数据库
ANNUAL REPORT(YEARBOOK)
DATABASE

分析解读当下中国发展变迁的高端智库平台

所获荣誉

- 2022年，入选技术赋能"新闻+"推荐案例
- 2020年，入选全国新闻出版深度融合发展创新案例
- 2019年，入选国家新闻出版署数字出版精品遴选推荐计划
- 2016年，入选"十三五"国家重点电子出版物出版规划骨干工程
- 2013年，荣获"中国出版政府奖·网络出版物奖"提名奖

皮书数据库

"社科数托邦"
微信公众号

成为用户

登录网址www.pishu.com.cn访问皮书数据库网站或下载皮书数据库APP，通过手机号码验证或邮箱验证即可成为皮书数据库用户。

用户福利

- 已注册用户购书后可免费获赠100元皮书数据库充值卡。刮开充值卡涂层获取充值密码，登录并进入"会员中心"—"在线充值"—"充值卡充值"，充值成功即可购买和查看数据库内容。
- 用户福利最终解释权归社会科学文献出版社所有。

数据库服务热线：010-59367265
数据库服务QQ：2475522410
数据库服务邮箱：database@ssap.cn
图书销售热线：010-59367070/7028
图书服务QQ：1265056568
图书服务邮箱：duzhe@ssap.cn

社会科学文献出版社 皮书系列
SOCIAL SCIENCES ACADEMIC PRESS (CHINA)

卡号：653897121795
密码：

基本子库
SUB DATABASE

中国社会发展数据库（下设 12 个专题子库）

紧扣人口、政治、外交、法律、教育、医疗卫生、资源环境等 12 个社会发展领域的前沿和热点，全面整合专业著作、智库报告、学术资讯、调研数据等类型资源，帮助用户追踪中国社会发展动态、研究社会发展战略与政策、了解社会热点问题、分析社会发展趋势。

中国经济发展数据库（下设 12 专题子库）

内容涵盖宏观经济、产业经济、工业经济、农业经济、财政金融、房地产经济、城市经济、商业贸易等 12 个重点经济领域，为把握经济运行态势、洞察经济发展规律、研判经济发展趋势、进行经济调控决策提供参考和依据。

中国行业发展数据库（下设 17 个专题子库）

以中国国民经济行业分类为依据，覆盖金融业、旅游业、交通运输业、能源矿产业、制造业等 100 多个行业，跟踪分析国民经济相关行业市场运行状况和政策导向，汇集行业发展前沿资讯，为投资、从业及各种经济决策提供理论支撑和实践指导。

中国区域发展数据库（下设 4 个专题子库）

对中国特定区域内的经济、社会、文化等领域现状与发展情况进行深度分析和预测，涉及省级行政区、城市群、城市、农村等不同维度，研究层级至县及县以下行政区，为学者研究地方经济社会宏观态势、经验模式、发展案例提供支撑，为地方政府决策提供参考。

中国文化传媒数据库（下设 18 个专题子库）

内容覆盖文化产业、新闻传播、电影娱乐、文学艺术、群众文化、图书情报等 18 个重点研究领域，聚焦文化传媒领域发展前沿、热点话题、行业实践，服务用户的教学科研、文化投资、企业规划等需要。

世界经济与国际关系数据库（下设 6 个专题子库）

整合世界经济、国际政治、世界文化与科技、全球性问题、国际组织与国际法、区域研究 6 大领域研究成果，对世界经济形势、国际形势进行连续性深度分析，对年度热点问题进行专题解读，为研判全球发展趋势提供事实和数据支持。

法律声明